普通高等教育"十一五"国家级规划教材
21世纪公安高等教育系列教材·法学（本科）
北京市精品课程教材

刑事诉讼法学

（第二版·2012）

主　编　刘万奇
副主编　周　欣　樊学勇

中国人民公安大学出版社
·北京·

图书在版编目（CIP）数据

刑事诉讼法学：2012/刘万奇主编．—2 版．—北京：中国人民公安大学出版社，2012.10
21 世纪公安高等教育系列教材．法学：本科
ISBN 978-7-5653-1029-4

Ⅰ．①刑… Ⅱ．①刘… Ⅲ．①刑事诉讼法—法的理论—中国—高等学校—教材 Ⅳ．①D925.201

中国版本图书馆 CIP 数据核字（2012）第 231381 号

刑事诉讼法学（第二版·2012）

主编 刘万奇

出版发行：	中国人民公安大学出版社
地　　址：	北京市西城区木樨地南里
邮政编码：	100038
经　　销：	新华书店
印　　刷：	北京兴华昌盛印刷有限公司
版　　次：	2011 年 8 月第 1 版 2012 年 10 月第 2 版
印　　次：	2014 年 9 月第 5 次
印　　张：	20.5
开　　本：	787 毫米×1092 毫米　1/16
字　　数：	425 千字
书　　号：	ISBN 978-7-5653-1029-4
定　　价：	56.00 元
网　　址：	www.cppsup.com.cn　www.porclub.com.cn
电子邮箱：	zbs@cppsup.com　zbs@cppsu.edu.cn

营销中心电话：010-83903254
读者服务部电话（门市）：010-83903257
警官读者俱乐部电话（网购、邮购）：010-83903253
教材分社电话：010-83903259

本社图书出现印装质量问题，由本社负责退换

版权所有　侵权必究

刑事诉讼法学

（第二版·2012）

主　编　刘万奇
副主编　周　欣　樊学勇
撰稿人（以姓氏笔画为序）
　　　　　马明亮　白俊华　刘万奇
　　　　　吕　清　李玉华　张小玲
　　　　　张品泽　周　欣　樊学勇

出版说明

为适应新时期公安法学教育的实际需要，完成精品课程的建设任务，中国人民公安大学法律系北京市精品课刑事诉讼法学课程组的全体老师编写了这本《刑事诉讼法学》教材。本书在编写过程中，参阅了国内出版的同类教材，在此对各位作者表示衷心感谢。本教材的指导思想是：注重基础知识和基本理论的阐释；注重学生程序法律意识和证据法律意识的培养；紧密结合公安工作实践，密切跟踪学科前沿及科研成果，努力培养学生解决实际问题的能力，并使教材始终具有前沿性和时代特征。作为基本的部门法学，刑事诉讼法学知识内容丰富、学科体系庞杂、研究领域广泛、理论渊源久远。为贯彻编写教材的指导思想、实现教学目的，应当对教材内容有所取舍，有所突出；同时，还要紧扣时代脉搏，在教材内容上体现、提炼新的学术观点。本教材试图在以下三方面做出努力：

第一，突出针对性。本教材所针对的是公安院校各专业开设的专业基础课程。在各公安类本科专业的课程体系中，有为学生的专业知识结构提供一般方法论和一般理论基础的基础理论课程，也有为学生提供专门的业务知识和方法的专业课程。本课程介于二者之间具有承上启下的作用。本教材定位为专业基础课的教科书，目的是使学生了解刑事诉讼法学的基本理论，掌握我国现行刑事诉讼法法律规范，学会运用基本理论和相关法律解决业务中的程序法律问题，同时也为专业知识的进一步学习打下良好的程序法学基础。因此，在结构、内容、难易程度、写作风格上都要体现针对性，既要区别普通院校的同类教材，又要与公安院校的专业教材有所不同。因此，本教材更加注重与公安刑事执法有关的内容；更加注重未来警官程序意识和证据意识的培养。

第二，注重实战性。本教材紧密结合公安执法实践，体现出鲜明的实战性。首先做到概念准确，观点明确，避免似是而非、模棱两可的表述，力争做到概念、观点即可成为判断标准，具有可操作性；其次，原则上不写争议观点，只介绍达成共识的观点或绝大多数人的主张，以便更好地发挥对实践的指导作用；最后，紧密结合公安执法实践，尽可能地详尽阐释运行性、操作性的程序规则，以适应实战需要。

第三，强化规范性。严格遵守教材写作规范和出版规范，恪守学术道德和学术规范，杜绝纰漏，做到"精当、清晰、新意、概括"。精当，即概念精确、引证精准、语言精练、论证精密、观点明确；清晰，即条理分明、阐述清楚、文风清素朴实；新意，即编排新颖、内容有创新、广泛吸纳成熟的新思想、新观点，充实最新法律、法规；概括，即表述尽可能概括，语句要有一定的涵盖度和信息量，为教师的课堂讲授留下空间。

编写分工如下（以编写内容先后为序）：

刘万奇（法学博士、中国人民公安大学教授、博士生导师）：第一章、第十章；

李玉华（法学博士、中国人民公安大学教授、博士生导师）：第二章、第十三章；

张小玲（法学博士、中国人民公安大学副教授）：第三章、第十九章；

白俊华（法学硕士、中国人民公安大学副教授、硕士生导师）：第四章、第十二章；

马明亮（法学博士、中国人民公安大学副教授、硕士生导师）：第五章、第六章；

张品泽（法学博士、中国人民公安大学副教授、硕士生导师）：第七章、第九章；

周　欣（法学博士、中国人民公安大学教授、博士生导师）：第八章、第十一章；

樊学勇（法学博士、中国人民公安大学教授、博士生导师）：第十四章、第十五章、第十六章；

吕　清（法学硕士、中国人民公安大学副教授、硕士生导师）：第十七章、第十八章；

全书由主编策划，主编、副主编统稿、定稿。

编　者
二〇一一年七月

修 订 说 明

第十一届全国人民代表大会第五次会议于 2012 年 3 月 14 日通过了《全国人民代表大会关于修改〈中华人民共和国刑事诉讼法〉的决定》，将 1996 年修订的我国现行刑事诉讼法作了较大幅度的再修订。再修改后的刑事诉讼法由原来的 225 条增加到 290 条，而且新增篇章节，补充规定了许多新的内容。为进一步加强精品课程建设，适应学习贯彻修订后的刑事诉讼法的教学需要，原作者们对本书进行了全面修订。除新增的第二十章特别程序的四节内容由张品泽博士编写外，其余分工不变，主编、副主编仍负责策划、组稿、审稿、统稿、审校等工作，每位作者各自负责原版自己编写内容的补充与完善。

本书的修订在坚持原版"突出针对性、注重实战性、强化规范性"特点的同时，着重做了以下三方面工作：

第一，阐释新条文。对照修订后的刑事诉讼法，对 2013 年 1 月 1 日起实行的新的各项刑事诉讼原则、制度及程序规则，作了全面、系统的阐释，是本次修订的主要任务。由于修订后的刑事诉讼法所确立的新的刑事诉讼原则、制度及程序规则刚刚颁布，人们对一些问题的理解和认识可能不够深入和全面，同时，新的刑事诉讼原则、制度及程序规则的运行情况，要等待法律施行后，才会有实践内容做事实依托，但作为教科书却不能回避立法的新内容，依据新的法律条文，对其准确含义加以阐释，仍然是可行的和必要的。如果有不够准确和浮浅的地方，就留待课堂教学和本书再修订时加以完善。

第二，吸纳新观点。围绕刑事诉讼法的修订，学者们发表了许多新的观点，表达了许多新的思想，办理刑事案件的公安司法实务部门也提出了许多有价值的意见。本次修订作者们都作了不同程度的吸纳和借鉴。在此，向为我国刑事诉讼法治建设做出过各种贡献的人们表示敬意，向为刑事诉讼法再修改付出过智力劳动的人们表示感谢。

第三，校正原纰漏。本教材的原版由于编写仓促，有些地方出现段落、句子、文字的纰漏、错误，有些观点还有待商榷。这次修订都一一作了订正。还可能出现瑕疵的地方欢迎读者批评指正。

编　者
二○一二年九月

目 录

第一章 绪论 1
  第一节 诉讼 1
  第二节 刑事诉讼 5
  第三节 刑事诉讼法 8
  第四节 刑事诉讼法学 13

第二章 刑事诉讼基本范畴 18
  第一节 刑事诉讼价值 18
  第二节 刑事诉讼目的 20
  第三节 刑事诉讼职能 21
  第四节 刑事诉讼结构 22

第三章 刑事诉讼基本原则 25
  第一节 刑事诉讼基本原则概述 25
  第二节 我国刑事诉讼基本原则 29

第四章 刑事诉讼中专门机关和诉讼参与人 41
  第一节 刑事诉讼中的国家专门机关 41
  第二节 刑事诉讼中的诉讼参与人 49

第五章 管辖制度 58
  第一节 立案管辖 58
  第二节 审判管辖 61

第六章 回避制度 67
  第一节 回避的概念和适用的对象 67
  第二节 回避的理由与种类 68
  第三节 回避的程序 70

第七章 辩护与代理制度 73
  第一节 辩护 73
  第二节 刑事诉讼中的代理 83

第八章 强制措施制度 90
  第一节 强制措施的概念、特征和意义 90
  第二节 强制措施的适用原则 94
  第三节 拘传 95
  第四节 取保候审 97
  第五节 监视居住 104

第六节　刑事拘留 ………………………………………………………… 108
　　第七节　逮捕 ……………………………………………………………… 114
第九章　附带民事诉讼制度与期间、送达 …………………………………… 130
　　第一节　附带民事诉讼 …………………………………………………… 130
　　第二节　期间 ……………………………………………………………… 137
　　第三节　送达 ……………………………………………………………… 146
第十章　刑事证据制度 ………………………………………………………… 149
　　第一节　刑事证据的概念和基本属性 …………………………………… 149
　　第二节　刑事证据的种类 ………………………………………………… 152
　　第三节　刑事证据的分类 ………………………………………………… 169
　　第四节　刑事证明 ………………………………………………………… 172
第十一章　立案程序 …………………………………………………………… 177
　　第一节　立案的概念、任务和意义 ……………………………………… 177
　　第二节　立案的材料来源和条件 ………………………………………… 178
　　第三节　立案程序 ………………………………………………………… 181
　　第四节　立案监督 ………………………………………………………… 184
第十二章　侦查程序 …………………………………………………………… 188
　　第一节　侦查概述 ………………………………………………………… 188
　　第二节　侦查行为 ………………………………………………………… 191
　　第三节　侦查终结 ………………………………………………………… 211
　　第四节　补充侦查 ………………………………………………………… 213
　　第五节　对人民检察院自行侦查案件的特殊规定 ……………………… 214
第十三章　提起公诉程序 ……………………………………………………… 216
　　第一节　审查起诉 ………………………………………………………… 216
　　第二节　提起公诉 ………………………………………………………… 218
　　第三节　不起诉 …………………………………………………………… 220
第十四章　刑事审判概述 ……………………………………………………… 223
　　第一节　刑事审判的概念和任务 ………………………………………… 223
　　第二节　刑事审判组织 …………………………………………………… 224
　　第三节　刑事审判制度 …………………………………………………… 227
第十五章　第一审程序 ………………………………………………………… 231
　　第一节　第一审程序概述 ………………………………………………… 231
　　第二节　公诉案件的第一审程序 ………………………………………… 232
　　第三节　自诉案件的第一审程序 ………………………………………… 242
　　第四节　简易程序 ………………………………………………………… 245
　　第五节　刑事诉讼中的判决、裁定和决定 ……………………………… 246

第十六章 第二审程序 ················ 249
第一节 第二审程序的概念和意义 ··········· 249
第二节 第二审程序的提起 ··············· 250
第三节 第二审案件的审判 ··············· 253

第十七章 死刑复核程序 ················ 258
第一节 死刑复核程序的概念和意义 ··········· 258
第二节 死刑复核的程序 ················ 261

第十八章 审判监督程序 ················ 265
第一节 审判监督程序的概念和意义 ··········· 265
第二节 再审案件的审理程序 ·············· 268

第十九章 执行程序 ··················· 272
第一节 执行概述 ···················· 272
第二节 各种判决、裁定的执行程序 ··········· 275
第三节 执行的变更程序 ················ 281
第四节 执行中的其他处理 ··············· 287
第五节 人民检察院对执行的监督 ············ 288

第二十章 特别程序 ··················· 291
第一节 未成年人刑事案件诉讼程序 ··········· 291
第二节 当事人和解的公诉案件诉讼程序 ········· 301
第三节 犯罪嫌疑人、被告人逃匿、死亡案件违法所得的没收程序 ····· 304
第四节 依法不负刑事责任的精神病人的强制医疗程序 ······ 309

第一章 绪 论

第一节 诉 讼

一、诉讼的概念

诉讼就是人们常说的"告状"、"打官司"的意思。在我国元代的《大元通制》之前的典籍中,诉讼通常被称作"讼"、"狱"、"狱讼"、"断狱"等。其中"诉",就是诉说、控诉、控告的意思;"讼"字有二解:其一是争论、争辩之意,其二是"言之于公",即公开地言说。一般地说,诉讼,就是指在国家专门机关的主持下,通过控告和争辩而评断是非曲直、解决纠纷和争端的活动。

但是,绝不能将社会上所有解决纠纷和争端的活动都称为诉讼。作为一种法律现象,诉讼有严格的定义:诉讼,就是指在国家专门机关的主持下,在当事人和其他有关人员的参加下,为解决特定的争讼案件依法所进行的全部活动。可见,称之为诉讼的活动,是在特定的国家机关的主持下,在当事者和其他有关人员参加下进行的;所解决的争端和纠纷也是特定的,必须要构成刑法、民法等实体法规定的争讼案件。诉讼按其所解决的争讼案件的性质和所依据的实体法律的不同,又分为刑事诉讼、民事诉讼、行政诉讼、宪法诉讼等。目前,在我国共有三类诉讼,即刑事诉讼、民事诉讼和行政诉讼。

二、诉讼的产生及产生的一般规律

作为一种法律现象,诉讼不是从来就有的,它是人类社会发展到一定阶段的产物。在人类社会早期,由于生产力极其低下,人们不得不结成群体,共同劳动,共同抵御外界危险,共同占有和享用劳动果实。那时,财产没有剩余或很少有剩余。因而,没有个人占有,也没有什么阶级之分。在人们的头脑中,根本没有权利和义务的概念。在当时,"部落、氏族及其制度,都是神圣而不可侵犯的。

都是自然所赋予的最高权力，个人在感情、思想和行动上始终是无条件服从的"。① 在这种社会组织中，"没有军队、宪兵和警察，没有贵族、国王、总督、地方官和法官，没有监狱、没有诉讼"，② 但是，由于人们共同劳动、共同生活，客观上必然需要有协调的秩序和组织性，纠纷和争端也一定会时有发生。不过，"一切争端和纠纷都是由当事人的全体即氏族或部落来解决，或者由各个氏族相互解决"，"在大多数情况下，历来的习俗就把一切调整好了"。③ 然而，这种美妙的制度并不取决于人们的主观愿望，而完全是受制于极其不发达的生产力水平。随着生产力的不断提高，产品的不断增多，"这种自然发生的共同体的权力一定要被打破，而且也确实被打破了。揭开了新的、文明的阶级社会；最卑鄙的手段——偷窃、暴力、欺诈、背信——毁坏了古老的没有阶级的氏族制度，把它引向崩溃"。④ 这时人们之间的争端和纠纷已经带有尖锐的阶级色彩，传统的习俗、部落首领的威望、舆论的力量已无济于事，为了使人类不至于在无休止的争斗与掠夺中自我毁灭，国家出现了。当国家动用强制力，按照已经上升为统治阶级的人们的意志调整人们之间的争端与纠纷时，诉讼便产生了。徐朝阳先生也认为："盖国家组织既经成立，虽文化幼稚，法制未备，而人民间之争端纠葛，不得不仰求国家以为之理；国家依其公力而匡正之，是则诉讼之所由起焉。"⑤

尽管诉讼产生的具体过程、最初的具体形态还有待考证，分居在地球各个部位的人群，各自诉讼的产生也会各具特色，但是，下述诉讼产生的一般规律，应该是带有普遍性的。

第一，诉讼是社会矛盾不可调和的产物，是伴随着私有制、阶级、国家和法的产生而出现的。它是统治者运用国家强制力行使统治权的具体体现。

第二，诉讼的产生，是国家适应社会日益增长的对个人权利与自由予以承认和保护的客观需要，动用国家强制力，对那些符合统治阶级根本利益的个人权利自由给予确认和保障的结果。在劳动成果的个人占有产生之前，人们不知道自己的行为是在行使"权利"，还是在履行"义务"，一切行为都是为了生存的需要而本能地进行。随着生产力的提高，财富的增加，特别是随着私有制和阶级的出现，在人们的意识中，逐渐滋长出以保卫自己的私有财产为主要内容的"权利"、"义务"观念，这种观念强化和发展的结果，便产生了对个人权利与自由给予确认和保护的社会客观需要。当统治者认识到，对社会成员的权利与自由在一定限度内给予确认和保护，对自己的统治大有裨益的时候，以国家强制力予以保障的诉讼就应运而生了。

第三，诉讼对人们社会关系的调整，经历了从个别调整到普遍调整的过程。

---

① 《马克思恩格斯选集》第4卷，人民出版社1972年版，第94页。
② 《马克思恩格斯选集》第4卷，人民出版社1972年版，第92页。
③ 《马克思恩格斯选集》第4卷，人民出版社1972年版，第92页。
④ 《马克思恩格斯选集》第4卷，人民出版社1972年版，第94页。
⑤ 徐朝阳：《中国诉讼法溯源》，商务印书馆1933年版，第1页。

诉讼产生之初，往往是针对某个具体的纠纷，诉讼的程序、依据的法律常常因案而异。随着办案经验的丰富，人们发现，用一个固定模式，适用于一切符合条件的案件，对于提高效率，表明诉讼的严肃性、公正性都更有好处。于是诉讼便由当初的个别调整，逐渐转化为普遍调整。

第四，诉讼的出现，以法律的产生为前提，而诉讼调整的发育过程，又促进了法律的创制和完善。诉讼的产生，表明法律适用的开始，因此，诉讼登上历史舞台，参与对社会关系的调整，一定要以法律的产生为前提；同时，诉讼的进化过程，又推动了法律的创制和完善。

三、诉讼的特征

与其他国家活动以及其他社会关系调整方法相比，诉讼具有自己鲜明的特征，归纳起来主要有：

（一）性质的公力性

诉讼的公力性特征，是针对诉讼的性质而言的。诉讼从性质上说是一种国家活动，是权利的国家公力救济，而不是公助救济，更不是私力救济。它是统治者行使统治权的具体体现。在诉讼中，尽管必须要有当事人的参加和其他诉讼参与人的参与，法律还赋予他们相应的诉讼权利。但是，主持诉讼的始终是特定的国家机关。国家就是通过这些机关，对当事人之间的争端和纠纷作出有利于统治阶级根本利益的处理，并且依靠国家强制力，强迫当事人服从这种处理，以实现对社会的统治和对社会秩序的控制。诉讼的过程及其结果均带有强烈的国家强制性。

（二）价值的公正性

诉讼的公正性特征，是针对诉讼的价值而言的。公正是诉讼永恒的价值目标。尽管从不同的角度人们可以归纳出诉讼的诸如效率、秩序等价值，但公正却总是基本的、第一位的。其他价值都离不开公正这一前提。

（三）方式的公开性

诉讼的公开性特征，是针对诉讼的活动方式而言的。活动方式的公开性是诉讼区别于其他国家活动的重要方面。诉讼不仅要对当事人公开，而且在审判时还要对社会公开；不仅活动过程公开，而且用以定案的证据、法律依据，都要公开，判决的结果也要公开。特定情况下的不公开审理，正是诉讼公开性的应有之义。

（四）发生的被动性

诉讼的被动性特征，是针对诉讼①的提起而言的。对于审判机关来说，诉讼

---

① 由于刑事诉讼的特殊性，人们常常把审判前的侦查、提起公诉活动也当作诉讼活动看待，并纳入刑事诉讼法调整的范围。但严格说来诉讼仅指审判活动。

的发动不能是主动的行为,而是发生了应由诉讼调整的事件以后,由当事人或有关机构起诉,诉讼才能发生。诉讼发动的被动性是诉讼中立性的必然要求。

(五)纠纷的严重性

诉讼的严重性特征,是针对诉讼的调整对象而言的。诉讼是调整人们的争端和纠纷的,但是,并不是所有的争端和纠纷都由诉讼加以调整,只有达到一定的严重程度,构成实体法和程序法规定的案件,才能由诉讼加以调整。"纠纷严重性"特征,反映了诉讼调整在整个社会调整体系中的重要地位。

(六)认知的间接性

诉讼的间接性特征,是针对诉讼对案件事实的认识而言的。案件事实永远发生在诉讼之外。诉讼对案件事实的认识是通过证据这一媒介来实现的。因此,合格的证据是认定案件事实的唯一依据。

(七)权属的独立性

诉讼的独立性特征,是针对审判权的归属而言的。就自身的功能来说,审判权是一种判断权、裁决权。这种权力必须是独立自主行使的,不能依附于其他任何权属或势力,也不应当受到来自任何方面的压力和影响。否则,它的判断和裁决就有可能不是来自诉讼自身的,其公正性就会受到怀疑。

(八)结构的中立性

诉讼的中立性特征,是针对诉讼的结构而言的。在诉讼中,控、辩双方地位平等对应,审判机关居中裁判,是一个等腰三角形的中立结构。这样的结构是诉讼公正价值目标的必然反映。中立性也应当是司法人员的观念、心态,是司法人员职业素养的重要内容。

(九)程序的法定性

程序法定性特征,是针对诉讼进行的程式、顺序、手续和方式、方法而言的。由于诉讼过程及其结果的重要性,诉讼是按照法律预先规定的程序进行的。法定的程序是诉讼公正合理的必要保证和评价标准。违反法定程序的诉讼,将被宣布无效。

(十)效力的终极性

诉讼的终极性特征,是针对诉讼判决结果的效力而言的。生效的判决具有最高的法律效力,是终局裁判。就同一事件的其他决定不得与诉讼判决相抵触。非经法定程序不得改变生效判决。

第二节 刑事诉讼

一、刑事诉讼的概念

刑事诉讼，是指国家专门机关在诉讼参与人的参加下，依法揭露、证实和惩罚犯罪并保障无罪的人不受刑事追究的全部活动。

可见，刑事诉讼的中心任务，是揭露、证实和惩罚犯罪并保障无罪的人不受刑事追究。其中，揭露、证实和惩罚犯罪与保障无罪的人不受刑事追究，是不可或缺、不可分割的两个方面。犯罪行为不仅仅是侵害被害人个人的权利，更值得重视的是这些犯罪行为通过对被害者个人权利的侵犯，严重危害了社会秩序，破坏了法律所保护的社会关系。为了使这些被破坏的社会关系得以恢复，预防犯罪者本人再犯罪，震慑其他不稳定分子，使他们不敢以身试法，同时，也为了教育公民增强法治观念，提高同犯罪行为作斗争的自觉性，必须对各种犯罪行为给予及时的惩罚。然而，惩罚犯罪必须以准确为前提。冤枉无辜，不仅达不到惩罚犯罪的目的，而且还会造成更大的危害。揭露和证实犯罪的过程及其结果，直接涉及公民的名誉、自由甚至生命，因此，必须要完整、准确地把握刑事诉讼的中心任务。

刑事诉讼是揭露、证实和惩罚犯罪的全部过程。刑事诉讼从开始到终结，是一个有次序、分阶段而又前后连贯的法律活动过程。这个过程由若干个阶段组成。每个阶段都有特定的任务。只有完成了前一阶段的任务，才能进入下一阶段。前一阶段是后一阶段的基础，后一阶段是前一阶段的发展。阶段之间有严格的次序，不能随意超越或颠倒。这些诉讼过程，是立法者根据自己的世界观在总结经验的基础上用法律形式加以规定的。根据我国刑事诉讼法的规定，我国目前的刑事公诉程序依次包括立案、侦查、起诉、审判、执行等几个阶段。

国家对刑事犯罪的揭露、证实和惩罚，是通过国家专门机关行使侦查、起诉、审判、执行刑罚等职权来实现的。这里所讲的国家专门机关，是指所有主持或参加某一阶段刑事诉讼的国家机关①。这些机关在刑事诉讼中的职权有着不同的内容或范围，所有这些不同内容或范围的职权之和，便构成了国家的刑事司法权。目前我国主持或参加某一阶段刑事诉讼的国家专门机关有公安机关、国家安全机关、人民检察院、人民法院和监狱。

刑事诉讼必须有诉讼参与人的参加。尽管现代刑事诉讼对绝大部分刑事犯罪

---

① 本来意义的司法机关源于启蒙思想家们的权力制衡理论，仅指审判机关。我国宪法规定，我国的司法机关是人民法院和人民检察院。在刑事诉讼领域人们习惯将主持或参加某一阶段刑事诉讼的国家专门机关称作刑事司法机关。

的追诉并不取决于当事人的意愿，但是，如果没有诉讼参与人的参加，刑事诉讼仍然是无法进行的。必须要有诉讼参与人的参加，是诉讼公开性特征的主要体现。在我国的刑事诉讼中，诉讼参与人包括：当事人（包括被害人、自诉人、犯罪嫌疑人、被告人、附带民事诉讼的原告人和被告人）、法定代理人、诉讼代理人、辩护人、证人、鉴定人和翻译人员。其中，当事人必须参加刑事诉讼，否则刑事诉讼无法进行。当事人之外的其他诉讼参与人，在法律有规定的情况下也必须参加刑事诉讼。

二、刑事诉讼历史类型

随着人类历史的发展，无论是刑事诉讼的经济和政治基础，还是刑事诉讼的结构模式，均发生过重大的历史变化。人们常将这些变化总结成不同的历史类型。一般说来，刑事诉讼的历史类型，是指以刑事诉讼赖以存在的不同经济基础为标准，或者以刑事诉讼的内部结构和外部特征为标准，对历史上的和当代的刑事诉讼模式所作的类别划分。也就是说，对于刑事诉讼的历史类型有着两种划分标准，一是刑事诉讼赖以存在的经济基础；二是刑事诉讼的内部结构和外部特征。这样，便出现了两种不同的类型序列。以经济基础为标准来划分刑事诉讼的历史类型，可将迄今为止的刑事诉讼，分为四种类型，即奴隶制的刑事诉讼、封建制的刑事诉讼、资本主义的刑事诉讼和社会主义的刑事诉讼；以刑事诉讼的内部结构和外部特征为标准来划分刑事诉讼的历史类型，可将历史上曾经有过的刑事诉讼分为三种类型，即控诉式刑事诉讼、纠问式刑事诉讼和混合式刑事诉讼。

控诉式刑事诉讼，也称弹劾式刑事诉讼，以罗马共和时期和英国的封建时代的刑事诉讼最为典型。它的特点是：原、被告双方的诉讼地位完全平等，法官居中，是不偏不倚的仲裁者；司法机关不主动追诉犯罪，只有在原告人向法院起诉后，诉讼才能开始；因此，"不告不理"、"没有原告就没有法官"是控诉式刑事诉讼的典型概括。这种类型的刑事诉讼的外部特征表现为：法官审理案件是公开的、口头的；庭前并不进行调查，开庭时也不积极讯问，只是组织并听取双方当事人的陈述和辩论，审查双方当事人所提出的证据，并在双方所提供的事实及证据的范围内审查和判断案情，作出判决。控诉式诉讼形式的形成，在很大程度上受着原始氏族公社解决纠纷的传统方式的影响。

纠问式刑事诉讼，也称审问式刑事诉讼，发端于罗马帝制时期，盛行于欧洲大陆各国的君主专制时期。中国古代的封建专制时期也实行着这种类型的诉讼。纠问式诉讼主要特点是：司法机关是唯一诉讼主体，审判机关同时也是侦查机关、起诉机关，兼控诉、审判职能于一身；诉讼是否被提起，并不取决于被害人的控告或他人的报案、举报，即使没有人控诉，审判机关也可以对犯罪进行追诉；在整个诉讼过程中，当事人，尤其是被告人几乎没有什么诉讼权利，只是被拷问、被追诉的对象；口供被看作最有力的证据；刑讯是合法的，而且很盛行；整个诉讼过程都是不公开的。这种诉讼形式根源于封建专制主义政治体制，是君主专制的政治制度在司法上的体现。

混合式刑事诉讼，又称折中式刑事诉讼，是现代资本主义国家普遍采用的一种诉讼形式。混合式诉讼，综合了控诉式诉讼和纠问式诉讼的特点，使其内部结构及外部形式更趋向完善。在混合式诉讼形式下，控诉、审判职能不再由一个机关担当。审判机关专司裁判权，控诉职能在大多数情况下，由特定的国家机关（如检察机关）承担，对少数案件的起诉权，授予自诉人（主要是被害人）；在起诉之前还有侦查程序，由特定的侦查机关（如警察机关）代表国家对大多数案件进行侦查；侦查是秘密的，审判是公开的；被告人被当作诉讼主体，享有相应的诉讼权利；在整个诉讼过程中，实行一系列民主的、人道的诉讼原则和制度。混合式刑事诉讼是资产阶级的民主政治在刑事诉讼形式上的反映。

我国的刑事诉讼模式接近于混合式的诉讼类型，但又有着许多自己的特点。

三、刑事诉讼调整在整个社会调整体系中的特殊作用

社会需要调整，否则将会混乱不堪。各种社会调整手段或方法，既相区别，又紧密连接或结合，分层次、按次序或者交叉渗透地有机组合，构成一个完整的社会调整体系。每一种社会调整方法对社会关系的调整，都有其发挥作用的特定方式和领域，各种社会调整方法都不是万能的。在一定的领域内或一定的条件下是行之有效的社会调整方法，在另外领域内或另外的条件下，便有可能达不到预期的效果，甚至是无效的。这就需要各种社会调整方法之间的互补与协助。在这种互补或协助中，法律调整始终发挥着有效的保障作用，因为法律对社会关系的调整是依靠国家强制力来实现的。不过，法律调整本身也是有层次的。在多数情况下，法律对社会关系的调整并不需要直接动用国家强制力，只要人们遵守法律规定，按照法律为人们指引的方向、规范的模式去做，法律调整便实现了。只有当上述多数情况下法律调整实现的途径遭到人为的破坏，法律调整无法实现，并且达到相当严重的程度时，国家才开始动用刑事诉讼这种特殊的法律调整方法来恢复法律秩序。刑事诉讼调整所肩负的使命，就是在法律上恢复和开通被犯罪行为破坏和阻滞的与国家的统治秩序和利益密切相关的社会关系。保护、控制住这部分社会关系，也就从根本上稳定了现存的社会秩序。刑事诉讼调整发挥作用的特殊方式，是刑罚这个最极端的形式，平时它作为威慑的力量，存在于其他法律调整方法以及其他社会调整方法的背后，当其他社会调整受到阻碍或遭到破坏时，刑事诉讼调整才以刑罚这一最极端的方式来强行实现其他调整方法实现不了的调整。因此，刑事诉讼调整，是其他社会调整方法的最终保障。

第三节 刑事诉讼法

一、刑事诉讼法的概念

刑事诉讼法是国家制定的调整国家专门机关和诉讼参与人进行刑事诉讼的程序法律规范。

首先,刑事诉讼法是规定刑事诉讼程序的法律。刑事诉讼是揭露、证实、惩罚犯罪的国家活动。毫无疑问,进行这项活动必须要遵照刑法定罪量刑的标准。但是,由这项国家活动的极端重要性及其自身的特点所决定,进行这种活动不能为所欲为,必须同时按照国家规定的有关程序规则办事,才能达到预期的效果。诸如:由哪些机关负责主持或参与刑事诉讼,它们各自的职权及其相互关系如何;有哪些人必须或哪些人可以参加刑事诉讼,他们之间以及他们与公安司法机关之间的关系如何;公安司法机关和诉讼参与人进行刑事诉讼必须遵守什么原则、制度,应当按照什么样的具体步骤、方式、方法来完成各种诉讼行为;诉讼参加者在诉讼中的权利、义务如何,等等。规定这些刑事诉讼程序的法律就是刑事诉讼法。

其次,刑事诉讼法是所有主持和参加刑事诉讼的机关和个人都必须遵守的法律规范。国家专门机关和当事人同是诉讼主体,它们将与其他诉讼参与人一道参加刑事诉讼法律关系,享有诉讼权利,承担诉讼义务。刑事诉讼法对刑事诉讼活动的调整,就是通过建立国家专门机关之间、诉讼参与人之间、国家专门机关与诉讼参与人之间的诉讼权利和义务关系来实现的。作为国家基本法律的刑事诉讼法,不仅当事人要遵守,其他诉讼参与人也要遵守,国家专门机关及其参与办案的具体工作人员更应当模范地遵守。否则,其行为将被认为是"程序违法",而失去法律效力。

最后,刑事诉讼法是规定刑事诉讼程序法律规范的总称。就刑事诉讼法这一概念而言,有广、狭二义。狭义的刑事诉讼法仅指国家最高立法机关制定的一部较为系统全面的成文刑事诉讼法法典。例如,我国于1979年7月1日由全国人大五届二次会议制定,又于1996年3月17日由全国人大八届四次会议修正的《中华人民共和国刑事诉讼法》(以下简称《刑事诉讼法》)。这部法典性法律文件就被指称为狭义的刑事诉讼法。广义的刑事诉讼法,是指包括刑事诉讼法法典在内的所有规定刑事诉讼程序的法律规范。不管某个法律文件的名称如何,也不管该法律文件总体上属于哪个法律部门,只要在该法律文件中有关于刑事诉讼程序的法律规范,该项规范就属于广义的刑事诉讼法律规范的范畴。刑事诉讼法法典是刑事诉讼法律部门的最基本的法律文件。但是,任何一部成文法典,有限的条文不可能将该法律部门的所有问题都一劳永逸地包罗进去。我们所说的刑事诉讼法，通常是指广义的刑事诉讼法。

目前在我国广义的刑事诉讼法包括：

（1）《刑事诉讼法》；

（2）国家立法机关制定的其他法律（包括宪法、刑法等）、法规中有关刑事诉讼程序规则的规定；

（3）国家立法机关就刑事诉讼程序规则问题所作的决定或补充规定；

（4）最高人民法院和最高人民检察院就涉及刑事诉讼程序规则方面如何具体运用法律、法规问题所作的解释、通知、批复，等等；

（5）国务院及其主管部门为执行法律、法规而制定和颁布的行政法规中，有关刑事诉讼程序规则的规定，或者对本部门业务与刑事诉讼程序有关的问题所作的规定或解释；

（6）地方性法规中的有关规定。

二、刑事诉讼法与其他法律的关系

对于刑事诉讼法的理解，还应关注刑事诉讼法与其他法律的关系。首先应当重视的，当然是与宪法的关系。宪法是国家的根本大法，是法律的法律。一般认为，刑事诉讼法与宪法的关系是"子法"与"母法"的关系。[①] 这样概括只是简单地表明了宪法与刑事诉讼法之间的位阶关系，是与其他部门法一样的共性关系。其实，相比较而言，宪法与刑事诉讼法的"母子"关系较之其他法律部门似乎更为直接和密切。因为刑事诉讼活动本身就是一项重要的国家活动，其活动过程和结果直接涉及公民的基本权利。而有关国家机构的设置及其活动原则和公民的基本权利、义务等都是宪法规定的重要内容。刑事诉讼法是宪法权利的最基本的保障法。表面看来，刑事诉讼法所保护的是被刑事追诉或相关人的权利，但实际上是在保护所有社会成员的利益。宪法与刑事诉讼法具有天然的联系，其紧密程度要高于宪法与其他部门法之间的关系。

刑事诉讼法与刑法之间也有着极其密切的关系。公安司法机关和诉讼参与人进行刑事诉讼，要遵循两个基本的法律，一个是刑法，另一个就是刑事诉讼法。在刑事诉讼中，两部法律各有侧重，缺一不可。在法的部门理论和分类理论中，人们将规定实体权利、义务，在主体之间建立实体法律关系的法律称为实体法，将那些为保证实体法实施，规定适用实体法的程序规则的法律称为程序法。程序法规定的是主体之间的程序法律关系或诉讼法律关系，它是为保证实体法律关系实现而设立的。刑事诉讼中的实体问题就是罪和刑的问题，刑法就是专门规定这些问题的实体法。为了保证罪与刑这两个刑事诉讼的实体问题的解决，还必须有一系列的揭露犯罪、证实犯罪以及定罪量刑的程序规则，而刑事诉讼法则是专门规定这些程序规则的程序法。刑事诉讼法与刑法的关系就是程序法与实体法的关

---

① 蒋碧昆主编：《宪法学》，中国政法大学出版社1994年版。

系。刑事实体法——刑法,规定了定罪量刑的具体标准,为刑事诉讼提供了实体法律依据;刑事程序法——刑事诉讼法,规定了进行刑事诉讼的程序规则,为刑事诉讼提供了程序法律依据,两者各有偏重。实体法与程序法有着十分密切的关系。经典作家曾把二者的关系形象地比作"植物的外形和植物的联系,动物的外形和血肉的联系……审判程序只是法律的生命形式,因而也是法律的内部生命的表现"。[①] 刑法和刑事诉讼法确实具有这样的关系。在刑事诉讼中两者互相依存,相辅相成,缺一不可。只有刑事诉讼法没有刑法,司法机关追究犯罪、惩罚犯罪就没有根据,定罪就没有标准,量刑就没有尺度,刑事诉讼法也就失去了存在的意义。如果只有刑法而没有刑事诉讼法,就好比生产产品没有操作规程,刑事诉讼这架机器便无法运转,揭露、证实和惩罚犯罪将无法进行,刑法最终将成为一纸空文而无法实现。

刑事诉讼法与民事诉讼法、行政诉讼法的功能与作用基本相同,只是发挥作用的领域各异。和刑事诉讼法一样,民事诉讼法、行政诉讼法也是程序法。在同一个国家里,它们有着许多共同的原则和制度。所不同的是,它们各自所保障实施的实体法的类别不同。因此,它们在诉讼程序方面有着许多重大的差别。进行刑事诉讼应当适用刑事诉讼法,进行民事诉讼、行政诉讼应当适用民事诉讼法、行政诉讼法,不能混淆和代替。

刑事诉讼法与人民法院组织法、人民检察院组织法、法官法、检察官法和人民警察法也有着相应的联系。人民法院和人民检察院是刑事诉讼主体,它们是主持或参与刑事诉讼的专门国家机关。因此,刑事诉讼法必须要对这两个机关在刑事诉讼中的地位、职责分工、相互关系、活动原则等方面加以规定。法官、检察官、人民警察是办理刑事案件的具体工作人员,刑事诉讼法也要对他们在刑事诉讼中的权利、义务加以规定。人民法院组织法和人民检察院组织法规定了这两个司法机关的任务、职权范围、活动原则、组织体系、机构设置和人员组成;法官法、检察官法和人民警察法分别规定了法官、检察官和警察的职责或职权、权利和义务、条件、任免、考核、奖惩、待遇等。因此,刑事诉讼法同上述法律之间有着许多相同的内容。不过,我们不能认为它们是简单的重复。因为这些重复的内容分属它们各自调整范围内不可缺少的规范,这些规范既互相补充、互相充实,又不能互相替代,更不能互相矛盾抵触。

三、中国刑事诉讼法的历史发展

中国的刑事诉讼法走过了一条曲折的发展道路。在中国古代,没有独立的刑事诉讼法法典。在"诸法合体"的立法模式下,刑事诉讼法通常依附于"刑民不分"的各朝代的律典。直到清朝末年,为挽救清王朝的灭亡,于1906年编制出了《大清刑事民事诉讼法》,又于1910年编制了《刑事诉讼律(草案)》。但

---

① 《马克思恩格斯全集》第1卷,人民出版社1956年版,第178页。

是，这部独立的刑事诉讼法法典并没有被实行，清朝政府就被辛亥革命推翻了。

北洋政府和国民党政府基本上都是以清末的《刑事诉讼律（草案）》为蓝本，在作了若干修订增补后，制定了它们的刑事诉讼法法典。

在新民主主义革命时期，中国共产党一方面领导人民进行武装斗争，另一方面也不断加强根据地的政权建设。其间也制定了一些有关刑事诉讼制度的规定，如《裁判部暂行组织及裁判条例》、《中华苏维埃共和国司法程序》、《陕甘宁边区高等法院组织条例》，等等。

新中国成立前夕，中共中央郑重宣布：将国民党的"六法全书"及一切反动法律一律废除，人民司法工作必须以人民政府的法律为依据；在没有法律的情况下，依照新民主主义的政策。

新中国成立后，在进行社会主义改造和建设的同时，1954年9月颁布了《中华人民共和国宪法》（以下简称《宪法》）、《中华人民共和国人民法院组织法》（以下简称《人民法院组织法》）、《中华人民共和国人民检察院组织法》（以下简称《人民检察院组织法》），同年12月又颁布了《中华人民共和国逮捕拘留条例》，办理刑事案件有了基本的程序依据。从1956年起，开始刑事诉讼法的起草工作。

经过二十多年的风风雨雨，终于在1979年7月1日由五届全国人大二次会议通过了《刑事诉讼法》，7月7日公布，1980年1月1日起施行。至此，新中国第一部刑事诉讼法法典正式诞生。

《刑事诉讼法》和与之同时颁布的《中华人民共和国刑法》（以下简称《刑法》）的制定，结束了我国在刑事司法领域长期无法可依的局面，标志着我国社会主义法制建设进入了新的时期。1979年制定的《刑事诉讼法》共四编17章164条。该法典以马列主义毛泽东思想为指针，以宪法为根据，结合我国各族人民实行以无产阶级领导的、以工农联盟为基础的人民民主专政的具体经验和打击敌人、保护人民的实际需要，对有关刑事诉讼的基本原则、制度和程序作了较为系统的规定。这部刑事诉讼法总结了新中国成立30年来国家政治和法制建设的经验教训，特别是"文化大革命"的经验教训，是一部适应当时中国国情的刑事程序法。

随着改革开放的不断深入，特别是党中央提出建立社会主义市场经济体制的目标，我国社会生活的各个领域，都发生了深刻的变化。在刑事司法领域，出现了许多新的情况和新的问题。第一，刑事案件的情况发生了变化。随着改革开放，出现了不少新类型的经济犯罪；贪污、贿赂和渎职案件大量增加；集团犯罪、跨地区作案的犯罪增加；涉及境外的犯罪增加。这些变化给侦查破案、惩罚犯罪带来了一系列新的问题。第二，执法队伍和律师队伍发生了变化。在机构健全、数量增加、素质提高的同时，对一些可能出现的消极因素和腐败现象，也必须从制度上加以制约和监督。第三，执法条件发生了变化。民主和法制建设经验的积累，公民法律意识的提高，改革开放的不断深入，流动人口增加，经济利益驱动，地方保护主义、部门保护主义的出现等，都为修正刑事诉讼法提出了客观需求。第四，也必须看到，在立法之初，由于理论研究的滞后和缺少足够的经验，对某些问题规定得较为粗略，有些制度和程序规定得不够严密，加之宪法和《人民法院组织法》等有关法律的修订，也要求刑事诉讼法与之协调。于是修改刑事诉讼法便提上了议事日程。

1996年3月17日，八届全国人大四次会议通过了《关于修改〈中华人民共和国刑事诉讼法〉的决定》，同日由国家主席签署"主席令"予以公布，自1997年1月1日实行。《中华人民共和国逮捕拘留条例》、《全国人民代表大会常务委员会关于迅速审判严重危害社会治安的犯罪分子的程序的决定》、《全国人民代表大会常务委员会关于刑事案件办案期限的补充规定》同时废止。修改后的刑事诉讼法共四编17章，另加附则，共计225条。对原法典的修改共143处。包括删除的2条在内，净增加1/3以上。修改后的刑事诉讼法较原刑事诉讼法绝不仅是数量的增加。从其内容而言，可以说有了突破性的发展，是我国法制建设的新的重要里程碑。

1996年《刑事诉讼法》贯彻了惩罚犯罪和保障人权并举，是我国刑事诉讼制度进一步科学化、民主化的指导思想，主要在以下方面作了修改：

第一，明确规定"未经人民法院依法判决，对任何人都不得确定有罪"原则；取消免予起诉制度；规定人民法院对于"证据不足，不能认定被告人有罪的，应当作出证据不足、指控的犯罪不能成立的无罪判决"。

第二，调整了逮捕、拘留的条件，废止收容审查制度用于办理刑事案件，完善了各项刑事诉讼强制措施。

第三，进一步保障当事人的诉讼权利，将被害人确定为当事人，增设代理制度，律师和辩护人较之从前均提前介入诉讼。

第四，进一步明确和加强各司法机关的职责，重新调整管辖分工。

第五，增设简易程序，改革庭审方式。

时光荏苒，现行1996年《刑事诉讼法》的颁行已逾15年，我国的政治、经济和文化生活都发生了重大的变化。随着"程序公正"、"保障人权"等现代法治理念的日益深入人心，司法体制和机制改革不断取得新的成果，刑事诉讼法学基本理论研究的不断深入，《刑事诉讼法》的再修正条件已经成熟。

2012年3月14日十一届全国人民代表大会第五次会议，以2639票赞成，160票反对，57票弃权，通过了《全国人民代表大会关于修改〈中华人民共和国刑事诉讼法〉的决定》。本次刑事诉讼法的修正，是继1996年修订16年之后的再修改。早在2003年，第十届全国人大常委会就把刑事诉讼法的再修改列入了立法规划，到本届人大最后一次全体会议得以通过已近十年，可谓"十年一剑"。《全国人民代表大会关于修改〈中华人民共和国刑事诉讼法〉的决定》共111条，对1996年《刑事诉讼法》进行了150多处修改，而且还新增加了编、章、节。使修正后的2012年《刑事诉讼法》达到290条。主要内容包括：在总则任务条款里增加"尊重和保障人权"的规定,并且贯彻和体现在多项具体规定和制度中;增设、完善了侦查程序,健全了强制措施;进一步规范司法行为,遏制刑讯逼供,确立非法证据排除规则,增加"不得强迫任何人证实自己有罪"的原则规定;完善辩护制度扩大法律援助;健全审判程序,提高诉讼效率;在强化检察监督方面增添了内容,扩展了范围,丰富了手段,明确了效力,强化了责任,健全了程序;同时,在证据表述、证据种类、证明标准、举证责任、取保候审和监视居住的监督管理、辩护人和诉讼代理人的申请回避权、辩护人对阻碍其依法行使诉讼权利的申诉控告及处理机制、中级法院的管辖范围、社区矫正、未成年人刑事案件诉讼程序、刑事和解的公诉案件诉讼程序、逃匿死亡被告人违法所得的没收程序、依法不负刑事责任的精神病人的强制医疗程序等问题上都有新的规定。应当说本次刑事诉讼法的修改,是一次中国特色社会主义刑事司法制度的重大发展和健全完善。

第四节 刑事诉讼法学

一、刑事诉讼法学的研究对象

刑事诉讼法学是以刑事诉讼现象为研究对象的独立的法学分支学科,也被称作部门法学。

任何一门学科,都有自己特定的研究对象,这是一门学科存在和发展的基本条件。刑事诉讼法学作为一门独立的法学学科也是如此。刑事诉讼法学研究对象的确定,首先应当考虑学科功能的发挥。被确定的研究对象,应当使刑事诉讼法学的触角有可能直接触及本学科的基本理论问题。诸如:刑事诉讼现象的本质、内部规律和外部特征,刑事诉讼价值、刑事诉讼目的、刑事诉讼结构、刑事诉讼法律关系,刑事诉讼调整在整个社会调整体系中的地位和作用,等等。吸引人们积极主动地去探讨和研究这些基本问题,并以此来指导立法和司法实践。这个被确立的研究对象,应当囊括所有应当由刑事诉讼法学研究的内容,并使刑事诉讼法学形成开放式的研究视野,使其具有多方位、多渠道、多层次的研究格局和功能。刑事诉讼法学研究对象的确定,还要有利于本学科理论自身的发展,即应当为学科理论的不断发展提供广阔的天地,而不能成为理论发展的桎梏。

确定刑事诉讼法学的研究对象,还应当考虑摆正刑事诉讼法学与刑事诉讼法的正确关系。尽管社会政治上层建筑一旦确立,必将表现为现实的力量,在很大程度上影响着人们的思想、观点和理论。但是,不容否认,任何政治上层建筑的形成,都是在一定的思想上层建筑指导下完成的。一定的思想上层建筑对于一定政治上层建筑形成的指导,是该政治上层建筑确立的必要条件。作为思想上层建筑的刑事诉讼法学,对于刑事诉讼法这一政治上层建筑来说有着十分重要的指导作用。无论是直接的理论依据，还是具体的立法技术，刑事诉讼法学都应为刑事诉讼法提供全面的、具体的、直接的理论帮助。

确定刑事诉讼法学的研究对象，还要注意避免受到刑事诉讼法法典的体例和内容、刑事诉讼法教学体系和内容以及某部刑事诉讼法学教科书或其他著述的体例和内容的影响和限制。刑事诉讼法学、刑事诉讼法学教学和刑事诉讼法法典三者的体系和内容受着各自的性质、任务和对象的制约与限制。刑事诉讼法法典，是刑事诉讼法律部门比较集中、系统的法律文件，它所调整的对象是社会关系中需要用刑事诉讼手段加以调整的部分，其任务在于为司法机关和诉讼参与人进行刑事诉讼提供程序规则方面的基本遵循。因此，它的体例和内容要照顾精确、明确、稳定和便于理解、实施等特点。刑事诉讼法学是法学的一个门类，是一个科学学科，它的主要任务不仅在于说明和解释各种有关刑事诉讼的法律规范，而且还在于探讨和提示刑事诉讼现象的本质和规律，以及外部联系，并以此来指导刑事诉讼法的立法和司法实践。因此，它的体系和内容应当更加广泛和开放，符合科学的要求。至于刑事诉讼法学教学的体系和内容，应当受到不同的教学对象和教学目的的限制。虽然刑事诉讼法学教学传授的是有关刑事诉讼法和刑事诉讼法学的内容，但是，它不可能也不应该将刑事诉讼法的所有规定和刑事诉讼法学的所有研究内容，不分主次、轻重地全部讲授。一部教科书或其他著述的写作，在作者写作目的的指导下，一定有其各自的体系和内容，它不应当，也不可能是刑事诉讼法学全部内容和完整体系的再现。

社会科学的研究对象是各种社会现象，法学的研究对象是各种法律现象，那么，刑事诉讼法学的研究对象就应该是刑事诉讼现象。我们这里所说的刑事诉讼现象，指的是国家在运用刑事诉讼手段解决犯罪与刑罚问题时所发生的各种方法或程序法律现象的总称。也就是说，凡是国家在运用刑事诉讼手段解决犯罪与刑罚这一实体问题时所发生的各种方法或程序法律现象，都是我们这里所说的刑事诉讼现象。国家采用刑事诉讼方式解决犯罪与刑罚问题时，伴随而来的将会有一系列的程序法律现象出现。诸如：刑事诉讼法律规范，刑事诉讼司法机构，刑事诉讼法律关系，有关刑事诉讼的各项原则、制度、程序，刑事诉讼这架机器的运转机制，刑事诉讼司法经验，以及刑事诉讼调整在人们的社会生活和社会关系中发挥的作用、产生的影响，等等。所有这些为解决犯罪与刑罚问题而发生的程序法律现象都包括在刑事诉讼现象这一范畴之中。作为社会科学中一门独立的法学学科的刑事诉讼法学，同其他任何社会科学一样，都是以特定的社会现象为其研究对象的。而刑事诉讼法学所面临的是刑事诉讼这一特定的社会活动（包括相应的国家活动和诉讼参与人的活动），将这一活动作为一种社会现象来对待，将其概括于一个范畴之中，那么，这一范畴只能是刑事诉讼现象。刑事诉讼现象是一种具体的法律现象。它一方面具有所有法律现象都具有的属性和特征，同时，它还有着自己特殊的属性及表现形式。对这个有着特殊属性和表现形式的法律现象，进行全面、系统、深入的研究，就成为刑事诉讼法学的任务。

刑事诉讼现象，是国家在解决犯罪和刑罚问题时所发生的。尽管刑事诉讼现象与犯罪和刑罚现象有着十分密切的联系，诸如，犯罪现象是刑事诉讼现象发生和存在的前提，刑罚是刑事诉讼的结果；对犯罪和刑罚现象的研究可以深化对刑事诉讼现象的认识；对刑事诉讼现象进行深入细致的研究，正是为了更加有效地运用刑罚手段，达到揭露、证实、惩罚和预防犯罪的目的。但是，刑事诉讼现象与犯罪和刑罚现象之间的区别，仍然是十分明显的。其中最主要的就是内容现象和方法现象的区别。在整个刑事诉讼过程中，罪与刑的问题，总是其中的实体内容，而如何或怎样解决罪与刑的问题，则是其中的方法问题或程序问题。对刑事诉讼中的罪与刑这个内容现象的认识，属于刑法学的领域，而对于解决这个实体内容的方法现象的认识，则属于刑事诉讼法学的任务。

刑事诉讼现象是国家运用刑事诉讼手段解决犯罪与刑罚问题时所发生的所有程序法律现象的总称。很明显，其中当然不能缺少刑事证据现象。因为离开了刑事证据，刑事诉讼手段则无法解决犯罪与刑罚问题。我们在运用刑事诉讼手段解决犯罪与刑罚问题时，必然会有刑事证据现象发生，所以，刑事证据现象也是刑事诉讼现象的重要内容之一。但是，将刑事证据现象视为刑事诉讼现象的重要内容，并不是否定证据法学作为一门独立的法学学科而存在的必要性。道理很简单，对某一社会现象或自然现象的研究，从来就不是哪一个学科的专利。对现象某一方面的研究，不同的研究方法、层次或角度以及研究的引进、兼跨、综合和分解，都可能产生新的学科。现代科学研究的成果已经证明，科学体系和结构的这些变化，不仅是可行的，而且是必要的。

综上所述，作为刑事诉讼法学研究对象的刑事诉讼现象，囊括了所有应当由刑事诉讼法学研究的内容，它是在国家运用刑事诉讼手段时发生的，与犯罪和刑罚这个实体现象并立的全部方法或程序法律现象。

二、刑事诉讼法学的研究领域

一门学科的研究领域是该学科研究对象的具体体现，是学科体系的空间范围。刑事诉讼法学至少应当开辟如下研究领域：刑事诉讼现象的产生及其沿革；刑事诉讼法学的历史发展；刑事诉讼法学的概念和范畴；刑事诉讼现象的本质和规律；刑事诉讼原理和原则；刑事诉讼调整在整个社会调整体系中的地位和作用；现行刑事诉讼立法及其有关正式解释的准确含义；刑事诉讼法律关系；刑事诉讼法律规范在其适用过程中出现的情况、经验和教训，即所谓司法实践经验；中外历史上的刑事诉讼原则、制度和实践，国外和我国港、澳、台地区现行刑事诉讼原则、制度及实践；刑事诉讼法学的研究方法。

明确刑事诉讼法学的研究对象是刑事诉讼现象，具有十分重要的意义。从总体上说，这样明确的结果，使刑事诉讼法学的科学功能有可能得以真正发挥。具体地讲，有助于拓宽刑事诉讼法学的研究领域，使其形成多方位、多渠道、多层次的研究格局；既可以实现对研究客体的整体把握，又可以使我们的视野深入到对象的内部，以提示刑事诉讼现象的本质及其内部规律；可以使刑事诉讼法学所面临的法律形式置于广泛的社会内容之中，使法学研究的正确途径和方法在刑事诉讼法学领域里得到实现；通过多渠道、多方位、多层次地展开深入细致的研究，将使刑事诉讼法学的认识论意义得到空前的加强，从而必将对刑事诉讼法学理论的发展、对刑事诉讼的立法和司法实践产生重大影响。

从总体上说，刑事诉讼法学的研究目的，就在于探讨和提示刑事诉讼现象的本质、规律及其外部联系，从而得出规律性的认识，为立法者和司法者提供最佳选择方案，为人们认识与刑事诉讼相关的社会现象提供思想武器。刑事诉讼法学是一门应用法学学科。人们开展刑事诉讼法学研究最直接的目的，就是为立法者制定刑事诉讼法律规范和司法者适用刑事诉讼法律规范提供直接的理论帮助，同时也为公民参与刑事诉讼，运用刑事诉讼法律规范保护自己的合法权益，积极同犯罪行为作斗争提供理论帮助。此外它同其他独立的科学学科一样，也肩负着为人们提供认识工具，增强人们文化意识的任务。首先，在立法方面，刑事诉讼法学应该为刑事诉讼立法提供直接的理论支持。这里的立法应该是广义上的，既指系统性法律文件的制定，也指法律规范经常性的立、改、废，又指有关部门的有权解释。依照正确、科学的研究方法，抽象、概括、归纳、分析、综合、总结出来的刑事诉讼法的概念、范畴、原理、原则、经验、规律等，应当成为刑事诉讼立法的直接的理论依据。刑事诉讼立法当然还需要其他学科，特别是哲学的社会科学的基本理论的指导。但刑事诉讼法学的理论帮助，应该是最直接、具体的。其次，在司法方面，刑事司法实践，即刑事诉讼过程，是一项复杂、缜密的国家活动，是刑事诉讼法实施的主要途径，其活动过程本身和活动的结果，都直接涉及国家的利益和公民的权益。为保证刑事诉讼法的正确实施，保障刑事诉讼的正确进行，刑事诉讼法学要为刑事司法实践提供全面的理论帮助。刑事诉讼法学这一研究目的的实现，主要通过如下两个渠道。其一是通过对刑事诉讼法律条文的精确注释，对立法精神的阐明，以及对其实施经验的总结，为司法工作者适用法律、主持和参与刑事诉讼，为公民参与刑事诉讼提供理论帮助；其二是通过对刑事诉讼的本质、规律、原理、原则及概念、范畴的揭示，通过对刑事诉讼现象与其他社会现象相互关系的阐明，来为司法工作者提供认识武器，使他们更加自觉地把握刑事诉讼法的精神实质，正确适用刑法和刑事诉讼法，完成国家和人民交给他们的使命。最后，在法律文化方面，作为一门独立的学科，刑事诉讼法学的研究要为本学科自身的理论建设，不断提供认识工具和思想材料。刑事诉讼法学理论只有不断地充实、创新、完善和提高，才能实现为刑事诉讼立法和司法实践服务的目的，才能适应变化着的社会生活的需要。刑事诉讼法学的研究还有着继承和发展刑事诉讼法律文化，增强人们的法律意识等方面的目的。

三、刑事诉讼法学的研究方法

现代科学研究的成果向人们反复表明，科学研究的方法在科学研究过程中始终起着举足轻重的作用。对于刑事诉讼法学研究方法的认识,从不同的角度,根据不同标准,可以归纳出不同的序列和内容。它们共同构成刑事诉讼法学的研究方法,是人们在进行刑事诉讼法学研究时曾经使用或应当使用的方法。

以研究方法应用的范围作为标准,可将刑事诉讼法学的研究方法归纳为:世界观意义上的最一般方法;通用于自然、社会、思维各个科学领域的一般方法;应用于社会科学领域的特殊方法;只适用于法学领域的个别方法;专用于诉讼法学的专门方法。前三种方法中包括的某些常用的方法,如辩证唯物主义和历史唯物主义的方法、形式逻辑的方法、社会调查和语言分析的方法等,也是人们在从事刑事诉讼法学研究时经常使用的方法。后两种方法,对于我们认识刑事诉讼现象的特殊本质与特殊规律,考察刑事诉讼现象的固有特征,无疑有着重要价值。刑事诉讼法学理论工作者应当结合法学研究特别是刑事诉讼法学研究的实际,努力总结出法学研究和刑事诉讼法学研究的专门方法并自觉地运用于刑事诉讼法学研究的实践之中。以科学研究过程的阶段为标准,刑事诉讼法学的研究方法又包括:选择和确定课题的方法;对各种刑事诉讼现象进行观察、考察、实验、统计,从而获得经验材料的方法;在思维过程中对经验材料进行加工的方法;建立刑事诉讼法学理论和检验这些理论的方法;叙述本学科理论、构造刑事诉讼法学体系的方法。这些方法处于刑事诉讼法学理论研究过程的不同阶段,各自在科学研究的一定阶段上发挥着不可缺少的作用,而科学研究活动的过程的内在逻辑和结构,又使它们形成了一定完整的系统。随着科学研究过程的展开,各种方法依次发挥作用,又依次更替。以人们在刑事诉讼法学研究过程中运用何种理论工具为标准,还可以将刑事诉讼法学的研究方法概括为:哲学方法、逻辑学方法、数学方法、语言学方法、社会学方法、控制论方法、信息论方法、系统论方法、法的一般理论方法等。科学研究的理论工具,是指人们在科学研究过程中所使用的理论知识的总和。人们先前获得的理论知识制约着人们研究的水平和方式。本来是认识结果的理论知识,在新的认识和研究过程中又起着认识工具的作用。理论知识的程度决定着科学研究的起点,理论知识越是丰富、深厚,就越有可能在较高的起点上提出问题,向更为隐蔽的未知领域探索;同样的感性材料,在不同的知识背景和框架中就会得到不同的思维加工,形成不同的新知识和新理论。以科学研究过程中的思维方式为标准,刑事诉讼法学的研究方法还可以有如下序列,如抽象法、分析法、综合法、演绎法、归纳法、类比法(横向的和纵向的)、统计法、模拟法等。在刑事诉讼法学研究过程中,研究者们可以根据课题的具体特点,来运用一种或几种思维方法,从而得出科学的结论。

第二章 刑事诉讼基本范畴

第一节 刑事诉讼价值

一、刑事诉讼价值的含义

刑事诉讼价值,是指刑事诉讼立法及其实施能够满足国家、社会及其一般成员的特定需要而对其所具有的效用和意义。

二、刑事诉讼价值的内容

刑事诉讼价值包括秩序、公正、效率。

(一) 秩序

刑事诉讼秩序价值包括两方面的含义:一是通过惩治犯罪,维护社会秩序,即恢复被犯罪破坏的社会秩序以及预防社会秩序被犯罪所破坏;二是追究犯罪的活动必须是有序的,不得任意无序地追究犯罪。惩罚犯罪是刑事诉讼的直接目的之一,但是,该目的的实现必须通过法定的刑事诉讼程序有序进行,否则,就容易侵犯人权,造成冤假错案,进而使社会公众普遍丧失安全感,影响社会的正常发展。我国"文化大革命"时期砸烂公、检、法,导致了大量的冤假错案。[①] 这时时提醒我们有序追究犯罪是何等重要!

(二) 公正

司法公正包括程序公正和实体公正。程序公正,指诉讼程序所体现出的公正。刑事诉讼的程序公正包括以下方面:(1) 严格遵守刑事诉讼法的规定。(2) 认真保障当事人和其他诉讼参与人、特别是犯罪嫌疑人、被告人和被害人的诉讼权利。(3) 严禁刑讯逼供和以其他非法手段取证。(4) 真正实现司法机

[①] 1978 年下半年到 1981 年年底,全国各级人民法院集中力量对"文化大革命"期间判处的 120 余万件刑事案件进行复查,按照"全错全平,部分错部分平,不错不平"的原则,纠正冤假错案 30.1 万件,改判率为 25%,涉及当事人 32.6 万余人,使一大批人沉冤昭雪。赵震江主编:《中国法制四十年》(1949—1989),北京大学出版社 1990 年版,第 369 页。

关依法独立行使职权。(5)审前程序的尽量透明,审判程序的公开。(6)在审判程序中,控辩双方平等对抗,法庭居中裁判。(7)按法定期限办案、结案。

刑事案件的实体公正包括以下方面:(1)据以定罪量刑的犯罪事实必须准确无误地认定,达到法定的证明标准。(2)正确适用刑法,准确认定犯罪嫌疑人、被告人是否有罪及其罪名。(3)认定犯罪嫌疑人、被告人有罪或罪重在事实上、法律上发生疑问的,应当从有利于被追诉人方面作出处理。(4)按照罪刑相适应原则,依法适度判定刑罚。(5)已生效的裁判得到合理有效的执行,使实体公正最后得以真正实现。(6)对于错误处理的案件,特别是无罪错作有罪处理的案件,依法采取救济方法及时纠正、及时补偿。

程序公正和实体公正各自有其独立的公正内涵和标准,不能互相代替,具有同样重要的地位,如车之两轮、鸟之两翼。在我国的法律传统上,"重实体、轻程序",经过多年的努力,"程序公正与实体公正并重"已经为社会主义法治理念所确认。① 追求实体公正,不能以违背或破坏程序为代价,防止那种只求结果、不要过程、省略程序、违反程序等问题;强调程序公正,绝不意味着放弃对实体公正的追求,不能脱离实体公正搞所谓"程序至上"或者"程序优先",避免只求过程不重结果。②

(三)效率

诉讼效率,是指诉讼中所投入的司法资源(包括人力、财力、设备等)与所取得的成果的比例。追求诉讼效率要求投入尽可能少的司法资源取得尽可能多的诉讼成果,降低诉讼成本,提高工作效率,加速诉讼运作,减少案件拖延和积压的现象。提高诉讼效率不仅是为了节约司法成本,更重要的是为了使犯罪分子及时得到惩罚,无罪的人早日免受刑事追究,被害人也可及时得到精神上和物质上的补偿,从而更有效地实现刑事诉讼法的任务。如果办案拖拉,超期羁押,即使案件最后得到正确处理,司法公正也必然受到严重影响。正如西方法谚所说:"迟来的正义是非正义。"

现代诉讼都把效率视为诉讼中的基本理念和价值要求,并在诉讼立法中予以规定。例如,《日本刑事诉讼法》第1条规定"本法的目的"包含有"正当而迅速地适用刑罚法令"的内容。《美国联邦刑事诉讼规则》第2条规定:"本规则旨在为正确处理每一起刑事诉讼提供规则,以保证简化诉讼,公正司法,避免不必要的费用和延缓。"我国《刑事诉讼法》第2条也规定了"准确、及时地查明犯罪事实"的内容,而且我国《刑事诉讼法》还从诉讼期限、轻罪不起诉和简易程序等多方面体现诉讼效率的理念。

在刑事诉讼中,公正与效率的关系,应当是公正第一、效率第二。这正如"马拉车一起向前走,马总是在车的前面"。罗尔斯说:"某些法律和制度,不管

---

① 参见中共中央政法委员会:《社会主义法治理念读本》,中国长安出版社2009年版,第150页。
② 参见中共中央政法委员会:《社会主义法治理念读本》,中国长安出版社2009年版,第153页。

它们如何有效率和有条理,只要它们不正义,就必须加以改造和废除。"① 在刑事诉讼中,应当在保证司法公正的前提下追求效率,而不能单纯地为了追求办案数量,草率办案而损害程序公正,实体公正。

刑事诉讼的秩序、公正、效率诸项价值相互依存、相互作用、相互制约,不可偏废。

第二节 刑事诉讼目的

一、刑事诉讼目的的含义

刑事诉讼目的,是指国家制定刑事诉讼法、进行刑事诉讼活动所期望达到的目标,是立法者根据国家和社会的需要并基于对刑事诉讼固有属性的认识预先设计的关于刑事诉讼结果的理想模式。刑事诉讼目的集中体现了立法者的刑事诉讼价值观。

二、刑事诉讼目的的内容

刑事诉讼目的可以分为刑事诉讼的根本目的和直接目的两个层次。刑事诉讼的根本目的在于维护国家的宪法体制和秩序。刑事诉讼的直接目的表现为两方面:惩罚犯罪和保障人权。在刑事诉讼的学习和实践中,对刑事诉讼直接目的的理解与把握更具实际意义。

惩罚犯罪是刑事诉讼的一个直接目的。犯罪行为侵害了公民的合法权利,破坏了社会的安全,扰乱了正常的社会秩序,国家必须通过刑事诉讼对犯罪予以追诉,使刑法得以实施,从而实现惩罚犯罪的目的。这是刑事诉讼与生俱来的目的,如果不具有这一目的,刑事诉讼也不能称为刑事诉讼。

保障人权是刑事诉讼的另一个直接目的。我国2004年修改后的《宪法》第33条第3款规定:"国家尊重和保障人权"。这是"保障人权"第一次写入我国法律。2012年修正后的《刑事诉讼法》第2条增加规定了:"尊重和保障人权",既有利于更加充分地体现我国司法制度的社会主义性质,也有利于公安司法机关在刑事诉讼程序中更好地遵循和贯彻这一宪法原则。刑事诉讼中的保障人权是指保障所有诉讼参与人的人权,但是,基于刑事诉讼惩罚犯罪的目的和我国目前刑事诉讼中人权保障的实际情况,目前和今后很长一段时间我国刑事诉讼中人权保障的重点是犯罪嫌疑人和被告人的人权。每一个人都有可能成为犯罪嫌疑人和被告人,作为公安司法人员应当尊重每一个人,保障犯罪嫌疑人、被告人的人权。

---

① [美]罗尔斯著:《正义论》,何怀宏等译,中国社会科学出版社1988年版,第3页。

惩罚犯罪和保障人权是刑事诉讼的两个目的，两者对立统一，不能片面强调一个方面而忽视另一个方面。

第三节 刑事诉讼职能

一、刑事诉讼职能的含义

刑事诉讼职能，是指根据法律规定，国家专门机关和诉讼参与人在刑事诉讼中所承担的职责、具有的作用和功能。

二、刑事诉讼职能的内容

在我国，有的学者主张我国刑事诉讼的职能包括侦查职能、控诉职能、辩护职能、审判职能四种，即"四职能说"；也有的学者认为我国刑事诉讼的职能包括侦查职能、控诉职能、辩护职能、审判职能和监督职能五种，即"五职能说"；也有的学者认为刑事诉讼的职能包括侦查职能、控诉职能、辩护职能、审判职能、执行职能、协助执行职能和诉讼监督职能七种，即"七职能说"。而通说认为，刑事诉讼有三种基本功能，即控诉、辩护和审判，称为"三职能说"。

（一）控诉职能

控诉职能，指向法院起诉并出庭支持控诉，要求追究被告人因其犯罪行为所应承担的刑事责任，由国家追诉机关和被害人行使。由于侦查是公诉的必要准备，是追诉活动的组成部分，因而从广义上可以将侦查机关视为行使控诉职能的机关。自诉案件的控诉职能，则由自诉人承担。

在我国的刑事诉讼中，公诉案件的控诉职能由公安等侦查机关和人民检察院承担，侦查机关通过侦查查明案件事实，从而为检察机关审查起诉、决定是否起诉以及起诉后出庭支持公诉奠定基础。在自诉案件中，控诉职能由自诉人承担，但自诉人或其法定代理人可以委托诉讼代理人协助履行。

（二）辩护职能

辩护职能相对于控诉职能而言，指提出对被控诉人有利的事实和理由，维护被控诉人的合法权益，由犯罪嫌疑人、被告人行使，辩护人协助其行使。设置辩护职能的目的，是维护被追诉者的合法权益。

在我国刑事诉讼中，辩护职能由犯罪嫌疑人、被告人行使，犯罪嫌疑人和被告人有权委托律师或其他公民担任自己的辩护人帮助自己行使辩护权，在审判阶段，人民法院还有义务为符合条件的被告人指定辩护人。

（三）审判职能

审判职能，指通过审理确定被告人是否犯有被指控的罪行和应否处以刑罚以及处以何种刑罚,由法院行使。审判职能是通过审理活动和裁判活动来实现的。审判职能是诉讼中最核心的一种职能。正是基于审判职能的独特性,现代世界各国都要求审判职能的行使必须是独立的、中立的、公正的。在我国的刑事诉讼中,审判职能由各级人民法院行使。

控诉、辩护、审判三种基本职能互相联系、彼此制约,构成刑事诉讼活动的主要内容。

第四节 刑事诉讼结构

一、刑事诉讼结构的含义

刑事诉讼结构,又称为刑事诉讼形式或刑事诉讼构造,是指刑事诉讼法所确立的进行刑事诉讼的基本方式以及专门机关、诉讼参与人在刑事诉讼中形成的法律关系的基本格局,它集中体现为控诉、辩护、裁判三方在刑事诉讼中的地位及其相互间的法律关系。

二、刑事诉讼结构的具体内容

(一)历史上的刑事诉讼结构

通说认为,人类历史上曾出现过弹劾式诉讼和纠问式诉讼两种类型的诉讼结构。弹劾式诉讼又称为控告式诉讼,是古代奴隶制社会和欧洲封建社会前期实行的一种刑事诉讼结构形式。弹劾式诉讼具有以下特点:(1)不告不理。在弹劾式诉讼制度下,由被害人决定是否向法院起诉,被害人起诉的,法院就进行审判,被害人不起诉,法院无权进行审判。(2)控辩平等。在弹劾式诉讼制度下,原、被告双方的诉讼地位完全平等。控诉方有权收集证明被告人有罪、罪重的证据,辩护方有权收集证明被告人无罪、罪轻的证据;在庭审过程中,控诉方有权出示有利于本方的证据,辩护方也有权出示有利于本方的证据;控诉方有权与辩护方进行对质和辩论,辩护方也有权与控诉方进行对质和辩论。(3)法官中立。在弹劾式诉讼制度下,法官保持中立。在审判前,法官一般不进行任何调查或侦查;在审判过程中,法官一般不主动出示证据,也不进行庭外调查,主要依靠当事人提供的证据进行裁判。(4)公开言词原则。在弹劾式诉讼制度下,法庭审判一般公开进行,并且控辩双方有权进行质证和辩论。

纠问式诉讼又称为审问式诉讼,是盛行于封建专制时期的一种刑事诉讼结构形式。纠问式诉讼具有以下特点:(1)国家主动追诉犯罪。随着社会的进步,统治者认识到,犯罪不仅仅是对被害人个人权利的一种侵犯,而且是对国家和社会利益的一种侵犯,因而在发生犯罪时,即使被害人没有控告,国家也应主动进行追究。（2）控审不分。在纠问式诉讼制度下，法官集侦查、起诉、审判三种职能于一身，不仅负责法庭审判，而且负责在审前收集证据以及提起公诉。（3）当事人地位的客体化。在纠问式诉讼制度下，被告人沦为诉讼客体，在诉讼中几乎不享有任何权利。

（二）现代西方国家的刑事诉讼结构

现代西方国家的刑事诉讼结构主要有大陆法系的职权主义诉讼结构和英美法系的当事人主义诉讼结构两种模式。职权主义诉讼结构，是在对纠问式诉讼结构进行改革并吸收弹劾式诉讼结构若干要素的基础上形成的。这种诉讼结构的特点是强调法官在审判中的主导作用，控、辩双方处于不平等的地位。在职权主义诉讼结构下，侦查是国家追诉机关单方面的行为，犯罪嫌疑人有接受司法官员侦查和讯问的义务，相对来说，辩护职能较弱。尽管欧洲大陆各国也允许律师参与诉讼为被告人进行辩护，并承认被告人有沉默权，但辩护一方在侦查中的参与权仍然受到一定的限制。

当事人主义的诉讼结构，又称"对抗式诉讼"，其主要的特征是强调控、辩双方都具有平等的诉讼地位，在侦查阶段，赋予犯罪嫌疑人一定的诉讼权利，使之足以与侦查机关相对抗。从理论上讲，犯罪嫌疑人、被告人不承担协助侦查机关追诉犯罪的义务，因而具有不自证其罪的权利。在审判阶段，法官只充当控、辩双方的裁判者，他不主动进行讯问，而是通常由控、辩双方各自举证和以交叉询问的方式来查明案情。

第二次世界大战（以下简称"二战"）以后，职权主义的诉讼结构和当事人主义的诉讼结构有互相融合的趋势，两者的区别和差异正在逐渐缩小。

（三）我国的刑事诉讼结构

我国刑事诉讼法学界关于诉讼结构的研究取得了一定成果，如提出了"正三角结构"、"倒三角结构"、"线形结构"和"双重结构"等。"正三角结构"的特点是，作为双方当事人的原、被告平等对立，法官作为第三方居于其中，居于其上，公正裁判，解决纠纷；"倒三角结构"的特点是，控诉、裁判职能居于倒三角形的两个顶端，被告人居于倒三角形的底端，处于被追诉、被审判的地位；"线形结构"的特点是，将诉讼视为一种"双方组合"，一方作为整体的国家专门机关，另一方为犯罪嫌疑人、被告人，诉讼活动由国家专门机关积极推动进行。在线形结构下，侦、诉、审三机关虽然职能不同，但目标一致，彼此协作，使整个刑事诉讼呈工厂流水作业的状态，而呈现为"线形"。"双重结构"的特点是，现代刑事诉讼中，控诉、辩护、审判三方组合，构成刑事诉讼的基本支点。原告与被告之间形成控诉对抗，法官居间裁判，形成一个正三角结构。同时，刑事案件按特定程序由侦查、起诉到审判传递，在三机关之间实际存在着一种"工序关系"，即线形关系。

我国的刑事诉讼结构与英美法系的当事人主义诉讼有较大差异，也不同于大陆法系的职权主义诉讼，而是具有自己的特点，如强调人民法院、人民检察院、公安机关的分工负责、互相配合、互相制约；人民检察院作为公诉机关，不是一方当事人；侦查机关有权实施强制性处分等。我国刑事诉讼结构，总体上由控诉、辩护、审判三方构成。在我国，人民检察院负有客观义务，在审判前程序中履行某些裁判职能，所以，我国审判前程序也存在三方结构。我国刑事诉讼结构尚有待进一步完善，以便更充分地发挥其实现刑事诉讼目的的功能。

第三章 刑事诉讼基本原则

第一节 刑事诉讼基本原则概述

一、刑事诉讼基本原则的概念和特点

刑事诉讼基本原则，是指由刑事诉讼法规定的，反映了刑事诉讼理念和目的，贯穿于刑事诉讼的全过程或者主要的诉讼阶段，对于刑事诉讼过程具有普遍的指导意义和规范作用，规范公安机关、人民检察院和人民法院进行刑事诉讼活动以及诉讼参与人参加刑事诉讼活动的基本行为准则。

刑事诉讼基本原则具有以下特点：

第一，刑事诉讼基本原则是由刑事诉讼法规定的，具有法定性。刑事诉讼基本原则蕴涵着丰富的诉讼原理，体现了刑事诉讼活动的基本规律，但需要指出的是，它不同于纯粹的诉讼理论和原则，而是由刑事诉讼法确立下来的，是法律原则。在法律适用过程中所遵循的理论原则，凡是未经立法所确认的，均不能被视为刑事诉讼基本原则。

第二，刑事诉讼基本原则一般贯穿于刑事诉讼的全过程，具有普遍适用性。刑事诉讼基本原则是对整个刑事诉讼过程进行规范和指导的原则，其适用于刑事诉讼的各个阶段，而不仅限于个别环节，具有普遍的适用性。但也有个别原则，如审判公开，适用于审判这一重要的诉讼阶段。

第三，刑事诉讼基本原则调整所有参加诉讼的主体的行为，具有普遍约束力。刑事诉讼基本原则不仅对国家专门机关及其工作人员在刑事诉讼中行使职权的行为进行制约，同时，也对当事人和其他诉讼参与人参加诉讼的行为进行规范。无论是国家专门机关及其工作人员，还是诉讼参与人均必须遵守刑事诉讼基本原则。

二、国际通行的刑事诉讼原则

从各国立法与实践来看，一些刑事诉讼原则得到普遍的确立或适用，并且为

相关国际条约所认可。它们是各国长期立法与实践的经验总结，在很大程度上反映了刑事诉讼的基本规律，体现了不同国家在刑事诉讼中共同的价值追求。以下择其要者，进行简述。

（一）法定程序原则

法定程序原则是现代刑事诉讼的基本要求。德国的"法治国家程序原则"、法国的"法定原则"，以及美国的"正当程序"原则都体现了该原则的精神。同时，包括联合国《公民权利和政治权利国际公约》在内的有关国际条约也对此进行了规定。

法定程序原则主要有两方面含义：一方面是对立法的要求，即刑事诉讼的程序应当由法律事先作出明确规定。需要指出的是，这里的"法律"是指狭义的法律，是由立法机关制定的，而不包含行政机关、司法机关所制定的规范。因为诉讼程序涉及对公民基本权利的限制和剥夺，如果允许行政机关或司法机关对此制定规范，将可能导致行政权与司法权的恣意和专断。另一方面是对司法方面的要求，即刑事诉讼活动应当依据国家法律规定的刑事诉讼程序来进行。特别是，国家专门机关行使诉讼职权对公民的权利进行限制或者剥夺，必须严格依照法定程序来进行。

法定程序原则的确立是由刑事诉讼的性质和特点所决定的。刑事诉讼是国家行使刑罚权的活动。从诉讼过程来看，涉及强制措施和其他强制性措施的运用，将对公民的人身自由、住宅、财产和隐私等重要的权利加以限制或剥夺；从诉讼结果来看，往往导致对被告人适用刑罚，使其人身权、财产权、政治权利等受到限制或剥夺，最严重的将导致其生命权被剥夺。因此，刑事诉讼活动，特别是国家专门机关行使职权的活动必须严格依照法律设定的条件和程序，以免权力滥用，侵害公民的合法权益。这也是法定程序原则的意义所在。

（二）控审分离原则

控审分离是针对纠问式诉讼中"控审不分"的做法和弊端而提出的。现代意义上检察官的出现与检察制度的成熟为控审分离创造了条件。控审分离已经成为现代各国普遍奉行的刑事诉讼基本原则。

控审分离原则的主要内容包括：

第一，刑事案件的控诉权和审判权分别由检察机关、法院依法行使。法院无权行使控诉职能，进行侦查和起诉等控诉活动；检察机关也无权行使审判权，对犯罪嫌疑人、被告人定罪量刑。

第二，法院审判的启动取决于检察机关的起诉。只有检察机关提起合法、有效的公诉，法院才可以对案件进行审判；没有检察机关的起诉，法院无权主动对案件进行审判。

第三，法院审理和裁判的对象和范围取决于检察机关的起诉。法院审判的范围只能及于检察机关指控的被告人和指控的犯罪事实，检察机关没有指控的人和事，法院无权进行审判。

控审分离原则为现代刑事诉讼的合理架构提供了条件,形成了控、辩、审三方的诉讼格局。这对防止法官集侦、控、审于一身,而导致"先入为主",形成有罪预断,具有积极的作用。同时,也有利于辩护方切实、有效地行使辩护权,确保其获得公正审判。

(三)无罪推定原则

无罪推定原则是刑事诉讼中最为基础的原则之一。继1789年法国《人权宣言》首次将该原则纳入立法之后,美国、德国、意大利、加拿大等国相继在其宪法或法律中确立了这一原则。"二战"以后,该原则还被《世界人权宣言》、《公民权利与政治权利国际公约》等很多国际公约确立下来。

尽管各国立法对无罪推定原则的表述不尽相同,但其基本含义是一致的,即任何人在未经司法机关依法确定为有罪以前,应当被推定或者假定为无罪。该原则对刑事诉讼提出了三方面要求:

第一,犯罪嫌疑人、被告人在刑事诉讼过程中在法律上居于无罪的地位。按照无罪推定原则,只要法院没有对犯罪嫌疑人、被告人作出确定有罪的判决,无论犯罪嫌疑人、被告人事实上是否有罪,其在法律上都具有无罪的法律地位。这是刑事诉讼中,犯罪嫌疑人、被告人享有广泛诉讼权利的基础。

第二,控诉方承担证明责任。根据无罪推定原则,犯罪嫌疑人、被告人在刑事诉讼中无须承担证明自己无罪的责任,而控诉方则需承担证明犯罪嫌疑人、被告人有罪的责任。据此,控诉方必须举出确实、充分的证据,证明犯罪嫌疑人、被告人有罪。如果其没有举出证据,或者所举出的证据不足以证明犯罪嫌疑人、被告人有罪,法院将作出无罪的判决,也即"疑罪从无"。

第三,确定犯罪嫌疑人、被告人有罪要依法进行。确定犯罪嫌疑人、被告人有罪必须由适格的司法机关来进行,通常是指法院。同时,司法机关须严格按照法定的程序对案件进行审理,进而作出裁判。只有合法、有效的有罪判决,才能推翻无罪推定,从而确定犯罪嫌疑人、被告人在法律上有罪。

无罪推定原则对于保障犯罪嫌疑人、被告人的人权具有根本性的意义。该原则首先肯定了犯罪嫌疑人、被告人在有罪判决确定前居于无罪的法律地位,要求在立法和实践中赋予其广泛的诉讼权利,可以说,该原则是其所有诉讼权利的基石;同时,该原则要求作为控诉方的检察机关承担证明犯罪嫌疑人、被告人有罪的责任,这将有助于对相对强大的控诉机关形成制约,促进控辩平等;此外,该原则还要求司法机关排除有罪的预断,严格依法进行审判,确保犯罪嫌疑人、被告人得到公正审判。

(四)任何人不受强迫自证其罪原则

任何人不受强迫自证其罪在一些国家被宪法确认为公民的一项基本的诉讼权利。联合国《公民权利和政治权利国际公约》也将其作为被告人获得公正审判的最低限度程序保障之一,进行了明确规定。

任何人不受强迫自证其罪原则包含以下三方面内容:

第一，对于警察、检察官或者法官的讯问，犯罪嫌疑人、被告人有权保持沉默。在刑事诉讼中，犯罪嫌疑人、被告人对于警察、检察官或者法官讯问的问题，有权拒绝回答，在讯问过程中保持沉默，而后者不得因其沉默而做出对其不利的推论。

第二，对于警察、检察官或者法官的讯问，犯罪嫌疑人、被告人有权选择作有利或不利于自己的陈述。犯罪嫌疑人、被告人可以放弃沉默权，自愿进行陈述，可以作有罪供述，也可以作无罪、罪轻的辩解。

第三，控诉方无权强迫犯罪嫌疑人、被告人提供对其不利的证据。在诉讼中，控诉方不得对犯罪嫌疑人、被告人采取非人道的或有辱人格的手段逼迫其提供有罪证据。

任何人不得强迫自证其罪原则要求赋予犯罪嫌疑人、被告人沉默权，并禁止控诉一方采用非法手段强迫其提供不利于自身的证据，这对于防止刑讯逼供或其他非法取证方法，保障犯罪嫌疑人、被告人的合法权益，具有积极的意义。

（五）禁止双重危险原则

禁止双重危险原则是英美国家刑事诉讼中一项重要的诉讼原则。该原则的基本含义是，任何人不得因同一行为而受到两次以上的刑事追诉和审判。禁止双重危险原则要求国家追诉权的行使要保持合理的节制，禁止对一个公民的同一犯罪行为进行反复追诉，以达到确定其有罪的结果。其根本的目的在于将犯罪嫌疑人、被告人及时地从刑事追诉中解脱出来，避免因追诉的反复进行而使其权利和义务长期处于一种不确定的状态。

大陆法系国家虽没有确立禁止双重危险原则，但其奉行的一事不再理原则与之有相似的地方。根据一事不再理原则，法院的判决一经生效即产生"既判力"，对于既判事实，不允许推翻。相应地，对已经判决宣告的人，也就不因同一事实而被再次追诉和审判。

但需指出的是，英美法系的禁止双重危险原则在理论基础上侧重于保障人权，而大陆法系的一事不再理原则侧重于法的安定性，由此也导致二者在适用上存在诸多差异。

三、我国刑事诉讼基本原则的体系

2012年修正后的《刑事诉讼法》第一章集中对刑事诉讼的基本原则进行了规定。这些原则相互联系、相辅相成，形成相对完整的体系。具体而言，我国刑事诉讼的基本原则有以下14项：

1. 侦查权、检察权、审判权由专门机关依法行使；
2. 人民法院、人民检察院依法独立行使职权；
3. 依靠群众；
4. 以事实为根据、以法律为准绳；

5. 对一切公民在适用法律上一律平等；
6. 三机关分工负责、互相配合、互相制约；
7. 人民检察院依法对刑事诉讼实行法律监督；
8. 各民族公民有权使用本民族语言文字进行诉讼；
9. 审判公开；
10. 犯罪嫌疑人、被告人有权获得辩护；
11. 未经人民法院依法判决对任何人都不得确定有罪；
12. 保障诉讼参与人的诉讼权利；
13. 依照法定情形不予追究刑事责任；
14. 追究外国人刑事责任适用我国刑事诉讼法。

第二节 我国刑事诉讼基本原则

一、侦查权、检察权、审判权由专门机关依法行使

《刑事诉讼法》第3条第1款规定："对刑事案件的侦查、拘留、执行逮捕、预审，由公安机关负责。检察、批准逮捕、检察机关直接受理的案件的侦查、提起公诉，由人民检察院负责。审判由人民法院负责。除法律特别规定的以外，其他任何机关、团体和个人都无权行使这些权力。"该条规定确立了侦查权、检察权、审判权由专门机关依法行使原则。

侦查权、检察权、审判权由专门机关依法行使原则主要包含以下内容：

第一，侦查权、检察权、审判权只能由公安司法机关行使，其他机关、团体和个人均无权行使这些权力。侦查权、检察权、审判权是国家权力的重要组成部分，是正确实现国家刑罚权的基础和保障，对于确保国家政权稳定、维护社会秩序具有非常重要的意义。因此，刑事诉讼法将这些权力分配给专门的国家机关行使，以确保刑事诉讼的运行符合实体正义和程序正义。

需要指出的是，除公安机关享有侦查权外，法律还赋予如下机关和部门侦查权。《刑事诉讼法》第4条规定："国家安全机关依照法律规定，办理危害国家安全的刑事案件，行使与公安机关相同的职权。"2012年《刑事诉讼法》第290条规定："军队保卫部门对军队内部发生的刑事案件行使侦查权。对罪犯在监狱内犯罪的案件由监狱进行侦查……"《中华人民共和国海关法》第4条第1款、第2款规定："国家在海关总署设立专门侦查走私犯罪的公安机构，配备专职缉私警察，负责对其管辖的走私犯罪案件的侦查、拘留、执行逮捕、预审。海关侦查走私犯罪公安机构履行侦查、拘留、执行逮捕、预审职责，应当按照《中华人民共和国刑事诉讼法》的规定办理。"由此可见，我国的侦查机关或部门除了公安机关、人民检察院以外，还有国家安全机关、军队保卫部门、监狱及海关缉私

部门。

第二，公、检、法三机关分别行使侦查权、检察权和审判权，不能相互混淆或者包办、代替。侦查权、检察权、审判权由公安司法机关行使，并不意味着公安机关、人民检察院和人民法院在行使三项职能时没有分工，可以共同行使或者包办、代替，而是三机关各司其职、各负其责。审判权只能由人民法院统一行使；检察权只能由人民检察院统一行使；侦查权除法律另有规定以外，由公安机关行使。

第三，公安机关、人民检察院和人民法院在行使职权时必须严格遵守刑事诉讼法及其他有关法律的规定。这主要是要求公、检、法三机关在办案过程中，要严格遵守刑事诉讼法和刑法的相关规定，不得滥用职权，以免侵害公民的合法权益，否则，应当依法承担相应的法律责任。

侦查权、检察权、审判权由专门机关依法行使原则，较之被害人及其近亲属进行"私力救济"，更加有助于实现程序和结果的公正。同时，公、检、法三机关分别行使三项职权，符合诉讼的基本规律，体现了现代刑事诉讼所通行的"控审分离，不告不理"原则，有利于三机关之间形成监督和制约。此外，要求三机关依法行使职权，将侦查权、检察权、审判权的运行纳入法制轨道，用法律规制权力，对公民的合法权利提供了有力的保障。

二、人民法院、人民检察院依法独立行使职权

《刑事诉讼法》第5条规定："人民法院依照法律规定独立行使审判权，人民检察院依照法律规定独立行使检察权，不受行政机关、社会团体和个人的干涉。"该规定是对《宪法》第126条和第131条、《人民法院组织法》第4条、《人民检察院组织法》第9条的重申，确立了人民法院、人民检察院依法独立行使职权原则。

人民法院、人民检察院依法独立行使职权原则主要包含两方面内容：一是人民法院依法独立行使审判权，不受行政机关、社会团体和个人的干涉，即审判独立；二是人民检察院依法独立行使检察权，不受行政机关、社会团体和个人的干涉，即检察独立。

审判独立在西方国家又被称为"司法独立"，是现代法治国家普遍确立和适用的刑事诉讼基本原则。审判独立的核心在于，法官在裁断案件时，只需要服从法律的命令和良心的指引，而无须屈从于任何来自法院内、外部其他因素的干预和控制。

西方国家的司法独立落脚点在法官独立。为了确保法官独立得以实现，西方国家设置了比较完备的保障体系。主要包括：（1）法院的外部独立或者系统独立，即法院系统作为一个整体，独立于法院之外的其他机关、团体和个人，不受后者的干预和控制。（2）法院的内部独立，即法官在裁判案件时，独立于上级法院的法官以及本院的同事。（3）法官的身份独立，即法官的任期和任职条件

具有充分保障。（4）法官的职业豁免，即法官在职业过程中所发表的言论可以被赋予司法豁免特权，免受法律追究。

我国实行审判独立要把握好以下几个方面的关系：

（一）正确把握好审判独立与党的领导的关系

在我国，中国共产党是执政党，坚持党的领导是各项事业取得成功的保障，审判工作也不例外。党的路线、方针和政策是国家制定法律的依据，人民法院依法独立审判从根本上来说是对党的路线、方针和政策的贯彻和落实。因此，坚持党的领导与审判独立并不矛盾。具体来说，党对审判工作的领导主要是政治上和组织上的领导，主要表现在，党必须制定司法工作的路线、方针和政策，各级人民法院必须在实际工作中切实、有效地贯彻执行，党可以向司法机关推荐优秀的司法工作者，对司法工作提出意见和建议。在司法实践中，个别党员领导干部"以权代法"、"以言代法"，要求法官按照其个人意志裁断案件，严重违反司法独立原则，应当反对和杜绝。

（二）正确把握好审判独立与国家权力机关的关系

人民代表大会是我国的权力机关，各级人民法院均由同级人民代表大会产生，对其负责并汇报工作。因此，人民法院审判案件须接受人民代表大会的监督。人民代表大会对人民法院审判工作的监督主要通过听取人民法院工作报告、向人民法院提出质询案等方式进行。此外，县级以上人大及其常委会还有权通过个案监督的方式对法院审判工作进行监督。但是需要指出的是，人大及其常委会不能直接代替法院审判案件。在司法实践中，个别人大代表以个人名义对法官具体如何处理案件发号施令的做法是错误的。

（三）正确把握好法院内部的审级关系

根据相关法律规定，人民法院系统内部上、下级法院之间是监督与被监督的关系。下级法院审判案件无须遵从上级法院的意志。上级法院认为下级法院的裁判错误，只能通过二审程序或者审判监督程序进行改判。因此，上、下级法院之间是审级独立的关系。但司法实践中，下级法院就个案的审判向上级法院请示汇报的情况较为常见，这对人民法院的审级独立造成冲击，导致二审虚置，不利于被告人通过上诉维护自身合法权益。

（四）正确把握好合议庭与审判委员会的关系

根据2012年修正后的《刑事诉讼法》第195条，对一般案件合议庭有权独立作出裁判，这是对一般案件而言。但是，根据2012年修正后的《刑事诉讼法》第180条的规定，对于疑难、重大、复杂的案件，合议庭认为难以作出决定的，由合议庭提请院长决定提交审判委员会讨论决定。审判委员会的决定，合议庭应当执行。

至于我国的检察独立，与前述人民法院实行审级独立不同。人民检察院实行外部独立或者系统独立，也就是说，人民检察院系统作为一个整体独立行使检察权。在刑事诉讼中,最高人民检察院领导地方各级人民检察院和专门人民检察院的工作,上级人民检察院领导下级人民检察院的工作。检察长统一领导检察院的工作。人民检察院对下级人民检察院作出的决定,有权予以撤销或者变更;发现下级人民检察院已经办结的案件有错误的,有权指令下级人民检察院纠正。下级人民检察院对上级人民检察院的决定应当执行,如果认为有错误的,应当在执行的同时向上级人民检察院报告。

人民法院、人民检察院依法独立行使职权原则作为一项宪法原则与诉讼原则,不仅在国家宪政体制的层面上确认了审判权、检察权等司法权的专属性,而且肯定了审判权与检察权在诉讼运行中的独立性,其意旨在于树立司法机关之权威,防止行政权以及其他法外因素对审判或检察工作的干扰,确保审判权、检察权的公正行使,切实维护公民的合法权益。

三、依靠群众

2012年修正后的《刑事诉讼法》第6条规定:"人民法院、人民检察院和公安机关进行刑事诉讼,必须依靠群众……"依靠群众原则是党的群众路线在刑事诉讼中的反映。

在刑事诉讼法中,依靠群众原则主要表现在以下几个方面:第一,依靠群众提供证据或者协助调查。2012年修正后的《刑事诉讼法》第50条规定:"……必须保证一切与案件有关或者了解案情的公民,有客观地充分地提供证据的条件,除特殊情况外,可以吸收他们协助调查。"第二,依靠群众实施扭送。2012年修正后的《刑事诉讼法》第82条规定:"对于有下列情形的人,任何公民都可以立即扭送公安机关、人民检察院或者人民法院处理:(一)正在实行犯罪或者在犯罪后即时被发觉的;(二)通缉在案的;(三)越狱逃跑的;(四)正在被追捕的。"第三,依靠群众参与部分刑罚的执行,如监外执行、管制等。

依靠群众有利于发动群众的积极性,使之在收集证据、发现并抓获犯罪嫌疑人以及对罪犯进行监督等各个环节为国家专门机关提供帮助,并客观上对后者进行监督,以促进公正、有效地办理案件。同时,也有利于对群众进行法制宣传,教育公民自觉遵守法律,敢于与违法犯罪行为作斗争,预防和减少犯罪。

四、以事实为根据、以法律为准绳

《刑事诉讼法》第6条规定:"人民法院、人民检察院和公安机关进行刑事诉讼,……必须以事实为根据,以法律为准绳……"该条确立了以事实为根据、以法律为准绳原则。

以事实为根据,就是要求公安司法机关在刑事诉讼中必须以案件事实作为办理案件的根据,如果没有查明相关案件事实即不得作出相应的处理,同时在查明案件事实的基础上,不允许违背案件事实进行违法处理。以事实为根据,首要的是要查明案件事实，而要查明案件事实，就必须重证据、重调查研究。特别是，在确定被告人的行为是否构成犯罪及应否追究刑事责任的问题上，必须有充分、确实的证据加以证明。

以法律为准绳，就是要求公安司法机关对案件的处理必须按照刑事诉讼法、刑法等相关法律的规定来进行。公安司法人员进行刑事诉讼，采取刑事诉讼行为必须严格按照刑事诉讼法设定的条件和程序进行；公安司法人员作实体性认定，特别是法院制作实体性裁决，必须按照刑法规定的犯罪和刑罚加以确定。公安司法人员不得以任何法律之外的因素，如权力、利益、人情等，作为裁判案件的依据。

以事实为根据、以法律为准绳二者紧密相连，相辅相成。查明案件事实是正确适用法律的基础，如果不以案件事实为根据，适用法律就欠缺客观基础，很难作出正确的处理；而不以法律为准绳，即很难查清案件事实，即使查清了案件事实，也无法确保案件得到公正处理。因此，必须将二者结合起来，才能更好地完成刑事诉讼的任务。

五、对一切公民在适用法律上一律平等

《宪法》规定："中华人民共和国公民，不论民族、种族、性别、职业、家庭出身、宗教信仰、教育程度、财产状况、社会地位，在法律上一律平等，不允许任何人拥有超越法律之上的特权。"《刑事诉讼法》第6条重申了这一原则，规定："……对于一切公民，在适用法律上一律平等，在法律面前，不允许有任何特权。"

该原则要求，在刑事诉讼中，对于全体公民一律平等适用法律，不存在任何例外，既不允许任何人拥有超越法律之上的特权，也不对任何人给予歧视对待。法律面前，人人平等。

需要指出的是，对于一切公民在适用法律上一律平等，并不是绝对的。在司法实践中，某些群体可能因个人实际条件的差异而无法行使立法所赋予的平等权利，如按照法律规定，所有被告人均有权聘请辩护人帮助自己进行辩护，然而，部分被告人因经济困难无钱聘请律师。在此情形下，立法进一步规定，公诉人出庭公诉的案件，被告人因经济困难或者其他原因没有聘请辩护人的，人民法院可以为其指定承担法律援助义务的律师担任辩护人。从形式上来看，立法实际上对经济困难的被告人与一般被告人进行了区别对待，但实际上这种形式的不平等恰恰是为促进实质的平等。

六、分工负责、互相配合、互相制约

《刑事诉讼法》第7条规定，人民法院、人民检察院和公安机关进行刑事诉讼，应当分工负责、互相配合、互相制约，以保证准确有效地执行法律。该条重

申了《宪法》第135条的规定,确立了分工负责、互相配合、互相制约原则。

分工负责、互相配合、互相制约原则的主要内容包括:

第一,分工负责,是指公、检、法三机关在刑事诉讼中有明确的职权分工,法院行使审判权,检察院行使检察权,公安机关等专门机关行使侦查权,各个机关应当在法定范围内行使职权,各司其职,各负其责,既不能相互替代,也不能相互推诿。

第二,互相配合,是指公、检、法三机关进行刑事诉讼,应当在分工负责的基础上,相互支持,通力合作,使案件处理能上下衔接,协调一致,共同完成查明案件事实,追究、惩罚犯罪的任务,如公安机关的立案、侦查,为人民检察院审查批准逮捕、提起公诉做好准备;人民检察院对于公安机关提请逮捕而应该逮捕的犯罪嫌疑人,要及时批准逮捕;人民检察院直接受理的案件中,若需要拘留、逮捕犯罪嫌疑人、被告人的,则由人民检察院决定,由公安机关执行。这些都是相互配合的体现。

第三,互相制约,是指公、检、法三机关进行刑事诉讼,应当按照职能分工和程序上的设置,相互约束,相互制衡,防止发生错误或及时纠正错误,保证准确执行法律,做到不错不漏,不枉不纵,如公安机关逮捕犯罪嫌疑人,要提请人民检察院批准,如果检察院作出不批准逮捕的决定,公安机关认为应当逮捕时,可以要求复议,如果人民检察院维持原不批准逮捕的决定,公安机关可以向上一级人民检察院提请复核;对于公安机关移送审查起诉的案件,人民检察院决定不起诉的,应当将不起诉决定书送达公安机关。公安机关认为应当起诉的,可以要求复议,如果意见不被接受,可以向上一级人民检察院提请复核;人民检察院对公安机关的立案和侦查活动有权进行监督,如果发现有违法情况,应当通知公安机关纠正。这些都是相互制约的体现。

分工负责、互相配合、互相制约是一个统一的整体,三者相辅相成,不可偏废。其中,分工负责是互相配合与互相制约的前提和基础,没有分工,自然就无所谓配合与制约;互相配合与互相制约是分工负责的落实和保障。互相配合与互相制约应同时兼顾,不可偏废。如果只强调配合忽视制约,就会导致职能混淆或者相互迁就,出现偏差或错误;如果只强调制约忽视配合,就会导致互相扯皮,甚至相互对立,妨害刑事诉讼的顺利进行。

七、人民检察院依法对刑事诉讼实行法律监督

《宪法》第129条规定:"中华人民共和国人民检察院是国家的法律监督机关。"《刑事诉讼法》第8条也规定:"人民检察院依法对刑事诉讼实行法律监督。"可见,人民检察院是我国专门的法律监督机关。在刑事诉讼活动中,有权对公安机关的立案侦查、法院的审判和执行机关的执行活动是否合法进行监督。

具体来说,人民检察院对刑事诉讼进行监督,主要表现在以下几个方面:

第一,对公安机关立案活动的监督。根据刑事诉讼法相关规定,人民检察院

认为公安机关对应当立案侦查的案件而不立案侦查的，有权要求公安机关7日内说明不立案的理由。人民检察院认为公安机关不立案理由不能成立的，应当通知公安机关立案，公安机关接到通知后15日内应当立案。此外，根据最高人民检察院、公安部《关于刑事立案监督有关问题的规定（试行）》（以下简称《立案监督规定》）的相关规定，对于公安机关所作的立案决定，人民检察院也可以通过类似的方式和途径进行监督。

第二，人民检察院对公安机关侦查的监督。检察机关对公安机关侦查活动的监督主要可以通过审查批捕、审查起诉等途径进行。人民检察院对公安机关提请批准逮捕的犯罪嫌疑人，经过审查，认为不符合逮捕条件的，应当作出不批准逮捕的决定。人民检察院在审查批准逮捕工作中，如果发现公安机关的侦查活动有违法情况，应当通知公安机关予以纠正。相应地，对于公安机关侦查终结移送审查起诉的案件，人民检察院也要对侦查活动是否合法进行监督。

第三，人民检察院对人民法院审判的监督。人民检察院对人民法院审判工作的监督主要表现在三个方面：一是人民检察院发现人民法院审理案件违反法律规定的诉讼程序，有权向人民法院提出纠正意见。人民检察院对违反法定程序的庭审活动提出纠正意见，应当由人民检察院在庭审后以书面的形式提出。二是地方各级人民检察院认为本级人民法院第一审的判决、裁定确有错误的时候，应当向上一级人民法院提出抗诉，即二审抗诉。三是对于已经发生法律效力的判决和裁定，人民检察院如果发现确有错误，有权按照审判监督程序提出抗诉，即再审抗诉。

第四，人民检察院对执行的监督。人民检察院对执行的监督主要包括：一是对死刑执行的临场监督。人民法院在交付执行死刑前，应当通知同级人民检察院派员临场监督。二是对监外执行的监督。批准暂予监外执行的机关应当将批准的决定抄送人民检察院。人民检察院认为暂予监外执行不当的，应当自接到通知之日起1个月以内将书面意见送交批准暂予监外执行的机关，批准暂予监外执行的机关接到人民检察院的书面意见后，应当立即对该决定进行重新核查。三是对减刑、假释的监督。人民检察院认为人民法院减刑、假释的裁定不当，有权在收到裁定书副本后20日以内，向人民法院提出书面纠正意见。人民法院应当在收到纠正意见后1个月内重新组成合议庭进行审理，作出最终裁定。四是对执行机关执行刑罚的活动是否合法实行监督。如果发现有违法的情况，应当通知执行机关纠正。

人民检察院依法对刑事诉讼进行法律监督原则的确立，为侦查机关、审判机关以及执行机关提供了一种监督和制约，对于确保上述机关依法行使职权，保证案件得到公正处理，保障公民合法权益以及国家和社会的公共利益具有积极的促进作用。

八、各民族公民有权使用本民族语言文字进行诉讼

《刑事诉讼法》第9条规定:"各民族公民都有用本民族语言文字进行诉讼的权利。人民法院、人民检察院和公安机关对于不通晓当地通用的语言文字的诉讼参与人,应当为他们翻译。在少数民族聚居或者多民族杂居的地区,应当用当地通用的语言进行审讯,用当地通用的文字发布判决书、布告和其他文件。"该条规定确立了各民族公民有权使用本民族语言文字进行诉讼原则。

各民族公民有权使用本民族语言文字进行诉讼原则包括以下几层含义:第一,各民族公民都有权使用本民族的语言进行陈述、辩论,有权使用本民族文字书写有关诉讼文书。第二,公、检、法三机关在少数民族聚居或者杂居的地区,要用当地通用的语言进行侦查、起诉和审判活动,用当地通用的文字发布判决书、公告、布告和其他文件。第三,如果诉讼参与人不通晓当地通用的语言文字,公、检、法机关有义务为其指定或者聘请翻译人员进行翻译。

各民族公民有权使用本民族语言文字进行诉讼原则的确立,主要是基于我国属于多民族国家,各民族公民所使用的语言文字存在较大差异。如果一律统一使用某一种或某几种语言文字,将不利于其他民族公民参加诉讼,维护自身合法权益。因此,有必要确立该原则,有助于促进民族平等、巩固民族团结。

九、审判公开

《宪法》第125条规定:"人民法院审理案件,除法律规定的特别情况外,一律公开进行……"2012年修正后的《刑事诉讼法》第11条规定:"人民法院审判案件,除本法另有规定的以外,一律公开进行……"

审判公开,是指人民法院审理案件和宣告判决都必须公开进行。人民法院的审判不仅要向当事人及其他诉讼参与人公开,而且要向社会公众公开,允许公民到庭旁听、允许新闻记者采访和报道。根据《刑事诉讼法》的相关规定,公开审判的案件,应当在开庭3日以前先期公布案由、被告人姓名、开庭时间和地点,以便群众能够到庭旁听;定期宣判的案件也应先期公告宣判日期。这些规定都是为了便于公众了解案件的审理和裁判,促进审判公开。

审判公开具有非常重要的意义。主要表现在:第一,促进实现审判公正。将人民法院的审判工作向诉讼参与人,甚至社会公众公开,增强诉讼的透明度,使得广大公众可以对审判过程的正当性以及判决结果的公正性进行监督,可以有效防止法院徇私枉法、审判不公。第二,加强法制宣传教育。通过审判公开,社会公众可以对刑事案件中相关事实和证据的认定以及法律适用进行了解,增长了法律知识,强化了法制观念。这不仅能够促进广大公民遵纪守法,而且对于社会上的不安定分子也会形成威慑。

十、犯罪嫌疑人、被告人有权获得辩护

《宪法》第125条规定:"被告人有权获得辩护。"2012年修正后的《刑事诉讼法》第11条规定:"人民法院审判案件……被告人有权获得辩护,人民法院有义务保证被告人获得辩护。"由此确立了被告人有权获得辩护原则。基于犯罪嫌疑人与被告人是对被追诉人在不同诉讼阶段的不同称谓,犯罪嫌疑人与被告人同样也有辩护的问题,因此,我们将此原则概括为:犯罪嫌疑人、被告人有权获得辩护原则。

犯罪嫌疑人、被告人有权获得辩护原则主要包括以下两方面内容:

第一,犯罪嫌疑人、被告人在整个诉讼过程中都享有辩护的权利。辩护权是犯罪嫌疑人、被告人最基本的诉讼权利。在任何情况下,对任何犯罪嫌疑人、被告人都不得以任何理由限制或者剥夺其辩护权。按照刑事诉讼法的相关规定,犯罪嫌疑人、被告人在整个诉讼过程中均可以自行辩护;在公诉案件中,自案件移送审查起诉之日起,犯罪嫌疑人有权委托辩护人帮助其进行辩护;在自诉案件中,被告人有权随时委托辩护人帮助其辩护。

第二,公、检、法三机关有义务保证犯罪嫌疑人、被告人获得辩护。人民检察院在审查起诉过程中、人民法院在审判程序中,应当及时告知未委托辩护人的犯罪嫌疑人、被告人有权委托辩护人;人民法院在审判阶段对于具备法定情形而未委托辩护人的被告人,可以甚至应当指定承担法律援助义务的律师为被告人进行辩护。此外,在庭审中,人民法院应当认真听取被告人及其辩护人的辩护主张和意见。

犯罪嫌疑人、被告人有权获得辩护原则具有积极的意义。对于犯罪嫌疑人、被告人而言,立法不仅赋予其辩护权,而且要求公、检、法三机关为其提供相应的保障,以促进其辩护权的落实,有助于其维护自身的合法权益。而犯罪嫌疑人、被告人获得了有效辩护,又将有助于对侦查机关、公诉机关的制约,并促进人民法院对案件事实真相的查明。

十一、未经人民法院依法判决对任何人都不得确定有罪

《刑事诉讼法》第12条规定:"未经人民法院依法判决,对任何人都不得确定有罪。"这是1996年修订后的刑事诉讼法所确立的一项重要原则。

未经人民法院依法判决对任何人都不得确定有罪原则主要包含两方面内容:一是确定被告人有罪的权力只能由人民法院统一行使,其他任何机关、团体和个人都无权行使该项权力。定罪权是审判权的重要组成部分,人民法院是我国的审判机关,是唯一代表国家行使定罪权的机关。二是人民法院确定被告人有罪,必须依法判决。即使是人民法院确定被告人有罪,也必须按照刑事诉讼法的规定,依法查明案件事实、适用法律,作出有罪判决。

为了贯彻这一原则，1996年修订后的刑事诉讼法作了一系列修改：第一，明确了"犯罪嫌疑人"与"被告人"在刑事诉讼不同阶段上的称谓。对于公诉案件中的被追诉人，在提起公诉之前称为"犯罪嫌疑人"，提起公诉之后称为"被告人"。而不再笼统地称为"被告人"甚至"人犯"。这与被追诉人在诉讼中的法律地位显然更加适应。第二，废除了免予起诉制度。人民检察院在审查起诉阶段无权对犯罪嫌疑人作有罪但免予起诉的决定。第三，强化了控诉机关的证明责任。修订后的刑事诉讼法弱化了法官的调查权，相应地，控诉机关的证明责任增大。控诉机关必须提供确实、充分的证据证明犯罪嫌疑人、被告人有罪，否则有可能遭受败诉风险。第四，确立了"存疑不起诉"与"疑罪从无"的处案原则，即在审查起诉阶段，对于经过补充侦查，仍然证据不足的案件，人民检察院可以作不起诉的决定；在审判阶段，对于证据不足的案件，人民法院可以做指控罪名不能成立的无罪判决。

应当说，未经人民法院依法判决对任何人都不得确定有罪原则，对于维护犯罪嫌疑人、被告人的合法权益，强化控辩平等，确保审判公正具有积极的意义。因此，有人认为，该原则表明我国已经确立了国际通行的无罪推定原则。然而，多数观点认为，该原则吸收了无罪推定原则的合理精神，但由于我国立法并未赋予犯罪嫌疑人、被告人依照无罪推定原则所应享有的一些重要权利，如沉默权，因此，尚不能仅依据《刑事诉讼法》第12条的规定就认为我国已经确立了无罪推定原则。

十二、保障诉讼参与人的诉讼权利

2012年修正后的《刑事诉讼法》第14条第1款规定，人民法院、人民检察院和公安机关应当保障犯罪嫌疑人、被告人和其他诉讼参与人依法享有的辩护权和其他诉讼权利。同时，第2款还规定，诉讼参与人对于审判人员、检察人员和侦查人员侵犯公民诉讼权利和人身侮辱的行为，有权提出控告。

另根据修正后的《刑事诉讼法》第270条的规定，对于不满18岁的未成年人刑事案件，在讯问和审判时，应当通知犯罪嫌疑人、被告人的法定代理人到场。这些条款确立了保障诉讼参与人诉讼权利原则。

保障诉讼参与人诉讼权利原则主要包括以下三方面内容：第一，所有诉讼参与人依法享有诉讼权利，公、检、法三机关对此负有保障的义务；第二，对于未成年犯罪嫌疑人、被告人，公、检、法三机关负有特殊的保障义务，即在讯问和审判时，须通知其法定代理人到场；第三，对于审判人员、检察人员和侦查人员侵犯公民诉讼权利和人身侮辱的行为，诉讼参与人有权提出控告。

保障诉讼参与人诉讼权利原则不仅从正面要求公、检、法三机关对诉讼参与人行使诉讼权利提供保障，而且从反面规定了公、检、法三机关如果没有履行保障义务，侵害诉讼参与人的合法权益，诉讼参与人有权对其提出控告。由此可见，该原则对于保障诉讼参与人的诉讼权利具有积极的意义。

十三、依照法定情形不予追究刑事责任

《刑事诉讼法》第15条规定，有下列情形之一的，不追究刑事责任，已经追究的，应当撤销案件，或者不起诉，或者终止审理，或者宣告无罪：（1）情节显著轻微、危害不大，不认为是犯罪的；（2）犯罪已过追诉时效期限的；（3）经特赦令免除刑罚的；（4）依照刑法告诉才处理的犯罪，没有告诉或者撤回告诉的；（5）犯罪嫌疑人、被告人死亡的；（6）其他法律规定免予追究刑事责任的。由此确立了依照法定情形不予追究刑事责任的原则。

该原则具有以下两方面内容：

第一，明确了不予追究刑事责任的法定情形。主要包括：

（1）情节显著轻微、危害不大，不认为是犯罪的；

（2）犯罪已过追诉时效期限的；

（3）经特赦令免除刑罚的；

（4）依照刑法告诉才处理的犯罪，没有告诉或者撤回告诉的。

（5）犯罪嫌疑人、被告人死亡的。

（6）其他法律规定免予追究刑事责任的。

第二，明确了不予追究刑事责任的处理方式。主要包括：

（1）在立案阶段，有关机关不立案或不予受理。这里包括两种情况：一是对于公诉案件，在立案审查过程中，侦查机关发现具有上述六种情形之一的，就应当作出不立案的决定；二是对于自诉案件，人民法院可以不予受理。

（2）在侦查阶段，侦查机关作出撤销案件的决定，即在侦查过程中，侦查机关发现侦查的案件具有上述六种情形之一的，应当作出撤销案件的决定。

（3）在审查起诉阶段，检察机关作出不起诉决定，即在审查起诉过程中，检察机关发现犯罪嫌疑人没有犯罪事实，或者案件具有上述六种情形之一的，应当作出不起诉决定，这属于法定不起诉的情形之一。

（4）在审判阶段，人民法院作出终止审理或者无罪裁判，即人民法院在审判过程中，如果发现案件具有《刑事诉讼法》第15条规定的第一种情形，即情节显著轻微、危害不大，不认为是犯罪的，应当作无罪判决。如果发现具有第一种情形之外其他情形的，人民法院应当裁定终止审理。当然，如果在审判过程中，被告人死亡，但根据已经查明的犯罪事实和证据材料，能够确认被告人无罪的，人民法院也应当作无罪判决。

十四、追究外国人刑事责任适用我国刑事诉讼法

《刑事诉讼法》第16条规定："对于外国人犯罪应当追究刑事责任的，适用本法的规定。对于享有外交特权和豁免权的外国人犯罪应当追究刑事责任的，通过外交途径解决。"该原则是国家主权原则在刑事诉讼中的具体体现。

根据该原则，追究外国人犯罪的刑事责任，原则上应当按照刑事诉讼法规定处理。外国人犯罪，包括在我国领域内的犯罪和在我国领域外对我国国家和公民的犯罪。凡在我国领域内的外国人，都应遵守我国的法律规定。对于触犯我国刑法而构成犯罪的，应当依照我国刑法、刑事诉讼法的规定处理。在我国领域外的外国人（包括无国籍人），也应尊重我国法律，不得蓄意做出危害我国国家和公民的行为。如果处于我国领域外的外国人对我国国家和公民实施犯罪行为，依照我国刑法规定应当追究其刑事责任的，也应适用我国刑事诉讼法。

需要指出的是，对于上述原则存在例外，即对于享有外交特权和豁免权的外国人犯罪，应当追究刑事责任的，通过外交途径解决。为了保证某些从事外交工作的外国人执行职务，按照国际惯例和互惠原则，我国法律授予某些外国人享有外交特权和豁免权。对于享有外交特权和豁免权的外国人犯罪案件，不能由人民法院、人民检察院和公安机关按照我国《刑事诉讼法》予以追究，而要通过外交途径解决。

第四章 刑事诉讼中专门机关和诉讼参与人

第一节 刑事诉讼中的国家专门机关

刑事诉讼中的国家专门机关,是指依照法定职权进行刑事诉讼活动,并在诉讼中承担一定职能的国家机关。根据刑事诉讼法的有关规定,刑事诉讼中的国家专门机关主要有:公安机关、国家安全机关、人民检察院、人民法院、军队保卫部门和监狱。

一、公安机关

(一) 公安机关的性质和任务

公安机关是各级人民政府的组成部分,是国家机构中具有武装性质的治安行政力量,是掌管社会治安和国内安全保卫工作的专门机关,担负着治安行政管理和追诉犯罪的双重职能。

公安机关在刑事诉讼中行使的刑事控诉职能,其表现形式与人民检察院的审查起诉、提起公诉和出庭支持控诉是有区别的,属于广义控诉职能的范畴。在刑事诉讼中,公安机关是国家的主要侦查机关,负责绝大多数刑事案件的立案侦查工作,行使国家的侦查权。

公安机关在刑事诉讼中的任务,是保证准确、及时地查明犯罪事实,正确应用法律,惩罚犯罪分子,保障无罪的人不受刑事追究,教育公民自觉遵守法律,积极同犯罪行为作斗争,以维护社会主义法制,保护公民人身权利、财产权利、民主权利和其他权利,保障社会主义建设事业的顺利进行。

(二) 公安机关的组织体系和领导体制

公安机关实行统一领导、分级管理、条块结合和以块为主的管理体制,其组织机构设置如下:

1. 公安部。中央一级设立公安部,是国务院的组成部门,在国务院的领导下,组织和管理全国的公安工作,领导地方公安机关完成各项行政管理和刑事侦查任务。公安部设部长1人,副部长若干人,下设若干司、局级综合性和专门性机构。

2. 地方各级公安机关。在省、自治区、直辖市一级设立公安厅、局,是省、自治区、直辖市人民政府的职能部门,领导和管理全省、自治区和直辖市范围内的公安工作。

在省辖市、自治州、地区设立公安局(处)。省辖市公安局是省辖市人民政府的职能部门,自治州、盟公安局是自治州、盟人民政府的职能部门,地区行政公署公安处是省、自治区人民政府公安机关的派出机关。

在县、自治县、县级市设立公安局,是县(市、旗、区)人民政府的职能部门;在直辖市和一般城市的市辖区设立公安分局,是直辖市所属区人民政府的职能部门。基层公安机关根据需要,在乡、镇、城市街道和其他必要的地方设立公安派出所,作为派出机构。

在铁路、民航、交通、林业、大型厂矿企业内部等设立公安局,负责本系统和本部门治安保卫工作,行使法律规定的侦查权。

新疆生产建设兵团在稳定边疆方面发挥了独特的作用,它一直是计划单列的一个省级机构。经国务院批准,在新疆生产建设兵团设立的公安局,兵团所属师、团设立公安处(局)。这在我国是一种特殊的体制。

公安机关实行双重领导体制。地方公安机关隶属于同级人民政府,受同级人民政府的领导,同时在业务上受上级公安机关的领导。

(三)公安机关在刑事诉讼中的职权

公安机关在刑事诉讼中的职权主要有:

1. 依照法律对刑事案件立案、侦查、预审;
2. 决定、执行强制措施;对依法不追究刑事责任的不予立案,已经追究的撤销案件;
3. 对侦查终结应当起诉的案件,移送人民检察院审查决定;
4. 对不够刑事处罚的犯罪嫌疑人需要行政处理的,依法给予处理;
5. 另外,根据2012年《刑事诉讼法》第253条、第258条的规定,对被判处有期徒刑的罪犯,在被交付执行刑罚前,剩余刑期在3个月以下的,由看守所代为执行刑罚;
6. 执行拘役、剥夺政治权利、驱逐出境。

二、国家安全机关

(一)国家安全机关的性质和任务

1983年9月2日六届全国人民代表大会常委会二次会议通过了《关于国家安全机关行使公安机关的侦查、拘留、预审和执行逮捕的职权的决定》,该决定规定,国家安全机关承担原由公安机关主管的间谍、特务案件的侦查工作,是国家公安机关的性质,因而国家安全机关在刑事诉讼中,可以行使宪法和法律规定的公安机关的侦查、拘留、预审和执行逮捕的职权。

1993年2月22日,第七届全国人民代表大会常务委员会第三十次会议通过了《中华人民共和国国家安全法》(以下简称《国家安全法》),该法第2条规定:"国家安全机关是本法规定的国家安全工作的主管机关。国家安全机关和公安机关按照国家规定的职权划分,各司其职,密切配合,维护国家安全。"

1979年制定刑事诉讼法时,国家安全机关尚未成立,因此,对国家安全机关在刑事诉讼中的地位和职权没有规定,1996年修正后的《刑事诉讼法》第4条规定:"国家安全机关依照法律规定,办理危害国家安全的刑事案件,行使与公安机关相同的职权。"

国家安全机关的任务是维护国家安全,保卫中华人民共和国人民民主专政的政权和社会主义制度,保障改革开放和社会主义现代化建设的顺利进行。

(二)国家安全机关的组织体系和领导体制

在中央设立国家安全部,属于国务院的职能部门,设立于1983年7月1日。在省、自治区、直辖市设立国家安全厅、局;在省、自治区、直辖市以下,根据需要设立国家安全机构;地方国家安全机构,是地方人民政府的组成部分,但在业务上受国家安全部的领导。

国家安全机关的领导体制与公安机关相同,实行双重领导体制,既接受同级人民政府的领导,也受上级国家安全机关的领导。

(三)国家安全机关在刑事诉讼中的职权

《刑事诉讼法》第4条规定:"国家安全机关依照法律规定,办理危害国家安全的刑事案件,行使与公安机关相同的职权。"依据刑法的规定,危害国家安全的刑事案件,是指刑法分则第一章危害国家安全罪,具体包括背叛国家罪,分裂国家罪,煽动分裂国家罪,武装叛乱、暴乱罪,颠覆国家政权罪,煽动颠覆国家政权罪,资助危害国家安全犯罪活动罪,投敌叛变罪,叛逃罪,间谍罪,为境外窃取、刺探、收买、非法提供国家秘密、情报罪。

国家安全机关在办理上述案件时,依法行使侦查、拘留、预审和执行逮捕及法律规定的其他职权。

三、人民检察院

(一)人民检察院的性质和任务

《宪法》第129条规定:"中华人民共和国人民检察院是国家的法律监督机关。"这一规定明确了人民检察院的性质是国家法律监督机关,负责保障宪法和法律的正确实施,维护社会主义法律的统一和尊严。

人民检察院的任务是通过行使检察权,镇压一切叛国的、分裂国家的和其他危害国家安全的犯罪活动,打击刑事犯罪分子,维护国家的统一,维护人民民主专政制度，维护社会主义法制，维护社会秩序、工作秩序、教学科研秩序和人民群众的生活秩序，保护社会主义的国有财产和劳动群众集体所有的财产，保护公民的人身权利、民主权利和其他权利，保障社会主义现代化建设的顺利进行。人民检察院通过检察活动，教育公民忠于社会主义祖国，自觉遵守宪法和法律，积极同犯罪作斗争。

（二）人民检察院的组织体系和领导体制

根据宪法和人民检察院组织法的规定，人民检察院的组织体系包括最高检察机关、地方检察机关和专门检察机关。

1. 最高人民检察院。在中央，设立最高人民检察院，是国家最高检察机关，内设检察长1人，副检察长若干人，根据需要设立若干检察厅和其他业务机构。最高人民检察院检察长由全国人民代表大会选举产生，每届任期5年，连续任职不得超过两届。最高人民检察院对全国人民代表大会和全国人民代表大会常务委员会负责。最高人民检察院领导地方各级人民检察院和专门人民检察院的工作，并对检察工作中如何应用法律的问题进行司法解释。

最高人民检察院的主要职责是领导地方各级人民检察院和专门人民检察院的工作；对全国性的重大刑事案件行使检察权；对各级人民法院已经发生法律效力的判决和裁定，如发现确有错误，按照审判监督程序提出抗诉；依法对监管改造场所的活动实行监督，依法对民事诉讼、行政诉讼实行监督；对检察工作中具体应用法律的问题进行司法解释；制定检察工作条例、细则和规定；管理和规定各级人民检察院的人员编制。

2. 地方各级人民检察院。地方各级人民检察院包括：省、自治区、直辖市人民检察院；省、自治区、直辖市人民检察院分院，自治州、省辖市人民检察院；县、市、自治县和市辖区人民检察院。这三级人民检察院分别与高级、中级和基层人民法院相对应。

省一级人民检察院和县一级人民检察院，根据工作需要，提请本级人民代表大会常务委员会批准，可以在工矿区、农垦区、林区等区域设置人民检察院作为派出机构。

此外，为进一步加强检察工作，地方各级人民检察院还先后在监狱、劳教所、看守所设立了驻监（所）检察室，以及乡镇检察室和税务检察室等，作为其派出机构。

3. 专门人民检察院。专门人民检察院是在最高人民检察院领导下，在特定的组织系统内设立的检察机关。专门人民检察院包括军事检察院和铁路运输检察院。

军事检察院是设立在中国人民解放军中的法律监督机关，对现役军人的军职犯罪和其他刑事犯罪案件依法行使检察权。军事检察院属于军队建制，是我国检察机关的组成部分，在最高人民检察院和解放军总政治部领导下工作。按照地区和系统相结合的原则，军事检察院的设置分为三级，即中国人民解放军军事检察院；大军区、空军、海军军事检察院；地区军事检察院、空军军一级军事检察院和海军舰队军事检察院。各级军事检察院的检察委员会由同级政治部批准组成。

铁路运输检察院包括在各铁路局所在地设立的铁路运输检察分院和在各铁路分局所在地设立的基层铁路运输检察院。由于历史的原因，铁路检察院的检察业务由上级检察院领导，但人财物管理仍在铁路部门企业，管理体制上与司法属性不相适应，弊端诸多。至2012年7月2日，全国17个铁路运输检察分院、59个基层铁路运输检察院已经全部分别移交给所在省区市人民检察院。

根据1998年12月29日第九届全国人民代表大会常务委员会第六次会议通过的《关于新疆维吾尔自治区生产建设兵团设置人民法院和人民检察院的决定》（以下简称《新疆决定》），新疆维吾尔自治区人民检察院在生产建设兵团设置下列人民检察院，作为自治区人民检察院的派出机构：（1）新疆维吾尔自治区生产建设兵团人民检察院；（2）新疆维吾尔自治区生产建设兵团人民检察院分院；（3）在农牧团场比较集中的垦区设置基层人民检察院。新疆维吾尔自治区生产建设兵团人民检察院领导生产建设兵团人民检察院分院及基层人民检察院的工作。

我国宪法规定，最高人民检察院对全国人民代表大会及其常务委员会负责并报告工作，全国人大常委会监督最高人民检察院的工作；地方各级人民检察院对产生它的国家权力机关和上级人民检察院负责，县级以上的地方人民代表大会常务委员会监督本级人民检察院的工作；上级人民检察院领导下级人民检察院的工作，最高人民检察院领导地方各级人民检察院和专门人民检察院的工作。

宪法的上述规定，确立了人民检察院同国家权力机关之间以及检察机关之间上下级之间的关系，即"一重领导，一重监督"关系。最高人民检察院同地方各级人民检察院和专门人民检察院之间，上级人民检察院同下级人民检察院之间是领导关系；全国人民代表大会及其常务委员会和地方各级人民代表大会及其常务委员会同最高人民检察院、地方各级人民检察院、专门人民检察院之间是监督关系。

最高人民检察院领导地方各级人民检察院和专门人民检察院的工作。人民检察院内部实行检察长负责制，由检察长统一领导检察院的工作。各级人民检察院内部都设立检察委员会。检察委员会实行民主集中制，在检察长主持下，讨论重大案件和其他重大问题，按照少数服从多数的原则作出决定。如果检察长在重大问题上不同意多数人的意见，可以报请本级人民代表大会常务委员会作出决定。本级人民代表大会常务委员会的决定，检察长应当执行，如有不同意见，可以在执行时报请上级检察长审查处理。

（三）人民检察院在刑事诉讼中的职权

根据刑事诉讼法的规定，人民检察院既是侦查机关，也是公诉机关，还是法律监督机关，承担着侦查、公诉和法律监督等多项职能，与此相适应，人民检察院在刑事诉讼中享有下列职权：

1. 立案侦查权。根据《刑事诉讼法》第18条第2款的规定，人民检察院有权对贪污贿赂犯罪，国家工作人员的渎职犯罪，国家机关工作人员利用职权实施的非法拘禁、刑讯逼供、报复陷害、非法搜查的侵犯公民人身权利的犯罪以及侵犯公民民主权利的犯罪，进行立案侦查。对于国家机关工作人员利用职权实施的其他重大的犯罪案件，需要由人民检察院直接受理的时候，经省级以上人民检察院决定，可以由人民检察院立案侦查。

2. 批准或决定逮捕权。凡由公安机关、国家安全机关侦查的案件，需要逮捕的，须报请人民检察院批准；人民检察院对于直接受理的案件，需要逮捕的，有权决定逮捕。

3. 公诉权。人民检察院是我国唯一的公诉机关，对于侦查机关侦查终结移送审查起诉案件，进行审查并作出提起公诉或者不起诉的决定；对于提起公诉的案件，由人民检察院派出公诉人出庭支持控诉。

4. 法律监督权。《刑事诉讼法》第8条规定："人民检察院依法对刑事诉讼实行法律监督。"在刑事诉讼中，人民检察院的法律监督的范围比较宽泛，有权对公安机关不予立案的决定、侦查活动、法庭审判活动以及判决、裁定的执行是否合法进行监督。

四、人民法院

（一）人民法院的性质和任务

人民法院是国家的审判机关，代表国家依法独立行使审判权。审判权是国家权力的重要组成部分，是依法对刑事案件、民事案件和行政案件进行审理和判决的权力。在刑事诉讼中只有人民法院经过法定程序，才有权对公民确定有罪和处以刑罚。

人民法院的任务是审判刑事案件、民事案件和行政案件，通过审判活动，惩办一切犯罪分子，解决民事纠纷，维护和监督行政机关依法行政职权，以保卫人民民主专政制度，维护社会主义法制，维护社会秩序、工作秩序、教学科研秩序和人民群众的生活秩序，保护社会主义的国有财产和劳动群众集体所有的财产，保护公民的人身权利、民主权利和其他权利，保障社会主义现代化建设的顺利进行。同时，人民法院用它的全部诉讼活动，教育公民忠于社会主义祖国，自觉地遵守宪法和法律。

（二）人民法院的组织体系和领导体制

根据人民法院组织法的规定，人民法院的组织体系包括最高人民法院、地方各级人民法院和专门人民法院。

1. 最高人民法院。最高人民法院是国家的最高审判机关，监督地方各级人民法院和专门人民法院的审判工作，负责审理所管辖的第一审案件，对高级人民法院、专门人民法院判决和裁定的上诉案件、抗诉案件和按照审判监督程序提起的再审案件。此外，最高人民法院还对审判过程中如何具体应用法律、法令的问题进行解释。

最高人民法院是国家的最高审判机关。最高人民法院院长由全国人民代表大会选举产生，每届任期5年，连续任职不得超过两届。最高人民法院对全国人民代表大会和全国人民代表大会常务委员会负责。最高人民法院监督地方各级人民法院和专门人民法院的工作，并对审判工作中如何应用法律、法令的问题进行解释。最高人民法院设院长1人，副院长若干人，根据需要，设立若干审判庭和其他业务机构。

2. 地方各级人民法院。地方各级人民法院分为三级，包括高级人民法院、中级人民法院和基层人民法院。

高级人民法院包括省、自治区、直辖市高级人民法院。高级人民法院负责审理所管辖的第一审刑事案件、对下级人民法院判决和裁定的上诉和抗诉案件以及按照审判监督程序提起的再审案件。

中级人民法院包括省、自治区内按照地区设立的中级人民法院，在直辖市内设立的中级人民法院，省、自治区所辖市的中级人民法院，自治州中级人民法院。中级人民法院负责审理所管辖的第一审案件，对基层人民法院判决、裁定的上诉案件和抗诉案件以及按照审判监督程序提起的再审案件。

基层人民法院包括县级人民法院和市人民法院、自治县人民法院、市辖区人民法院。基层人民法院还设立若干个人民法庭。人民法庭是基层人民法院组成部分，所作出的判决和裁定就是基层人民法院的判决和裁定。

3. 专门法院。专门法院，是指在特定的组织系统或行业内设立的审判机关。目前主要有军事法院、铁路运输法院和海事法院。其中，海事法院对刑事案件不具有管辖权。

军事法院分三级设置，即基层军事法院，大军区、军兵种军事法院，中国人民解放军军事法院。基层军事法院包括陆军军级单位军事法院，各省军区军事法院，海军舰队军事法院，大军区空军军事法院，在京直属部队军事法院等；军区、军兵种军事法院，属于中级层次的军事法院，包括各大军区军事法院，海军、空军军事法院，二炮部队军事法院，解放军总直属队军事法院等；中国人民解放军军事法院是军内的最高审级法院。

铁路运输法院包括在各铁路局所在地设立的铁路运输中级法院和在各铁路分局所在地设立的基层铁路运输法院。至2012年6月底，全国17个铁路运输中级法院、58个铁路运输基层法院已全部移交地方管理，与铁路运输企业分离，实行属地管辖，这是我国司法体制改革的一项重大措施。改制后，全国各铁路运输法院隶属关系按驻在地行政区划改为地方管理，有关经费改由同级人民政府根据财政预算保障，所属人员均按《中华人民共和国公务员法》规定纳入地方行政编制管理，法律职务的任免也分别由地方人大常委会根据有关法律规定办理。

铁路运输法院刑事案件的管辖范围，除涉及铁路运输犯罪的各类公诉案件外，还包括有关刑事自诉案件；民事案件的管辖范围除涉及铁路运输、铁路安全、铁路财产等各类民事案件外，经驻在地高级人民法院指定管辖，铁路运输法院还可受理其他民事案件和执行案件。

此外，根据《新疆决定》，在新疆维吾尔自治区设立新疆维吾尔自治区高级人民法院生产建设兵团分院，作为自治区高级人民法院的派出机构；在新疆生产建设兵团设立若干中级人民法院；在生产建设兵团农牧团场比较集中的垦区设立基层人民法院。

最高人民法院对全国人民代表大会及常务委员会负责并报告工作，全国人民代表大会常务委员会监督最高人民法院工作；地方各级人民法院对本级人大及常务委员会负责并报告工作，地方各级常务委员会监督本级人民法院的工作。

上下级法院之间是监督关系。上级监督下级，最高人民法院监督地方各级人民法院与专门人民法院的审判工作。这种监督通过二审程序、审判监督程序、死刑复核程序来维持下级人民法院正确的判决和裁定，纠正错误的判决和裁定。

（三）人民法院在刑事诉讼中的职权

根据刑事诉讼法的规定，人民法院在刑事案件的审判中享有以下职权：

1. 刑事审判权。在刑事诉讼中，人民法院是唯一的审判机关，审理刑事案件是人民法院在刑事诉讼中最基本的职权。审判是刑事诉讼的中心和最重要的阶段，只有经过审判，才能确定被告人是否有罪，应否判处刑罚和判处何种刑罚。未经人民法院审判，对任何人都不能确定有罪。

2. 对刑事被告人采取拘传、取保候审、监视居住和逮捕等强制措施权。在审判程序中，人民法院有权对被告人决定和执行拘传，有权决定对被告人采取取保候审、监视居住和逮捕强制措施，并交由公安机关予以执行。

3. 有权进行勘验、检查、扣押、鉴定和查询、冻结。在法庭审理过程中，合议庭对证据有疑问的，可以宣布休庭，对证据进行调查核实。人民法院调查核实证据，可以进行勘验、检查、扣押、鉴定和查询、冻结。必要时，可以通知检察人员、辩护人到场。

4. 有权执行某些判决。人民法院有权进行死刑判决的执行，对于被判处罚金的罪犯，期满不缴纳的，人民法院有权强制缴纳；如果由于遭遇不能抗拒的灾祸缴纳确实有困难的，可以裁定减少或者免除。没收财产的判决，无论附加适用或者独立适用，都由人民法院执行；在必要的时候，可以会同公安机关执行。

五、其他侦查机关

(一) 军队保卫部门

中国人民解放军保卫部门是军队内部设立的安全保卫机关,承担军队内部发生的刑事案件的侦查工作和军队内部的安全保卫工作。

1993年12月29日第八届全国人民代表大会常务委员会第五次会议通过了《关于中国人民解放军保卫部门对军队内部发生的刑事案件行使公安机关的侦查、拘留、预审和执行逮捕的职权的决定》。1996年《刑事诉讼法》第225条和2012年《刑事诉讼法》第290条明确规定,军队保卫部门对军队内部发生的刑事案件行使侦查权。

因此,军队保卫部门对于军队内部发生刑事案件,具有与公安机关相同的侦查、拘留、预审和执行逮捕的职权。

(二) 监狱

监狱是国家的刑罚执行机关,依照刑法和刑事诉讼法的规定,被判处死刑缓期两年执行、无期徒刑、有期徒刑的罪犯,在监狱内执行刑罚。

罪犯在监狱内实施犯罪的案件,由监狱进行侦查,对犯罪事实清楚、证据确实充分,需要追究犯罪嫌疑人刑事责任的,应当侦查终结,并写出起诉意见书,连同案卷材料、证据一并移送人民检察院。

第二节 刑事诉讼中的诉讼参与人

刑事诉讼参与人,是指除国家专门机关工作人员以外在刑事诉讼中依法享有一定的诉讼权利,承担一定诉讼义务的人。根据2012年《刑事诉讼法》第106条第(4)项之规定,诉讼参与人包括当事人、法定代理人、诉讼代理人、辩护人、证人、鉴定人和翻译人员。诉讼参与人通过行使诉讼权利,对刑事诉讼进程产生不同程度的影响和作用;通过履行诉讼义务保证刑事诉讼的顺利进行。诉讼参与人是刑事诉讼活动中不可缺少的参与者。

依据与案件直接利害关系的不同,可以将诉讼参与人分为两大类:一是当事人;二是其他诉讼参与人。当事人,是指与案件结局有着直接的利害关系,对刑事诉讼进程产生影响的诉讼参与人,具体包括被害人、自诉人、犯罪嫌疑人、被告人、附带民事诉讼的原告人和被告人;其他诉讼参与人,是指除当事人以外,参与诉讼活动并在诉讼中享有一定诉讼权利、负担一定诉讼义务的诉讼参与人,具体包括法定代理人、诉讼代理人、辩护人、证人、鉴定人和翻译人员。

当事人与其他诉讼参与人之间的主要区别在于:一是前者同案件有直接的利害关系,后者则同案件没有直接的利害关系;二是前者参加刑事诉讼的全过程,后者则只在某些诉讼阶段参加诉讼活动；三是前者的行为对于刑事诉讼的进程有着重大的影响，后者的行为不能自行决定诉讼的进程。

一、当事人

当事人，是指在刑事诉讼中处于追诉或者被追诉地位，行使控诉职能或者辩护职能，并同案件的处理结果有直接利害关系的诉讼参与人。

根据《刑事诉讼法》第106条第（2）项的规定，当事人包括被害人、自诉人、犯罪嫌疑人、被告人、附带民事诉讼的原告人和被告人。

（一）被害人

被害人包括实体意义上的被害人和程序意义上的被害人。实体意义上的被害人，是指因犯罪行为遭受物质损失的公民、法人和其他组织。程序意义上的被害人，是指因犯罪行为遭受物质损失并参加刑事诉讼活动的公民、法人和其他组织。

作为当事人的被害人，仅指公诉案件中程序意义上的被害人。在大多数的情况下，实体意义上的被害人和程序意义上的被害人合二为一；在极少数公诉案件中，实体意义上被害人在刑事诉讼开始以前已经死亡，则不能作为诉讼主体而参加诉讼活动的，也就不能成为程序意义上的被害人，但已死亡被害人的近亲属可以提起附带民事诉讼，从而取得附带民事诉讼原告人的地位。自诉案件中的被害人则称为自诉人，也不是程序意义上的被害人。

被害人是行使控诉职能的当事人，在刑事诉讼中享有诉讼权利主要有：（1）请求立案；（2）申请回避；（3）委托诉讼代理人；（4）要求赔偿物质损失；（5）对不立案或者不起诉的决定向人民检察院提出监督要求，或直接向法院提起自诉；（6）对司法机关及其工作人员侵权行为进行申诉、控告；（7）出席法庭并陈述案情，发问被告人，参加证据调查与质证，申请通知新的证人到庭，调取新的物证，申请重新鉴定或者勘验；（8）参加法庭辩论；（9）对一审判决在法定期限内请求抗诉，对生效判决或者裁定提出申诉，要求重新审判。

（二）自诉人

自诉人，是指在自诉案件中以个人名义依法直接向人民法院提起诉讼，要求追究被告人刑事责任的当事人。自诉人是自诉案件的原告人，通常是自诉案件实体意义上的被害人，但根据2012年《刑事诉讼法》第112条之规定，被害人死亡或者丧失行为能力的，被害人的法定代理人、近亲属有权向人民法院起诉，此时的自诉人则不是实体意义上的被害人，自诉人和实体意义上的被害人是不同的主体。

在自诉案件中承担控诉职能，处于原告地位，其诉讼行为足以导致诉讼程序的开始、发展和终止。在刑事诉讼中，自诉人享有的诉讼权利主要有：（1）提起自诉；（2）委托诉讼代理人；（3）提起附带民事诉讼；（4）申请回避；

(5) 申请撤回自诉；(6) 对司法机关及其工作人员侵权行为进行申诉、控告；(7) 同被告人自行和解；(8) 出席法庭参加审判和同被告人辩论；(9) 提出上诉；(10) 对生效判决、裁定提出申诉，请求重新审判等。

在刑事诉讼中，自诉人承担的义务主要有：(1) 举证责任；缺乏罪证的自诉案件，如果自诉人提不出补充证据，人民法院应当说服自诉人撤回自诉，或者裁定驳回。(2) 捏造事实、伪造证据要承担诬告陷害的责任。(3) 接受合法传唤，按时出庭参加诉讼；自诉人经两次依法传唤，无正当理由拒不到庭的，或者未经法庭许可中途退庭的，按撤诉处理。

（三）犯罪嫌疑人

犯罪嫌疑人，是指公诉案件中因涉嫌犯罪而被立案侦查和审查起诉的当事人，包括自然人、法人和其他组织。犯罪嫌疑人只存在于人民检察院提起公诉以前的诉讼阶段，在提起公诉后刑事被追诉者就改称为被告人。对于公诉案件而言，犯罪嫌疑人和被告人是在不同诉讼阶段对被刑事追诉者的不同称谓，反映了刑事被追诉者所处的诉讼地位。

犯罪嫌疑人是刑事诉讼当事人，是刑事侦查审查起诉阶段的核心人物，整个侦查活动和审查起诉活动，都是围绕犯罪嫌疑人是否实施了犯罪行为，是否应当承担刑事责任而进行的。犯罪嫌疑人因与案件事实和诉讼结果有最直接的利害关系，处于十分重要的诉讼地位。

犯罪嫌疑人诉讼地位的特点主要有：一是犯罪嫌疑人是被追诉的对象，大多数被采取强制措施，失去人身自由；二是犯罪嫌疑人的供述和辩解，是一种重要的证据来源；三是犯罪嫌疑人的诉讼地位随着诉讼的进行，要发生变化，有的要变为被告人，有的因为撤销案件而被释放，还有的被诬告的犯罪嫌疑人则转化为诬告案件的被害人。

在刑事诉讼中，犯罪嫌疑人依法享有的诉讼权利主要有：(1) 申请回避；(2) 自行辩护，拒绝回答与本案无关问题；(3) 依法聘请律师为其提供法律帮助；(4) 申请取保候审；(5) 要求解除超过法定期限的强制措施；(6) 申请补充鉴定或重新鉴定；(7) 在审查起诉阶段委托辩护人；(8) 对人民检察院依照2012年修正的《刑事诉讼法》第173条第2款规定作出不起诉决定不服的，依法提出申诉；(9) 对司法机关及其工作人员侵权行为进行申诉、控告。

在刑事诉讼中，犯罪嫌疑人依法承担的诉讼义务主要有：(1) 接受合法传唤的义务；(2) 服从依法采取的强制措施的义务；(3) 如实回答侦查人员讯问的义务。

（四）被告人

被告人，是指人民检察院提起公诉或者自诉人提起自诉，要求人民法院依法追究其刑事责任的人。由人民检察院提起公诉的被告人为公诉案件的被告人；由自诉人提起自诉的被告人为自诉案件的被告人。在单位犯罪的案件中，被告人为指控犯罪的单位。一般来说，单位被告人只存在于公诉案件中。

被告人是刑事审判中的中心人物,是刑事诉讼不可缺少的主要诉讼参与人,整个刑事诉讼活动,包括司法机关及所有诉讼参与人的活动都是围绕着被告人的刑事责任有无和大小等问题进行的。

被告人诉讼地位的特点主要有:一是被告人是刑事诉讼的一方当事人,是刑事诉讼的主体,辩护职能的主要承担者,具有独立的诉讼地位;二是被告人同刑事案件有直接的利害关系,诉讼的最终裁决结果将对被告人产生重大影响;三是被告人是起诉的对象,被指控犯有某种罪行,他必须面对这种指控,接受人民法院的审判活动,因此被告人具有人身不可代替性;四是被告人多数已被羁押,失去人身自由,同行使控诉职能的起诉方,尤其是同公诉人相比,被告人处于不利地位;五是被告人的供述和辩解,是证据的来源之一。

由于被告人在刑事诉讼中处于被追诉的地位,为了保证对被告人的起诉和审判能够公正、合理地进行,保障被告人的合法权益,我国刑事诉讼法赋予被告人充分的诉讼权利。

在刑事诉讼中,被告人依法享有的诉讼权利主要有:(1)申请回避;(2)自行辩护、委托辩护和接受指定辩护;(3)申请取保候审;(4)要求解除超过法定期限的强制措施;(5)参加法庭审判,参与案件事实和证据调查和质证,发表意见;(6)申请通知新的证人到庭,调取新的物证,申请重新鉴定或者勘验;(7)对证据和案件情况发表意见并且与控方互相辩论;(8)辩论终结后,进行最后的陈述;(9)对未生效的裁判、判决提出上诉;(10)对生效裁判提出申诉;(11)自诉案件的被告人对自诉人提出反诉;(12)对司法机关及其工作人员侵权行为进行申诉、控告。

在刑事诉讼中,被告人依法承担的诉讼义务主要有:(1)接受合法传唤;(2)服从依法采取的强制措施;(3)如实陈述案情;(4)遵守法庭秩序;(5)依法履行生效的判决、裁定。

(五)附带民事诉讼的原告人和被告人

附带民事诉讼的原告人,是指因被告人的犯罪行为而遭受物质损失并要求赔偿的当事人,包括自然人、法人和其他组织。附带民事诉讼的原告人通常包括因犯罪行为遭受物质损失的被害人(公民、法人和其他组织)、已死亡被害人的近亲属、无行为能力或者限制行为能力被害人的法定代理人。根据2012年《刑事诉讼法》第99条第2款的规定,如果是国家财产、集体财产遭受损失的,人民检察院在提起公诉的时候,可以提起附带民事诉讼。

附带民事诉讼的被告人,是指对犯罪行为所造成的损失负有赔偿责任的当事人,包括自然人、法人和其他单位。附带民事诉讼的被告人通常包括刑事被告人(公民、法人和其他组织)及没有被追究刑事责任的其他共同致害人;未成年刑事被告人的监护人;已被执行死刑的罪犯的遗产继承人;共同犯罪案件中,案件审结前已死亡的被告人的遗产继承人;其他对刑事被告人的犯罪行为依法应当承担民事赔偿责任的单位和个人。

附带民事诉讼当事人享有的诉讼权利主要有：(1) 提起附带民事诉讼；(2) 申请回避；(3) 委托诉讼代理人；(4) 参加附带民事诉讼部分的事实法庭调查和辩论；(5) 调解、和解和撤诉；(6) 对未生效的附带民事诉讼判决提出上诉；(7) 对发生法律效力的附带民事诉讼裁判提出申诉；(8) 对司法机关及其工作人员侵权行为进行申诉、控告。

附带民事诉讼当事人依法应当承担的诉讼义务主要有：(1) 承担举证责任；对所提出的诉讼主张负有举证的义务；(2) 如实陈述案情；(3) 接受合法传唤，按时出庭参加诉讼；(4) 遵守法庭秩序；(5) 依法履行附带民事诉讼的判决、裁定。

二、其他诉讼参与人

其他诉讼参与人，是指诉讼参与人中，除当事人以外根据案件情况和诉讼的需要而参加诉讼的人，包括法定代理人、诉讼代理人、辩护人、证人、鉴定人和翻译人员。

在刑事诉讼中，其他诉讼参与人依法享有一定的诉讼权利，并承担相应的诉讼义务。

（一）法定代理人

法定代理人，是指根据法律规定对被代理人负有保护责任而代理其进行诉讼活动的诉讼参与人。法定代理权产生的根据是法律的规定，而不是被代理人的意思表示；法定代理的对象是无行为能力人或限制行为能力人。根据我国刑事诉讼法第 106 条第（3）项的规定，法定代理人包括被代理人的父母、养父母、监护人和负有保护责任的机关、团体的代表。法定代理人具有如下几个特点：

第一，法定代理人代理权的产生不是基于被代理人的授权和委托，也不是基于司法机关的决定或批准，而是由法律直接规定的。法律赋予被代理人的诉讼权利和承担相应的诉讼义务，除需被代理人亲历的行为外，法定代理人都可以代理进行。

第二，法定代理人参加刑事诉讼的目的，是帮助被代理人行使诉讼权利，实施某些诉讼行为。法定代理人所实施的诉讼行为被视为被代理人的行为，与之具有相同的法律效果。

第三，在我国刑事诉讼中并不是每一个案件都存在法定代理人，只有当被代理人无诉讼行为能力或限制诉讼行为能力时，才有可能出现法定代理人。因为法律上确认和采取法定代理这种特定方式，就是为了解决无诉讼行为能力和限制行为能力的诉讼权利的行使问题。

第四，刑事诉讼法中规定的法定代理人的种类中，并不是每一个被代理人同时存在上述法定代理人，实际在上述人员中被代理人只可能有一种人作为其法定代理人，而且，上述人员是按照前者优于后者的顺序排列的，有前者，就不能由后者作为法定代理人。

在刑事诉讼中,由于法定代理人在不同的诉讼案件和不同的被代理人之间形成复杂的关系,其诉讼地位也是不同的,其诉讼地位主要取决于被代理人的诉讼地位。

(二) 诉讼代理人

诉讼代理人,也称委托代理人,是指接受当事人或其法定代理人的委托,代为进行诉讼的诉讼参与人。根据《刑事诉讼法》第106条第(5)项的规定,公诉案件的被害人及其法定代理人或者近亲属、自诉案件的自诉人及其法定代理人和附带民事诉讼的当事人及其法定代理人可以委托诉讼代理人代为参加诉讼。

除正在被执行刑罚或者依法被剥夺、限制人身自由的人以外,律师、人民团体或者犯罪嫌疑人、被告人所在单位推荐的人和犯罪嫌疑人、被告人的监护人、亲友可以担任诉讼代理人。

诉讼代理人在诉讼中的地位既不同于法定代理人,又不同于辩护人,诉讼代理人的诉讼地位具有以下特点:

第一,诉讼代理人处于附属诉讼主体的地位,帮助被代理人行使法律赋予的诉讼权利。作为自诉案件自诉人,公诉案件被害人的代理人,基本上是代理控诉职能,属于控诉一方的诉讼参与人,是被害一方合法权益的保护者。作为附带民事诉讼当事人的代理人,分别属于原告或被告方的诉讼参与人,是原告或被告方合法权益的保护者。

第二,诉讼代理人在诉讼中所享有的权利范围由两部分组成:一部分是法律对诉讼代理人权利的直接规定,如查阅案卷材料、向有关单位和个人调查等,这部分权利并不是经委托人授权取得的;另一部分是被代理人的授权。实质上是委托人把自己依法享有的权利,委托给诉讼代理人行使,委托人对诉讼代理人的授权不是任意的,他只能将法律规定的权利中的部分或全部授予诉讼代理人行使。

第三,诉讼代理人只能在授权范围内进行代理,不能与被代理人的意志相违背,对被代理人有一定的从属性。这是因为,在刑事诉讼代理法律关系中,诉讼代理人是以被代理人的存在为前提的,其代理权来源于被代理人的授权,在代理权限内进行代理活动所产生的法律后果要由被代理人承担。此外,有些诉讼事宜是不能由诉讼代理人代理的,如接受人身检查、出庭作证等,只能由被代理人亲自履行。

第四,诉讼代理人在授权范围内进行代理活动,具有相对独立性。这就是说,只要不是越权代理,诉讼代理人的代理活动有一定的能动性和自主性。因为诉讼代理人多为律师,对法律比较精通,他对如何进行诉讼活动,可能比被代理人把握得更为准确,这样在授权范围内,充分发挥他们的能动作用,对于维护被代理人的合法权益更为有利。

(三) 辩护人

辩护人,是指接受犯罪嫌疑人、被告人及其法定代理人或者近亲属的委托,或者受人民法院指定，帮助犯罪嫌疑人、被告人行使辩护权，以维护其合法权益的人。

辩护人的范围，是指哪些人可以接受犯罪嫌疑人、被告人的委托，担任他们的辩护人。我国《刑事诉讼法》第32条和《中华人民共和国律师法》（以下简称《律师法》）对辩护人的范围作了全面的规定，既规定了辩护人的正面范围，又规定了辩护人的禁止范围。

依据上述法律规定，下列人员可以担任辩护人：

1. 律师。律师是具备律师资格，取得律师执业证书，为社会提供法律服务的执业人员。我国现在已经建立了全国统一的司法考试制度，只有通过司法考试，并在律师事务所实习一年以上的，方可取得律师执业证书。

2. 人民团体或者犯罪嫌疑人、被告人所在单位推荐的人。这里的人民团体是指工会、妇联、共青团等群众性团体。

3. 犯罪嫌疑人、被告人的监护人、亲友。所谓监护人，是指对未成年人和无行为能力或限制行为能力的精神病人承担保护其人身、财产和其他合法权益责任的人或单位。根据民法通则的规定，监护人一般由被监护人的亲属担任，没有亲属的，也可由有关的机关、团体或单位担任。所谓亲友，是指犯罪嫌疑人、被告人的亲戚朋友。但需要注意的是，根据律师法的规定，这些人担任辩护人不得牟取经济利益。

不得担任辩护人的有：

1. 犯罪嫌疑人、被告人的监护人、亲友。

2. 正在被执行刑罚或者依法被剥夺、限制人身自由的人，不得担任辩护人。

这些限制性规定，有的是从保证辩护质量的角度考虑的，有的是从保证司法公正的角度考虑的，还有的是从维护辩护制度的严肃性角度考虑的。

（四）证人

证人是除当事人以外，向司法机关提供自己感受到的案件情况的诉讼参与人。

在刑事诉讼中，证人需要具备以下条件：

1. 证人必须是了解案件真实情况的人。证人的作用就在于通过自己的陈述来证明案件事实，将自己感受到的某一与案件有关的客观情况，向专门机关进行陈述，而不是为了证明某种观点或某种诉讼请求。

2. 证人是通过诉讼以外的途径对案件事实的了解。证人要在诉讼过程中，陈述其所了解的案件事实，但他对案件事实的了解，是在诉讼程序启动之前，而不是通过参加刑事诉讼才了解案件真实情况。这也是证人和鉴定人、翻译人员等诉讼参与人之间的根本区别。

3. 证人既不能是犯罪行为的实施者，也不能是犯罪行为的受害者。证人参加诉讼没有任何诉讼请求，也不能反驳任何诉讼请求，这一条件表明了证人同犯罪嫌疑人、被告人、被害人、自诉人之间的区别。

4. 证人必须是自然人。因为证人必须自己了解有关案件情况，并亲自向专门机关提供；证人要出庭作证，并在法庭上接受公诉人、被害人和被告人、辩护人双方的询问、质证；证人如果有意作伪证或者隐匿罪证时，也只能由他自己承担责任。法人则不具备这些条件，所以法人不能作证人。

5. 证人必须是能够辨别是非、能够正确表达的人。2012年《刑事诉讼法》第60条第2款明确规定："生理上、精神上有缺陷或者年幼，不能辨别是非、不能正确表达的人，不能作证人。"

证人是独立的诉讼参与人，具有独立的诉讼地位，证人参加刑事诉讼是由案件事实本身所决定的，因此，证人具有人身不可代替性，他必须亲自参加诉讼，而不能由他人代理。

证人同案件的处理结果没有任何直接的利害关系，因此，证人在刑事诉讼中处于中立地位。虽然证言的内容在客观上存在有利于被告人和不利于被告人的区别，但这种区别不是从行使控诉职能或辩护职能的角度而出现的，也不是基于证人的主观愿望，而是反映了案件的客观事实。他们参加刑事诉讼是应国家专门机关要求的，而不取决于证人的个人意愿。

在刑事诉讼中，证人依法享有的诉讼权利主要有：（1）要求国家专门机关保障其自身及其近亲属的人身财产安全；（2）要求在立案侦查阶段为其姓名保密；（3）查阅询问笔录，并可以要求补充或者修改；（4）有权要求补偿因为作证而受到的经济损失。

证人应当依法履行下列诉讼义务：（1）有作证的义务，凡是知道案件情况的人，都有作证的义务；（2）如实作证，不得作伪证或者隐匿罪证，否则要负法律责任；（3）对国家专门机关询问的内容有保密的义务；（4）对于公诉人、当事人和辩护人、诉讼代理人的质证有义务进行解释和说明。

（五）鉴定人

鉴定人，是指由国家专门机关指派或聘请的运用专门知识，对案件中的某些专门性问题作出书面鉴定意见的诉讼参与人。

鉴定人应当具备以下条件：（1）鉴定人必须是自然人；（2）鉴定人必须是具有某种专门知识的人；（3）鉴定人必须是被国家专门机关指派或聘请的人，当事人及其代理人不得自行聘请鉴定人进行鉴定；（4）鉴定人必须是与案件或案件当事人没有利害关系的人。

鉴定人与证人不同，其区别在于：（1）鉴定人必须具有鉴定某项专门问题的知识或技能，而证人则不需要具备专门知识；（2）鉴定人与案件或者案件当事人有利害关系时应当回避，而证人无论与案件或者案件当事人有无利害关系，均不存在回避问题；（3）鉴定人在接受国家专门机关指派或聘请参加鉴定工作之前，对案件情况并不了解，而证人则是因了解案情才到庭作证；（4）鉴定人不是由案件事实本身决定的，可根据案件的情况随意聘请，可以更换和替代；而证人则具有不可替代性；（5）鉴定人在其不具备解决案件中的某种专门知识或在国家专门机关提供的鉴定资料不充分等情况下有权拒绝鉴定,而证人则无权拒绝作证。

鉴定人是独立的诉讼参与人,享有的诉讼权利主要有:(1)有权查阅与鉴定事项有关的案卷材料,必要时,经侦查、审判人员许可,可以参加勘验与检查;(2)要求国家专门机关补充鉴定材料的权利;(3)同一专门性问题由两个以上鉴定人鉴定时,有权共同写出一个鉴定结论,也有权分别写出各自的鉴定意见;(4)有权要求补充鉴定或重新鉴定,也有权根据鉴定结果重新提供鉴定结论。

鉴定人应当承担的诉讼义务主要有:(1)鉴定人有义务出席法庭,并有义务回答有关人员依法提出的问题;(2)鉴定人必须客观全面地反映鉴定过程和结果,不得隐瞒或编造假情况,如果故意提供虚假鉴定结论,应当负法律责任。

(六) 翻译人员

翻译人员,是指接受司法机关的指派或者聘请,在刑事诉讼中从事语言或文字翻译工作的人员。刑事诉讼中需要翻译的语言文字主要有外国语言、少数民族语言、聋哑手势、盲文密码等。

翻译人员不是当事人,既不属于控诉一方,也不属于辩护一方,其职责是通过翻译活动传递准确的资料和信息,协助国家专门机关查明案件事实,因此,翻译人员与案件或案件当事人不应当有利害关系,否则,应当回避。

在刑事诉讼中,翻译人员享有的诉讼权利主要有:(1)翻译人员为了正确地进行翻译,有权了解同翻译内容有关的案件情况;(2)有权查阅记载其翻译内容的笔录,如果笔录同实际翻译内容不符,有权要求修正或补充;(3)有权获得相应的报酬与补偿。

翻译人员承担的诉讼义务主要有:(1)应按语言文字的原意如实进行翻译,不得隐瞒、歪曲或伪造,如果有意弄虚作假,也应负法律责任;(2)对所了解的案件内容有保密的义务。

第五章 管辖制度

我国刑事诉讼中的管辖,是指侦查机关和审判机关在直接受理刑事案件上的权限划分,以及审判机关系统内部在审理第一审刑事案件上的权限划分。依据现行刑事诉讼法和诉讼理论,一般将管辖划分为立案管辖和审判管辖。审判管辖又分为普通管辖和专门管辖。

第一节 立案管辖

一、立案管辖的概念

立案管辖,也称职能管辖或部门管辖,是指国家专门机关在直接受理刑事案件范围上的权限划分。它解决的是哪类刑事案件应当由国家专门机关中的哪一个机关立案受理的问题。

二、立案管辖的分工

立案管辖主要根据下列因素进行分工:一是国家专门机关的性质与诉讼职能。在我国,国家专门机关是刑事诉讼中的主要诉讼主体,应当根据其各自不同的性质和诉讼职能划分管辖范围。二是刑事案件的性质、案情的轻重、复杂程度等。

(一)公安机关直接受理的刑事案件

刑事案件的侦查由公安机关进行,法律另有规定的除外。主要是指除由人民法院直接受理和人民检察院自行侦查的刑事案件以外的其他绝大多数刑事案件。

法律另有规定是指:(1) 2012 年《刑事诉讼法》第 18 条第 2 款规定的人民检察院直接受理立案侦查的刑事案件。(2) 2012 年《刑事诉讼法》第 4 条规定,国家安全机关依照法律规定,办理危害国家安全的刑事案件,行使与公安机关相同的职权。(3) 2012 年《刑事诉讼法》第 290 条规定,军队保卫部门对军队内部发生的刑事案件行使侦查权。对罪犯在监狱内犯罪的案件由监狱进行侦查。军队保卫部门、监狱办理刑事案件,适用本法的有关规定。

（二）人民检察院直接受理的刑事案件

人民检察院作为国家的法律监督机关，直接自行侦查的案件主要包括以下几种：

1. 贪污贿赂犯罪。是指刑法分则第8章规定的贪污贿赂罪和其他章节中明确规定按照刑法分则第8章贪污贿赂罪的规定定罪处罚的犯罪。具体包括：贪污案、挪用公款案、受贿案、单位受贿案、行贿案、对单位行贿案、介绍贿赂案，单位行贿案、巨额财产来源不明案、隐瞒境外存款案、私分国有资产案、私分罚没财物案。另外，还包括刑法修正案（七）规定的利用影响力受贿案。

2. 国家工作人员的渎职犯罪。是指刑法分则第9章规定的渎职犯罪案件。具体包括：滥用职权案，玩忽职守案，国家机关工作人员徇私舞弊案，故意泄露国家秘密案，过失泄露国家秘密案，枉法追诉、裁判案，民事、行政枉法裁判案，私放在押人员案，失职致使在押人员脱逃案，徇私舞弊减刑、假释、暂予监外执行案，徇私舞弊不移交刑事案件案，滥用管理公司、证券职权案，徇私舞弊不征、少征税款案，徇私舞弊发售发票、抵扣税款、出口退税案，违法提供出口退税凭证案，国家机关工作人员签订、履行合同失职被骗案，违法发放林木采伐许可证案，环境监管失职案，传染病防治失职案，非法批准征用、占用土地案，非法低价出让国有土地使用权案，放纵走私案，商检徇私舞弊案，商检失职案，动植物检疫徇私舞弊案，动植物检疫失职案，放纵制售伪劣商品犯罪行为案，办理偷越国（边）境人员出入境证件案，放行偷越国（边）境人员案，不解救被拐卖、绑架妇女、儿童案，阻碍解救被拐卖、绑架妇女、儿童案，帮助犯罪分子逃避处罚案，招收公务员、学生徇私舞弊案，失职造成珍贵文物损毁、流失案。另外，还包括刑法修正案（八）规定的食品监管渎职罪。

3. 国家机关工作人员利用职权实施的侵犯公民人身权利和民主权利的犯罪案件，具体包括：非法拘禁案、非法搜查案、刑讯逼供案、暴力取证案、虐待被监管人案、报复陷害案、破坏选举案。

4. 国家机关工作人员利用职权实施的其他重大的犯罪案件，需要由人民检察院直接受理的时候，经省级以上人民检察院决定，可以由人民检察院立案侦查。

（三）人民法院直接受理的刑事自诉案件

由人民法院直接受理的刑事自诉案件，又称为自诉案件，是指不需要经过公安机关、人民检察院或其他侦查机关立案侦查，也无须人民检察院提起公诉，而是由人民法院对当事人提起的诉讼直接立案和审判的案件。自诉案件由人民法院直接受理。

自诉案件具体包括以下三种情况：

1. 告诉才处理的案件。告诉才处理的案件，是指只有经被害人及其法定代理人提出控告和起诉，人民法院才予受理的案件。刑法规定的告诉才处理的案件有：侮辱、诽谤案（但是严重危害社会秩序和国家利益的除外），暴力干涉婚姻自由案（致被害人死亡的除外），虐待案（致被害人重伤、死亡的除外）；侵占案。

如果被害人死亡、丧失行为能力或者因受强制、威吓等原因无法告诉，或者是限制行为能力人，以及由于年老、患病、盲、聋、哑等原因不能亲自告诉，其法定代理人、近亲属代为告诉的，人民法院应当依法受理。

2. 被害人有证据证明的轻微刑事案件。这类案件包括：故意伤害案（轻伤）；非法侵入他人住宅案；妨害通信自由案；重婚案；遗弃案；生产、销售伪劣商品案（严重危害社会秩序和国家利益的除外）；侵犯知识产权案（严重危害社会秩序和国家利益的除外）；属于刑法分则第4章、第5章规定的，对被告人可以判处3年有期徒刑以下刑罚的其他轻微刑事案件。

根据最高人民法院、最高人民检察院、公安部、国家安全部、司法部、全国人大常委会法制工作委员会《关于刑事诉讼法实施中若干问题的规定》，上述所列八项案件中，被害人直接向人民法院起诉的，人民法院应当依法受理，对于其中证据不足、可由公安机关受理的，应当移送公安机关立案侦查。被害人向公安机关控告的，公安机关应当受理。

3. 被害人有证据证明对被告人侵犯自己人身、财产权利的行为应当依法追究刑事责任，而公安机关或人民检察院不予追究的案件。这类案件本应当由公安机关侦查、人民检察院提起公诉的，但由于种种原因，公安机关撤销案件或者人民检察院不起诉，而转化为由案件被害人直接到法院提起自诉。立法赋予被害人对此类案件有向人民法院提起自诉的权利，主要是为了更有效地保护被害人的人身权利和财产权利。学界还有一种观点，即除了上述三种自诉案件之外，还应包括被害人对侦查机关作出不立案、检察机关不起诉决定不服而向人民法院起诉的案件。这是1996年《刑事诉讼法》新增加的一类自诉案件。其目的在于解决司法实践中被害人"告状难"的问题，也是出于充分保护被害人合法权益的考虑。根据2012年《刑事诉讼法》第112条、第176条的规定，此类自诉案件与上述第三类自诉案件之间既有联系也有区别。从相互联系的角度来看，二者存在着包容关系，此类自诉案件也是一种"公诉转自诉案件"；从相互区别来看，二者存在着交叉关系，此类自诉案件对被害人被侵害的权利种类没有作限制。因此，可以是人身权利和财产权利，也可以是人身权利和财产权利以外的其他权利。

（四）公安机关与人民检察院管辖的交叉问题

最高人民法院、最高人民检察院、公安部、国家安全部、司法部、全国人大常委会法制工作委员会《关于刑事诉讼法实施中若干问题的规定》第6条规定："公安机关侦查刑事案件涉及人民检察院管辖的贪污贿赂案件时，应当将贪污贿赂案件移送人民检察院；人民检察院侦查贪污贿赂案件涉及公安机关管辖的刑事案件，应当将属于公安机关管辖的刑事案件移送公安机关。在上述情况中，如果涉嫌主罪属于公安机关管辖，由公安机关为主侦查，人民检察院予以配合；如果涉嫌主罪属于人民检察院管辖，由人民检察院为主侦查，公安机关予以配合。"

主罪与次罪的划分，应当以犯罪嫌疑人涉嫌的犯罪可能判处刑罚轻重为标准。

第二节 审判管辖

一、审判管辖的概念

刑事诉讼中的审判管辖，是指各级人民法院之间、同级人民法院之间、各专门人民法院在审理第一审刑事案件上的职权划分。审判管辖所要解决的是在人民法院系统内部受理案件的分工，审判管辖又分为普通管辖与专门管辖，普通管辖主要包括级别管辖、地区管辖。

二、审判管辖的划分

（一）普通管辖

普通管辖，是指各级人民法院之间、同级人民法院之间在审理第一审普通刑事案件上的权限分工。普通管辖具体包括级别管辖与地区管辖两种。

1. 级别管辖。级别管辖，是指各级人民法院之间在审理第一审普通刑事案件上的权限分工。刑事诉讼法对各级人民法院管辖的第一审刑事案件，作出了明确的规定。

（1）基层人民法院管辖的第一审普通刑事案件。根据2012年《刑事诉讼法》第19条的规定，基层人民法院管辖第一审普通刑事案件，但是依照本法由上级人民法院管辖的除外。可见，基层人民法院只能管辖普通刑事案件。在刑事诉讼中，普通案件占据所有刑事案件的绝大部分，因此，绝大多数刑事案件实际上都是由基层人民法院进行第一审。这是因为，基层人民法院在人民法院组织体系中数量最多，分布地区最广，而且案件的发生地都在其辖区内，最接近犯罪地，也最接近人民群众。由基层人民法院进行审理，便于及时、有效地处理案件，便于诉讼参与人参加诉讼，也便于人民群众旁听案件的审判。

（2）中级人民法院管辖的第一审刑事案件。根据2012年《刑事诉讼法》第20条的规定，中级人民法院管辖下列第一审刑事案件：一是危害国家安全、恐怖活动案件；二是可能判处无期徒刑、死刑的案件。

（3）高级人民法院管辖的第一审刑事案件。根据2012年《刑事诉讼法》第21条的规定，高级人民法院管辖的第一审刑事案件，是全省（自治区、直辖市）性的重大刑事案件。全省性重大刑事案件的标准，立法上没有规定，由高级人民法院认定和把握。事实上，由高级人民法院审理的第一审刑事案件很少，这是与高级人民法院所处的位置和工作量负担相适应的。高级人民法院承担着对本辖区内的下级人民法院的审判工作进行监督的任务；担负着对不服中级人民法院第一审判决、裁定的上诉、抗诉案件的第二审工作；还担负死刑缓期两年执行案件的复核和核准工作、死刑立即执行案件的复核工作等。因此，法律对高级人民法院管辖的第一审刑事案件只作了原则性的规定。

（4）最高人民法院管辖的第一审刑事案件。根据2012年《刑事诉讼法》第22条的规定，最高人民法院管辖的第一审刑事案件，是全国性的重大刑事案件。立法上虽然规定了最高人民法院管辖的第一审刑事案件，但同时将其限制在必要的范围内，并且将主动权交给最高人民法院自行决定。最高人民法院是最高的审判机关，担负着监督、指导地方各级人民法院和专门人民法院的审判工作、对审判过程中具体应用法律问题作出司法解释等任务，同时，还要负责对不服高级人民法院第一审判决、裁定的上诉、抗诉案件，以及最高人民检察院按照审判监督程序提起抗诉的案件的审判，同时，还要负责死刑案件的核准工作。因此，在司法实践中，由最高人民法院审判的第一审刑事案件非常罕见。

在级别管辖的问题上，需要注意，根据最高人民法院《关于执行〈中华人民共和国刑事诉讼法〉若干问题的解释》（以下简称《刑事诉讼法若干问题的解释》）第5条的规定，一人犯数罪、共同犯罪和其他需要并案审理的案件，只要其中一人或者一罪属于上级人民法院管辖的，全案由上级人民法院管辖。

（5）移送管辖。移送管辖，是指本来受理案件的人民法院，出于实践中某些特殊情况的需要，将案件移送上一级法院管辖或者上级人民法院在必要的时候，可以审判下级人民法院管辖的第一审刑事案件。这是关于级别管辖的变通规定。原则上讲，上下级法院对刑事案件的管辖分工确定后，不能随意变更。但是，考虑到刑事案件情况的复杂性，为了适应刑事审判实践中可能出现的某种特殊情况的需要，保证刑事案件得到正确和及时的审判，刑事诉讼法在作出原则性规定的同时，还作出了某些灵活性的变通规定。2012年《刑事诉讼法》第23条规定："上级人民法院在必要的时候，可以审判下级人民法院管辖的第一审刑事案件；下级人民法院认为案情重大、复杂需要由上级人民法院审判的第一审刑事案件，可以请求移送上一级人民法院审判。"适用这条规定的前提是"在必要的时候"。一般来说，"在必要的时候"主要是指两种情形：一是案情重大、复杂或者案件涉及面广、影响大，由上级人民法院审理更为适宜。根据有关司法解释，上级人民法院认为有必要审理下级人民法院管辖的第一审刑事案件，应当向下级人民法院下达改变管辖决定书，并书面通知同级人民检察院。二是下级人民法院审理案件时，遇到来自外部的严重压力和干扰，影响案件的公正审判等情形。遇有此种情形的，下级人民法院可以请求将自己受理的第一审刑事案件移送上一级人民法院审判。这些案件仅限于案情重大、复杂的案件，并且最终能否移送，要由上级人民法院决定。根据有关司法解释，下级人民法院应当在案件审理期限届满15日以前书面请求移送。上级人民法院应当在接到移送申请10日内作出决定。上级人民法院不同意移送的，应当向该下级人民法院下达不同意移送决定书，由该下级人民法院依法审判；同意移送的，应当向该下级人民法院下达同意移送决定书,并书面通知同级人民检察院。下级人民法院接到上级人民法院同意移送决定书后,应当通知同级人民检察院和当事人,并将起诉材料退回同级人民检察院。

需要说明的是:1979年《刑事诉讼法》第18条规定:"上级人民法院在必要的时候,可以审判下级人民法院管辖的第一审刑事案件,也可以把自己管辖的第一审刑事案件交由下级人民法院审判……"这一规定使级别管辖的适用过于随意,削弱了级别管辖的功能与作用。正因为有此规定,在1983年8月"严打"开始时,最高人民法院、最高人民检察院和公安部曾经联合发过一个《关于判处无期徒刑、死刑的第一审普通刑事案件管辖问题的通知》,授权"中级人民法院在必要的时候,可以决定把某些属于严重危害社会治安的,应当判处无期徒刑、死刑的第一审普通刑事案件,交由基层人民法院审判",它所依据的就是1979年《刑事诉讼法》第18条的规定。后来发现死刑判决权下放后,出现了判处死刑过多且失控的现象,基层法院仅适用了4个月,最高人民法院又会同最高人民检察院和公安部于1983年12月2日共同发出通知,将死刑判决权重新收回中级人民法院。鉴于这次下放死刑判决权的不慎重授权的深刻教训,在1996年修正《刑事诉讼法》时,对原来第18条的规定作了重要修改,删除了"也可以把自己管辖的第一审刑事案件交由下级人民法院审判"这个规定,重申了有关级别管辖的变更应当贯彻"只能上管下,不得下管上"的原则。在任何情况下,都不允许下级法院越权管辖法律规定由上级法院审判的刑事案件;上级法院也不得将刑事诉讼法明确规定应由自己管辖的刑事案件,交由下级法院审判。这样修改的目的,是保持正常的审判程序,维护法律的尊严。

2010年最高人民法院出台的《关于规范上下级人民法院审判业务关系的若干意见》(以下简称《若干意见》),对案件的移送情形与程序作了更详细的规定。《若干意见》第3条规定,基层人民法院和中级人民法院对于已经受理的下列第一审案件,必要时可以根据相关法律规定,书面报请上一级人民法院审理:①重大、疑难、复杂案件;②新类型案件;③具有普遍法律适用意义的案件;④有管辖权的人民法院不宜行使审判权的案件。

《若干意见》第4条、第5条规定,上级人民法院对下级人民法院提出的移送审理请求,应当及时决定是否由自己审理,并下达同意移送决定书或者不同意移送决定书。上级人民法院认为下级人民法院管辖的第一审案件,属于本意见第3条所列类型,有必要由自己审理的,可以决定提级管辖。

2. 地区管辖。

(1)地区管辖,是指同级人民法院之间在审判第一审普通刑事案件上的权限划分。确定地区管辖的原则主要有三个:

第一,犯罪地为主,居住地为辅管辖原则。2012年《刑事诉讼法》第24条规定,刑事案件由犯罪地的人民法院管辖。如果由被告人居住地的人民法院审判更为适宜的,可以由被告人居住地的人民法院管辖。根据最高人民法院《刑事诉讼法若干问题的解释》第 2 条的规定，犯罪地是指犯罪行为发生地。以非法占有为目的的财产犯罪，犯罪地包括犯罪行为发生地和犯罪分子实际取得财产的犯罪结果发生地。

由于犯罪证据大多都在犯罪地，由犯罪地法院审理，有利于法院就地调查核实证据，正确及时处理案件，而且被害人、证人等往往都在犯罪地，便于法院就近传唤或者通知其参加诉讼，也便于诉讼参与人参加诉讼。同时，犯罪地群众最为关心本地发生的犯罪案件的审理，由犯罪地法院审理，也便于当地群众旁听，有利于结合案件的审理进行法制宣传教育工作。

由被告人居住地的人民法院管辖更为适宜的情况，一般包括：被告人流窜作案，主要犯罪地难以确定，而其居住地的群众更多地了解案件的情况；被告人在居住地民愤极大，当地群众要求在当地审判的；可能对被告人适用缓刑、管制或者单独适用剥夺政治权利等刑罚，因而需要在其居住地执行的，等等。

第二，最初受理地管辖原则。几个同级人民法院都有权管辖的案件，由最初受理的人民法院审判的原则。这一原则是上一原则的补充。因为按照前述原则，有时候并不能确定对案件的管辖权，如一个犯罪涉及几个地点，按照犯罪地原则几个人民法院都有权审判，而以被告人居住地确定也可能出现多个法院都具有管辖权的情形。因此，刑事诉讼法第 25 条规定，最初受理原则。

第三，主要犯罪地管辖原则。在适用最初受理地管辖还不适宜时，可以采用刑事诉讼法第 25 条规定的主要犯罪地管辖原则。但是，适用时一定是"在必要的时候，可以移送主要犯罪地的人民法院审判"，即"必要时"是适用此款规定的前提条件。必要的时候，是指对查清主要犯罪事实以及及时处理案件更为有利等情况。同时，最高人民法院《刑事诉讼法若干问题的解释》第 17 条规定："两个以上同级人民法院都有权管辖的案件，由最初受理的人民法院管辖。尚未开庭审判的，在必要的时候，可以移送被告人主要犯罪地的人民法院审判。"所谓主要犯罪地，包括案件涉及多个地点时对该犯罪的成立起主要作用的行为地，也包括一人犯数罪时，主要罪行的实行地。

(2) 指定管辖。考虑到司法现实的复杂性，地区管辖也会发生变通执行的情况，如当管辖不明或者有管辖权的法院不宜行使管辖权，等等，具体的变通方式在学理上称为指定管辖，具体而言，是指当管辖不明或者有管辖权的法院不宜行使管辖权时，由上级人民法院指定的方式确定案件的管辖。指定管辖的情形主要有两类：

①地区管辖不明的刑事案件，如刑事案件发生在两个或者两个以上地区的交界处，犯罪属于哪个人民法院管辖的地区不明确，《刑事诉讼法若干问题的解释》第 17 条规定："对管辖权发生争议的，应当在审限内协商解决；协商不成的，由争议的人民法院分别逐级报请共同的上一级人民法院指定管辖。"

②原来有管辖权的人民法院由于各种原因不能或不宜行使管辖权的，由上级人民法院指定下级人民法院将其管辖的某一刑事案件移送至其他地区的法院

审判。

在指定管辖的程序上,《刑事诉讼法若干问题的解释》第19条规定:"上级人民法院指定管辖的,应当将指定管辖决定书分别送达被指定管辖的人民法院和其他有关的人民法院。原受理案件的人民法院,在收到上级人民法院指定其他人民法院管辖决定书后,不再行使管辖权。对于公诉案件,应当书面通知提起公诉的人民检察院,并将全部案卷材料退回,同时书面通知当事人;对于自诉案件,应当将全部案卷材料移送被指定管辖的人民法院,并书面通知当事人。"

(3) 地区管辖的特殊规定。由于刑事案件非常复杂,有些刑事案件不能适用上述地区管辖的规定。对此,有关司法解释对下列特殊情况下的地区管辖作出了特别规定:

在总结司法实践的基础上,《刑事诉讼法若干问题的解释》规定了以下几种特殊案件的管辖:

①对于中华人民共和国缔结或者参加的国际条约所规定的罪行,中华人民共和国在所承担条约义务的范围内,行使刑事管辖权。这类案件,由被告人被抓获地的中级人民法院管辖。

②在中华人民共和国领域外的中国船舶内的犯罪,由犯罪发生后该船舶最初停泊的中国口岸所在地的人民法院管辖。

③在中华人民共和国领域外的中国航空器的犯罪,由犯罪发生后该航空器在中国最初降落地的人民法院管辖。

④在国际列车上的犯罪,按照我国与相关国家签订的有关管辖协定确定管辖。没有协定的,由犯罪发生后该列车最初停靠的中国车站所在地或者目的地的铁路运输法院管辖。

⑤中国公民在驻外的中国使(领)馆内的犯罪,由该公民主管单位所在地或者他的原户籍所在地的人民法院管辖。

⑥中国公民在中华人民共和国领域外的犯罪,由该公民离境前的居住地或者原户籍所在地的人民法院管辖。

⑦外国人在中华人民共和国领域外对中华人民共和国国家或者公民犯罪,依照刑法应受处罚的,由该外国人入境地的中级人民法院管辖。

⑧发现正在服刑的罪犯在判决宣告前还有其他犯罪没有受到审判的,由原审人民法院管辖;如果由罪犯服刑地或者新发现罪的主要犯罪地的人民法院管辖更为适宜的,可以由服刑地或者新发现罪的主要犯罪地的人民法院管辖。正在服刑的罪犯在服刑期间又犯罪的,由服刑地的人民法院管辖。正在服刑的罪犯在脱逃期间的犯罪,如果是在犯罪地捕获并发现的,由犯罪地的人民法院管辖;如果是被缉捕押解回监狱后发现的,由罪犯服刑地的人民法院管辖。

⑨刑事自诉案件的自诉人、被告人一方或者双方是在我国港、澳、台地区居住的中国公民或者其住所地是在港、澳、台地区的单位的,由犯罪地的基层人民法院审判。港、澳、台地区同胞告诉的,应当出示港、澳、台地区居民身份证、

回乡证或者其他能证明本人身份的证明。

(二) 专门管辖

专门管辖,是指专门人民法院与普通人民法院之间,各种专门人民法院之间,以及各专门人民法院系统内部在受理第一审刑事案件上的权限分工。专门管辖所要解决的是哪些案件由专门人民法院审判及由哪一个专门人民法院审判的问题。

2012年《刑事诉讼法》第27条规定:"专门人民法院案件的管辖另行规定。"

军事法院管辖的案件。根据《刑事诉讼法若干问题的解释》第20条、第21条的规定,现役军人(含在编军内职工,下同)和非军人共同犯罪的,分别由军事法院和地方人民法院或者其他专门法院管辖;涉及国家军事秘密的,全案由军事法院管辖。对于下列案件,由地方人民法院或者军事法院以外的其他专门法院管辖:(1)非军人、随军家属在部队营区内犯罪的;(2)军人在办理退役手续后犯罪的;(3)现役军人入伍前犯罪的(须与服役期内犯罪一并审判的除外);(4)退役军人在服役期内犯罪的(犯军人违反职责罪的除外)。

铁路运输法院管辖的案件。铁路运输法院管辖的案件是铁路系统公安机关负责侦破的刑事案件。主要包括:(1)危害和破坏铁路运输和生产的案件;(2)破坏铁路交通设施的案件;(3)火车上发生的犯罪案件;(4)违反铁路运输法规、制度造成重大事故或严重后果的案件。

第六章 回避制度

第一节 回避的概念和适用的对象

一、回避的概念

刑事诉讼中的回避，是指根据刑事诉讼法和有关法律的规定，侦查人员、检察人员、审判人员及书记员、翻译人员和鉴定人等，如果与案件当事人有某种利害关系或者其他可能影响案件公正处理的特殊关系，不得参与该案诉讼活动的一项诉讼制度。

二、回避的对象

回避的对象，是指在法律明确规定的回避情形下应当回避的人员范围。根据2012年《刑事诉讼法》第28条和第31条，以及《刑事诉讼法若干问题的解释》第23条和《人民检察院刑事诉讼规则》第20条的规定，回避的对象主要包括：

（一）审判人员

审判人员具体包括各级人民法院院长、副院长，审判委员会委员、庭长、副庭长、审判员、助理审判员，其他在法院中占行政编制的工作人员及人民陪审员。

（二）检察人员

检察人员具体包括各级人民检察院检察官、书记员和司法行政人员。对于检察委员会委员是否属于回避范围，法律没有明确规定。通说认为，检察委员会委员对案件处理结果有重要影响，基于司法公正的考虑，检察委员会委员应当纳入回避的人员范围。

（三）侦查人员

这里的侦查人员指直接参与侦查工作的人员，而非泛指具有警察身份的工作人员。

（四）参与侦查、起诉、审判活动的书记员、翻译人员、鉴定人

这里的"书记员"、"翻译人员"、"鉴定人",虽然不是各个诉讼阶段的主持者,但是,他们的诉讼行为可能直接影响案件的公正处理。所以,我国刑事诉讼法将这三种诉讼参与人也列为回避的对象。此外,2012年《刑事诉讼法》第31条第2款新增:"辩护人、诉讼代理人可以依照本章的规定要求回避、申请复议"。

第二节 回避的理由与种类

一、回避的理由

回避的理由,是指由法律规定实施回避所必须具备的根据。根据刑事诉讼法的有关规定,回避的理由包括以下几种情形:

（一）是本案当事人或者当事人的近亲属

根据2012年《刑事诉讼法》第106条的规定,"当事人",是指被害人、自诉人、犯罪嫌疑人、被告人、附带民事诉讼的原告人和被告人;"近亲属",是指夫、妻、父、母、子、女、同胞兄弟姐妹。最高人民法院《关于审判人员严格执行回避制度的若干规定》（以下简称《回避制度的若干规定》）第1条对此作了进一步的解释,规定与当事人有直系血亲、三代以内旁系血亲以及姻亲关系的审判人员都应当回避。

（二）本人或者他的近亲属和本案有利害关系

所谓利害关系,是指本案的处理结果会影响到审判人员、检察人员、侦查人员以及书记员、翻译人员、鉴定人或其近亲属的利益。

（三）担任过本案的证人、鉴定人、辩护人或者诉讼代理人

在同一个案件中,曾经履行过或行使过本案的证人、鉴定人、辩护人或诉讼代理人的义务和职责的人,对案件事实往往已经形成自己的看法,如果再以其他办案人员的身份参与对该案件的处理,就很难做到客观公正。为防止先入为主和角色冲突,也应当回避。

（四）与本案当事人有其他关系,可能影响公正处理案件

此处的"其他关系",是指上述三类情形之外的某种关系。其内容比较广泛,大体可分为两类:一类是友好关系,如与当事人虽无近亲属关系,但有其他亲戚关系或者是同学、同乡或朋友关系,或者与当事人有某种工作关系、经济关系等;另一类是不和睦关系,即与当事人有过仇隙、纠纷等。上述关系必须达到影响案件公正处理的程度时,才应当回避。《回避制度的若干规定》第1条规定,与本案的诉讼代理人、辩护人有夫妻、父母、子女或者同胞兄弟姐妹关系的审判

人员,应当回避。

(五)接受当事人及其委托的人的请客送礼,或者违反规定会见当事人及其委托的人

接受当事人及其委托的人的请客送礼,或者违反规定会见当事人及其委托的人,不仅会损害司法人员的公正形象,而且极易导致徇私枉法行为。《回避制度的若干规定》规定,审判人员具有下列情形之一的,当事人及其法定代理人有权要求回避:(1)未经批准,私下会见本案一方当事人及其代理人、辩护人的;(2)为本案当事人推荐、介绍代理人、辩护人,或者为律师、其他人员介绍办理该案件的;(3)接受本案当事人及其委托的人的财物、其他利益,或者要求当事人及其委托的人报销费用的;(4)接受本案当事人及其委托的人的宴请,或者参加由其支付费用的各项活动的;(5)向本案当事人及其委托的人借款、借用交通工具、通信工具或者其他物品,或者接受当事人及其委托的人购买商品、装修住房以及其他方面给予的好处的。对于检察人员和侦查人员虽没有相关解释规定适用这几种回避情形,但一般认为应当参照执行司法解释的相关规定。对上述几种情形的回避,当事人及其法定代理人应当提供相关证据材料。

(六)参加过本案侦查、起诉的侦查、检察人员不能再担任本案的审判人员,或者参加过本案侦查的侦查人员,不能再担任本案的检察人员

《刑事诉讼法若干问题的解释》第31条规定:"参加过本案侦查、起诉的侦查、检察人员,如果调至人民法院工作,不得担任本案的审判人员。"该规定适用于法庭书记员、翻译人员和鉴定人。《人民检察院刑事诉讼规则》第29条规定:"参加过本案侦查的侦查人员,如果调至人民检察院工作,不得担任本案的检察人员。"第31条规定:"本规则关于回避的规定,适用于书记员、司法警察和人民检察院聘请或指派的翻译人员、鉴定人。"

(七)在一个审判程序中参与过本案审判工作的合议庭成员,不能再参与本案其他程序的审判

《刑事诉讼法若干问题的解释》第31条规定:"凡在一个审判程序中参与过本案审判工作的合议庭组成人员,不得再参与本案其他程序的审判。"第32条规定:"上述有关回避的规定,适用于法庭书记员、翻译人员和鉴定人。"而且,对于第二审法院经过第二审程序裁定发回重审或者按照审判监督程序重新审理的案件,原审法院负责审理此案的原合议庭组成人员也不得再参与对案件的审理。

二、回避的种类

根据回避实施方式的不同,通常将回避划分为三种:自行回避、申请回避和指令回避。

(一)自行回避

自行回避,是指审判人员、检察人员、侦查人员等在刑事诉讼中遇有法定的

回避情形时，主动要求退出诉讼活动的制度。

（二）申请回避

申请回避，是指当事人及其法定代理人、辩护人、诉讼代理人认为审判人员、检察人员、侦查人员等有法定应当回避的情形时，向人民法院、人民检察院或者公安机关等提出申请，要求他们退出诉讼活动的制度。2012年《刑事诉讼法》第31条规定，除了当事人及其法定代理人有权申请回避之外，辩护人、诉讼代理人也可以要求回避、申请复议。

（三）指令回避

指令回避，是指审判人员、检察人员、侦查人员等遇有法定的回避情形时，没有自行回避，当事人及其法定代理人也没有申请回避，公、检、法三机关等有关组织或负责人可以依职权命令其退出案件诉讼活动的制度。

第三节 回避的程序

一、回避的提起阶段

在刑事诉讼中的各个阶段，如侦查、起诉和审判等阶段，有关组织或个人都可以启动回避程序。

（一）侦查、起诉阶段的回避

侦查人员、检察人员应当在相应的诉讼阶段及时告知当事人有申请回避权。检察人员应该回避而没有回避时，检察长或者检察委员会可以指令其回避，当事人及其法定代理人也可申请其回避。

（二）审判阶段的回避

关于审判阶段的回避，2012年《刑事诉讼法》第182条第1、2款明确规定："人民法院决定开庭审判后，应当确定合议庭的组成人员，将人民检察院的起诉书副本至迟在开庭十日以前送达被告人及其辩护人。在开庭以前，审判人员可以召集公诉人、当事人和辩护人、诉讼代理人，对回避、出庭证人名单、非法证据排除等与审判相关的问题，了解情况，听取意见。"

刑事诉讼法有关审判阶段适用回避的规定，既适用于第一审程序，也适用于第二审程序、死刑复核程序和审判监督程序。

二、回避的申请、审查与决定

（一）回避的申请

司法工作人员自行回避的，可以口头或者书面提出，并说明理由。口头提出的，应当书面记录在案。当事人及其法定代理人、辩护人、诉讼代理人要求司法工作人员回避的，应当书面或者口头向公安司法机关提出，并说明理由或者提供有关证明材料。

无论是自行回避还是申请回避，被申请回避的人员一般应暂停参与本案的诉讼活动。但是，对侦查人员的回避在作出决定前，侦查人员不能停止对案件的侦查工作，以免影响及时收集犯罪证据和查明案件事实。

（二）回避的审查与决定

回避的审查与决定主要分为以下几种情况：

1. 审判人员、检察人员、侦查人员的回避，应当分别由院长、检察长、县级以上公安机关负责人决定。

2. 人民法院院长的回避，由本院审判委员会决定。审判委员会讨论院长回避时，由副院长主持，院长不得参加。

3. 检察长和公安机关负责人的回避，由同级人民检察院检察委员会决定。这里的公安机关负责人，是指公安机关的正职负责人，对公安机关副职负责人的回避，由正职负责人决定。检察委员会讨论检察长回避问题时，由副检察长主持，检察长不得参加。

4. 书记员、翻译人员和鉴定人的回避，一般应当按照诉讼进行的阶段，分别由公安机关负责人、检察长或法院院长决定。关于检察院书记员的回避，《刑事诉讼法若干问题的解释》第30条规定："当事人及其法定代理人对出庭的检察人员、书记员提出回避申请的，人民法院应通知指派该检察人员出庭的人民检察院，由该院检察长或者检察委员会决定。"

对于回避的请求或者申请，必须经法定的组织或者人员审查后作出是否同意的决定。对于具有法定回避情形的人员，即使本人并未提出回避要求，当事人及其法定代理人也没有要求他们回避，有权决定回避的个人或组织，也应当进行审查并作出是否回避的决定。

《公安机关办理刑事案件程序规定》第33条规定："被决定回避的公安机关负责人、侦查人员、鉴定人、记录人和翻译人员，在回避决定作出以前所进行的诉讼活动是否有效，由作出决定的机关根据案件情况决定。"根据《人民检察院刑事诉讼规则》第30条的规定，被决定回避的检察人员，在回避决定作出以前所取得的证据和进行的诉讼行为是否有效，由检察委员会或者检察长根据案件具体情况决定。

三、对驳回回避申请的复议

有关回避的决定一经作出，一般即发生法律效力。当事人及其法定代理人、辩护人、诉讼代理人对驳回申请的决定不服，可以申请复议一次。在复议主体作出复议决定前，不影响被申请回避的人员参与案件的处理活动。

（一）对公安机关驳回回避申请的复议

根据《公安机关办理刑事案件程序规定》第 30 条的规定："公安机关作出驳回申请回避的决定后，应当告知当事人及其法定代理人，如不服本决定，可以在收到《驳回申请回避决定书》后五日内向原决定机关申请复议一次。"第 31 条规定："当事人及其法定代理人对驳回申请回避的决定不服申请复议的，决定机关应当在三日以内作出复议决定并书面通知申请人。"根据 2012 年修正的《刑事诉讼法》第 31 条的规定，辩护人、诉讼代理人也享有该复议权。

（二）对检察机关驳回回避申请的复议

《人民检察院刑事诉讼规则》第 26 条规定："人民检察院作出驳回申请回避的决定后，应当告知当事人及其法定代理人如不服本决定，有权在收到驳回申请回避的决定书后五日内向原决定机关申请复议一次。"第 27 条规定："当事人及其法定代理人对驳回申请回避的决定不服申请复议的，决定机关应当在三日内作出复议决定并书面通知申请人。"根据 2012 年修正的《刑事诉讼法》第 31 条的规定，辩护人、诉讼代理人也享有该复议权。

（三）对法院驳回回避申请的复议

《刑事诉讼法若干问题的解释》第 28 条规定："被决定回避的人员对决定有异议的，可以在恢复庭审前申请复议一次；被驳回回避申请的当事人及其法定代理人对决定有异议的，可以当庭申请复议一次。"第 29 条规定："不属于刑事诉讼法第二十八条、第二十九条所列情形的回避申请，由法庭当庭驳回，并不得申请复议。"根据 2012 年《刑事诉讼法》第 31 条的规定，辩护人、诉讼代理人也享有该复议权。

第七章 辩护与代理制度

第一节 辩　　护

一、辩护的概念和意义

（一）辩护的概念

辩护，是指针对控诉，提出能够证明犯罪嫌疑人、被告人无罪、罪轻或者减轻、免除其刑事责任的材料和意见，维护犯罪嫌疑人、被告人合法权益的诉讼制度。为了更好理解辩护的概念，可以从制度、职能、内容和目的等不同视角作进一步解析。

1. 辩护是刑事诉讼中的一项基本制度。从制度层面来理解，辩护是由一系列规范性文件从多方面进行了系统的规定。我国宪法、刑事诉讼法、律师法以及相关部门解释，从不同角度规定了犯罪嫌疑人、被告人有权获得辩护的权利，有关国家机关有职责保障辩护权的行使。此外，还具体规定了有关辩护权行使方式（辩护的种类）、辩护人的范围和权利义务等内容。

2. 辩护是与控诉相互对立统一的一项诉讼职能。没有控诉，就没有辩护。资本主义社会废除纠问式刑事诉讼模式的一个显著标志，就是确立的刑事诉讼中的控、辩、审三大诉讼职能。控诉与辩护是矛盾对立的两面，相互依存。正是基于对辩护与控诉相互对立职能的考虑，越来越多的人认识到控辩平等是现代刑事司法公正的主要准则之一。

3. 辩护的内容虽然包含了不同层次，但总体上均有利于犯罪嫌疑人、被告人。其中，最高层次是无罪辩护，即彻底推翻控诉主张，最大限度有利于犯罪嫌疑人、被告人。第二层次是免除刑事责任，即辩方在认同有罪指控的同时，认为可以或应当免予追究刑事责任，从结果上看，几乎等同于无罪辩护。第三层次是罪轻或减轻辩护，即辩方在认同被告人有罪的前提下，认为应当或可以判定为比指控更轻的罪名或量刑。同样也有利于犯罪嫌疑人、被告人。

4. 辩护的目的是维护犯罪嫌疑人、被告人合法权益。该目可从上述辩护的内容中很容易得出，也同上述辩护与控诉相对立的职能一致。无论是由犯罪嫌疑人、被告人自行辩护,还是由他人帮助辩护,辩护的目的或宗旨都是不变的,即维护受刑事追诉者的合法权益,这也是区分辩护与非辩护的标准。例如,犯罪嫌疑人、被告人为了掩盖自己的犯罪事实,故意隐瞒、虚假供述或歪曲事实,均不是辩护。

(二) 辩护的意义

无论从规范层面,还是实践角度,都可以发现辩护至少具有以下不可替代的意义。

1. 保障犯罪嫌疑人、被告人辩护权的实现。辩护权是犯罪嫌疑人、被告人众多权利中最基本的形式之一,是刑事诉讼中最重要的程序性权利,也是国际公约中公认的人权之一。辩护权作为一项法律权利,必然要求以某种方式予以实现。为了保障犯罪嫌疑人、被告人的辩护权,现代各国通常都将辩护作为一项法定的刑事诉讼制度,具体规定了辩护种类、辩护人的范围、辩护人的权利和义务等诸多内容,为辩护权实现规定了法定的方式和途径,因此,考察一个国家辩护权的应然实现状况如何,最简便的方式是了解该国家辩护制度确立的情况如何。也即,辩护制度是保障辩护权实现的基础和标杆。

2. 促进控辩双方诉讼地位的实质平等。从职能关系上看,辩护与控诉是对立统一的。在我国,公诉是刑事诉讼的主要方式,检察院是公诉案件的控诉方,与犯罪嫌疑人、被告人为主的辩护方相比,其诉讼地位的优越性显而易见。为了防止控辩双方地位的不平等过分加剧,影响诉讼公平与公正,现代国家都意识到辩护的重要性,纷纷强化辩护职能(如增加辩护权的内容、保障律师辩护以及要求办案机关承担保障辩护权的职责等),以期促进控辩双方诉讼地位的实质平等。

3. 加强犯罪嫌疑人和被告人的诉讼主体地位。在纠问式诉讼中,被告人处于诉讼客体的地位,其主要原因之一即是辩护未能获得法律上的恰当认可。有罪推定和自证其罪原则下的刑讯逼供,更是难以容忍辩护的存留空间。现代辩护制度尤其是律师辩护制度的确立,大大加强了犯罪嫌疑人、被告人对诉讼程序的影响力。辩护逐步成为其对抗控诉主张、说服审判方,影响甚至决定某些诉讼程序和诉讼结果的关键因素。我国刑事诉讼法的修改,对辩护制度和辩护权的逐步完善和加强,反映了我国犯罪嫌疑人、被告人诉讼主体地位的不断提高。

4. 促进刑事诉讼目的的顺利实现。追究犯罪嫌疑人、被告人刑事责任,实现刑罚权的同时,以人道方式对待犯罪嫌疑人、被告人,保护其基本人权,赋予其相应的辩护权,是刑事诉讼的双重目的。平衡二者间的关系是现代刑事诉讼的趋势,我国也不例外。在我国,长期以来,前者往往被认为是刑事诉讼的主要目的,后者则被忽视、受轻视、遭漠视。结果,惩罚犯罪为主,保障人权为辅的目的观,主导了我国刑事诉讼立法和实践。从辩护内容上看,无罪辩护、免除刑事责任辩护、罪轻辩护以及减轻辩护,均直接体现了对犯罪嫌疑人、被告人合法权益的保障,有利于平衡刑事诉讼双重目的的实现。

二、辩护的种类

辩护权是犯罪嫌疑人、被告人最基本的诉讼权利，我国有关法律规范对辩护权行使的不同方式作了规定，理论上据此将辩护通常划分为自行辩护、委托辩护和指派辩护。

（一）自行辩护

自行辩护，是指犯罪嫌疑人、被告人针对指控，自己进行反驳、申辩和辩解的行为。我国宪法和刑事诉讼法从原则的角度规定了被告人有权获得辩护。刑事诉讼法规定了犯罪嫌疑人、被告人可以自己行使辩护权。开庭的时候，审判长应告知被告人享有辩护权利。相对于其他辩护种类，自行辩护是辩护权行使方式中最基本、最直接、最原初、最广泛的方式。对于自行辩护有困难的犯罪嫌疑人、被告人，我国法律还赋予了其有权委托辩护人辩护，以及获得法定机关为其指派辩护人（法律援助）的权利。

（二）委托辩护

委托辩护，是指律师或者其他公民接受犯罪嫌疑人、被告人以及其法定代理人、近亲属或所在单位的委托，充当辩护人，协助犯罪嫌疑人、被告人行使辩护权。委托辩护尤其是委托律师辩护是辩护的最有效方式。律师辩护可以弥补辩护人自身法律知识不足，以及受到强制措施对人身自由的限制等方面的不足。

出于保障犯罪嫌疑人、被告人获得委托辩护人帮助的考虑，刑事诉讼法从以下方面规定了相关措施：

1. 明确委托辩护人的时间。2012年《刑事诉讼法》第33条第1款规定，对于公诉案件，犯罪嫌疑人在被侦查机关第一次讯问或者采取强制措施之日起，有权委托辩护人。[①] 这同1996年刑事诉讼法相比，委托辩护的时间由审查起诉阶段提前至侦查阶段。在自诉案件中，被告人随时可以委托辩护人，即被告人在收到法院向其送达起诉状副本时起，即可以委托辩护人。

2. 要求办案机关履行相关告知义务。由于多数犯罪嫌疑人、被告人对其有权获得委托辩护人的诉讼权利不够了解，为此，2012年《刑事诉讼法》第33条第2款规定，（1）侦查机关在第一次讯问犯罪嫌疑人或者对犯罪嫌疑人采取强制措施时，应当告知犯罪嫌疑人有权委托辩护人；（2）人民检察院自收到移送审查起诉的案件材料之日起三日以内，应当告知犯罪嫌疑人有权委托辩护人；（3）人民法院自受理自诉案件之日起三日以内，应当告知被告人有权委托辩护人。

3. 及时转达在押犯罪嫌疑人、被告人委托辩护人的要求。考虑到实践中犯

[①] 在1996年《刑事诉讼法》中，公诉案件自案件移送审查起诉之日起，犯罪嫌疑人才有权委托辩护人。犯罪嫌疑人在侦查机关第一次讯问后或者采取强制措施之日起，仅有权聘请律师为其提供法律帮助。犯罪嫌疑人委托的律师尚不具有辩护人身份，因此，不能认为是侦查阶段有权委托辩护人。

罪嫌疑人、被告人被羁押的现状，2012年《刑事诉讼法》第33条第2款规定，如果犯罪嫌疑人、被告人在押期间需要委托辩护人的，公、检、法应及时转达其要求。

4. 扩大委托辩护人的主体范围。为了保障在押犯罪嫌疑人、被告人委托辩护人的权利，2012年《刑事诉讼法》第33条第3款规定，委托辩护人的主体范围不限于犯罪嫌疑人、被告人本人，还可由其监护人、近亲属代为委托辩护人。

5. 人民法院决定开庭审判后，对于被告人未委托辩护人的，告知被告人可以委托辩护人。在审判过程中，被告人可以拒绝辩护人继续为他辩护，也可以另行委托辩护人辩护。每一名犯罪嫌疑人、被告人可以委托一至二名辩护人。在共同犯罪的案件中，一名辩护人不得为两名以上的同案犯罪嫌疑人、被告人辩护。

下列人员经委托，有资格成为辩护人：律师；人民团体或犯罪嫌疑人、被告人所在单位推荐的人；犯罪嫌疑人、被告人的监护人、亲友。

（三）指派辩护

指派辩护，是指在具备法定条件的情况下，法律援助机构接受公安机关、人民检察院、人民法院通知，或犯罪嫌疑人、被告人及其近亲属的申请，为没有委托辩护人的犯罪嫌疑人、被告人，指派律师为其进行辩护。指派辩护是在1996年刑事诉讼法规定的，由法院在审判阶段为有关被告人指定辩护的基础上，进一步修改而形成的一项新的辩护制度，该制度是我国刑事法律援助制度的重要形式之一。1996年《刑事诉讼法》规定的指定辩护，是由法院直接指定辩护律师，为法定情形下的被告人提供法律援助。2012年《刑事诉讼法》第34条改变了上述做法。一方面，如果遇到上述法定情形，需要提供法律援助，由公、检、法机关通知法律援助机构，由法律援助机构指派律师提供法律援助。另一方面，由犯罪嫌疑人、被告人及其近亲属直接向法律援助机构申请，由法律援助机构决定是否指派律师提供法律援助。

指派辩护在2012年《刑事诉讼法》第34条中表现为下列两种法定情形：情形一，犯罪嫌疑人、被告人是（开庭审理时不满18周岁的）未成年人、盲、聋、哑人，可能被判处无期徒刑、死刑，或者是尚未完全丧失辨认或者控制自己行为能力的精神病人，没有委托辩护人的，人民法院、人民检察院和公安机关应当通知法律援助机构指派律师为其提供辩护。情形二，犯罪嫌疑人、被告人因经济困难或者其他原因没有委托辩护人的，本人及其近亲属可以向法律援助机构提出申请。对符合法律援助条件的，法律援助机构应当指派律师为其提供辩护。

从上述情形可以发现，指派辩护有下列特征：第一，指派辩护的时间分别规定在侦查、审查起诉和审判三个诉讼阶段，即上述每一个诉讼阶段，均适用指派辩护。第二，指派辩护的条件不同，其形式也不同。在情形一中，没有委托辩护人的犯罪嫌疑人、被告人，分别是（开庭审理时不满18周岁的）未成年人，盲、聋、哑人，可能被判处无期徒刑、死刑，或者是尚未完全丧失辨认或者控制自己行为能力的精神病人，构成公、检、法机关应当通知法律援助机关指派辩护律师的法定条件。在情形二中，犯罪嫌疑人、被告人因经济困难或者其他原因没有委托辩护人，是其本人及其近亲属向法律援助机构申请法律援助的法定条件。对于前者，法律援助机构应当指派辩护律师；而对于后者，是否指派辩护律师由法律援助机构决定。就此意义而言，前者可称为"强制指派辩护"；后者可称为"任意指派辩护"。

三、辩护人的责任和诉讼地位

辩护人的责任是根据事实和法律，提出犯罪嫌疑人、被告人无罪、罪轻或者减轻、免除其刑事责任的材料和意见，维护犯罪嫌疑人、被告人的诉讼权利和其他合法权益。无论在委托辩护，还是在指派辩护中，辩护人都应当履行法律规定的相关责任。现行法律要求辩护人承担的责任可以分为积极的和消极的两个方面。

所谓积极的责任，是指辩护人应当根据事实和法律，提出证明犯罪嫌疑人、被告人无罪、罪轻或者减轻、免除其刑事责任的材料和意见，维护犯罪嫌疑人、被告人的诉讼权利和其他合法权益。在刑事诉讼中，公、检、法三机关虽然也有维护犯罪嫌疑人、被告人合法权益的职责，但是，由于上述机关的职能是侦查、控诉和审判，因此，实际上很难像辩护人那样专门维护其合法权益。

所谓消极的责任，是指辩护人（或其他任何人）不得帮助犯罪嫌疑人、被告人隐匿、毁灭、伪造证据或者串供，不得威胁、引诱证人作伪证，[①] 以及进行其他干扰司法机关诉讼活动的行为。否则，应当依法追究法律责任。[②] 为了防止办案机关对辩护律师进行打击报复，2012年《刑事诉讼法》第42条第2款规定了辩护律师涉嫌上述犯罪的专门诉讼程序，即辩护人涉嫌犯罪的，应当由办理辩护人所承办案件的侦查机关以外的侦查机关办理。辩护人是律师的，应当及时通知其所在的律师事务所或者所属的律师协会。

基于上述责任，辩护人诉讼中具有独立的地位，体现如下：第一，辩护人在履行辩护职责、发表辩护意见时，只服从法律和事实，其意志不受其他任何干扰。第二，在委托辩护中，在某些情况下，辩护人虽然需要征求犯罪嫌疑人、被告人的意见，如申请回避、提出上诉，但是，辩护人在行使会见权、调查取证权、阅卷权以及发表辩护意见时，享有完全的独立自主权，不受其委托人的意志束缚。第三，在指派辩护中，公、检、法机关虽然有权通知法律援助机构指派辩护人，但是，不能影响或要求辩护人接受其对案件的意见或看法，或要求辩护人

---

① 1996年《刑事诉讼法》第38条将"引诱证人改变证言"作为追究辩护律师法律责任的依据，2012年《刑事诉讼法》第42条，将此部分内容删除。

② 《刑法》第306条：在刑事诉讼中，辩护人、诉讼代理人毁灭、伪造证据，帮助当事人毁灭、伪造证据，威胁、引诱证人违背事实改变证言或者作伪证的，处三年以下有期徒刑或者拘役；情节严重的，处三年以上七年以下有期徒刑。辩护人、诉讼代理人提供、出示、引用的证人证言或者其他证据失实，不是有意伪造的，不属于伪造证据。

按照法院的旨意进行辩护。第四,辩护人在行使会见、调查取证、阅卷、申请取保候审、传唤证人出庭等诉讼权利时,需要公、检、法等机关的配合和支持,但是,这些国家机关不得以任何方式对辩护人施加压力,要求其改变辩护意见或行为。第五,辩护人在履行职责时,独立于其他(包括其所在)单位、团体、组织或个人。

四、辩护人的诉讼权利和义务

(一)辩护人的诉讼权利

律师是辩护人最佳人选,不仅法律知识扎实,办案经验丰富,而且,律师还受到其所在单位(律师事务所或法律援助机构)、律师协会,以及律师法、律师执业规范的约束,有严格的职业道德要求,因此,刑事诉讼法赋予律师辩护人比非律师辩护人更多的诉讼权利。当然,律师辩护人在享受较多权利的同时,也被赋予了相应较多的诉讼义务,承担相应的职责。辩护人的诉讼权利对于保障司法公正,维护司法公平具有重要的诉讼价值。下列所阐述辩护人的各项诉讼权利中,如果特别提及辩护律师的,即表明该权利是律师辩护人所专有的诉讼权利,非律师辩护人则不能直接同时享有。

1. 独立辩护权。该权利是辩护人拥有独立诉讼地位的重要体现。辩护人进行独立辩护,由于辩护人在诉讼中处于独立的诉讼地位,因此,辩护人有权根据自己对案情的掌握以及相关法律的把握,独立行使辩护权,调查取证、查阅卷宗材料、发表辩护词、参加法庭辩论等,不受任何单位、机关、组织或个人的非法干涉,即便是其委托人或指派机构(法律援助中心)也不可干涉辩护律师的独立辩护权。例如,《律师法》第32条规定,律师接受委托后,如果发现委托事项违法、委托人利用律师提供的服务从事违法活动或者委托人故意隐瞒与案件有关的重要事实的,均有权拒绝辩护。

2. 侦查阶段辩护律师专有的诉讼权利。根据2012年《刑事诉讼法》第36条、第86条的规定,该权利是指,辩护律师在侦查期间可以为犯罪嫌疑人提供法律帮助;代理申诉、控告;申请变更强制措施;向侦查机关了解犯罪嫌疑人涉嫌的罪名和案件有关情况,提出意见。人民检察院审查批准逮捕,可以听取辩护律师的意见;辩护律师提出要求的,应当听取辩护律师的意见。具体权利内容如下:

(1)提供法律帮助权,是指为犯罪嫌疑人提供包括实体法和程序法在内的各方面的法律咨询、告知犯罪嫌疑人相关诉讼权利;指导犯罪嫌疑人正确运用法律保护自己的合法权益;为被逮捕的犯罪嫌疑人申请取保候审、申请解除超期羁押等。

(2)代理申诉、控告权。其中,代理犯罪嫌疑人申诉,是指辩护律师针对侦查做出的已经发生法律效力的决定,有权代理犯罪嫌疑人向有关机关提出申诉，要求予以纠正。代理犯罪嫌疑人控告，是指辩护律师针对侵犯犯罪嫌疑人合法权益的行为，有权代理犯罪嫌疑人向有关单位提出控告，要求追究相关人员的法律责任。

根据2012年《刑事诉讼法》第115条，辩护律师对于司法机关的下列行为，有权向该机关申诉或控告：采取强制措施法定期限届满，不予以释放、解除或者变更的；应当退还取保候审保证金不退还的；对与案件无关的财物采取查封、扣押、冻结措施的；应当解除查封、扣押、冻结不解除的；贪污、挪用、私分、调换、违反规定使用查封、扣押、冻结的财物的。不过，对于办案机关的上述行为，当事人和非律师辩护人、诉讼代理人、利害关系人也同时享有申诉或者控告权。

受理申诉或者控告的机关应当及时处理。对处理不服的，可以向同级人民检察院申诉；人民检察院直接受理的案件，可以向上一级人民检察院申诉。人民检察院对申诉应当及时进行审查，情况属实的，通知有关机关予以纠正。

（3）申请变更、解除强制措施权，是指是犯罪嫌疑人被侦查机关采取强制措施后，辩护律师有权以辩护人的名义主动要求侦查机关将对人身自由剥夺或限制较为严厉的强制措施，变更为较宽松的强制措施，如申请将逮捕、拘留变更为监视居住或取保候审。侦查机关对辩护律师的申请应当3日内给予答复决定，不同意变更的，应当说明理由。对于强制措施法定期限届满的，律师辩护有权要求侦查机关解除该强制措施。值得注意的是，非律师辩护人以及犯罪嫌疑人、被告人及其法定代理人、近亲属在审查起诉和审判阶段享有申请变更或解除强制措施的权利。①

（4）了解涉嫌的罪名和案件有关情况权，是指辩护律师有权向侦查机关了解的案件有关情况，既包括犯罪嫌疑人涉嫌的有关犯罪事实、证据材料等案件实体方面的情况，也包括侦查机关立案时间、对犯罪嫌疑人采取的强制措施种类、羁押时间等案件程序方面的情况。

（5）向侦查机关提出意见权，是指辩护律师有权向侦查机关提出认为犯罪嫌疑人无罪、罪轻、应当减轻或免除刑事处罚的实体辩护意见；有权向侦查机关提出认为强制措施采取不当、侦查机关没有管辖权等程序辩护意见。根据2012年《刑事诉讼法》第159条："在案件侦查终结前，辩护律师提出要求的，侦查机关应当听取辩护律师的意见，并记录在案。辩护律师提出书面意见的，应当附卷。"

（6）对批准逮捕提出意见权，是指在人民检察院在审查批准逮捕过程中，

---

① 2012年《刑事诉讼法》第95条规定："犯罪嫌疑人、被告人及其法定代理人、近亲属或者辩护人有权申请变更强制措施。人民法院、人民检察院和公安机关收到申请后，应当在三日以内作出决定；不同意变更强制措施的，应当告知申请人，并说明不同意的理由。"第97条规定："人民法院、人民检察院或者公安机关对被采取强制措施法定期限届满的犯罪嫌疑人、被告人，应当予以释放、解除取保候审、监视居住或者依法变更强制措施。犯罪嫌疑人、被告人及其法定代理人、近亲属或者辩护人对人民法院、人民检察院或者公安机关采取强制措施法定期限届满的，有权要求解除强制措施。"

一方面，可以主动听取辩护律师对是否需要逮捕犯罪嫌疑人的意见；另一方面，如果辩护律师积极要求向审查批准逮捕的人民检察院提出意见的，该检察院应当给予提出意见的机会，认真听取其相关意见。

（7）案件移送起诉获悉权，是指公安机关侦查终结的案件，将案卷材料、证据移送同级人民检察院审查决定的同时，应当将案件移送情况告知犯罪嫌疑人及其辩护律师。该权利有助辩护律师及时获悉案件进程，积极履行审查起诉阶段法律赋予其有关诉讼权利，如阅卷权。

3. 查阅、摘抄、复制案件材料权。该权利是指辩护人去办案机关获取有关案件的书面材料的诉讼权利，又简称为"阅卷权"。相对于1996年《刑事诉讼法》，2012年《刑事诉讼法》第38条扩大了公诉案件中辩护人的阅卷范围。①

第一，对于公诉案件，"辩护律师自人民检察院对案件审查起诉之日起，可以查阅、摘抄、复制本案的案卷材料。其他辩护人经人民法院、人民检察院许可，也可以查阅、摘抄、复制上述材料"。

第二，对于自诉案件，2012年《刑事诉讼法》没有明确像1996年《刑事诉讼法》那样，单独规定，辩护律师自人民法院受理案件之日起，可以查阅、摘抄、复制本案所指控的犯罪事实的材料。其他辩护人经人民法院许可，也可以查阅、摘抄、复制上述材料。但是，可以参照审查起诉阶段的规定，辩护人享有类似的阅卷权，即自法院受理自诉案件之日起，可以（或经法院许可）查阅、摘抄、复制本案的案卷材料。按照《律师法》第34条的规定，"受委托的律师自案件被人民法院受理之日起，有权查阅、摘抄和复制与案件有关的所有材料"。

第三，按照有关司法解释，审判委员会和合议庭的讨论记录及有关其他案件的线索材料，辩护律师和其他辩护人不得查阅、摘抄、复制。

4. 会见、通信权。该权利是指辩护人同被羁押或采取监视居住的犯罪嫌疑人、被告人会见和通信的诉讼权利。2012年《刑事诉讼法》第37条第1款规定，辩护律师可以同在押的犯罪嫌疑人、被告人会见和通信。其他辩护人经人民法院、人民检察院许可，也可以同在押的犯罪嫌疑人、被告人会见和通信。对于辩护人会见在押的犯罪嫌疑人、被告人，上述法律条款又进一步从以下几方面作了规定：

第一，辩护律师会见在押犯罪嫌疑人、被告人时需出示的证明文件是："律师执业证书、律师事务所证明和委托书或者法律援助公函"；对看守所的时间安排要求是："应当及时安排会见，至迟不得超过四十八小时。"

第二，侦查期间，辩护律师会见"危害国家安全犯罪、恐怖活动犯罪、特别重大贿赂犯罪案件"三类案件在押犯罪嫌疑人时的限制性要求是："应当经侦查机关许可"，"侦查机关应当事先通知看守所"。

---

① 1996年《刑事诉讼法》第36条规定，"辩护律师自人民检察院对案件审查起诉之日起，可以查阅、摘抄、复制本案的诉讼文书、技术性鉴定材料，……其他辩护人经人民检察院许可，也可以查阅、摘抄、复制上述材料……"

第三，辩护律师会见在押的犯罪嫌疑人、被告人时，有权从事的法律行为是："可以了解案件有关情况，提供法律咨询等"；"自案件移送审查起诉之日起，可以向犯罪嫌疑人、被告人核实有关证据"。

第四，辩护律师会见犯罪嫌疑人、被告人时不被监听。

第五，辩护律师同被监视居住的犯罪嫌疑人、被告人会见、通信，适用除了上文"第一"的有关规定。

5. 调查取证权。根据刑事诉讼法的有关规定，辩护人为了获取案件信息，除了拥有上述阅卷权、会见权之外，还拥有一定限度内的调查取证权。因证据来源不同，辩护人调查取证的主体资格以及方式也有所区别。就主体资格要求而言，辩护律师调查取证权限大于非律师辩护人。

第一，对于证人或者其他有关单位和个人，仅限于辩护律师有权利向其调收集与本案有关的材料。其条件是，需经证人或者其他有关单位和个人同意。如果有关单位和个人不愿意向辩护律师提供证据时，律师可以分别申请人民检察院、人民法院帮助其收集、调取证据，或者申请人民法院通知证人出庭作证。辩护律师申请人民检察院或人民法院收集、调取证据时，可以在场。人民法院根据辩护律师的申请收集、调取的证据，应当及时复制移送申请人。

第二，对于被害人或者其近亲属、被害人提供的证人，同样也仅限于辩护律师有权向其收集与本案有关的材料。其条件是，经人民检察院或者人民法院许可，并且经被害人或者其近亲属、被害人提供的证人同意。上述办案机关认为确有必要的，应当准许，并签发准许调查书。律师之外的其他辩护人则没有此项权利。

第三，辩护人认为在侦查、审查起诉期间公安机关、人民检察院收集的证明犯罪嫌疑人、被告人无罪或者罪轻的证据材料未提交的，有权申请人民检察院、人民法院调取。

6. 庭审中的辩护权。辩护人享有参加法庭调查和辩论权。在法庭阶段，辩护人经审判长许可，可以向被告人、证人、鉴定人发问；有权申请通知新的证人到庭，调取新的物证，申请重新鉴定或者勘验；人民法院也可以根据辩护人的申请，向人民检察院调取在侦查、审查起诉中收集的有关被告人无罪或者罪轻的证据材料。人民检察院应当自收到人民法院要求调取证据材料决定书后3日内移交。经审判长许可，辩护人可以对证据和案件情况发表意见并且可以互相辩论。审判人员应当听取辩护人的意见。

7. 拒绝辩护的权利。律师接受委托后，无正当理由的，不得拒绝辩护。但是，委托事项违法、委托人利用律师提供的服务从事违法活动或者委托人故意隐瞒与案件有关的重要事实的，律师有权拒绝辩护。

8. 申诉、控告权。根据《刑事诉讼法》第47条之规定，辩护人的申诉、控告权有两方面内容：一是辩护人认为公安机关、人民检察院、人民法院及其工作人员阻碍其依法行使诉讼权利的，有权向同级或者上一级人民检察院申诉或者控告。二是人民检察院对申诉或者控告应当及时进行审查，情况属实的，通知有关机关予以纠正。另一方面，如上所述，辩护人对于司法机关及其工作人员有下列行为之一的，有权向该机关申诉或者控告：采取强制措施法定期限届满，不予以释放、解除或者变更的；应当退还取保候审保证金不退还的；对与案件无关的财物采取查封、扣押、冻结措施的；应当解除查封、扣押、冻结不解除的；贪污、挪用、私分、调换、违反规定使用查封、扣押、冻结的财物的。受理申诉或者控告的机关应当及时处理。对处理不服的，可以向同级人民检察院申诉；人民检察院直接受理的案件，可以向上一级人民检察院申诉。人民检察院对申诉应当及时进行审查，情况属实的，通知有关机关予以纠正。

9. 审判阶段中的权利。在审判阶段，除了上述某些诉讼权利外，辩护人还享有以下一系列诉讼权利：获得起诉状副本、抗诉状副本、开庭通知书、判决书副本、裁定书副本等司法文书；经被告同意的上诉权；辩护意见豁免权；回避申请权；庭审前就回避、出庭证人名单、非法证据排除等与审判相关的问题提出意见权；参与法庭调查、法庭辩论权；非法证据排除申请权；申请证人、鉴定人出庭接受质证权；申请法庭通知有专门知识的人出庭权；向最高人民法院提出复核死刑意见权等。

(二) 辩护人的诉讼义务

1. 辩护人负有忠于职守的义务，特别是律师担任辩护人的，应当根据事实和法律，提出犯罪嫌疑人、被告人无罪、罪轻或者减轻、免除其刑事责任的材料和意见，维护犯罪嫌疑人、被告人的合法权益和其他诉讼权利。为犯罪嫌疑人、被告人辩护，除有法定情形外，不得拒绝辩护。

2. 辩护人负有保密的义务。根据《刑事诉讼法》第46条的规定，辩护律师应当保守在执业活动中知悉的国家秘密、商业秘密，不得泄露当事人的隐私。律师对在执业活动中知悉的委托人和其他人不愿泄露的情况和信息，应当予以保密。但是，委托人或者其他人准备或者正在实施的危害国家安全、公共安全以及其他严重危害他人人身安全的犯罪事实和信息，应当及时告知司法机关。

3. 履行律师执业禁止性义务。例如，辩护律师在执业活动中不得私自接受委托、收取费用，接受委托人的财物或者其他利益；利用提供法律服务的便利牟取当事人争议的权益；接受对方当事人的财物或者其他利益，与对方当事人或者第三人恶意串通，侵害委托人的权益；违反规定会见法官、检察官以及其他有关工作人员；向法官、检察官以及其他有关工作人员行贿，介绍贿赂或者指使、诱导当事人行贿，或者以其他不正当方式影响法官、检察官以及其他有关工作人员依法办理案件；故意提供虚假证据或者威胁、利诱他人提供虚假证据，妨碍对方当事人合法取得证据；煽动、教唆当事人采取扰乱公共秩序、危害公共安全等非法手段解决争议；扰乱法庭秩序，干扰诉讼活动的正常进行。

4. 有关证据收集方面的义务。根据《刑事诉讼法》第40条、第41条、第42条之规定，第一，辩护人收集的有关犯罪嫌疑人不在犯罪现场、未达到刑事责任年龄、属于依法不负刑事责任的精神病人的证据,应当及时告知公安机关、人民检察院。第二,辩护人不得帮助犯罪嫌疑人、被告人隐匿、毁灭、伪造证据或者串供,不得威胁、引诱证人作伪证以及进行干扰司法机关诉讼活动的行为。违反此规定的,应当依法追究法律责任,辩护人涉嫌犯罪的,应当由办理辩护人所承办案件的侦查机关以外的侦查机关办理。辩护人是律师的,应当及时通知其所在的律师事务所或者所属的律师协会。第三,辩护律师未经人民检察院或者人民法院许可,不得向被害人及被害人提供的证人收集与本案有关的材料。

5. 任职回避义务。曾经担任法官、检察官的律师,从人民法院、人民检察院离任后二年内,不得担任辩护人。

6. 法律援助义务。律师应当按照国家规定履行法律援助义务,为受援人提供符合标准的法律服务,维护受援人的合法权益。

7. 遵守会见规则、法庭规则的义务。

第二节 刑事诉讼中的代理

一、刑事诉讼代理的概念及意义

(一) 刑事诉讼代理的概念

刑事诉讼代理,是指在刑事诉讼中,允许特定的诉讼参与人依法委托代理人以自己的名义参加诉讼,其代理行为的法律后果由被代理人承担的制度。该概念包括以下几方面含义:

第一,刑事诉讼代理是一种基于委托授权关系的代理,不同于基于法律规定的特定关系而产生的法定代理,此外,二者的诉讼权利和义务也不同。

第二,刑事诉讼代理的委托人,即"特定的诉讼参与人",是指公诉案件的被害人及其法定代理人或者近亲属、自诉案件的自诉人及其法定代理人,以及附带民事诉讼的当事人及其法定代理人。相应地,刑事诉讼代理包括公诉案件中诉讼代理,自诉案件中诉讼代理以及附带民事诉讼中的代理。

第三,接受委托的代理人,即诉讼代理人,可以是律师,人民团体或者被害人所在单位推荐的人,或被害人的监护人、亲友。但是,正在被执行刑罚,或者被依法剥夺、限制人身自由的人,不能充当诉讼代理人。

第四,接受委托的代理人参与诉讼受到两方面约束,一方面,诉讼代理人不是案件的当事人,不能以自己的名义参加诉讼,只能以被代理人的名义进行诉讼;另一方面,诉讼代理人只能在授权委托的范围内参与诉讼,代理权限内的代理行为视为被代理人的行为,由被代理人承担法律后果,代理人如果超越代理权限的行为,以及在代理权终止后进行的行为,没有得到被代理人的追认,则被代理人不承担该行为的法律后果。

(二) 刑事诉讼代理制度的意义

刑事诉讼代理制度具有以下重要意义：第一，代理人可以弥补被代理人自行参加诉讼的诸多不足，如法律专业知识欠缺，诉讼技巧不够等，向被代理人提供法律帮助，从而能够更好地维护被代理人的合法权益。第二，实践中，有些被代理人由于犯罪行为致伤、致残或者生病、出差等原因不能或者不愿参加诉讼，刑事诉讼代理人可以代替被代理人参加诉讼活动，满足了被代理人维护自己的合法权益的需求。第三，刑事诉讼代理人参加诉讼可以从另外一个视角协助公安司法机关查明案件事实，评判证据，适用法律，监督公安司法机关的行为，协助司法机关查明案件事实，正确适用法律维护被代理人的合法权益。

二、刑事辩护与刑事诉讼代理的区别

刑事辩护与代理是刑事诉讼中两项既有联系又有区别的制度，如辩护人与代理人其基本职责都是根据事实和法律，维护当事人的合法权益；都与案件处理后果无法律上的利害关系，他们都不是基于本人利益参加诉讼的；接受委托成为辩护人和代理人的资格条件或范围基本一致。然而，两者在产生根据、诉讼地位、适用范围、诉讼任务、权利内容以及活动名义等方面的区别也十分明显，具体包括：

(一) 产生根据不同

刑事辩护人参加诉讼根据是犯罪嫌疑人、被告人的授权或公、检、法三机关的指定。而刑事代理人参加诉讼的依据只能是当事人及其法定代理人、近亲属的授权。

(二) 诉讼地位不同

虽然辩护人与代理人都非刑事诉讼主体，但辩护人具有独立的诉讼地位，以自己的意志进行辩护而不受嫌疑人、被告人约束；而代理人不具有独立的诉讼地位，是附属于被代理人的，依被代理人的意志从事代理活动。

(三) 适用范围不同

刑事辩护适用于公诉案件的犯罪嫌疑人、被告人、自诉案件的被告人；刑事代理适用于公诉案件的被害人、自诉案件的自诉人、附带民事诉讼的当事人，两类对象的诉讼利害关系往往相反。

(四) 诉讼职能不同

刑事辩护承担的是辩护职能，即反驳控方控诉，论证犯罪嫌疑人、被告人无罪或罪轻、应减轻或免除刑事责任。而刑事代理的职责在于维护被代理人的合法利益，承担控方某些职能。

(五) 权限范围不同

刑事辩护人享有的权利是由法律赋予的，不存在被告人、犯罪嫌疑人授权问题，其授权也仅仅在于使辩护人参加诉讼，而刑事代理人是否参与诉讼，在何权限范围内从事活动均需授权决定。

（六）权利内容不同

刑事辩护人享有法律规定的会见权和通信权等广泛权利，有的权利甚至是犯罪嫌疑人、被告人亦不享有的，而刑事代理人享有的权利由被代理人授予，且不能超出被代理人的权限范围。

（七）活动名义不同

刑事辩护人调查取证、提交辩护词时使用的是自己的名义，而刑事代理人进行活动时使用的是被代理人的名义。

三、公诉案件中代理

（一）公诉案件中代理概念及必要性

公诉案件中的代理，是指被害人及其法定代理人或者近亲属，按照法律规定委托代理人以其名义参与诉讼，并承担代理权限范围内的诉讼行为的法律后果。公诉案件的被害人及其法定代理人或者近亲属，自案件移送审查起诉之日起，有权委托诉讼代理人。人民检察院自收到移送审查起诉的案件材料之日起3日以内，应当告知被害人及其法定代理人或者其近亲属有权委托诉讼代理人。告知可以采取口头或者书面方式。口头告知的，应当记明笔录，由被告知人签名；书面告知的，应当将送达回执入卷；无法告知的，应当记明笔录。被害人有法定代理人的，应当告知其法定代理人；没有法定代理人的，应当告知其近亲属。法定代理人或者近亲属为二人以上的，可以只告知其中一人。

公诉案件中代理的必要性主要表现在两方面：第一，有的被害人由于遭受犯罪行为的侵犯，人身健康遭到严重伤害不能出庭，或因案件涉及自己的隐私和尊严，不便、不愿出庭，或因精神上受到强大刺激无法出庭，或因欠缺法律知识等原因，不能维护自己的合法权益。赋予被害人及其法定代理人或者近亲属委托诉讼代理人的诉讼权利能有效地弥补上述缺陷，更好地维护被害人的利益。同时，诉讼代理人提供的证据材料和意见，在一定程度上也有助于法院发现案件真实，为正确定罪量刑创造条件。第二，公诉代理人履行的主要是控诉职能。但是，他与公诉人的地位还是有所差别的，公诉人主要是代表国家控诉犯罪，并且还承担着法律监督的职能，此外，还负有客观与诉讼关照义务，即公诉人还要站在客观公正的角度收集有利于被告人的证据，所以，有时候公诉人可能会忽略对被害人的合法权益的保护。而被害人的代理人则主要是从维护被害人的利益出发参加诉讼，所以，有时候会与公诉人的意见发生冲突，从这个意义上说，被害人的代理人在保护被害人的利益方面更为直接和可靠。这正是公诉案件代理制度设置的原因所在。

（二）公诉案件中代理人的诉讼权利与义务

1. 公诉案件中代理人的诉讼权利。

（1）查阅、摘抄、复制案件材料（阅卷）权利。在审查起诉阶段，律师担任诉讼代理人经人民检察院许可，可以查阅、摘抄、复制本案的材料。需要收集、调取与本案有关的材料的，参照有关辩护律师的规定办理。诉讼代理人查阅、摘抄、复制本案材料，收集、调取与本案有关的材料，应当向人民检察院提交由被代理人签名或者盖章的委托书。在审判阶段，律师担任诉讼代理人，可以查阅、摘抄、复制与本案有关的材料，了解案情。其他诉讼代理人经人民法院准许，也可以查阅、摘抄、复制本案有关材料，了解案情。需要收集、调取与本案有关的材料的，可以参照有关辩护律师的规定执行。诉讼代理人应当向人民法院提交由被代理人签名或者盖章的委托书。

（2）申诉、救济权。在人民检察院审查案件期间，诉讼代理人有权向审查人员提出对案件的意见，提出意见可采用口头或书面方式；人民检察院决定不起诉的案件，被害人如果不服，代理人有权在被害人收到不起诉决定书后的7日内，代其向人民检察院提出申诉，也可以经被害人授权代被害人向人民法院提起自诉。被害人及其法定代理人不服地方各级人民法院第一审的判决的，自收到判决书后5日以内，有权请求人民检察院提出抗诉。人民检察院自收到被害人及其法定代理人的请求后5日以内，应当作出是否抗诉的决定并且答复请求人。被害人及其法定代理人、近亲属，对已经发生法律效力的判决、裁定，可以向人民法院或者人民检察院提出申诉，但是不能停止判决、裁定的执行。经被害人及其法定代理人授权，公诉案件代理人有权代理上述行为。

诉讼代理人认为公安机关、人民检察院、人民法院及其工作人员阻碍其依法行使诉讼权利的，有权向同级或者上一级人民检察院申诉或者控告。人民检察院对申诉或者控告应当及时进行审查，情况属实的，通知有关机关予以纠正。

（3）被代理人的其他委托授权。例如，至迟在开庭3日前获得人民法院送达的出庭通知书；参加法庭调查和法庭辩论，向被告人、证人、鉴定人发问，对在法庭上出示或宣读的物证、证人证言等证据发表意见；申请回避；申请新的证人到庭，调取新的证据，申请重新鉴定或勘验；提起附带民事诉讼等。

2. 公诉案件中代理人的诉讼义务。公诉案件中代理人不得毁灭、伪造证据，不得威胁、引诱证人作伪证；遵守法庭纪律；依照法律认真履行代理人职责；律师作为代理人的，无正当理由不得解除委托。

四、自诉案件中代理

（一）自诉案件中代理的概念及其必要性

自诉案件中代理，是指自诉人及其法定代理人以授权委托方式聘请律师或其他公民以其名义实施诉讼行为，由此产生的法律后果由委托人承担。自诉人在本质上同公诉案件的被害人一样，因此，自诉人委托代理人同被害人一样具有上述必要性，而且，由于自诉人还需要承担指控被告人犯罪行为以及追究其刑事责任的举证责任，因此，自诉代理人还能够帮助自诉人收集证据，在庭审中帮助自诉人承担举证责任。值得注意的是，自诉人享有一系列公诉案件中的被害人没有的重要诉讼权利，如起诉权、上诉权、撤诉权、和解权、接受调解权等，这些诉讼权利能够直接影响诉讼进程和结果，自诉人如果缺乏代理人尤其是律师代理人的提供的专业法律帮助，通常难以有效维护自身合法权益。当然，代理人只有经过自诉人或其法定代理人的特别授权才能代理行使上述重要诉讼行为。自诉人及其法定代理人有权随时委托诉讼代理人，人民法院自受理自诉案件之日起3日以内，应当告知自诉人及其法定代理人有权委托诉讼代理人。在自诉案件中，如果被告人提出反诉，被告人可以委托辩护人担任其诉讼代理人，但需另行办理委托手续。

（二）自诉案件中代理人的诉讼权利和义务

1. 自诉案件中代理人的诉讼权利。

（1）经自诉人授权，人民法院提起自诉及附带民事诉讼。

（2）申请回避，申请依法使用简易程序。

（3）查阅、摘抄、复制案件材料（阅卷）权利。在审判阶段，律师担任诉讼代理人，可以查阅、摘抄、复制与本案有关的材料，了解案情。其他诉讼代理人经人民法院准许，也可以查阅、摘抄、复制本案有关材料，了解案情。需要收集、调取与本案有关的材料的，可以参照有关辩护律师的规定执行。诉讼代理人应当向人民法院提交由被代理人签名或者盖章的委托书。

（4）庭审中的有关权利。在庭审中，代理人经审判长许可，可以向被告人、证人、鉴定人发问，可以申请新的证人出庭作证，调取新的物证，申请重新鉴定或者勘验。法庭调查后，有权发表代理词，并且可以和辩方展开辩论。

（5）对司法工作人员非法剥夺、限制自诉人诉讼权利的行为以及人身侮辱等行为，有权提出控告等。诉讼代理人认为人民法院及其工作人员阻碍其依法行使诉讼权利的，有权向同级或者上一级人民检察院申诉或者控告。人民检察院对申诉或者控告应当及时进行审查，情况属实的，通知有关机关予以纠正。

（6）经自诉人特别授权，还可以处分自诉人的实体性权利，如承认、放弃或变更诉讼请求，与对方当事人和解，或者撤回起诉。

（7）阅读、听取审判笔录，请求补充或改正。

（8）经授权提出上诉、申诉。

2. 自诉案件中代理人的诉讼义务。

（1）按时出庭。按人民法院的通知及时到庭履行职务，不得借故妨碍诉讼的正常进行。自诉人经两次依法传唤，无正当理由拒不到庭的，或者未经法庭许可中途退庭的，法院将按撤诉处理。因此，代理自诉人出席法庭非常重要。

（2）协助自诉人担负举证义务。自诉案件的证明责任由自诉人承担，自诉人若提不出证据支持自己的主张,那么他的起诉或者被裁定驳回,或者败诉,所以诉讼代理人对本案的证据要特别关注。

(3) 依法出庭履行职务时,应严格遵守法庭的规则和秩序。

(4) 对人民法院已生效的判决、裁定或者调解协议,诉讼代理人认为是正确的,有义务教育委托人认真遵守执行。

(5) 对执业中接触到的国家机密、商业秘密和个人隐私,应当严格保守等。

五、附带民事诉讼中代理

(一) 附带民事诉讼中代理的概念及必要性

附带民事诉讼中代理,是指附带民事诉讼当事人(原告或被告人)及其法定代理人委托律师或其他公民,以其名义参与诉讼,实施有关诉讼行为,并由委托人承担法律后果。公诉案件附带民事诉讼的当事人及其法定代理人,自案件移送审查起诉之日起,有权委托诉讼代理人。自诉案件附带民事诉讼的当事人及其法定代理人,有权随时委托诉讼代理人。人民检察院自收到移送审查起诉的案件材料之日起3日以内,应当告知附带民事诉讼的当事人及其法定代理人有权委托诉讼代理人。人民法院自受理自诉案件之日起3日以内,应当告知附带民事诉讼的当事人及其法定代理人有权委托诉讼代理人。

附带民事诉讼虽然与其相应的刑事诉讼有密切联系,但是,二者在诸多方面存在差异,不能混淆。无论是公诉案件还是自诉案件的当事人都有必要委托代理人。

1. 附带民事诉讼。与刑事诉讼叠加在一起,往往使案件法律关系更加复杂,需要掌握专业法律知识的律师或其他公民提供帮助,全面维护当事人的合法权益。

2. 即便有关当事人在刑事诉讼中已经委托了辩护人或刑事代理人,也需要专门办理附带民事诉讼代理委托手续,为刑事辩护人或代理人兼任附带民事诉讼代理人提供合法性依据,否则,刑事诉讼中的辩护人或代理人无权帮助当事人代理附带民事诉讼行为。

3. 某些情况下,为了防止刑事案件审判过分迟延,会先审判刑事案件,之后再审判附带民事案件。在此情形下,附带民事诉讼当事人如果未委托该案刑事辩护人或代理人作为代理人,则其会因刑事辩护或代理任务已经完成,退出诉讼程序,不会为附带民事诉讼当事人提供任何法律帮助。

(二) 附带民事诉讼中代理人的诉讼权利与义务

1. 附带民事诉讼中代理人的诉讼权利。

(1) 查阅、摘抄、复制案件材料(阅卷)权利。在审查起诉阶段,律师担任诉讼代理人经人民检察院许可,可以查阅、摘抄、复制本案的诉讼文书、技术性鉴定材料。需要收集、调取与本案有关的材料的,参照辩护律师的规定办理。

诉讼代理人查阅、摘抄、复制本案诉讼文书、技术性鉴定材料，收集、调取与本案有关的材料，应当向人民检察院提交由被代理人签名或者盖章的委托书。诉讼代理人查阅、摘抄、复制本案诉讼文书、技术性鉴定材料，适用有关辩护律师的规定。在审判阶段，律师担任诉讼代理人，可以查阅、摘抄、复制与本案有关的材料，了解案情。其他诉讼代理人经人民法院准许，也可以查阅、摘抄、复制本案有关材料，了解案情。需要收集、调取与本案有关的材料的，可以参照辩护律师的有关规定执行。诉讼代理人应当向人民法院提交由被代理人签名或者盖章的委托书。

（2）证据收集、调取权。需要收集、调取与本案有关的材料的，因证人、有关单位和个人不同意，可以申请人民法院收集、调取。

（3）庭审中的权利。在法庭调查中，可以代理原告宣读附带民事诉状；在法庭调查中，经审判长许可，可以就附带民事诉讼部分的事实向被告人发问；在法庭调查中，经审判长许可，可以提请传唤尚未出庭作证的证人、鉴定人和勘验、检查笔录制作人出庭作证，或者出示公诉人未出示的证据，宣读未宣读的书面证人证言、鉴定结论及勘验、检查笔录；有权进行法庭辩论。

（4）申诉、控告权。诉讼代理人认为人民检察院、人民法院及其工作人员阻碍其依法行使诉讼权利的，有权向同级或者上一级人民检察院申诉或者控告。人民检察院对申诉或者控告应当及时进行审查，情况属实的，通知有关机关予以纠正。

（5）经授权代理的其他诉讼行为。例如，申请回避；提起附带民事诉讼；提出上诉；建议或协助委托人申请法院对被告人的财产予以扣押或查封；申请鉴定；准备调解方案。

2. 附带民事诉讼中代理人的诉讼义务。除了履行代理人共有的义务（如在委托授权范围内代理诉讼行为，保密，遵守庭审规则等）之外，还需结合公诉案件或自诉案件附带民事诉讼的特征履行相关义务。

第八章 强制措施制度

第一节 强制措施的概念、特征和意义

一、强制措施的概念

刑事诉讼中的强制措施,是指侦查机关、检察机关和审判机关在刑事诉讼活动中,为保证诉讼活动的顺利进行,依法对犯罪嫌疑人、被告人和现行犯采取限制或者剥夺人身自由的各种强制方法。我国刑事诉讼法规定了五种以限制或者剥夺人身自由为限的强制措施,其是由轻到重的顺序排列:拘传、取保候审、监视居住、拘留和逮捕。

强制措施具有以下几个特征:

第一,强制措施的性质是保障性措施,而不是惩戒性措施。适用强制措施的目的是保证刑事诉讼的顺利进行,防止犯罪嫌疑人、被告人逃避刑事诉讼活动,实施毁灭、伪造证据、继续犯罪等妨害刑事诉讼的行为。

第二,强制措施的适用主体是国家专门机关。根据我国刑事诉讼法及其他相关规定,有权适用强制措施的主体是侦查机关、检察机关和审判机关,其他任何国家、机关、团体或个人都无权采取强制措施,否则即构成对公民人身权利的侵犯,情节严重的,构成犯罪。同时,不同机关行使强制措施的权限也有所不同。

第三,强制措施的适用对象是被追诉人,即只适用犯罪嫌疑人、被告人和现行犯等自然人,[①] 而不能适用违反行政法律、法规或触犯公共道德的公民,也不适用于刑事诉讼活动的其他诉讼参与人。

第四,强制措施的内容是限制或者剥夺被追诉人的人身自由,而不涉及对他

[①] 在单位犯罪案件中,对单位是否适用刑事强制措施,学界有两种观点:肯定说认为,五种强制措施尽管不可能都适用于单位,但其中的拘传与取保候审完全可以适用于单位的法定代表人。否定说则认为,由于单位不具有人的自然属性,五种强制措施均无法适用在虚拟的"法人"身上。此问题的关键点在于,当单位作为被追诉对象适用强制措施时能否直接针对该单位的法定代表人。我们认为,强制措施只能适用于自然人,不应包括单位的法定代表人。对单位犯罪,可以从立法上设置一些符合其特点的查封、扣押、冻结单位被告人的财产;暂禁其生产或营业等新型强制措施,以弥补现行强制措施之漏洞。

人物的强制处分，也不涉及他人隐私权。

第五，强制措施是一种临时性、时段性的控制方法。随着刑事诉讼的进程，强制措施应根据案件的进展情况而予以变更或者解除。

第六，强制措施的程序具有法定性。刑事诉讼法对各种强制措施的适用机关、条件、对象、期限和程序等都进行了严格规定，其目的是严格控制强制措施权的行使，防止出现滥用强制措施，侵犯人权的现象。

二、强制措施与其他相近概念的区别

在我国刑事诉讼法、刑法及治安处罚法中，都分别规定了含有强制性或是惩罚性的法律方法。其中有的在法律术语或强制形式上与强制措施有相似之处，但是，它们在法律性质上却存在本质区别。

（一）强制措施与强制性措施的区别

2012年《刑事诉讼法》第106条第1款规定："'侦查'是指公安机关、人民检察院在办理案件过程中，依照法律进行的专门调查工作和有关的强制性措施。"这里提到"强制性措施"一词，与"强制措施"仅一字之差，但二者的法律含义并不相同，其主要区别是：

1. 适用目的不同。强制措施的适用目的是保证刑事诉讼的顺利进行，控制被追诉人逃避刑事诉讼活动，实施毁灭、伪造证据，继续犯罪，或实施自杀、串供等妨害刑事诉讼的行为；而强制性措施是侦查机关为了及时、有效查明案件事实，收集犯罪证据，抓获犯罪嫌疑人，顺利完成侦查任务所采取的必要侦查手段和方法。

2. 适用诉讼阶段不同。强制措施适用于侦查、审查起诉或审判过程中；而强制性措施仅适用于侦查阶段。

3. 适用主体不同。侦查机关、检察机关（审查起诉机关）和审判机关都有权适用强制措施；而强制性措施只适用于侦查机关。根据我国刑事诉讼法及其他相关规定，享有侦查权的机关有：公安机关、人民检察院、国家安全机关、军队保卫部门和监狱五个机关。海关总署设立的走私犯罪侦查局实行海关与公安机关双重垂直领导的体制，也有权行使公安机关享有的侦查权。因此，只有上述侦查机关在侦查活动中有权行使强制性侦查措施，其他任何机关、党派、团体、个人都无权行使。

4. 种类不同。强制措施只有拘传、取保候审、监视居住、拘留和逮捕五种强制方式；而强制性措施，是指除上述五种强制措施以外的其他强制性侦查方法，具体包括讯问、搜查、扣押、查封、勘验、检查、查询、冻结、辨认、通缉、监听、监控、技术侦查等多种侦查方法。

5. 强制内容与程度不同。强制措施涉及对人身自由的强制，人身自由和安全的保障是行使其他权利的前提，其重要性仅次于生命权；而强制性措施主要涉及对物的强制和对个人隐私权的强制,它们也是人权中的主要组成部分。

(二) 强制措施与刑罚的区别

刑事诉讼中的强制措施与拘役、管制、有期徒刑等刑罚方法在形式上有相似之处,二者都具有国家强制性,都使特定人的人身自由受到不同程度的限制或者剥夺。但二者有本质区别。具体表现在以下几个方面:

1. 目的不同。采取强制措施的目的是控制犯罪嫌疑人、被告人在诉讼活动中逃避、妨碍诉讼、继续犯罪或者发生其他意外情况,保证刑事诉讼的顺利进行;而适用刑罚的目的是惩罚和改造罪犯。

2. 法律依据与性质不同。强制措施依据刑事诉讼法,它只是一种暂时限制人身自由的一种防范性措施,既不是一种处理结果,更也不是一种惩罚手段;而刑罚依据刑法,它是对已经被判决确定为罪犯实施的惩罚手段,是一种法律处理结果。

3. 适用对象不同。强制措施适用的对象是犯罪嫌疑人、被告人等正待追诉的人;而刑罚适用的对象是已经由人民法院宣判的罪犯。

4. 适用主体与阶段不同。强制措施由侦查机关、检察机关和审判机关在侦查、审查起诉或审判中适用;而刑罚只能由人民法院在对被告人宣判有罪后才能适用。

5. 羁押处所不同。适用强制措施被拘留或逮捕的犯罪嫌疑人,被羁押于公安机关的看守所;而对被判处有期徒刑或者无期徒刑的罪犯,应送交监狱执行刑罚(根据2012年《刑事诉讼法》第253条的规定,剩余刑期在三个月以下的,由看守所代为执行,对被判处拘役的罪犯,由公安机关执行)。

6. 稳定性不同。强制措施不是一成不变的。随着刑事诉讼活动进程的发展,案情的变化,强制措施要适时变更或者解除;而刑罚一经判决就要保持相对的稳定性,非经审判监督程序或者出现法定减刑、假释等情形,不得随意更改。

(三) 强制措施与行政处罚的区别

刑事诉讼中的强制措施与治安管理处罚法中的拘留等行政处罚有类似之处,二者都具有国家强制性,都使特定人的人身自由受到不同程度的限制或者剥夺。但二者有本质区别。具体表现在:

1. 适用目的不同。采取强制措施的目的是防止犯罪嫌疑人、被告人在诉讼活动中逃避、妨碍诉讼、继续犯罪或者发生其他意外情况,保证刑事诉讼活动的顺利进行;而行政处罚的目的是惩戒、教育违反行政法规的行为人。

2. 法律性质与依据不同。强制措施具有司法程序性质,依据是刑事诉讼法;而行政处罚具有行政处罚性质,依据是行政法律、法规。

3. 适用对象和阶段不同。强制措施适用的对象是犯罪嫌疑人、被告人;而行政处罚适用的对象是违反行政法律、法规的行为人。

4. 实施主体不同。实施强制措施的主体可以是公安机关、人民检察院和人民法院;而行政处罚只有公安机关和其他享有行政处罚权的机关才能适用。

5. 后果不同。被采取强制措施的犯罪嫌疑人、被告人，大多数可能会被送上法庭进行审判；而行政处罚执行完毕，对行为人的教育惩戒即告结束，一般不会再追究其他的法律责任。

三、强制措施的意义

强制措施对保障刑事诉讼活动的顺利进行，完成刑事诉讼各阶段的任务具有重大意义。

（一）防止现实人身危险性

犯罪嫌疑人、被告人在诉讼过程中确实存在现实人身危险性，有继续犯罪的可能性，或者可能发生其他意外事件。对其人身自由加以不同程度的限制或剥夺，即可有效防止新的犯罪及意外事件的发生。

（二）保全证据

采取强制措施，可以防止犯罪嫌疑人、被告人在诉讼过程中互相串供或者伪造、毁灭罪证，或对证人、被害人进行威胁，使证据得到保全。

（三）防止脱逃

犯罪嫌疑人、被告人是被刑事追诉的对象，为逃避侦查、审查起诉与审判活动，有可能逃跑或者自杀。对其采取强制措施，可以有效地防止此类现象发生。

四、2012年《刑事诉讼法修正案》关于强制措施内容的修订

按照现代诉讼理念，强制措施应当具有诉讼保障和人权保障双重功能。我国的刑事强制措施，无论制度设计还是实际运作，均存在功能泛化甚至异化的现象，如赋予强制措施惩罚教育、刑罚预支、证据发现等额外功能，对此，应当予以规范和改革。本次刑事诉讼法修改重点在于：完善了逮捕、监视居住的条件和程序及采取强制措施后通知家属的规定。为保证人民检察院正确行使批准逮捕权，防止错误逮捕，本次刑事诉讼法的修改增加了人民检察院审查批准逮捕时讯问犯罪嫌疑人和听取辩护律师意见的程序，以及在逮捕后对羁押必要性继续审查的程序。

此外，本次刑事诉讼法的修改还将监视居住定位于减少羁押的替代措施，规定了与取保候审不同的适用条件，增加了指定居所监视居住的执行方式，并明确检察机关对指定居所监视居住的决定和执行实行监督。特别需要指出的是，本次刑事诉讼法修改对采取强制措施后不通知家属的例外作了严格限制。

第二节 强制措施的适用原则

强制措施毕竟是通过限制或者剥夺人身自由来保障刑事诉讼活动顺利进行。因此,在适用时应当十分谨慎,根据联合国有关人权公约和我国刑事诉讼法规定的精神,适用强制措施应当遵循如下几项原则:

一、比例原则

比例原则,也称适度原则,贯彻此原则,就是要求适用强制措施的强度应与犯罪嫌疑人、被告人涉嫌犯罪的严重程度和可能科处刑罚的轻重成正比。为了避免出现适用强制措施的强度大于可能判处刑罚的力度,以致国家的司法处分权大于犯罪嫌疑人的应罚性,实施强制措施时应当严格遵守比例原则或适度原则。

二、必要性原则

强制措施并非每案必用,只有出现非用不可的情况时才应该采用,能不用的就不用,能少用的就少用。这项原则已被联合国人权公约确立为一项基本原则。其理由是,根据无罪推定原则的要求,任何人,当他的罪行没有得到法律证明之前,在法律上,他应当被视为无罪的人。因此,对犯罪嫌疑人、被告人不应随意限制或者剥夺其人身自由。在刑事诉讼活动中使用限制或者剥夺人身自由的强制措施应视为一种例外情况。如果犯罪嫌疑人、被告人没有逃跑、自杀、毁灭证据等现实危险性,就没有必要对其采取强制措施;如果选择较轻的强制措施就可以保证刑事诉讼活动顺利进行的,也没有必要采用拘留、逮捕等强度较大强制措施。从我国司法实践来看,在侦查过程中采用强制措施是一种普遍现象,而且,公安机关出于侦查便利的考虑,往往普遍采用力度很大的强制措施。对于这种现象,需要通过多方努力,逐渐向刑事司法国际准则的基本要求靠拢。

三、合法性原则

适用强制措施必须严格按照法律的有关规定进行,不能随意滥用。强制措施虽然不是惩罚性手段,但它涉及对公民人身自由的限制。因此,应当严格依照法律规定进行。同时,由于适用强制措施不当会给他人肉体上、精神上造成损害,因此,应当及时采取保护性、救济性措施,尽可能减少和降低危害结果的发生。

四、及时变更、解除原则

采取强制措施后,一旦出现需要变更或者解除强制措施的情况,有关机关应当及时变更或者予以解除。

第三节 拘 传

一、拘传的概念

拘传是强制措施中最轻的一种，它是指公安机关、人民检察院或者人民法院对没有被拘留、逮捕的犯罪嫌疑人、被告人，强制其到指定地点接受讯问的一种强制方法。

拘传具有以下几个特征：

第一，拘传的目的是强制被讯问人及时到案接受讯问。这是拘传与其他强制措施的本质区别。拘传只是为了保障侦查、起诉或审判活动中未被羁押的犯罪嫌疑人、被告人能够及时接受讯问，而由国家专门机关通过限制其人身自由的方法强制被讯问人到达指定地点。

第二，拘传的对象是已经立案而未被羁押的犯罪嫌疑人、被告人，经依法传唤，无正当理由拒不到案，或者根据案件情况直接拘传。

这里需要说明几点：

这里强调"已经立案"是为了防止发生在实践中不经立案而拘传的现象。

所谓"未被羁押"，是指在追诉活动中，国家专门机关认为被追诉人暂时无须羁押，或者尚不符合羁押条件而未羁押。

所谓"正当理由"是指，犯罪嫌疑人、被告人因患重病、外出或者交通阻断等不可抗拒的原因，虽经依法传唤，不能到案。如果具有上述情况而未能到案的，不宜适用拘传。

传唤不是拘传的前置条件，更无传唤的次数限制。是否经过传唤，不是拘传的必要条件，有关机关可以根据案件情况直接进行拘传。

二、拘传与其他相近概念的区别

我国刑事诉讼法、人民警察法及治安管理处罚法中，都分别规定了不同性质的临时性处置措施。其中有的在法律术语或强制形式上与拘传有相似之处，但是，它们存在本质区别。

（一）拘传与传唤的区别

1. 法律性质与强制力不同。拘传是一种刑事强制措施，执行拘传时如遇被拘传人有抗拒行为，有关人员可以依法使用约束性警械强制其到案受审；而传唤仅是一种非强制性的诉讼要求，即公安司法机关仅是通过传票形式通知诉讼当事人到案接受讯问或询问，它本身只具有通知的性质，不能使用警械或者押送方法。2012年《刑事诉讼法》第117条第1款规定："对不需要逮捕、拘留的犯罪嫌疑人，可以传唤到犯罪嫌疑人所在市、县内的指定地点或者到他的住处进行讯问，但是应当出示人民检察院或者公安机关的证明文件。对在现场发现的犯罪嫌疑人，经出示工作证件，可以口头传唤，但应当在讯问笔录中注明。"

2. 适用对象不同。拘传只适用于犯罪嫌疑人、被告人；而传唤可以适用于诉讼当事人，即它不仅可以适用于犯罪嫌疑人、被告人，还可以对其他当事人适用，如自诉人、被害人、附带民事诉讼的原告人和被告人等。

(二) 拘传与留置盘问的区别

1. 法律依据与适用目的不同。拘传是刑事诉讼法中规定的赋予公安司法机关一种刑事强制措施权，它是以保证被追诉人到案接受讯问为适用目的；而留置盘问是人民警察法中规定的一种行政强制措施权，它是以维护社会治安，核查有关人员身份，初步查明是否存在违法犯罪嫌疑为适用目的。

2. 适用对象不同。拘传仅适用于犯罪嫌疑人、被告人，即适用的对象是以有犯罪嫌疑或者已为被告人为前提；而留置盘问适用的对象是有违法犯罪嫌疑的人，即是否有犯罪事实尚不清楚，需要迅速辨明、查清。这种理解可从《中华人民共和国人民警察法》（以下简称《人民警察法》）第9条规定中得以证实。①

3. 适用期限不同。根据2012年《刑事诉讼法》第117条第2、3款的规定，拘传持续的时间不得超过12小时；案情特别重大、复杂，需要采取拘留、逮捕措施的，拘传持续的时间不得超过24小时，不得以连续传唤、拘传的形式变相拘禁犯罪嫌疑人，拘传犯罪嫌疑人，应当保证犯罪嫌疑人的饮食和必要的休息时间。而《人民警察法》对被盘问的人留置时间规定为，自带至公安机关之时起不超过24小时，在特殊情况下，经县级以上公安机关批准，可以延长至48小时。

4. 适用的阶段与主体不同。拘传可以适用在侦查、审查起诉和审判阶段的三机关；而留置盘问适用于公安机关的治安管理活动中，因此，只有人民警察有权使用。

三、拘传的审批和执行程序

(一) 拘传的审批程序

1. 对于需要拘传的犯罪嫌疑人、被告人，办案单位首先应当填写《呈请拘传报告书》，并附相关材料，说明简要案情及立案情况，拟被拘传人的基本情况、

---

① 《人民警察法》第9条规定：为维护社会治安秩序，公安机关的人民警察对有违法犯罪嫌疑的人员，经出示相应证件，可以当场盘问、检查；经盘问、检查，有下列情形之一的，可以将其带至公安机关，经该公安机关批准，对其继续盘问：（一）被指控有犯罪行为的；（二）有现场作案嫌疑的；（三）有作案嫌疑身份不明的；（四）携带的物品有可能是赃物的。对被盘问人的留置时间自带至公安机关之时起不超过24小时，在特殊情况下，经县级以上公安机关批准，可以延长至48小时，并应当留有盘问记录。对于批准继续盘问的，应当立即通知其家属或者其所在单位。对于不批准继续盘问的，应当立即释放被盘问人。经继续盘问，公安机关认为对被盘问人需要依法采取拘留或者其他强制措施的，应当在前款规定的期间作出决定；在前款规定的期间不能作出上述决定的，应当立即释放被盘问人。

涉嫌犯罪的情况和证据,拟执行拘传的时间、法律依据等。呈报县级以上公安机关、人民检察院或人民法院的负责人批准。经批准后,办案部门制作《拘传证》。

2.《拘传证》是办案部门依法拘传犯罪嫌疑人、被告人的法律凭证,具有法律强制力。《拘传证》上应当注明犯罪嫌疑人、被告人的姓名、性别、年龄、住所、案由、拘传的法律依据,应押送的处所及签发的日期,并由签发人签名或盖章。

(二)拘传的执行程序

1. 执行人员不得少于2人,且执行人员在拘传犯罪嫌疑人、被告人前应当表明执法身份,即先向被拘传人出示工作证件,说明其工作单位和执法身份的活动。着制服的执行人员可以不出示工作证件,但对方要求出示的,应当出示。

2. 执行人员必须持有《拘传证》,并应当场出示。对于不识字的被拘传人应向其宣读,并责令其在《拘传证》上签名或者捺指印。被拘传人拒绝填写的,执行人应当在《拘传证》上注明。遇有被拘传人抗拒拘传的,执行人员有权使用约束性警械,以强制其到达指定地点。

3. 被拘传人到达指定地点后,应当责令其在《拘传证》上填写到案时间。讯问结束后,应当由其在《拘传证》上填写讯问结束时间。犯罪嫌疑人拒绝填写的,侦查人员应当在《拘传证》上注明。

4. 被拘传人到达指定地点后,办案单位应当立即进行讯问。拘传持续的时间最长不得超过12小时,案情特别重大、复杂,需要采取拘留、逮捕措施的,拘传持续的时间不得超过24小时。不得以连续拘传的形式变相拘禁被拘传人,拘传犯罪嫌疑人,应当保证犯罪嫌疑人的饮食和必要的休息时间。《拘传证》一次有效,即对同一讯问对象,每拘传一次,都应当重新履行上述程序。

5. 对被拘传人讯问结束后,根据案情,需要变更强制措施的,应当在拘传期间内作出批准或者不批准的决定;对于不批准的,应当立即结束拘传。

第四节 取保候审

我国刑事诉讼法一直将取保候审与监视居住作为限制犯罪嫌疑人、被告人人身自由的法定非羁押性强制措施。1996年刑事诉讼法对这两种强制措施规定了相同的适用条件,并侧重对取保候审措施进行了改造。但由于限制自由的程度不同,本次修改刑事诉讼法时,分别规定了取保候审与监视居住的适用对象、适用条件等项内容。因此,分别阐述。

一、取保候审的概念和意义

(一)取保候审的概念

取保候审,是指公安机关、人民检察院、人民法院依法责令犯罪嫌疑人、被告人提出保证人或者交纳保证金，以保证其在取保候审期间不逃避侦查和审判，并随传随到的一种强制方法。

取保候审与保外就医、保释制度在适用形式上虽然有相似之处，但是，它们之间存在本质区别。

1. 取保候审与保外就医的区别。保外就医是监外执行的一种。根据2012年《刑事诉讼法》第254条的规定，对被判处有期徒刑或者拘役的罪犯，有下列情形之一的，可以暂予监外执行：（1）有严重疾病需要保外就医的；（2）怀孕或者正在哺乳自己婴儿的妇女；（3）生活不能自理，适用暂予监外执行不致危害社会的。对被判处无期徒刑的罪犯，若怀孕或者是正在哺乳自己婴儿的妇女，可以暂予监外执行。对适用保外就医可能有社会危险性的罪犯，或者自伤自残的罪犯，不得保外就医。可见，取保候审与保外就医的区别主要表现在以下几个方面：

第一，立法出发点不同。前者主要以最大限度保障人权为主要出发点，同时也出于人道主义考虑；而后者主要出于人道主义考虑。

第二，适用对象不同。具体表现在两个方面：一是适用对象的法律性质不同。前者适用于犯罪嫌疑人、被告人，即尚未宣判有罪的人；而后者适用于已经宣判的罪犯。二是适用对象的法定情形不同。

第三，审批级别不同。根据法律有关规定，被羁押的犯罪嫌疑人、被告人及其法定代理人、近亲属、律师有权申请取保候审，并应填写《取保候审申请书》，呈报县级以上有关机关负责人批准；而后者必须保外就医的，由省级人民政府指定的医院开具证明文件，依照法律规定的程序审批。

2. 取保候审与保释制度的区别。保释制度，是指当被逮捕或被羁押的人满足具结、保证人保证或财产、金钱为担保，且在随后的诉讼程序中按照指定的时间、地点到案等条件下，诉讼机关将其予以释放的制度。在西方，保释制度一直被视为犯罪嫌疑人、被告人的一种诉讼权利。它与我国的取保候审虽有相似之处，但存在本质区别：

第一，法律性质不同。在我国，取保候审是五种强制措施中的一种，它是法律赋予诉讼机关的一种权力。当被羁押方提出取保候审申请时，有权决定的机关应当在法定期限内作出是否同意的答复。不同意取保候审的，应当通知申请人，并说明不同意的理由；在西方，保释制度是犯罪嫌疑人、被告人的一种诉讼权利。当其提出保释申请时，司法部门应当优先考虑，没有法律规定的情形不得拒绝。同时，犯罪嫌疑人及其代理人对司法部门作出的拒绝保释裁定有权提出上诉。

第二，适用条件不同。在我国，是否取保候审，不是以他人已经处于羁押状态或者被羁押人提出了取保候审的申请为前提条件，无论犯罪嫌疑人、被告人是否处于羁押状态，是否提出了取保候审的申请，只要诉讼机关认为符合取保候审的条件，都可以径行作出取保候审的决定；而西方的保释制度则是以逮捕或处于羁押状态为前置条件。

第三，适用范围不同。在我国，取保候审的范围相对较狭窄。刑事诉讼法规定适用取保候审的范围是"可能判处管制、拘役或者独立适用附加刑的；可能判处有期徒刑以上刑罚，采取取保候审不致发生社会危险性的"。对累犯、犯罪集团的主犯，以自伤、自残办法逃避侦查的犯罪嫌疑人，危害国家安全的犯罪、暴力犯罪，以及其他严重犯罪的犯罪嫌疑人，不得取保候审；而西方保释制度适用的范围很广泛。从理论上说，无论什么性质的案件都可以保释，并不因为罪行严重而被拒绝保释。拒绝保释有情形主要是：（1）有足够的理由相信犯罪嫌疑人、被告人不会按照保释要求出庭。（2）有足够的理由相信犯罪嫌疑人、被告人可能进一步犯罪。（3）有足够的理由相信犯罪嫌疑人、被告人会威胁、干扰、伤害证人。

（二）取保候审的意义

在于通过保证人或保证金约束犯罪嫌疑人、被告人的人身自由，保证刑事诉讼活动的正常进行，同时也蕴涵了重视犯罪嫌疑人、被告人人权保障的思想，是刑事诉讼追求惩罚犯罪与保障人权双重价值目标的有机结合。

二、取保候审的适用对象

（一）适用取保候审的对象

这次修法中重新确定取保候审的适用对象主要是出于三个考虑：一是坚持适用强制措施的比例原则；二是加强适用中的可操作性；三是出于人道主义。

按照比例原则，就是要求适用强制措施的强度应与犯罪嫌疑人、被告人涉嫌犯罪的严重程度和可能科处刑罚的轻重成正比。为此，2012年《刑事诉讼法》第65条第1款第（1）项、第（2）项保留了1996年《刑事诉讼法》的相应规定。

1. 可能判处管制、拘役或者独立适用附加刑的。这是出于两点考虑：第一，这类案件中犯罪嫌疑人、被告人即使有罪，罪行也较为轻微，可能判处的刑罚不会很重；第二，由于案情较轻，一般情况下较易查清，犯罪嫌疑人、被告人逃避、继续危害社会的可能性较小，根据适度和必要性原则，采取取保候审就可以达到强制措施的目的。

2. 可能判处有期徒刑以上刑罚，但不致发生社会危险性的。对于罪行较重且有可能判处较重刑罚的犯罪嫌疑人、被告人，只要它们人身危险性不大，为贯彻"少捕"的刑事政策，也可以采用取保候审的方法。

同时，为了加强适用中的可操作性，并出于人道主义考虑，2012年《刑事诉讼法》第65条第1款新增了第（3）项、第（4）项。

3. 患有严重疾病、生活不能自理，怀孕或者正在哺乳自己婴儿的妇女，采取取保候审不致发生社会危险性的。

该项是新增条款,主要是出于人道主义考虑,便于患病的人及时治疗,便于对胎儿、婴儿进行特殊保护。这里的"严重疾病"应当从广义上理解,凡是有需要治疗的严重伤害身体,不宜羁押的,都包括在内。

4. 羁押期限届满,案件尚未办结,需要采取取保候审的。该项也是新增条款。根据法律规定,羁押期限包括侦查、审查起诉和审判中的羁押期限。犯罪嫌疑人、被告人被羁押的案件,不能在刑事诉讼法规定的侦查羁押期限、审查起诉期限、一审和二审期限内办结的,基于办案需要,可以采取取保候审。

根据本条规定,尽管人民法院、人民检察院和公安机关都有权决定对犯罪嫌疑人、被告人取保候审,但只能由公安机关负责执行。司法实践中,通常由基层公安机关及其派出机构具体执行。

(二)不适用取保候审的情况

根据公安部2007年10月25日重新颁布的《公安机关办理刑事案件程序规定》第64条的规定,对累犯、犯罪集团的主犯,以自伤、自残办法逃避侦查的犯罪嫌疑人,危害国家安全的犯罪、暴力犯罪,以及其他严重犯罪的犯罪嫌疑人,不得取保候审。

三、取保候审的适用条件

2012年《刑事诉讼法》第66条规定了取保候审前提性条件。第67条、第68条规定了取保候审的保障性条件,即保证人必须符合的条件和应当履行的义务。第69条又明确了取保候审的义务性条件,即被取保候审的犯罪嫌疑人、被告人应当遵守的规定及违反的法律后果。

(一)取保候审前提性条件

犯罪嫌疑人、被告人应当在提出取保候审的同时提出保证人或者交纳保证金。

(二)取保候审的保障性条件

为了切实保障取保候审措施的贯彻实施,这次刑事诉讼法对保证人的条件、应当履行的义务及保证金都作出明确规定。

1. 保证人的条件。根据2012年《刑事诉讼法》第67条的规定,保证人必须符合下列条件:

(1)与本案无牵连;
(2)有能力履行保证义务;
(3)享有政治权利,人身自由未受到限制;
(4)有固定的住处和收入。

2. 保证人的义务。根据2012年《刑事诉讼法》第68条的规定,保证人应当履行以下义务:

(1)监督被保证人遵守本法第69条的规定;

(2) 发现被保证人可能发生或者已经发生违反《刑事诉讼法》第69条规定的行为的，应当及时向执行机关报告。

被保证人有违反本法第69条规定的行为，保证人未及时报告的，对保证人处以罚款，构成犯罪的，依法追究刑事责任。

其主要修改处为将保证人"未及时报告"修改为"未履行保证义务"，这样增强了可操作性。

3. 细化保证金数额的确定标准和缴纳程序。这次刑事诉讼法专门细化了保证金的确定和收取方法。根据2012年《刑事诉讼法》新增第70条的规定，取保候审的决定机关应当综合考虑保证诉讼活动正常进行的需要，被取保候审人的社会危险性，案件的性质、情节，可能判处刑罚的轻重，被取保候审人的经济状况等情况，确定保证金的数额。提供保证金的人应当将保证金存入执行机关指定银行的专门账户。

该条款的增设对于解决当前保证金数额确定比较混乱的情形具有一定的指导作用。实践中存在保证金被办案单位挪用甚至以缴纳一定不再退还的保证金作为结案的条件，指定专门账户由银行根据相关的法律文书来收取与退还，有利于资金监管。

（三）取保候审的义务性条件

取保候审的义务性条件具体包括，被取保候审的犯罪嫌疑人、被告人应当遵守的规定和违反的法律后果。

1. 被取保候审的犯罪嫌疑人、被告人应当遵守的规定。从2012年《刑事诉讼法》新增第69条的规定来看，主要修改内容包括：

第一，该条第1款新增加了"住址、工作单位和联系方式发生变动的，在二十四小时以内向执行机关报告"，其主要目的在于保证被取保候审人始终掌握在执行机关控制范围组织内，使犯罪嫌疑人、被告人的取保候审顺利进行，以及不至于发生影响刑事诉讼顺利进行的意外。

第二，新增第2款，即"人民法院、人民检察院和公安机关可以根据案件情况，责令被取保候审的犯罪嫌疑人、被告人遵守以下一项或者多项规定：（一）不得进入特定的场所；（二）不得与特定的人员会见或者通信；（三）不得从事特定的活动；（四）将护照等出入境证件、驾驶证件交执行机关保存"。

对2012年《刑事诉讼法》第69条第1款与第2款的关系如何理解？我们认为，第69条第2款新增的内容只针对个案，且可同时适用其中一项或多项；而第1款的规定普遍适用于所有被取保候审人，被取保候审人应当遵守第1款中的各项具体规定。

2. 违反该规定应当承担的法律后果。2012年《刑事诉讼法》第69条新增了违反取保候审规定的惩罚措施。第69条第3、4款规定："被取保候审的犯罪嫌疑人、被告人违反前两款规定，已交纳保证金的，没收部分或者全部保证金，并且区分情形，责令犯罪嫌疑人、被告人具结悔过，重新交纳保证金、提出保证人，或者监视居住、予以逮捕。对违反取保候审规定，需要予以逮捕的，可以对犯罪嫌疑人、被告人先行拘留。"关于保证金的没收，应该根据被取保候审的犯罪嫌疑人、被告人在取保候审期间的违法违规行为区别对待，因此，本法改为"没收部分或者全部保证金"。同时，关于"对于违反取保候审规定，需要予以逮捕的，可以对犯罪嫌疑人、被告人先行拘留"的规定，主要是为了架设取保候审、拘留、逮捕三种强制措施之间转换的桥梁。

四、取保候审的审批和执行

公安机关、人民检察院、人民法院有权自行决定取保候审和监视居住，并办理有关手续。但一律由公安机关负责执行。

（一）取保候审的审批程序

1. 人民法院、人民检察院和公安机关决定对犯罪嫌疑人、被告人取保候审，应当责令犯罪嫌疑人、被告人提出保证人或者交纳保证金。但不得要求申请人提供保证人，同时又交纳保证金。

2. 被羁押的犯罪嫌疑人、被告人及其法定代理人、近亲属、律师有权申请取保候审，并应填写《取保候审申请书》，呈报县级以上公安机关负责人批准。有权决定的机关应当在 7 日内作出是否同意的答复。不同意取保候审的，应当通知申请人，并说明不同意的理由。

3. 公安机关对犯罪嫌疑人取保候审的，应当制作《呈请取保候审报告书》，说明取保候审的理由、法律依据及采取的保证方式，报请县级以上公安机关负责人批准，并签发《取保候审决定书》。

4. 确定犯罪嫌疑人提供了保证人或交纳了保证金后，向犯罪嫌疑人宣读《取保候审决定书》，由犯罪嫌疑人签名（盖章）、捺指印，并填写取保候审的日期。

5. 人民检察院和人民法院决定取保候审的，应当将《取保候审决定书》和另填发的《执行取保候审通知书》送达公安机关，由公安机关执行。以保证人方式担保的，还应将《保证书》同时送达公安机关。

6. 需要对外国人取保候审的，应报请省级公安机关负责人批准，并在取保候审的 48 小时内将有关案情处理情况报告公安部，同时通报同级人民政府外事办公室。

（二）取保候审的执行程序

1. 取保候审只能由公安机关执行。具体的执行机关是犯罪嫌疑人、被告人居住地派出所。这里的"居住地"既可以是被取保候审人的常住地，也可以是其临时暂住地。

2. 国家安全机关决定取保候审的，以及人民检察院、人民法院在办理国家安全机关移送的犯罪案件时决定取保候审的，由国家安全机关执行。

3. 执行机关应当履行以下职责：
(1) 监督、考察犯罪嫌疑人、被告人遵守有关规定；
(2) 监督保证人履行保证义务；
(3) 犯罪嫌疑人、被告人违反有关规定及保证人未履行义务的，及时告知决定取保候审的公安机关、人民检察院和人民法院；
(4) 取保候审期限届满15日前，通知原决定机关。
4. 对犯罪嫌疑人、被告人决定取保候审的，不得中止对案件的侦查、起诉和审理。严禁以取保候审变相放纵犯罪。
5. 被取保候审的犯罪嫌疑人、被告人应当遵守刑事诉讼法第69条的规定。
6. 根据2012年《刑事诉讼法》新增第71条规定，犯罪嫌疑人、被告人在取保候审期间未违反本法第69条规定的，取保候审结束的时候，凭解除取保候审的通知或者有关法律文书到银行领取退还的保证金。

五、取保候审的期限

根据2012年《刑事诉讼法》第77条的规定，人民法院、人民检察院和公安机关对犯罪嫌疑人、被告人取保候审最长不得超过12个月。

在取保候审期间，不得中断对案件的侦查、起诉和审理。对于发现不应当追究刑事责任或者取保候审期限届满的，应当及时解除。如需要变更取保候审的，原决定机关应当作出变更取保候审的决定，并且送达执行机关执行。解除取保候审，应当及时通知被取保候审人和有关单位。① 将取保候审变更为拘留、逮捕时，原取保候审措施自动解除，不再办理解除手续。

六、执行取保候审应注意的问题

（一）取保候审的保证方式

根据刑事诉讼法和司法解释的相关规定，犯罪嫌疑人、被告人取保候审的，应当提出保证人或者交纳保证金，对同一被告人不得同时适用保证人担保与保证金担保。因此，实践中，决定机关必须严格按照刑事诉讼法规定的适用条件、范围、对象从严把握。对于符合取保候审条件的犯罪嫌疑人、被告人，应当根据案情责令其提出保证人或者交纳保证金。犯罪嫌疑人、被告人如不愿意找保证人或者提出的保证人不符合法定条件，又无力交纳保证金的，可以采取监视居住措施。

（二）收取取保候审保证金的数额

公安机关在执行取保候审过程中，既要正确运用取保候审措施，保障刑事诉

---

① 现行刑事诉讼法规定取保候审、监视居住期限届满，须经有关机关作出解除的决定才能予以解除。有学者认为此规定不妥，期限届满可推断该项强制措施已执行完毕，如果有关机关不予解除时，从期满之日起应视为自动失效，不能无限期地限制当事人的人身自由。

讼活动的顺利进行，又要保护公民的合法权益，应当坚决杜绝以钱赎罪、放纵犯罪的现象发生。尽管不同地区的经济发展水平不一致，法律上不宜对保证金数额作出统一规定，但在司法实践中，各地区应当根据本地区的实际情况，分别作出交纳保证金数额的适度规定，以供执法机关参考和诉讼参与人监督。

（三）保证金的管理

目前实践中对于保证金的收取、保管、没收和退还比较混乱。具体表现为：由于对保证金数额的上限没有作出明确限制，致使具体办案单位随意收取高额保证金的现象时有发生；收取、管理程序不完善，缺乏监督机制；退还手续不清楚。因此，最高人民法院、最高人民检察院、公安部、国家安全部于1999年8月4日共同颁布了《关于取保候审若干问题的规定》。该规定提出了"罚收分离"原则，保证金应当归口、统一管理，即由执行机关委托银行代为收取和保管。这次《刑事诉讼法》第69条第3款、第70条、第71条分别对保证金的数额与交纳管理作出了明确规定。

第五节 监视居住

2012年《刑事诉讼法》考虑到监视居住的特点和实际执行情况，不仅将监视居住的功能定位于羁押的替代措施，规定并扩大了与取保候审不同的适用对象，明确了执行方法，同时还强化了人民检察院对指定居所监视居住的决定和执行实行监督。

一、监视居住的概念和意义

监视居住，是指公安机关、人民检察院、人民法院依法责令犯罪嫌疑人、被告人不得随便离开其住处或者指定的居所，并对其加以监视和控制的一种强制方法。

这里的"住处"，是指当事人平时的固定住处，也就是犯罪嫌疑人在办案机关所在的市、县内生活的合法住处；如果犯罪嫌疑人无固定住处的，公安机关根据案件情况可以在办案机关所在的市、县内为其指定生活居所。

它对保障刑事诉讼顺利进行，减少羁押，保障被监视居住人的合法权益具有重要意义。

二、监视居住的适用对象

（一）监视居住的对象

根据2012年《刑事诉讼法》新增第72条的规定，人民法院、人民检察院和公安机关对符合逮捕条件，有下列情形之一的犯罪嫌疑人、被告人，可以监视居住：
1. 患有严重疾病、生活不能自理的。
2. 怀孕或者正在哺乳自己婴儿的妇女。
3. 系生活不能自理的人的唯一扶养人。
4. 因为案件的特殊情况或者办理案件的需要，采取监视居住措施更为适宜的；
5. 羁押期限届满，案件尚未办结，需要采取监视居住措施的。

对符合取保候审条件，但犯罪嫌疑人、被告人不能提出保证人，也不交纳保证金的，可以监视居住。

（二）适用监视居住时需要注意的问题

对于上述规定，主要把握三点：

第一，要确定犯罪嫌疑人、被告人是否符合逮捕的条件。特别需要指出的是，对于患有严重疾病、生活不能自理的，以及怀孕或者正在哺乳自己婴儿的妇女，是适用取保候审还是监视居住，主要取决于犯罪嫌疑人、被告人是否符合逮捕条件。如果符合逮捕条件，可以决定对其进行监视居住；反之，符合取保候审条件的，则可以适用取保候审。

第二，在肯定犯罪嫌疑人、被告人符合逮捕条件的情况下，确定犯罪嫌疑人、被告人是否具备上述法定的五种情形之一。

第三，要严格区分监视居住与取保候审的适用对象，对于符合取保候审条件的犯罪嫌疑人、被告人，应当依法责令其提出保证人或者交纳保证金，对其实施取保候审，只有在其既不能提出保证人，也不交纳保证金的情况下，才可以对其进行监视居住。这是因为较之于取保候审，监视居住对公民人身自由的限制更大，是更严厉的强制措施，为了使对犯罪嫌疑人、被告人权利的侵害降至最低，应当优先选择轻缓的强制措施。

三、被监视居住人应当遵守的规定

2012年《刑事诉讼法》第75条补充规定，被监视居住的犯罪嫌疑人、被告人应当遵守以下规定：

1. 未经执行机关批准不得离开执行监视居住的处所；
2. 未经执行机关批准不得会见他人或者通信；
3. 在传讯的时候及时到案；
4. 不得以任何形式干扰证人作证；
5. 不得毁灭、伪造证据或者串供；
6. 将护照等出入境证件、身份证件、驾驶证件交执行机关保存。

被监视居住的犯罪嫌疑人、被告人违反前款规定，情节严重的，可以予以逮捕；需要予以逮捕的，可以对犯罪嫌疑人、被告人先行拘留。

上述条文规定了被监视居住人应当履行的法定义务及违反时应当承担的法律后果。与1996年《刑事诉讼法》相比,本法主要作了以下修改:一是对被监视居住人增加了一种义务,即将护照等出入境证件、身份证件、驾驶证件交执行机关保存;二是增加对违反义务的被监视居住的犯罪嫌疑人、被告人,需要予以逮捕的,可以对其先行拘留的规定。这样加强了监视居住的可操作性。

四、监视居住的审批和执行

(一)监视居住的审批程序

1. 公安机关、人民检察院、人民法院根据案件情况,对犯罪嫌疑人、被告人有权决定监视居住,并办理监视居住的手续。

2. 公安机关对犯罪嫌疑人决定监视居住的,应当制作《呈请监视居住报告书》,说明监视居住的理由和法律依据,并提出监视居住的指定区域和执行监视居住的单位,报经县级以上公安机关负责人批准,并签发《监视居住决定书》、《监视居住通知书》。

3. 向犯罪嫌疑人宣读《监视居住决定书》,由犯罪嫌疑人签名(盖章)、捺指印,并填写监视居住的日期。

4. 人民检察院和人民法院决定监视居住的,应当将《监视居住决定书》和《监视居住通知书》送达公安机关,由公安机关执行。

5. 需要对外国人监视居住的,应报请省级公安机关负责人批准,并在监视居住的48小时内将有关案情处理情况报告公安部,同时通报同级人民政府外事办公室。

6. 被羁押的犯罪嫌疑人、被告人及其法定代理人、近亲属、律师有权申请监视居住,并应填写《监视居住申请书》,呈报县级以上公安机关负责人批准。

有权决定的机关应当在7日内作出是否同意的答复。同意监视居住的,应制作《监视居住决定书》,依法办理监视居住手续;不同意监视居住的,应当通知申请人,并说明不同意的理由。

(二)监视居住的执行程序

1. 根据2012年《刑事诉讼法》第72条的规定,监视居住只能由公安机关执行。具体的执行机关是犯罪嫌疑人、被告人居住地派出所。

2. 根据2012年《刑事诉讼法》新增第73条的规定,监视居住应当在犯罪嫌疑人、被告人的住处执行;无固定住处的,可以在指定的居所执行。对于涉嫌危害国家安全犯罪、恐怖活动犯罪、特别重大贿赂犯罪,在住处执行可能有碍侦查的,经上一级人民检察院或者公安机关批准,也可以在指定的居所执行。但是,不得在羁押场所、专门的办案场所执行。

指定居所监视居住的,除无法通知的以外,应当在执行监视居住后24小时以内,通知被监视居住人的家属。

被监视居住的犯罪嫌疑人、被告人委托辩护人，适用本法第33条的规定。

人民检察院对指定居所监视居住的决定和执行是否合法实行监督。

3. 监视居住期限届满15日前，通知原决定机关。

4. 对犯罪嫌疑人、被告人决定监视居住的，不得中止对案件的侦查、起诉和审理。严禁以监视居住变相放纵犯罪。

5. 根据2012年《刑事诉讼法》第76条的规定，执行机关对被监视居住的犯罪嫌疑人、被告人，可以采取电子监控、不定期检查等监视方法对其遵守监视居住规定的情况进行监督；在侦查期间，可以对被监视居住的犯罪嫌疑人的通信进行监控。

五、监视居住的期限

根据2012年《刑事诉讼法》第77条的规定，人民法院、人民检察院和公安机关对犯罪嫌疑人、被告人监视居住最长不得超过6个月。

在监视居住期间，不得中断对案件的侦查、起诉和审理。对于发现不应当追究刑事责任或者监视居住期限届满的，应当及时解除。解除监视居住，应当及时通知被监视居住人和有关单位。① 将监视居住变更为拘留、逮捕时，原取保候审、监视居住措施自动解除，不再办理解除手续。

此外，2012年《刑事诉讼法》新增第74条规定，指定居所监视居住的期限应当折抵刑期。被判处管制的，监视居住一日折抵刑期一日；被判处拘役、有期徒刑的，监视居住二日折抵刑期一日。

这样规定主要是为了在客观上平息犯罪嫌疑人、被告人的逆反心理，减少监视居住执行的阻力。但是，关于监视居住应否折抵刑期，法学界一直存在两种截然相反的意见。就监视居住是否可以折抵刑期问题，最高法早于1984年12月28日以司法解释的形式作了规定，可以归纳为三点：一是对被告人在被拘留或逮捕以前，被依法监视居住的期间，不予折抵刑期，这是原则；二是在实际执法中对于侦查机关对被告人监视居住在行政拘留所等场地，并确实完全限制了人身自由的，可以折抵刑期；三是把监视居住自行变成羁押，是不符合法律规定的，今后对监视居住要依法执行。因此，这次修改时明确规定，只有指定居所监视居住的期限才可以折抵刑期。

六、监视居住应注意的问题

第一，监视居住与羁押不能等同。监视居住是限制人身自由的一种强制措施，只是对被监视居住人的活动范围进行限制，在一定时间内不允许某人离开执

---

① 现行刑事诉讼法规定取保候审、监视居住期限届满，须经有关机关作出解除的决定才能予以解除。有学者认为此规定不妥，期限届满可推断该项强制措施已执行完毕，如果有关机关不予解除时，从期满之日起应视为自动失效，不能无限期地限制当事人的人身自由。

行机关指定的场所,并且未经批准不得会见家庭成员和律师以外的人。但在被监视居住期间,被监视居住人可以与辩护人见面,与家人共同生活。然而,由于立法规定,如果犯罪嫌疑人无固定住处的,或涉嫌危害国家安全犯罪、恐怖活动犯罪、特别重大贿赂犯罪,在住处执行可能有碍侦查的,经上一级人民检察院或者公安机关批准,有关机关根据案件情况可以在办案机关所在的市、县内为其指定生活居所。因此,侦查实践中有时出现将犯罪嫌疑人集中于特定场所,派人轮流看管,同吃同住,昼夜监视,实际上成为变相监禁。因此,刑事诉讼法第73条第4款强化了人民检察院对指定居所监视居住的决定和执行是否合法实行监督。

第二,被监视居住人与律师会面不需要批准。根据2012年《刑事诉讼法》新增第73条之规定,被监视居住的犯罪嫌疑人、被告人会见其聘请的辩护人不再需要经过决定机关或者执行机关的批准。被监视居住人可以直接与其联系和见面。

第六节　刑事拘留

一、刑事拘留的概念与特征

在刑事诉讼中,刑事拘留简称为拘留,它是指公安机关、人民检察院对于现行犯或者重大嫌疑分子,在遇有法定的紧急情况时,依法采取的暂时剥夺其人身自由的一种强制措施。

(一)刑事拘留的基本特征

1. 应急性。通常是在紧急情况下使用的一种应急性措施,所以,拘留适用的对象仅限于现行犯和重大嫌疑分子,而不适用于审判阶段的被告人。

2. 短暂性。由于未经法律监督机关的批准程序,因此,它只是一种临时性的羁押手段,不能用于长时间羁押犯罪嫌疑人。这从拘留的适用对象、情形及期限上都可以体现出来。

3. 限权性。一般情况下,只有公安机关享有拘留的决定权,拘留只能由公安机关自行决定并随即执行,其他机关、团体和个人都无权行使,即使法院也没有拘留的决定权。2012年《刑事诉讼法》第163条专门授权人民检察院对于直接受理的刑事案件享有部分拘留的决定权,而且应当由公安机关执行。

(二)1996年修改《刑事诉讼法》对拘留条件的调整

由于1979年《刑事诉讼法》中规定的拘留的前提条件有不妥之处,1996年修改后的刑事诉讼法对此进行了较大幅度的修改。具体表现在以下几个方面:

第一,取消了1979年刑事诉讼法拘留条件中"罪该逮捕"的提法。1979年《刑事诉讼法》第41条规定,拘留的前提条件是"罪该逮捕"。这种规定实际上是将拘留的规格提高到等同于逮捕。然而，法律中列举的7种拘留情形又都不符合逮捕的实质性条件。从立法上讲，这种规定出现了自相矛盾的现象。在司法实践中由于情况紧急，往往来不及查清犯罪事实和准确判定是否能判处有期徒刑以上的刑罚。因此，为了使法律的适用更具可操作性，修改后的刑事诉讼法将"罪该逮捕"的前提条件予以删除，实际上是降低了拘留的条件，扩大了拘留的适用范围。

第二，取消了原拘留七种情形中的第七项"正在进行'打、砸、抢'和严重破坏工作、生产、社会秩序"的规定。"打砸抢"是我国"文化大革命"期间的一种特殊行为，它是时代的产物，从法律上讲，它不是严格的科学罪名。在我国进入政治稳定的新时期时，立法者认为，没有必要再保留法律上不规范的术语。

第三，取消了"收容审查"制度，将"收容审查"中的部分对象纳入到拘留的情形中，并将1979年《刑事诉讼法》第46条第（6）项"身份不明有流窜作案重大嫌疑的"修改为两项，即"不讲真实姓名、住址，身份不明的"和"有流窜作案、多次作案、结伙作案重大嫌疑的"，这样修订既取消了"收容审查"制度，又保留了其合理成分，同时也使羁押制度逐步纳入诉讼轨道。

这次刑事诉讼法虽然对强制措施进行了较大幅度的修改，但是，并没有对刑事拘留进行过多改动，基本上延续1996年刑事诉讼法的相关规定。

二、刑事拘留的适用条件

2012年《刑事诉讼法》第80条规定：公安机关对于现行犯或者重大嫌疑分子，如果有下列情形之一的，可以先行拘留：

1. 正在预备犯罪、实行犯罪或者在犯罪后即时被发觉的；
2. 被害人或者在场亲眼看见的人指认他犯罪的；
3. 在身边或者住处发现有犯罪证据的；
4. 犯罪后企图自杀、逃跑或者在逃的；
5. 有毁灭、伪造证据或者串供可能的；
6. 不讲真实姓名、住址，身份不明的；
7. 有流窜作案、多次作案、结伙作案重大嫌疑的。

据此规定，采用拘留措施，必须同时具备以下两个条件：

第一，拘留对象是现行犯或者重大嫌疑分子。所谓"现行犯"，是指正在实行犯罪或者犯罪行为刚刚实施完毕被当场发现、指认或抓获的人。尽管其犯罪事实业已存在，犯罪证据较为充分，但在未经国家审判机关审判之前，都应视为犯罪嫌疑人而不能直接称为犯罪人。因此，现行犯仅是犯罪嫌疑人中的一种特例，不能等同于犯罪人。所谓"重大嫌疑分子"，是指公安机关有较充分的事实证明有犯罪嫌疑的人。

第二，拘留具有法定七种情形。从刑事诉讼法来看，法定的拘留情形中前五种充分体现了拘留应急性的特征。而后两种情形主要来自于原"收容审查"中的部分适用对象。因此，拘留的法定情形主要体现应急性，同时也有预防控制作用。

在适用拘留时要从四个方面注意拘留权的适用权限。

一是适用拘留证为主，先行拘留为辅。根据刑事诉讼法相关规定，对犯罪嫌疑人实施拘留时，应当首先向被拘留人出示《拘留证》，而不能在没有拘留证的情况下随意抓获嫌疑犯。但是，由于2012年《刑事诉讼法》第80条规定的七种情形，大都属于情况紧急，因而该条同时规定，可以先行拘留，即当遇有紧急情况，如不及时采取拘留措施很可能会失去证据、毁灭罪证，或者犯罪嫌疑人可能逃跑，继续危害社会时，适用主体可以在没有拘留证的情况下先予以拘留，再补办相关拘留手续。公安机关内部《刑警办案须知》第187条还规定，对尚未立案侦查的，应当在抓获后立即办理立案、拘留手续。我们认为，法律规定的先行拘留十分必要，但是，在适用时应以拘留证为主，先行拘留为辅为原则。

二是刑事诉讼法明确限制人民检察院对拘留权的适用范围。根据2012年《刑事诉讼法》第163条的规定，人民检察院直接受理的案件中符合本法第79条、第80条第（4）项、第（5）项规定情形，即"犯罪后企图自杀、逃跑或者在逃的"和"有毁灭、伪造证据或者串供可能的"，需要逮捕、拘留犯罪嫌疑人的，由人民检察院作出决定，由公安机关执行。由此可见，人民检察院对拘留权的适用范围比公安机关小得多。

三是拘留权只能由侦查机关行使，法院没有拘留权。尽管宏观上讲，强制措施适用于整个刑事诉讼活动中，公、检、法三机关都有适用强制措施的权力，但是，对于刑事拘留而言，在具体适用时，仅适用于侦查机关。因此，法院在审判时不能行使刑事拘留权，必要时，可以适用司法拘留。

四是人民检察院享有拘留的决定权，但没有拘留的执行权。刑事诉讼法赋予人民检察院拘留权，但人民检察院作出拘留决定后，应由公安机关执行。

三、刑事拘留与行政拘留、司法拘留的区别

为了全面、深刻了解刑事拘留的特点，以便在实践中正确运用，有必要明确它与行政拘留、司法拘留的区别。

（一）刑事拘留与行政拘留的区别

行政拘留，是指治安管理处罚法规定的拘留。刑事拘留与行政拘留在形式上有类似之处，即都是对公民人身自由的暂时剥夺，但两者有着根本的区别：

1. **法律性质与依据不同。**刑事拘留是在刑事诉讼过程中为了保障诉讼顺利进行而设立的一种限制人身自由的强制措施，它不是制裁手段，依据的是刑事诉讼法；而行政拘留则是公安机关在治安管理工作中，对违反治安管理法规的行为人采取的一种行政处罚方法，依据的是治安管理处罚法。

2. 适用的对象不同。刑事拘留的对象是触犯刑法，需要追究刑事责任的现行犯或者重大嫌疑分子；行政拘留的对象是违反治安管理处罚法、尚未构成犯罪的违法者。

3. 适用目的不同。刑事拘留的目的在于制止犯罪，防止现行犯、重大嫌疑分子逃避侦查和审判，妨碍刑事诉讼活动的正常进行；而行政拘留的目的则是通过行政处罚手段惩罚和教育违法者。

4. 有权适用的机关不同。有权决定刑事拘留的机关是侦查机关；而行政拘留只能由公安机关的行政执法部门适用。

5. 羁押期限不同。刑事拘留的期限不超过 7 日，对流窜作案、多次作案、结伙作案的重大嫌疑分子的拘留期限可延长至 30 日；而行政拘留的最长期限为 15 日（合并执行的除外）。

6. 法律后果不同。被刑事拘留的人很可能转为逮捕，并可能被交付审判。刑事拘留的期限，在被拘留人被定罪判刑后应折抵刑期；而行政拘留属行政处罚的性质，是一种惩戒手段，拘留期满，处罚即告结束，不会引起其他法律后果。

（二）刑事拘留与司法拘留的区别

司法拘留，是指人民法院对在审判活动中违反法庭秩序又不听制止的诉讼参与人或者旁听人员，所采取的一种司法制裁方法。我国民事诉讼法、行政诉讼法和刑事诉讼法都规定了司法拘留的条件，它们实际上都是对妨害诉讼的行为实施的一种制裁措施。

刑事拘留与司法拘留虽然都是在诉讼活动中采取的保障诉讼活动顺利进行的措施，都是对公民人身自由的暂时剥夺，但两者又有重大区别：

1. 适用的主体与性质不同。刑事拘留只能由侦查机关适用，是在刑事诉讼过程中为了保障诉讼顺利进行而设立的一种限制人身自由的强制措施，它不是制裁手段；而司法拘留则由人民法院适用，它是人民法院为维护法庭秩序，对哄闹法庭又不听制止的诉讼参与人或者旁听人员所采取的一种司法处罚。

2. 适用的对象不同。刑事拘留的适用对象是现行犯或者重大嫌疑分子；而司法拘留适用于违反法庭秩序，妨碍诉讼活动正常进行的诉讼参与人或者旁听人员。

3. 适用的条件不同。刑事拘留适用的条件是2012年《刑事诉讼法》第 80 条规定的七种情形之一；而司法拘留的条件是由民事诉讼法、行政诉讼法和刑事诉讼法规定的。

4. 羁押期限不同。刑事拘留的最长期限为 7 日，对流窜作案、多次作案、结伙作案的重大嫌疑分子的拘留期限最长为 30 日（如果包括人民检察院审查批捕的期限，最长可能达到 14 日或 37 日）；而司法拘留的期限最长为 15 日。

5. 法律后果不同。被刑事拘留的人很可能转为逮捕，并可能交付审判。刑事拘留的期限，在被拘留人被定罪判刑后应折抵刑期；而司法拘留属司法处罚的性质，是一种惩戒手段，拘留期满，处罚即告结束，不会引起其他法律后果。

6. 能否申请复议的规定不同。被刑事拘留的人无权申请复议；而被决定司法拘留的人有权申请复议一次。

四、刑事拘留的程序

根据 2012 年《刑事诉讼法》的有关规定，拘留应遵守以下程序：

（一）签发《拘留证》

公安机关在侦查中发现应当拘留的人，办案人员应填写《呈请拘留报告书》，经县级以上公安机关负责人审查批准，签发《拘留证》，然后指派两名以上侦查人员执行。

（二）向被拘留人出示《拘留证》

对犯罪嫌疑人实施拘留时，必须向被拘留人出示《拘留证》，令其在《拘留证》上写明宣布拘留的时间并签名或者捺指印。被拘留人拒绝签名的，执行人员应当在《拘留证》上注明。

（三）先行拘留后补办手续

根据《公安机关办理刑事案件程序规定》第 106 条第 2 款的规定，对于现行犯，因情况紧急来不及办理拘留手续的，可以先将犯罪嫌疑人带至公安机关后立即办理法律手续。这里的法律手续，包括立案、拘留等手续。

（四）拘留的实施

如果被拘留人抗拒拘留的，执行人员可以采取适当的强制方法，必要时可使用武器、警械。被拘留人是老年人、怀孕妇女、未成年人的，原则上不使用武器、警械。

（五）拘留后的送押与告知

根据 2012 年《刑事诉讼法》第 83 条新增第 2 款的规定，拘留后，应当立即将被拘留人送看守所羁押，至迟不得超过 24 小时。除无法通知或者涉嫌危害国家安全犯罪、恐怖活动犯罪通知可能有碍侦查的情形以外，应当在拘留后 24 小时以内，通知被拘留人的家属。有碍侦查的情形消失以后，应当立即通知被拘留人的家属。

所谓"有碍侦查的情况"，仅限定在涉嫌危害国家安全犯罪、恐怖活动犯罪两种犯罪中。且同时规定，有碍侦查的情形消失以后，应当立即通知被拘留人的家属。

所谓"无法通知"，是指没有家属可通知或者无固定住址、职业或者不吐露真实姓名和住址而无法通知的。

（六）拘留后的讯问

根据 2012 年《刑事诉讼法》第 84 条的规定，对于被拘留的人，应当在拘留后的 24 小时以内进行讯问。如果发现不应当拘留的，必须立即释放，并发给释放证明。

(七) 拘留的期限

根据 2012 年《刑事诉讼法》第 89 条的规定，公安机关对被拘留的人，认为需要逮捕的，应当在拘留后的 3 日以内，提请人民检察院审查批准。在特殊情况下，提请审查批准的时间可以延长 1 日至 4 日。

对于流窜作案、多次作案、结伙作案的重大嫌疑分子，提请审查批准的时间可以延长至 30 日。

人民检察院应当自接到公安机关提请批准逮捕书后的 7 日以内，作出批准逮捕或者不批准逮捕的决定。人民检察院不批准逮捕的，公安机关应当在接到通知后，立即释放犯罪嫌疑人，并且将执行情况及时通知人民检察院。

根据上述规定，公安机关对被拘留人的羁押期限，最长不得超过 30 日。在报请批准逮捕后，由于人民检察院有 7 日的审查期限，在未接到批准或者不批准逮捕的决定前，被拘留人还在看守所内，因此实际被羁押的期限可能达到 37 日。

另据 2000 年 8 月 28 日最高人民检察院、公安部关于印发《关于适用刑事强制措施有关问题的规定》（以下简称《强制措施问题规定》）第 23 条第 1 款的规定，犯罪嫌疑人不讲真实姓名、住址，身份不明的，拘留期限自查清其真实身份之日起计算。

此外，根据 2012 年《刑事诉讼法》第 165 条的规定，人民检察院对直接受理的案件中被拘留的人，认为需要逮捕的，应当在 14 日以内作出决定。在特殊情况下，决定逮捕的时间可以延长 1 日至 3 日。对不需要逮捕的，应当立即释放；对需要继续侦查，并且符合取保候审、监视居住条件的，依法取保候审或者监视居住。

(八) 拘留后的报捕

根据《强制措施问题规定》第 23 条的规定，公安机关对于决定拘留的犯罪嫌疑人，经审查认为需要逮捕的，应当在法定期限内提请同级人民检察院审查批准。对于有证据证明有犯罪事实的，也可以按犯罪嫌疑人自报的姓名提请人民检察院批准逮捕。

对于需要确认外国籍犯罪嫌疑人身份的，应当按照我国和该犯罪嫌疑人所称的国籍国签订的有关司法协助条约、国际公约的规定，或者通过外交途径、国际刑警组织渠道查明其身份。如果确实无法查清或者有关国家拒绝协助的，只要有证据证明有犯罪事实，可以按照犯罪嫌疑人自报的姓名提请人民检察院批准逮捕。

(九) 人民检察院适用拘留的程序

人民检察院直接侦查的案件需要拘留犯罪嫌疑人的，应当制作《拘留决定书》，送达公安机关，由公安机关负责人签发《拘留证》，然后派员执行拘留。人民检察院对于被拘留的人，也应在拘留后的 24 小时以内进行讯问。发现不应当拘留的，必须立即释放并发给释放证明。

第七节 逮 捕

一、逮捕的概念

逮捕,是指公安机关、人民检察院和人民法院,为防止犯罪嫌疑人、被告人逃避侦查、起诉和审判,避免发生社会危险性,依法暂时剥夺其人身自由,予以羁押的强制措施。逮捕是强制措施中最严厉的一种。

这里需要说明几点:

(一)不受非法逮捕是我国公民宪法性权利

人身自由是公民的基本权利。我国宪法第 37 条第 1、2 款明确规定:"中华人民共和国公民的人身自由不受侵犯。任何公民,非经人民检察院批准或者决定或者人民法院决定,并由公安机关执行,不受逮捕。"这表明,公民不受非法逮捕是宪法赋予的权利。为了保证正确地适用逮捕措施,最大限度地防止错捕,切实保障公民的人身自由不受非法侵犯,1996 年《刑事诉讼法》对逮捕的条件、提请批准逮捕、审查批准逮捕、执行逮捕、逮捕后的讯问和错捕后的纠正等方面都作了详尽规定。其中,考虑到 1979 年《刑事诉讼法》对逮捕条件要求过高,在修改立法时适当降低了逮捕的条件。2012 年《刑事诉讼法》再次细化了逮捕条件,其目的是加强实务部门的可操作性。

(二)适用逮捕的目的

尽管拘留也是剥夺人身自由,但其主要是为了应对紧急、突发情况。所以,拘留具有临时性、短暂性的特点。而逮捕是为了防止犯罪嫌疑人、被告人逃避、妨碍侦查、起诉和审判或发生社会危险性,也是为了继续侦查的需要。因此,逮捕的适用期限比拘留长,应以确实消除上述隐患,保障继续有效侦查为目的。

(三)逮捕与羁押的关系

羁押,是指通过关押限制犯罪嫌疑人、被告人人身自由的一种状态,而不是一种独立的强制措施,它是刑事拘留和逮捕的附加性后果。因此,侦查羁押期限应当包括拘留与逮捕。

此外,逮捕的审批与捕后羁押延期的审批程序也有所不同。(1)逮捕的审批与决定只是一次性的;而捕后羁押的延期可能涉及多次。(2)逮捕的审批机关分几种情况,如果公安机关提出逮捕的申请,应由同级人民检察院审查批准。人民检察院直接立案侦查的刑事案件和人民法院直接审理的刑事案件,需要时可由其自行决定逮捕;而捕后羁押延期需经上一级人民检察院,或者经省、自治区、直辖市人民检察院的批准或者决定。因为特殊原因,在较长时间内不宜交付审判的特别重大复杂的案件,还需由最高人民检察院报请全国人民代表大会常务委员会批准延期审理。

二、逮捕的条件

根据 2012 年《刑事诉讼法》第 79 条的补充规定,对有证据证明有犯罪事实,可能判处徒刑以上刑罚的犯罪嫌疑人、被告人,采取取保候审尚不足以防止发生下列社会危险性的,应当予以逮捕:

1. 可能实施新的犯罪的;
2. 有危害国家安全、公共安全或者社会秩序的现实危险的;
3. 可能毁灭、伪造证据,干扰证人作证或者串供的;
4. 可能对被害人、举报人、控告人实施打击报复的;
5. 企图自杀或者逃跑的。

对有证据证明有犯罪事实,可能判处十年有期徒刑以上刑罚的,或者有证据证明有犯罪事实,可能判处徒刑以上刑罚,曾经故意犯罪或者身份不明的,应当予以逮捕。

被取保候审、监视居住的犯罪嫌疑人、被告人违反取保候审、监视居住规定,情节严重的,可以予以逮捕。

上述规定实质上包含三层含义:

第一,有证据证明有犯罪事实。[①]

这是逮捕的首要条件。按照六部委《若干问题的规定》第 26 条的规定,"有证据证明有犯罪事实"应当同时包含以下三种情形:一是有证据证明发生了犯罪事实。这里所说的"犯罪事实",既可以是单一犯罪行为的事实,也可以是数个犯罪行为中任何一个犯罪行为的事实。二是有证据证明该犯罪行为是犯罪嫌疑人、被告人实施的。逮捕必须落实到具体的人,因此,必须有证据足以证明该犯罪行为是某一犯罪嫌疑人、被告人实施的,以确保不会抓错人。三是证明犯罪嫌疑人、被告人实施犯罪行为的证据已有查证属实的。

"有证据证明有犯罪事实",并不要求查清全部犯罪事实,只要有部分证据已经查证属实,就符合逮捕的条件。

第二,可能判处徒刑以上刑罚。

这是逮捕措施与犯罪严重程度相适应的要求。"可能判处徒刑以上刑罚",是指根据有证据证明的犯罪事实,依照刑法的有关规定,可能对行为人适用徒刑

---

① 刑事诉讼法修改前,原来规定的逮捕条件的第一条是"主要犯罪事实已经查清",这显然是过高的要求,因为在逮捕前只有短短 7 天的拘留期限,在这样短暂的时间内,要求把主要犯罪事实都查清,事实上是很难办到的。况且,在逮捕后还有几个月的侦查羁押期限,在这几个月内,难道只需查清"次要犯罪事实"?可见这种规定在逻辑上也说不通。由于对逮捕的条件要求过高,导致"正门进不去,只好走旁门",致使公安机关往往舍弃了逮捕而采用"收容审查"的手段,这是"收容"被大量使用的主要症结。正是考虑到这种情况,1996 年修改刑事诉讼法时,把"主要犯罪事实已经查清"修改为"有证据证明有犯罪事实",即适当降低了逮捕条件,这就为取消收容审查奠定了基础。应该准确理解立法者的修改意图,正确掌握逮捕的条件。

以上的刑罚，而不是可能判处拘役、管制或者独立适用附加刑。它是采用强制措施应贯彻"适度原则"的具体体现。对于那些罪行较轻，其法定刑为有期徒刑以下刑罚的，就不能逮捕。这也涉及以后一旦被判刑后，对刑期如何折抵的问题。

第三，采取取保候审尚不足以防止发生社会危险性而有逮捕必要。

这是逮捕的又一个实质性条件，也是采取强制措施应贯彻"必要性"原则的具体体现。这个条件的核心是强调采取逮捕措施应是确有必要，即对于不捕就不足以防止发生社会危险性的才予以逮捕。根据2012年《刑事诉讼法》第79条第1款的规定，社会危险包括：（1）可能实施新的犯罪的；（2）有危害国家安全、公共安全或者社会秩序的现实危险的；（3）可能毁灭、伪造证据，干扰证人作证或者串供的；（4）可能对被害人、举报人、控告人实施打击报复的；（5）企图自杀或者逃跑的。

反之，如果采取取保候审的强制措施，就足以防止发生社会危险性的，就不应该逮捕。它体现我国"可捕可不捕的不捕"的少捕政策。

根据2012年《刑事诉讼法》第79条第2款、第3款的规定，对有证据证明有犯罪事实，可能判处10年有期徒刑以上刑罚的，或者有证据证明有犯罪事实，可能判处徒刑以上刑罚，曾经故意犯罪或者身份不明的，应当予以逮捕。

被取保候审、监视居住的犯罪嫌疑人、被告人违反取保候审、监视居住规定，情节严重的，可以予以逮捕。

三、逮捕的批准、决定和执行

（一）逮捕的批准权、决定权

2012年《刑事诉讼法》第78条规定："逮捕犯罪嫌疑人、被告人，必须经过人民检察院批准或者人民法院决定，由公安机关执行。"另据2012年《刑事诉讼法》第163条的规定，人民检察院在直接受理的侦查案件中，对于符合逮捕条件，需要逮捕犯罪嫌疑人的，由人民检察院作出决定，由公安机关执行。

可见，在我国，逮捕的决定权或批准权与执行权分别掌握在不同的机关手中。其中，有权决定或批准逮捕的机关，只能是人民法院、人民检察院。公安机关负责执行。具体表现为：

1. 人民法院决定逮捕被告人的情形：

（1）人民检察院提起公诉的案件未逮捕被告人的，人民法院在审理案件过程中认为需要逮捕时，可以自行决定逮捕。

（2）人民法院受理的自诉案件，发现情况严重达到逮捕条件并且必须逮捕的。

2. 人民检察院决定或者批准逮捕犯罪嫌疑人的情形：

（1）人民检察院对自行侦查案件中的犯罪嫌疑人享有逮捕的决定权。

（2）人民检察院对公安机关提请人民检察院批准逮捕的犯罪嫌疑人，享有批准逮捕权。

（3）人民检察院对公安机关移送的刑事案件，在审查起诉过程中，发现未逮捕的犯罪嫌疑人需要逮捕时，可以自行决定逮捕。

（二）逮捕的执行权

根据宪法和刑事诉讼法的规定，逮捕必须由人民检察院批准或者决定，或者由人民法院决定，但是必须由公安机关执行。因此，无论是由人民检察院批准或决定逮捕的犯罪嫌疑人，还是由人民法院决定逮捕的被告人，都要由公安机关负责执行逮捕。

（三）批准、决定逮捕的程序及期限

1. 2012年《刑事诉讼法》第85条规定，公安机关要求逮捕犯罪嫌疑人的时候，应当写出提请批准逮捕书，连同全部案卷材料、证据，一并移送同级人民检察院审查批准。必要时，人民检察院可以派人参加公安机关对于重大案件的讨论。

2. 2012年《刑事诉讼法》第86条从三个方面对人民检察院审查批准逮捕的程序进行了完善：

第一，增加了人民检察院"可以"或者"应当"讯问犯罪嫌疑人的规定。

犯罪嫌疑人是案件的当事人，对于指控犯罪事实以及相关程序法事实，犯罪嫌疑人最为了解，因此，在人民检察院审查批准逮捕程序中，人民检察院讯问犯罪嫌疑人，不仅有利于犯罪嫌疑人及时提出辩护的主张和证据，而且也有助于人民检察院查明事实，正确地作出批准或者不批准逮捕的决定。

根据2012年《刑事诉讼法》第86条第1款的规定，在审查批准逮捕时，人民检察院对犯罪嫌疑人的讯问分为两种情形：

（1）可以讯问犯罪嫌疑人。对于不具备法律规定的"应当讯问"情形的案件，人民检察院对于是否讯问犯罪嫌疑人，享有一定的自由裁量权，可以根据案件的具体情况，决定是否对犯罪嫌疑人进行讯问。

（2）应当讯问犯罪嫌疑人。根据上述条款的规定，有下列三种情形之一的，应当讯问犯罪嫌疑人：

一是对是否符合逮捕条件有疑问的。人民检察院审查批准逮捕程序的核心是判断案件是否具备逮捕条件。如果通过审阅公安机关移送的卷宗材料或其他方式，对于案件是否具备逮捕条件不确定的，人民检察院应当对犯罪嫌疑人进行讯问，以便能更好地了解案件事实，对是否批准逮捕，作出正确的决定。

二是犯罪嫌疑人要求向检察人员当面陈述的。逮捕措施的适用将导致犯罪嫌疑人的人身自由在较长时间内被剥夺，对其影响很大。因此，在审查批准逮捕的程序中应当充分尊重犯罪嫌疑人的主体参与性。而且，从司法实践来看，犯罪嫌疑人主动要求向检察人员当面陈述的，往往是因为犯罪嫌疑人感到自己的主张和意见被侦查人员所忽视，有必要向检察人员当面陈述的；或者是在侦查过程中，侦查人员有刑讯逼供等非法取证的行为，或有其他侵犯其合法权利或有人身侮辱的行为，犯罪嫌疑人希望当面向检察人员提出的。在此情形下，检察人员应当讯问犯罪嫌疑人，给犯罪嫌疑人当面陈述的机会。

三是侦查活动可能有重大违法行为的。人民检察院审查批准逮捕，是人民检察院对侦查活动合法性进行监督的重要途径之一。如果在此过程中，人民检察院经犯罪嫌疑人及其律师提出或者自行发现，侦查活动有可能有重大违法情形的，人民检察院应当讯问犯罪嫌疑人，以便对此情况进行核实，并作出相应的处理。

第二，增加了人民检察院听取辩护律师意见的规定。

与上述第1款规定的精神相一致，这同样是为保护犯罪嫌疑人的辩护权，防止犯罪嫌疑人被错误逮捕，侵害其人身自由，同时也有助于促进人民检察院作出正确批准或者不批准逮捕的决定。与人民检察院讯问犯罪嫌疑人相类似，人民检察院听取辩护律师的意见也分为两种情形：

（1）可以听取辩护律师的意见。在辩护律师没有提出要求的情形下，人民检察院在审查批准逮捕时，可以根据案件的具体情况，在必要时主动听取辩护律师的意见，当然在其认为没有必要时，也可以不听取。

（2）应当听取辩护律师的意见。在辩护律师向人民检察院提出要求时，人民检察院应当听取辩护律师的意见。在此情形下，人民检察院不享有裁量权。只要辩护律师提出要求，人民检察院必须听取辩护律师的意见，如果拒绝听取则是违法的。

第三，增加了人民检察院询问证人等诉讼参与人的规定。

根据2012年《刑事诉讼法》第86条第2款的规定，人民检察院在审查批准逮捕时，还可以询问证人等诉讼参与人。据此，人民检察院审查批准逮捕时，不再单纯采用书面阅卷的方式，还可以结合案件情况，在必要时，对证人、鉴定人、被害人等诉讼参与人进行直接的询问。这种直接、言词的方式，较之于间接的、书面的审理方式，显然更有利于检察人员对相关案件事实的认识，有助于其准确判断对犯罪嫌疑人应否予以逮捕。

3. 2012年《刑事诉讼法》第87条规定，人民检察院审查批准逮捕犯罪嫌疑人由检察长决定。重大案件应当提交检察委员会讨论决定。

4. 2012年《刑事诉讼法》第88条规定，人民检察院对于公安机关提请批准逮捕的案件进行审查后，应当根据情况分别作出批准逮捕或者不批准逮捕的决定。对于批准逮捕的决定，公安机关应当立即执行，并且将执行情况及时通知人民检察院。对于不批准逮捕的，人民检察院应当说明理由，需要补充侦查的，应当同时通知公安机关。

5. 2012年《刑事诉讼法》第89条对申请逮捕的期限及人民检察院批准逮捕的期限都作出了规定，第89条第1款、第2款规定："公安机关对被拘留的人，认为需要逮捕的，应当在拘留后的三日以内，提请人民检察院审查批准。在特殊情况下，提请审查批准的时间可以延长一日至四日。对于流窜作案、多次作案、结伙作案的重大嫌疑分子，提请审查批准的时间可以延长至三十日。"

第89条第3款规定了人民检察院批准逮捕的期限："人民检察院应当自接到公安机关提请批准逮捕书后的七日以内，作出批准逮捕或者不批准逮捕的决定。人民检察院不批准逮捕的，公安机关应当在接到通知后立即释放，并且将执行情况及时通知人民检察院。对于需要继续侦查，并且符合取保候审、监视居住条件的，依法取保候审或者监视居住。"

在上述规定中，特别需要注意的是，对于不符合逮捕条件或者属于2012年《刑事诉讼法》第15条规定的情形之一的，应当作出不批准逮捕的决定，制作《不批准逮捕决定书》，连同案卷材料、证据，退回提请批准逮捕的公安机关。不批准逮捕的，人民检察院应当说明理由。其中对于公安机关提请批准逮捕的未拘留的犯罪嫌疑人，经审查，如果认为犯罪事实不清，证据不确实，需要补充侦查的，应当同时制作《补充侦查通知书》，送达公安机关。

人民检察院不批准逮捕的，公安机关应当在接到通知后立即释放被拘留的犯罪嫌疑人，并且将执行情况及时通知人民检察院。对于需要继续侦查，并且符合取保候审、监视居住条件的，依法取保候审或者监视居住。

6. 2012年《刑事诉讼法》第90条同时还规定了公安机关的复议程序，即公安机关对人民检察院不批准逮捕的决定，认为有错误的时候，可以要求复议，但是必须将被拘留的人立即释放。如果意见不被接受，可以向上一级人民检察院提请复核。上级人民检察院应当立即复核，作出是否变更的决定，通知下级人民检察院和公安机关执行。

具体执行时，公安机关认为人民检察院不批准逮捕的决定有错误的，应当在收到不批准逮捕决定书后5日以内，向同级人民检察院要求复议。人民检察院应当在收到公安机关要求复议意见书后7日内作出复议决定。

公安机关对复议决定不服的，应当在收到人民检察院复议决定书后5日以内向上一级人民检察院提请复核。上一级人民检察院应当在收到公安机关提请复核意见书后15日以内作出复核决定。原不批准逮捕决定错误的，应当及时纠正。

7. 2012年《刑事诉讼法》第98条规定，人民检察院在审查批准逮捕工作中，如果发现公安机关的侦查活动有违法情况，应当通知公安机关予以纠正，公安机关应当将纠正情况通知人民检察院。

公安机关、人民检察院在提请批准逮捕和审查批准逮捕工作中，要加强联系，互相配合，在工作中可以建立联席会议制度，定期互通有关情况。

8. 人民法院在审判刑事案件的过程中，认为需要逮捕被告人的，应当作出逮捕决定，并制作《逮捕决定书》送达公安机关执行。

9. 根据《全国人民代表大会和地方各级人民代表大会代表法》第32条的规定，无论是公安机关提请人民检察院批准逮捕的，还是人民检察院、人民法院决定逮捕的，遇有县级以上的各级人民代表大会代表犯罪需要逮捕的，应当经该代表所属的人民代表大会主席团许可。在该级人民代表大会闭会期间，应当经该级人民代表大会常务委员会许可，方可决定逮捕。

（四）逮捕的执行程序

1. 根据2012年《刑事诉讼法》第91条的规定："公安机关逮捕人的时候，必须出示逮捕证。

逮捕后，应当立即将被逮捕人送看守所羁押。除无法通知的以外，应当在逮捕后二十四小时以内，通知被逮捕人的家属。"

本条有四处作了修改：

第一，增加规定"逮捕后，应当立即将被逮捕人送看守所羁押"；

第二，对于逮捕后通知被逮捕人家属的例外情形，删除"有碍侦查"这一情形；

第三，对于逮捕后通知被逮捕人家属的内容，删除"逮捕原因和羁押的处所"；

第四，对于逮捕后通知的对象，删除了被逮捕人的"所在单位"。

公安机关逮捕人的时候，必须向逮捕人出示逮捕证宣布逮捕，并责令被逮捕人在逮捕证上签字或捺指印，拒绝签字或者捺指印的，应当加以注明。遇有被逮捕人抗拒逮捕的，可以使用戒具，必要时，可以使用武器。

公安机关在异地执行逮捕的时候，应当通知被逮捕人所在地的公安机关，被逮捕人所在地的公安机关应当予以配合。

2. 2012年《刑事诉讼法》第92条规定，人民法院、人民检察院对于各自决定逮捕的人，公安机关对于经人民检察院批准逮捕的人，都应当在逮捕后的24小时以内进行讯问。在发现不应当逮捕的时候，必须立即释放，发给释放证明。

在此之后，如果发现对犯罪嫌疑人、被告人采取逮捕措施不当的，应当及时撤销或者变更。公安机关释放被逮捕的人或者变更强制措施的，应当通知原批准逮捕的人民检察院。

四、逮捕后的羁押与变更

（一）逮捕后的侦查羁押期限

2012年《刑事诉讼法》第154条至第158条对侦查阶段的羁押期限作出了如下规定：

1. 对犯罪嫌疑人逮捕后的侦查羁押期限不得超过2个月。案情复杂、期限届满不能终结的案件，可以经上一级人民检察院批准延长1个月。

2. 因为特殊原因，在较长时间内不宜交付审判的特别重大复杂的案件，由最高人民检察院报请全国人民代表大会常务委员会批准延期审理。

3. 下列案件在本法第154条规定的期限届满不能侦查终结的，经省、自治区、直辖市人民检察院批准或者决定，可以延长2个月：

(1) 交通十分不便的边远地区的重大复杂案件；

(2) 重大的犯罪集团案件；

(3) 流窜作案的重大复杂案件；

(4) 犯罪涉及面广，取证困难的重大复杂案件。

4. 对犯罪嫌疑人可能判处10年有期徒刑以上刑罚，依照本法第156条规定延长期限届满，仍不能侦查终结的，经省、自治区、直辖市人民检察院批准或者决定，可以再延长2个月。

5. 在侦查期间，发现犯罪嫌疑人另有重要罪行的，自发现之日起依照本法第154条的规定重新计算侦查羁押期限。

6. 犯罪嫌疑人不讲真实姓名、住址，身份不明的，侦查羁押期限自查清其身份之日起计算，但是不得停止对其犯罪行为的侦查取证。对于犯罪事实清楚，证据确实、充分的，也可以按其自报的姓名移送人民检察院审查起诉。

(二) 对逮捕羁押必要性审查的程序

2012年《刑事诉讼法》第93条明确在逮捕后人民检察院对羁押必要性审查的程序，即"犯罪嫌疑人、被告人被逮捕后，人民检察院仍应当对羁押的必要性进行审查。对不需要继续羁押的，应当建议予以释放或者变更强制措施。有关机关应当在十日以内将处理情况通知人民检察院"。具体包括以下内容：

第一，审查的主体。根据该条规定，在犯罪嫌疑人、被告人被逮捕后，对羁押必要性进行审查的主体为人民检察院。这是因为，在我国，人民检察院是专门的法律监督机关，对于侦查合法性负有监督职责，因此，在公安机关侦查的案件中，其不仅有权审查批准逮捕，而且对于逮捕后对羁押必要性的审查，也应当由人民检察院进行。

第二，审查的内容。根据该条规定，在犯罪嫌疑人、被告人被逮捕后，人民检察院审查的内容主要集中在羁押的必要性。对于是否有必要羁押，人民检察院应当结合2012年《刑事诉讼法》第79条对逮捕适用条件所作的规定，特别是其中列举的"社会危险性"的五种情形，进行判断。在逮捕之后，对羁押必要性进行审查，有助于根据案件实际情况决定是否继续对犯罪嫌疑人、被告人进行羁押，对于没有必要继续羁押的犯罪嫌疑人、被告人，能够及时变更或解除强制措施，从而有利于缓解我国目前司法实践中审查羁押率过高、羁押期限过长、看守所人满为患以及由此带来的一系列问题。

第三，审查程序的启动。根据该条规定，逮捕后对羁押必要性的审查，由人民检察院主动提起，无须被逮捕的犯罪嫌疑人、被告人及其法定代理人或辩护人提出申请，当然也无须公安机关提出。这有助于强化人民检察院对侦查的监督。

第四，审查后的处理。根据该条规定，人民检察院对羁押必要性审查之后，认为不需要继续羁押的，应当向有关机关建议予以释放或者变更强制措施；而有关机关应当在10日以内将处理情况通知人民检察院。

(三) 逮捕后变更强制措施

1. 根据 2012 年《刑事诉讼法》第 94 条的规定:"人民法院、人民检察院和公安机关如果发现对犯罪嫌疑人、被告人采取强制措施不当的,应当及时撤销或者变更。公安机关释放被逮捕的人或者变更逮捕措施的,应当通知原批准的人民检察院。"

2. 2012 年《刑事诉讼法》第 95 条补充修改后规定:"犯罪嫌疑人、被告人及其法定代理人、近亲属或者辩护人有权申请变更强制措施。人民法院、人民检察院和公安机关收到申请后,应当在三日以内作出决定;不同意变更强制措施的,应当告知申请人,并说明不同意的理由。"

这是保障被采取强制措施人人权的一项有效措施。

3. 根据 2012 年《刑事诉讼法》第 96 条的规定,犯罪嫌疑人、被告人被羁押的案件,不能在本法规定的侦查羁押、审查起诉、一审、二审期限内办结的,对犯罪嫌疑人、被告人应当予以释放;需要继续查证、审理的,对犯罪嫌疑人、被告人可以取保候审或者监视居住。

该条再次强调了对于在法定期限内尚未能办结的案件,无论案件处于哪个诉讼阶段,对犯罪嫌疑人、被告人都应当予以释放。如果确实需要继续查证、审理的,可以变更强制措施,对犯罪嫌疑人、被告人由羁押措施变为取保候审或者监视居住。

4. 根据 2012 年《刑事诉讼法》第 97 条的规定,人民法院、人民检察院或者公安机关对被采取强制措施法定期限届满的犯罪嫌疑人、被告人,应当予以释放、解除取保候审、监视居住或者依法变更强制措施。犯罪嫌疑人、被告人及其法定代理人、近亲属或者辩护人对于人民法院、人民检察院或者公安机关采取强制措施法定期限届满的,有权要求解除强制措施。此条款与上一条款的区别在于,第 96 条强调的是不能在"法定办案期限内办结"的案件,而本条强调的是不能在"强制措施法定期限届满"时办结的案件。因为我国刑事诉讼法对侦查阶段的办案没有限定期限,但对侦查羁押期限、审查起诉、一审、二审办案期限都作出了明确规定,因此,刑事诉讼法对侦查阶段强制措施法定期限届满或审查起诉、一审、二审办案期限届满时,强制措施的变更问题分别作出了规定。

五、逮捕与拘留的区别

逮捕和拘留都是剥夺人身自由的严厉强制措施,二者有共同之处,但是两者存在着不少的差别。

(一) 适用的条件及对象不同

逮捕是对有证据证明有犯罪事实,可能判处徒刑以上刑罚而有逮捕必要的犯罪嫌疑人、被告人采用的;拘留是在紧急情况下对现行犯或者重大犯罪嫌疑分子采用的。

（二）适用的目的不同

逮捕是为了防止犯罪嫌疑人、被告人逃避或妨碍侦查、起诉和审判的进行，防止其发生社会危险性，且为继续侦查而依法采取的暂时剥夺其人身自由的一种强制手段；拘留是在遇有法定的紧急情况时，依法采取的一种临时性应急措施。

（三）批准或决定权的机关不同

逮捕必须经过人民检察院的批准或者人民法院的决定，才能由公安机关执行；拘留是由进行侦查的公安机关和人民检察院自行决定适用。

（四）羁押期限不同

对被拘留人的羁押期间，一般不能超过 3 日，特殊情况可以延长 1 至 4 日，只有对几种特定对象的拘留时限可以延长至 30 日；而逮捕的羁押期限一般可以长达数个月，如果案情复杂经过批准还可以延长羁押期限。

在适用拘留措施时，既不能以拘代捕，也不应把拘留作为逮捕的前置性条件，同时，必须严格遵守法定的拘留期限，不能超过法定的拘留期限不办理逮捕手续。

六、逮捕与拘留适用中存在的问题

（一）关于适用拘留、逮捕的理由

在案件侦破过程中，五种强制措施中的拘留、逮捕使用率都很高，且适用范围越来越广泛，拘留、逮捕既成为侦查机关控制犯罪嫌疑人的主要手段，拘留同时也成为逮捕的前置性程序。"侦查需要"成为启动拘留、逮捕的真正理由。所谓"侦查需要"具体表现为：

第一，可以"一劳永逸"地控制犯罪嫌疑人。采取拘留、逮捕措施是为了彻底控制犯罪嫌疑人，避免出现以后需要抓人而抓不到的情况。

第二，便于随时讯问。由于犯罪嫌疑人受控于己，侦查人员便可以随时讯问，既可以省去审批程序，也没有监督程序。

第三，可以弥补办案期限之不足的现状。将拘留作为逮捕的前置性程序，可以充分利用拘留期限不定期延长羁押期限，为发现、寻找犯罪证据赢得有效的侦查时间。

第四，在我国，采用拘留、逮捕是说明案件性质严重，表明国家司法机关重视的一种标志。具有重大犯罪嫌疑通常就是适用拘留、逮捕的理由之一。如果案件性质严重，侦查机关需要表明其态度，就需要通过拘留、逮捕这种强制措施表现出来。因此，即使犯罪嫌疑人是主动投案，并没有逃避刑事诉讼之意，只因案情影响面较大，受到某些领导的关注，或者案件性质较为严重，而理所当然地成为拘留、逮捕的对象。

可见，实施拘留、逮捕的理由已超出了立法本意，与联合国有关公约的基本要求差距较大。

我们认为,关键在于摒弃有罪推定陈腐观念,强化无罪推定的诉讼理念,加强人权保障意识。同时,提倡科学侦查、证据为本、程序优先的现代侦查模式,使依法办案变成执法人员的一种自觉行动。

(二)关于办案期限与羁押期限

从我国刑事诉讼法的有关规定来看,办案期限与羁押期限几乎完全合二为一。上述有关羁押期限延长、累计计算的情况主要适用在侦查阶段,当案件进入审查起诉、一审、二审和死刑复核程序后,犯罪嫌疑人、被告人将随着案件的继续而一直处于被羁押状态,直至审判结束。而刑事诉讼法中有关拘留、逮捕的羁押期限中因为有各种弹性羁押期限的规定,从而使羁押期限可以延长几个月甚至几年。

七、公安机关适用强制措施时应注意的问题

由于强制措施的特殊性,在适用过程中必然遇到特殊对象、特殊案件如何适用强制措施、异地办案如何采取强制措施等问题,刑事诉讼法及其他相关规定对此作出了特别规定。

(一)对人大代表、政协委员、外国人、港澳台居民采取强制措施的特别规定

由于上述人员的身份具有一定的特殊性,因此,有关法律规定了对其采取强制措施的许可、批准、报告、通报等特别程序。

1. 人大代表。

(1)公安机关依法对县级以上人民代表大会代表拘传、取保候审、监视居住、拘留或者提请逮捕的,应当书面报请该代表所属的人民代表大会主席团或者常务委员会许可。

对同时担任两级以上人民代表大会代表的,须经其所属的各级人民代表大会主席团或者常务委员会许可。

经许可后对人民代表大会代表执行拘留的,逮捕时不需要再次报经许可。

(2)公安机关对现行犯或者重大嫌疑分子先行拘留的时候,发现其是县级以上人民代表大会代表的,应当立即向其所属的人民代表大会主席团或者常务委员会报告。

(3)公安机关在依法执行拘传、取保候审、监视居住、拘留或者逮捕时,发现被执行人是县级以上人民代表大会代表的,应当暂缓执行,并报告原决定或者批准机关。如果在执行后发现被执行人是县级以上人民代表大会代表的,应当立即解除,并报告原决定或者批准机关。

(4)公安机关依法对乡、民族乡、镇的人民代表大会代表采取拘传、取保候审、监视居住、拘留或者执行逮捕的,应当在执行后立即报告其所属的人民代

表大会。

2. 政协委员。

（1）公安机关依法对政治协商委员会委员采取拘传、取保候审、监视居住的，应当将有关情况通报给该委员所属的政协组织。

（2）公安机关依法对政治协商委员会委员执行拘留、逮捕前，应当向该委员所属的政协组织通报情况；情况紧急的，可在执行的同时或者执行以后及时通报。

3. 外国人。

（1）法律适用。对外国人采取强制措施的，应当依照我国法律进行。犯罪嫌疑人为享有外交特权和豁免权的外国人的，应当层报公安部，由公安部移交外交部通过外交途径解决。

（2）批准、报告和通报。

①需要对外国人采取拘留、监视居住、取保候审的，应当由地（市）级以上公安机关负责人批准，并将有关案情、处理情况等于采取强制措施的48小时内报告省级公安机关，同时通报同级人民政府外事部门；需要对涉及国家安全的案件或者涉及国与国之间外交关系的案件以及其他重大、复杂案件中的外国人采取拘留、监视居住、取保候审的，应当由省级公安机关负责人批准，并将有关案情、处理情况等于采取强制措施的48小时内报告公安部，同时通报同级人民政府外事部门。

②地（市）级公安机关对外国人依法作出取保候审、监视居住决定或者执行拘留、逮捕后，应当在48小时内，将外国人的姓名、性别、入境时间，护照或者证件号码，案件发生的时间、地点及有关情况，涉嫌犯罪的主要事实，已采取的强制措施及其法律依据等报告省级公安机关。有关省、自治区、直辖市公安机关应当在规定的期限内通知该外国人所属国家的驻华使、领馆，同时报告公安部。

外国人在公安机关侦查或者执行刑罚期间死亡的，有关省、自治区、直辖市公安机关应当通知该外国人所属国家的驻华使、领馆，同时报告公安部。

（3）扣留护照。对外国籍犯罪嫌疑人采取强制措施的同时，确需扣留护照的，经省级公安机关批准，可以依法扣留其护照，发给本人扣留护照的证明，并将有关情况及时报告公安部，通报同级人民政府外事部门。扣留护照后，要按照规定通报有关国家驻华使、领馆。

（4）探视、通信。

①公安机关侦查终结前，外国驻华外交、领事官员要求探视被监视居住、拘留、逮捕的本国公民的，立案侦查的公安机关应当及时安排有关探视事宜。犯罪嫌疑人拒绝其所属国家驻华外交、领事官员探视的，公安机关可以不予安排，但应当由其本人提出书面声明。

②在公安机关侦查羁押期间，经公安机关批准，外国籍犯罪嫌疑人可以与其

近亲属、监护人会见,与外界通信。

(5)聘请律师。外国籍犯罪嫌疑人聘请律师为其提供法律咨询、代理申诉、控告的,必须聘请在中华人民共和国的律师事务所执业的律师。

4. 港澳台居民。

(1)通报。对香港、澳门、台湾居民采取扣留、逮捕、监视居住、取保候审强制措施,应当依照《内地公安机关与香港警方关于建立相互通报机制的安排》、《内地公安机关与澳门特区政府保安司关于建立相互通报机制的安排》、《海峡两岸共同打击犯罪及司法互助协议》等文件的规定办理通报事宜。

内地公安机关向香港、澳门、台湾有关单位通报对其居民采取刑事强制措施的情况,包括以下内容:被采取强制措施人的姓名、性别、出生日期、当地居民身份证件号码、在内地的住址、涉嫌罪名和简要案情、强制措施的种类、执行强制措施的时间和地点、执行强制措施的机关、办案人员的姓名及电话、被采取强制措施人在当地的亲属资料等。

(2)报告。省、自治区、直辖市公安厅、局应当在香港、澳门、台湾居民在内地被采取强制措施之后48小时内将情况报公安部。

(二)强制措施中的办案协作

办案协作,是指公安机关之间在办理刑事案件中的相互协助与配合。特别是异地公安机关提出协助调查、执行强制措施等协作请求时,协作地公安机关应当注意:一是只要符合协作条件,就应当无条件配合,不得以任何理由推诿、拒绝;二是应当及时执行协作要求,对不履行协作请求造成严重后果的,应当追究相关责任人的责任。

1. 协作条件。对异地公安机关提出协助调查、执行强制措施等协作请求,法律手续完备的,协作地公安机关应当及时无条件予以配合,不得收取任何形式的费用。

2. 强制措施的协作。

(1)异地执行传唤、拘传,执行人员应当持《传唤通知书》、《拘传证》、《办案协作函》和工作证件,与协作地县级以上公安机关联系。协作地公安机关应当协助将犯罪嫌疑人传唤、拘传到本市、县公安机关办案场所进行讯问。

(2)异地执行拘留、逮捕的,执行人员应当持《拘留证》、《逮捕证》、《办案协作函》和工作证件,与协作地县级以上公安机关联系,协作地公安机关应当派员协助执行。

(3)委托异地公安机关代为执行拘留、逮捕的,应当将《拘留证》、《逮捕证》、《办案协作函》送达协作地公安机关。协作地公安机关抓获犯罪嫌疑人后,应当立即讯问并通知委托地公安机关。委托地公安机关应当立即携带法律文书及时提解,提解的侦查人员不得少于2人。

3. 法律责任。

（1）对不履行办案协作职责造成严重后果的，对直接负责的主管人员和其他直接责任人员，应当给予行政处分；构成犯罪的，依法追究刑事责任。

（2）协作地公安机关依照请求协作的公安机关的要求，履行办案协作职责所产生的法律责任，由请求协作的公安机关承担。

（三）公安机关办理利用经济合同诈骗案件适用强制措施的特殊规定

目前，公安机关办理经济案件时，经常遇到民事违法行为与经济犯罪行为难以辨别，甚至交织在一起的情况。实践中不采取强制措施往往难以查明案件性质，甚至无法立为刑事案件。对于这类案件，公安机关在适用强制措施时要十分谨慎。公安机关办理利用经济合同诈骗案件，在尚未立案前，一般不得采取拘留、逮捕等强制措施。

（四）公安机关办理未成年人刑事案件适用强制措施的特殊规定

2012年《刑事诉讼法》将未成年人刑事案件诉讼程序列为特别程序，单独规定为一章。其中，有关公安机关办理未成年人刑事案件适用强制措施的规定主要有以下几点：

第一，2012年《刑事诉讼法》第266条第2款规定："人民法院、人民检察院和公安机关办理未成年人刑事案件，应当保障未成年人行使其诉讼权利，保障未成年人得到法律帮助，并由熟悉未成年人身心特点的审判人员、检察人员、侦查人员承办。"

第二，2012年《刑事诉讼法》第267条明确了对未成年犯罪嫌疑人、被告人没有委托辩护人的，人民法院、人民检察院、公安机关应当通知法律援助机构指派律师为其提供辩护。

第三，2012年《刑事诉讼法》第269条、第270条对对未成年犯罪嫌疑人采取强制措施规定了特殊程序。其中第269条第1款对未成年人的逮捕作出了严格的限制性规定："对未成年犯罪嫌疑人、被告人应当严格限制适用逮捕措施。人民检察院审查批准逮捕和人民法院决定逮捕，应当讯问未成年犯罪嫌疑人、被告人，听取辩护律师的意见。"第2款还对未成年人的羁押管理也提出了特殊要求，即"对被拘留、逮捕和执行刑罚的未成年人与成年人应当分别关押、分别管理、分别教育"。

第四，2012年《刑事诉讼法》第270条又对未成年人的讯问作出了详细规定："对于未成年人刑事案件，在讯问和审判的时候，应当通知未成年犯罪嫌疑人、被告人的法定代理人到场。无法通知、法定代理人不能到场或者法定代理人是共犯的，也可以通知未成年犯罪嫌疑人、被告人的其他成年亲属，所在学校、单位、居住地基层组织或者未成年人保护组织的代表到场，并将有关情况记录在案。到场的法定代理人可以代为行使未成年犯罪嫌疑人、被告人的诉讼权利。

到场的法定代理人或者其他人员认为办案人员在讯问、审判中侵犯未成年人合法权益的，可以提出意见。讯问笔录、法庭笔录应当交给到场的法定代理人或者其他人员阅读或者向他宣读。

讯问女性未成年犯罪嫌疑人,应当有女工作人员在场。

审判未成年人刑事案件,未成年被告人最后陈述后,其法定代理人可以进行补充陈述。

询问未成年被害人、证人,适用第一款、第二款、第三款的规定。"

应当讲,上述规定既体现了我国政府对未成年人的保护与关怀,又彰显了刑事诉讼法对犯罪的未成年人实行教育、感化、挽救的方针,坚持教育为主、惩罚为辅的原则。

八、关于群众扭送

(一)扭送的概念

2012年《刑事诉讼法》第82条规定的扭送,是指公民将当场抓获的现行犯罪分子强制送交公安、司法机关处理的行为。

扭送是法律赋予公民在紧急情况下同犯罪作斗争的一项权利,也是公民应尽的义务,是公安司法机关依靠群众查获犯罪分子、及时制止和打击现行犯罪活动的重要手段,是专门机关和群众路线相结合方针的具体体现。

公民扭送带有一定的强制性,但它并不是刑事诉讼中的强制措施,不具有诉讼性质。这是因为只有公安机关、人民检察院、人民法院才有权采用强制措施,公民不是适用强制措施的主体。同时,对于被扭送的人如何处理,应当由受理机关审查后根据案件具体情况作出决定。

(二)扭送的对象

根据2012年《刑事诉讼法》第82条的规定,对于有下列情形之一的人,任何公民都可以立即扭送公安机关、人民检察院或者人民法院:

1. 正在实行犯罪或者在犯罪后即时被发觉的;
2. 通缉在案的;
3. 越狱逃跑的;
4. 正在被追捕的。

公、检、法三机关接到人民群众的扭送后,无论是否属于自己管辖的,都应当接受,并立即讯问。需要采取强制措施的,应立即采取,然后移送有管辖权的机关。如果发现不够逮捕条件的,应立即释放。但要向群众讲明情况,做好思想工作,不能挫伤群众的积极性。

公民扭送犯罪分子的过程中,如果遇到犯罪分子反抗、行凶时,必要时可以进行正当防卫。同时也要注意对被扭送人按照政策法律办事,不能采取捆绑吊打,非法刑讯。如果有违法将人打伤打死的,应当追究有关人员的法律责任。

(三)公民扭送应注意的问题

公民扭送应注意以下问题:

1. 除刑事诉讼法规定的上述四种人以外,不得随意扩大扭送范围;
2. 扭送的强制程度应适当,不能采用非法手段伤害被扭送人的身体或者侮辱其人格,但对危险性较大,有逃跑、行凶可能的,也可以使用必要的防范措施,以足够防止其发生危险行为为宜;
3. 对被扭送人不得随意进行搜查,如果发现其藏有凶器,可以强制收缴,以免发生意外。

第九章 附带民事诉讼制度与期间、送达

第一节 附带民事诉讼

一、附带民事诉讼的概念、特点及意义

(一) 附带民事诉讼的概念与特点

附带民事诉讼,是指刑事诉讼中的专门机关,在解决被告人刑事责任的同时,附带解决由于被告人的犯罪行为给被害人造成物质损失的一项诉讼制度。附带民事诉讼作为解决由于被告人的犯罪行为所造成的物质损失的赔偿问题的一项诉讼制度,其内容包括:附带民事诉讼当事人、赔偿范围、提起和审理程序等问题。附带民事诉讼特点如下:

1. 附带民事诉讼是一种特殊的民事诉讼。第一,从性质上看,附带民事诉讼要解决的,是由被刑事追诉的行为引起的侵犯民事权利的赔偿问题,这种损害赔偿不同于民事诉讼中的损害赔偿,这使得虽然其性质仍是民事的,但由于这种赔偿是由被告人的犯罪行为引起的,是在刑事诉讼过程中提起的,所以又是刑事诉讼的一部分。第二,从赔偿范围上看,非因被告人受到刑事追诉的行为引起的民事损害赔偿,则不可以在刑事诉讼中解决,而只能通过民事诉讼解决。附带民事诉讼的范围仅限于刑事追诉的行为造成的物质损失。而民事诉讼的范围既可以是物质损失,也可以是精神损失。第三,从原因上看,附带民事诉讼是因被刑事追诉的行为引起的,以刑事案件的成立为前提。其四,从被告人主体身份上看,附带民事诉讼除可以将侵权行为人本人作为被告,还可以在特殊情形下将被告人以外的人作为被告,如被告人为未成年人或精神病人时其监护人、已被执行死刑或者共同犯罪案件审结前被告人已死亡时其遗产继承人、职务行为犯罪时被告人的单位等。民事侵权赔偿诉讼以行为人为被告人是一般原则,但基于财产代管权、身份和继承权的其他公民在代位诉讼中也可成为当事人。

2. 附带民事诉讼法律依据的复合性。在实体法上,对损害事实的认定,不

第九章 附带民事诉讼制度与期间、送达

仅要遵循刑法关于具体案件犯罪构成的规定,而且要受民事法律规范调整;在程序法上,除刑事诉讼法特殊规定的以外,应当适用民事诉讼法的规定,即人民法院审判附带民事诉讼案件,除适用刑法、刑事诉讼法外,还应当适用民法通则、民事诉讼法有关规定。

3. 附带民事诉讼审理程序兼具寄生性与独立性。附带民事诉讼以刑事案件的成立为前提,必须在刑事诉讼中提起,由审判刑事案件的同一审判组织进行审理,因此在程序上属于刑事诉讼。附带民事诉讼的判决不得与刑事部分的判决相抵触,附带民事诉讼的起诉时效、上诉期限、管辖法院等都取决于相应的刑事案件。因此,附带民事诉讼在处理程序上是依附于刑事诉讼的,它必须以刑事诉讼程序为依托。

附带民事诉讼与刑事诉讼并不是绝对不可分的。尽管附带民事诉讼以刑事诉讼成立为前提,但由于附带民事诉讼在立案后即可以提起,并可以由公安机关和人民检察院调解,因此,它与刑事诉讼定罪量刑的最终结论只能由人民法院作出是有所区别的。附带民事诉讼解决赔偿问题并不以被告人被定罪处刑为条件,即使被告人被免予处罚或宣告无罪的,只要其违法行为给附带民事原告人造成损害的,就需要赔偿。可见,附带民事诉讼成立后,即具有相对独立性,不完全依附于刑事诉讼。人民法院认定公诉案件被告人的行为不构成犯罪的,对已经提起的附带民事诉讼,经调解不能达成协议的,应当一并作出刑事附带民事判决。

(二) 附带民事诉讼的意义

1. 有利于维护被害人的经济利益,附带民事诉讼制度设立的最主要目的是可以在追究被告人刑事责任的同时,使被害人通过附带民事诉讼程序,所受到的物质损害得到赔偿,实现诉讼经济。

2. 有利于打击和制裁犯罪活动。附带民事诉讼制度有效地解决了"(惩)罚了不赔(偿),赔(偿)了不(惩)罚"的矛盾,即对给被害人造成物质损害的被告人,不只是判刑就了事,还要他承担民事赔偿责任。这对于教育和改造罪犯具有重要的意义。

3. 有利于司法机关全面、正确地处理案件。通过对民事权利的损害情况的全面查明而促进正确定罪量刑。附带民事诉讼制度的设立,要求司法机关在刑事诉讼过程中,既要查明本案中的犯罪事实,还要查明被告人的犯罪行为给被害人所造成的物质损失以及他对承担赔偿责任的态度,这对于正确认定案件事实,判断被告人是否有悔罪表现,正确定罪量刑,具有重要参考价值。犯罪行为造成的损害是定罪量刑的重要情节,附带民事诉讼制度在对犯罪进行惩罚的同时,尽可能地减轻犯罪造成的损害,有助于法院全面查明被追诉行为造成损失的具体情况,既避免放纵犯罪,也可以及时掌握被告人的悔罪表现,提高定罪量刑的准确性。

由于附带民事诉讼是由审理刑事案件的同一审判组织进行审理的,刑事部分和民事部分的裁判是以对案件事实的同一认定作出的,可以避免分别进行审判可

能对同一违法行为或同一案件事实得出不同法律评价的情形，保持司法活动的统一。

4. 有利于提高诉讼效率和效益。避免司法机关对同一事实的重复审理以节约公共司法资源，对于被害人则既可以减轻诉累，也更容易得到救济。附带民事诉讼是在刑事诉讼过程中一并解决的，这就极大地避免了司法机关的重复劳动，节省了司法资源；对于当事人来说，附带民事诉讼也可减少他们重复出庭、重复举证等活动，减轻他们的诉累，也可以避免程序上的繁复，使自己的合法权益迅速得到保护。

二、附带民事诉讼的当事人

（一）附带民事诉讼的原告人

附带民事诉讼的原告人，是指在刑事诉讼中以自己的名义向专门机关提起附带民事诉讼的人。附带民事诉讼原告人须同时具备以下三项条件：具有民事诉讼权利能力，即具有当事人资格；由于被告人的犯罪行为而遭受了物质损失；有权请求赔偿，即对于犯罪行为造成的损失具有实体权利。符合以上条件的附带民事诉讼原告人具体如下：

1. 受犯罪行为侵害而遭受物质损失的刑事被害人。任何自然人（包括中国公民、符合法律规定的外国人和无国籍人）由于被告人的犯罪行为而遭受物质损失的，有权在刑事诉讼过程中提起附带民事诉讼，这是附带民事诉讼中最常见的原告人。被害人是未成年人或精神病患者而无诉讼行为能力的，仍然具有当事人身份，但附带民事诉讼的提起由其法定代理人或监护人代为进行。

从犯罪行为侵害的对象来看，既包括自然人，也包括单位，二者都可能是受到犯罪侵害的权利主体。当单位的财物被犯罪分子破坏而遭受物质损失的，单位也同自然人一样，也有权提起附带民事诉讼，成为附带民事诉讼的原告人。

2. 已死亡被害人的法定代理人、近亲属。被害人已死亡的，其民事权利能力终止，但其民事权利仍应依法得到保护，因犯罪所遭受的物质损失，已转化为其继承人的损失。这部分财产属于合法收益，在继承法规定的遗产范围内，继承人依法享有继承被害人财产的权利，因此，被害人的法定代理人、近亲属是作为继承人来行使被害人的权利，从而有权提起附带民事诉讼。

3. 无行为能力或者限制行为能力被害人的法定代理人、近亲属。由于被害人无行为能力或者行为能力受限制，而由其法定代理人、近亲属提起附带民事诉讼，有利于维护被害人的合法权益。

4. 特定情况下的人民检察院。如果被害人是国家、集体，但没有提起附带民事诉讼的，人民检察院在提起公诉时，可以一并提起附带民事诉讼。这种情形下，鉴于检察机关既是公诉机关又是民事原告人的特殊身份，虽然享有民事原告的诉讼权利，但无权同被告人就经济赔偿进行调解或自行和解。如果被害单位已提起附带民事诉讼的，人民检察院即不能提起。

不能把人民检察院简单地理解为附带民事诉讼的原告人。人民检察院是国家的法律监督机关，担负着维护国家法制统一的任务，并且还具有保护国家、集体财产和经济利益的职责，因此，在国家、集体财产遭受犯罪行为侵犯而造成物质损失时，人民检察院在依法追究被告人刑事责任的同时，有责任为挽回经济损失而提起附带民事诉讼。

此外，根据保险合同条例的规定，如果被害人（公民和法人）同保险公司签订了财产保险合同，保险公司在向遭受犯罪行为侵害的被害人赔偿之后，有权代位提起附带民事诉讼。曾经对被害人实施过救助行为的其他公民。被害人死亡的情况下，如果没有继承人主张继承权，而其他公民承担了医疗费、丧葬费等项支出的，可以作为附带民事诉讼的原告人。但其请求范围仅限于救助和清除犯罪结果的支出，不涉及其他债务。有权提起附带民事诉讼的原告人放弃诉讼权利的，应当准许，并记录在案。

（二）附带民事诉讼的被告人

附带民事诉讼的被告人，是指在刑事诉讼中因犯罪行为对被害人造成物质损失，被起诉承担民事赔偿责任的人。成为附带民事诉讼的被告人需要同时具备以下条件：刑事被告人的犯罪行为给被害人造成了物质损失；对刑事被告人的犯罪行为负有民事赔偿责任；在刑事诉讼中，被民事原告人或者人民检察院提起了要求损害赔偿的附带民事诉讼；具有民事诉讼权利能力。符合上述条件的附带民事诉讼被告人具体如下：

1. 刑事被告人（公民、法人和其他组织）及没有被追究刑事责任的其他共同致害人。未被追究刑事责任的其他共同侵权人，在共同侵权的情况下，共同侵权人负有连带赔偿责任。只要其中一个共同侵权人被提起附带民事诉讼，无论其他共同侵权人是否构成犯罪，有没有被追究刑事责任，都将成为附带民事诉讼的共同被告人。

2. 未成年刑事被告人的监护人。在刑事被告人是未成年人或其他无民事行为能力人的情况下，对其行为负有民事赔偿责任的监护人，可以成为附带民事诉讼的被告人。

3. 已被执行死刑的罪犯的遗产继承人和共同犯罪案件在案件审结前已死亡的被告人的遗产继承人。因为，在这两种情况下，对被害人的经济赔偿应当看作已经死亡的刑事被告人生前所负的债务，属于遗产的清偿范围。

4. 其他对刑事被告人的犯罪行为依法应当承担民事赔偿责任的单位和个人。这里的单位应作广义的理解，既可以是法人组织，也可以是非法人单位。

三、附带民事诉讼的程序

（一）提起附带民事诉讼的条件

1. 附带民事诉讼以刑事诉讼的成立，而非被告人犯罪的成立为前提条件。

案件在移送人民法院之前办理终结的,由于失去了刑事诉讼的基础,被害人应该另行向人民法院提起民事赔偿诉讼。如果已经移送人民法院的,即使被告人最终被法院判决无罪,附带民事诉讼仍需继续审理和裁判。

2. 提起附带民事诉讼的原告人、法定代理人符合法定条件。

3. 有明确的被告人。

4. 有请求赔偿的具体要求和事实根据。具体要求主要指要求赔偿的范围以及相关证据材料。因为附带民事诉讼的原告人承担民事赔偿请求的举证责任。附带民事诉讼的请求只能是物质损失,不包括因犯罪行为而造成的精神损害,也不能在刑事诉讼结束后,另行提起精神损害赔偿民事诉讼。[①]

5. 被害人的物质损失是由被告人的犯罪行为造成的。这要求请求赔偿的物质损失与被告人的犯罪行为之间必须存在因果关系。被害人因犯罪行为遭受的物质损失,是指被害人因犯罪行为已经遭受的实际损失和必然遭受的损失,不包括被告人非法占有、处置被害人财产而造成的物质损失。犯罪分子违法所得的一切财物,应当予以追缴或者责令退赔;对被害人的合法财产,应当及时返还。犯罪分子非法占有、处置被害人财产而使其遭受物质损失的,人民法院应当依法予以追缴或者责令退赔。被追缴、退赔的情况,人民法院可以作为量刑情节予以考虑。经过追缴或者退赔仍不能弥补损失,被害人向人民法院民事审判庭另行提起民事诉讼的,人民法院可以受理。可见,实践中被害人被非法占有、处置的财产,由司法机关依职权进行追缴或者责令被告人退赔,而不是通过附带民事诉讼处理,不足部分,则通过另行提起的民事诉讼处理。[②]

6. 属于人民法院受理附带民事诉讼的范围。附带民事诉讼必须同时符合其前提成立的刑事案件的地区管辖和级别管辖法院的有关规定。

(二) 提起附带民事诉讼的期间

提起附带民事诉讼的期间,是指提起附带民事诉讼的起始时间和终结时间。根据有关司法解释,附带民事诉讼应在刑事案件立案以后第一审判决宣告以前提起。有权提起附带民事诉讼的人在第一审判决宣告以前没有提起的,不得再提起附带民事诉讼。其原因是,如果附带民事诉讼与刑事诉讼不在同一审级中解决,将导致这两种性质的诉讼在审理中的分离,达不到设立附带民事诉讼制度的目的,不利于实现案件的及时、全面审理和提高诉讼效率。但是,如果有权提起附带民事诉讼的人在判决生效以后另行提起民事诉讼,则不受刑事诉讼法有关提起附带民事诉讼期间规定的限制,可以按照民法通则和民事诉讼法的规定执行。

---

① 参见最高人民法院《附带民事诉讼范围规定》第1条,以及《关于审理附带民事诉讼案件有关问题的批复》。

② 参见最高人民法院《附带民事诉讼范围规定》第2条、第5条。例如,犯罪嫌疑人、被告人作案时破坏的财物,被害人的救治费用等直接损失,被害人因伤残减少的劳动收入,后续医疗费用等将来必然遭受的损失。犯罪行为之前的民事纠纷不能在刑事诉讼过程中解决,即使是作为引发犯罪行为原因的民事纠纷也不属于赔偿范围。

第九章 附带民事诉讼制度与期间、送达

具体而言，对于自诉案件，被害人可以在提起刑事自诉时起到第一审判决宣告前的期间内向人民法院提起附带民事诉讼；对于公诉案件，附带民事诉讼原告人可以在侦查机关立案后向侦查机关提起，或是在侦查机关移送案件后向起诉机关提起；如果单位作为被害人而未提起附带民事诉讼的，可以由人民检察院在提起公诉的同时提起。对于被害人在侦查、起诉阶段提起附带民事诉讼的，人民检察院应当记录在案，并将原告人的诉讼请求和相关证据材料等在提起公诉时一并移送，由人民法院按附带民事诉讼案件受理。在侦查和审查起诉阶段可以对民事赔偿进行调解，但调解协议并没有法律约束力，即使已经履行完毕，被害人仍然可以向人民法院提起附带民事诉讼。

（三）提起附带民事诉讼的方式

根据有关司法解释，提起附带民事诉讼一般应当提交附带民事诉状，写清有关当事人的情况、案件详细经过及具体的诉讼请求，并提出相应的证据。书写诉状确实有困难的，也可以口头提起。审判人员应当对原告人的口头诉讼请求详细询问，并制作笔录，然后向原告人宣读，原告人确认准确无误后，应当签名或者盖章。无论以书面方式还是口头方式，都应当说明附带民事诉讼原告人、被告人的姓名、年龄、职业、住址等个人基本情况，控告的犯罪事实，由于犯罪行为而造成的物质损失及相关证据材料，具体赔偿请求等。人民检察院在提起公诉时一并提起附带民事诉讼的，只能以书面方式，即制作附带民事诉状，应当写明被告人的基本情况，被告人的犯罪行为给国家、集体财产造成损失的情况，代表国家、集体要求被告人赔偿损失的诉讼请求和适用的法律根据。

（四）附带民事诉讼审理与刑事诉讼审理的关系

附带民事诉讼应当同刑事案件一并审判，只有为了防止刑事案件审判的过分迟延，才可以在刑事案件审判后，由同一审判组织继续审理附带民事诉讼。情形一，经调解无法达成协议或者调解书签字前当事人一方反悔的，附带民事诉讼应当同刑事诉讼一并开庭审理。开庭审理时，一般应当分阶段进行，先审理刑事部分，然后审理附带民事部分。情形二，对于被害人遭受的物质损失或者被告人的赔偿能力一时难以确定，以及附带民事诉讼当事人因故不能到庭的案件，为了防止刑事案件审判的过分迟延，附带民事诉讼可以在刑事案件审判后，由同一审判组织继续审理。如果同一审判组织的个别成员确实无法继续参加审判的，可以更换，但不应另行组成合议庭审理。情形三，人民法院经审理认定公诉案件被告人的行为不构成犯罪的，对已经提起的附带民事诉讼仍可以由同一审判组织作出刑事附带民事判决。

（五）附带民事诉讼的受理及文书送达

人民法院受理刑事案件后，应当告知遭受物质损失的被害人（包括公民、法人和其他组织）或者其他依法有权提起附带民事诉讼的人有赔偿请求权。人民法院收到附带民事诉讼诉状后，应当进行审查，并在7日以内决定是否立案。符合

刑事诉讼法关于附带民事诉讼起诉条件的,应当受理;不符合规定的,应当裁定驳回起诉。

人民法院受理附带民事诉讼案件后,应当在5日内向附带民事诉讼的被告人送达附带民事诉讼起诉状副本,或者将口头起诉的内容及时通知附带民事诉讼的被告人,并制作笔录。被告人是未成年人的,应当将附带民事起诉状副本送达其法定代理人,或者将口头起诉的内容通知其法定代理人。人民法院在送达附带民事起诉状副本时,应根据刑事案件审理的期限,确定被告人或者其法定代理人提交民事答辩状的时间。

(六) 附带民事诉讼的审理

人民法院审判附带民事诉讼案件,除适用刑法、刑事诉讼法外,还应当适用民法通则、民事诉讼法的有关规定。根据2012年《刑事诉讼法》的有关规定,人民法院在必要的时候,可以采取保全措施,查封、扣押或者冻结被告人的财产。附带民事诉讼原告人或者人民检察院可以申请人民法院采取保全措施。人民法院采取保全措施,适用民事诉讼法的有关规定。

1. 开庭通知。人民法院开庭审判案件前,要向附带民事诉讼的原告人和未被羁押的被告人及未受刑事追诉的被告送达传票。原告人无正当理由拒不到庭或者未经法庭许可中途退庭的,按撤诉处理;被告人无正当理由不到庭的,可以拘传。

2. 开庭审理。第一,附带民事诉讼原则上同刑事诉讼一并开庭审理,先审理刑事部分,然后审理附带民事部分,附带民事部分的审理程序参照民事诉讼法关于开庭审理的有关规定进行。第二,附带民事诉讼案件的当事人对自己提出的主张,有责任提供证据。第三,人民法院认定公诉案件被告人的行为不构成犯罪的,应对已经提起的附带民事诉讼一并作出附带民事判决。其四,人民法院审理附带民事诉讼案件,在必要时,可以决定查封或者扣押被告人财产。①

3. 调解。人民法院审理附带民事诉讼案件,可以进行调解,或者根据物质损失情况作出判决、裁定。人民法院审理由自然人或者企业、事业单位或其他组织提起的附带民事诉讼案件,可以在自愿、合法的基础上进行调解。经调解达成协议的,审判人员应当及时制作调解书。调解书经双方当事人签收后发生法律效力。调解达成协议并当庭执行完毕的,可以不制作调解书,但应当记入笔录,经双方当事人、审判人员、书记员签名或者盖章即发生法律效力。对于第二审程序审理附带民事诉讼部分提出上诉的案件,原告一方要求增加赔偿数额的,第二审人民法院可以依法进行调解。调解未达成协议或者调解书送达前一方反悔的,第

---

① 为了保证被害人的物质损失能够得到有效的赔偿,确保附带民事诉讼的顺利进行,在刑事诉讼过程中,公安、司法机关应当依法追缴涉案的赃款赃物,人民法院在必要的时候,还可以对被告人的财产进行查封或者扣押。但在查封或者扣押过程中,应当注意不要涉及被告人享有所有权以外的他人财产。附带民事诉讼的提起、受理和审理都应当考虑被告人的实际赔偿能力,以利于诉讼的进行,最终达到解决附带民事诉讼的目的。

二审人民法院应当依照《刑事诉讼法》和《民事诉讼法》的有关规定作出判决或者裁定。需要注意的是，人民检察院提起的附带民事诉讼不得调解。

（七）其他

人民法院审理刑事附带民事诉讼案件，不收取诉讼费。人民法院判决附带民事诉讼被告人承担赔偿责任的，如果其亲属自愿代为承担，应当许可。查明被告人确实没有财产可供执行的，应当裁定中止或终结执行。

犯罪分子非法占有、处置被害人财产而使其遭受物质损失的，人民法院应当依法予以追缴或者责令退赔。被追缴、退赔的情况，人民法院可以作为量刑情节予以考虑。经过追缴或者退赔仍不能弥补损失，被害人向人民法院民事审判庭另行提起民事诉讼的，人民法院可以受理。

第二节 期 间

一、期间的概念和意义

（一）期间的概念

我国刑事诉讼中的期间，是指公安机关、人民检察院和人民法院，以及当事人和其他诉讼参与人进行各种诉讼活动所必须遵守的时间期限。刑事诉讼期间一般由法律明确规定，称作法定期间。法定期间的开始是基于某种诉讼行为的实施或法律事实的发生；个别情况下，可以由公安司法机关指定完成某一特定诉讼行为的期限，称作指定期间。其中，法定期间主要包括：强制措施期间、侦查羁押期间、审查起诉期间、不起诉决定的申诉期间、第一审程序的期间、上诉和抗诉期间、第二审程序的期间、再审程序期间、执行期间。

在刑事诉讼中，除了期间之外，还有期日。所谓"期日"，是指公安机关、人民检察院、人民法院以及当事人及其他诉讼参与人共同实施刑事诉讼活动的特定日期。我国刑事诉讼法对期日没有明确的规定，但对于迅速、顺利地进行刑事诉讼活动，具有重要意义。实践中，由公、检、法三机关根据案件的具体情况和法律关于期间的一般规定进行指定，如通知被告人到指定地点接受讯问之日、通知证人到何处作证之日、开庭审判之日等。

期间和期日关系密切，都是刑事诉讼中规范时间的重要概念，但两者之间有很大区别：第一，期间是指一段时间，它具有继续性，有起止点。期日是指某个时间点，只规定开始的时间，不规定终止的时间。第二，期日是司法机关和诉讼参与人共同进行某项刑事诉讼活动的日期，司法机关和诉讼参与人应共同遵守。期间是司法机关或诉讼参与人各自单独进行某项诉讼活动的时间，因此，又可以分为诉讼参与人必须遵守的期间和司法机关必须遵守的期间。第三，期间一般都是由法律作出明确规定的，不得任意变更。而期日则多数是司法机关指定的，如开庭审判之日，是由法院指定的，遇有特殊情况可以变更。

（二）期间的意义

期间的诉讼意义表现如下：第一，有利于及时、迅速地查明案件事实。刑事诉讼法为各项诉讼活动提出时间期限上的要求，能够防止对案件久拖不决，迟迟得不到处理，保证惩罚犯罪的及时性，体现国家法律的严肃性。第二，有利于维护当事人以及其他诉讼参与人合法权利。对于被害人而言，期间的规定能够尽早恢复由于犯罪而受到损害的社会秩序与社会安定。对于犯罪嫌疑人、被告人而言，刑事诉讼的进行对其人身、财产、名誉等诸多权利、自由、利益产生损害、威胁或者限制，通过为各诉讼行为设定期间、期日，有助于加快案件的办理速度，保护犯罪嫌疑人、被告人的人权。对于所有诉讼参与人而言，有了期间上的法律规定，能保证诉讼参与人的合法权益不受侵犯，使他们能够及时行使诉讼权利。第三，能够增强司法机关工作人员的时间意识、提高司法机关的办案效率。刑事诉讼法规定办案期限，能督促司法人员抓紧审理，克服拖拉扯皮作风，尽快办结案件。

二、法定期间

（一）强制措施的期间

根据刑事诉讼法有关规定，强制措施期间，是指对被采取强制措施的人，限制或者剥夺其人身自由的期限，它是刑事诉讼中最重要的期间。这种期间既是限制或剥夺公民人身自由权利的期限，也是公安司法机关的办案期限。

1. 强制措施的期间。

（1）拘传、取保候审、监视居住的最长期限。对犯罪嫌疑人、被告人拘传持续的时间最长不得超过24小时。取保候审最长不得超过12个月。监视居住最长不得超过6个月。

（2）拘留的期限。拘留的最长期间与拘留后申请批捕的时间有密切关系。

第一种情形是：公安机关对被拘留的人认为需要逮捕的，应当在拘留后的3日以内提请人民检察院审查批准，特殊情况下可以将提请审查批捕的时间延长1至4日，人民检察院应当在接到公安机关提请批准逮捕书的7日以内，作出批准逮捕或者不批准逮捕的决定，即该情形下拘留的最长期间是14日。

第二种情形是：对于流窜作案、多次作案、结伙作案的重大嫌疑分子提请审查批准逮捕的时间可以延长至30日，即在该情形下，拘留的最长期间是37日。

第三种情形是：另据《强制措施问题规定》第23条第1款的规定，对于犯罪嫌疑人不讲真实姓名、住址，身份不明的，拘留期限自查清其真实身份之日起计算。

第四种情形是：人民检察院自行侦查的案件中，对被拘留的人认为需要逮捕的，检察机关应当在 14 日以内作出决定，特殊情况下，决定逮捕的时间可以延长 1 至 3 日，即在该情形下，拘留的最长期间是 17 日。①

（3）逮捕的期限。对于逮捕，立法仅就侦查阶段逮捕后的羁押期间作了某些规定，因此，通常以侦查羁押期间作为逮捕的最长期间。

刑事诉讼法对侦查羁押期间作了明确规定：

一是对犯罪嫌疑人逮捕后的侦查羁押期限不得超过 2 个月。案情复杂、期限届满不能终结的案件，可以经上一级人民检察院批准延长 1 个月。

二是对于交通十分不便的边远地区的重大复杂案件、重大的犯罪集团案件、流窜作案的重大复杂案件以及犯罪涉及面广、取证困难的重大复杂案件，在上述的 3 个月侦查羁押期限内不能办结的，经省、自治区、直辖市人民检察院批准或者决定，可以延长 2 个月。

三是对于犯罪嫌疑人可能判处 10 年有期徒刑以上刑罚的案件，经省、自治区、直辖市人民检察院批准或者决定，可以再延长 2 个月。

四是因为特殊原因，在较长时间内不宜交付审判的特别重大复杂的案件，由最高人民检察院报请全国人民代表大会常务委员会批准延期审理。

法律规定的侦查羁押期限，既适用于公安机关负责立案侦查的案件，也适用于人民检察院直接立案侦查的案件。

2. 拘留或逮捕后的通知、讯问以及送看守所的期间。根据 2012 年《刑事诉讼法》第 83 条第 2 款之规定，拘留后，应当立即将被拘留人送看守所羁押，至迟不得超过 24 小时。除无法通知或者涉嫌危害国家安全犯罪、恐怖活动犯罪通知可能有碍侦查的情形以外，应当在拘留后 24 小时以内，通知被拘留人的家属。有碍侦查的情形消失以后，应当立即通知被拘留人的家属。另据 2012 年《刑事诉讼法》第 91 条规定，逮捕后，应当立即将被逮捕人送看守所羁押。除无法通知的以外，应当在逮捕后 24 小时以内，通知被逮捕人的家属。此外，2012 年《刑事诉讼法》第 84 条、第 92 条规定，公安机关对被拘留、逮捕的人，应当在拘留、逮捕后的 24 小时以内进行讯问。

（二）聘请律师、委托辩护人或诉讼代理人的期间

犯罪嫌疑人在被侦查机关第一次讯问或者采取强制措施之日起，可以聘请律师作为其辩护人。犯罪嫌疑人在押的，此时，也可由其监护人、近亲属委托辩护人。

被害人及其法定代理人或近亲属、附带民事诉讼当事人及其法定代理人有权委托诉讼代理人；人民检察院自收到移送审查起诉的材料之日起 3 日以内，应当告知犯罪嫌疑人有权委托辩护人；应当告知被害人及其法定代理人有权委托辩护人。自诉案件的被告人有权随时委托辩护人；自诉人及其法定代理人，附带民事诉讼的当事人及其法定代理人有权随时委托诉讼代理人。人民法院自受理自诉案

---

① 参见 2012 年《刑事诉讼法》第 165 条。

件之日起 3 日内,应当告知被告人有权委托辩护人;应当告知自诉人及其法定代理人,附带民事诉讼的当事人及其法定代理人有权委托诉讼代理人。

(三) 侦查羁押期间

对犯罪嫌疑人逮捕后的侦查羁押期限不得超过 2 个月。犯罪嫌疑人不讲真实姓名、住址,身份不明的,应当对其身份进行调查,侦查羁押期限自查清其身份之日起计算,但是不得停止对其犯罪行为的侦查取证。对于犯罪事实清楚,证据确实、充分的,确实无法查明身份的,也可以按其自报的姓名移送人民检察院审查起诉、审判。

(四) 审查起诉期间

人民检察院对于公安机关移送审查起诉的案件,应当在 1 个月以内作出决定,重大复杂的案件,可以延长半个月。对于退回公安机关补充侦查的案件,应当在 1 个月以内补充侦查完毕,补充侦查以两次为限。人民检察院在审查起诉中决定自行侦查的,应当在审查起诉期限内侦查完毕。

(五) 不服不起诉的申请期间

对于有被害人的案件,决定不起诉的,人民检察院应当将不起诉决定书送达被害人。被害人如果不服,可以在收到决定书后 7 日内向上一级人民检察院申诉。被不起诉人如果对于人民检察院因"犯罪情节轻微,依照刑法规定不需要判处刑罚或者免除刑罚"而作出的不起诉决定不服的可以自收到决定书后 7 日以内向人民检察院申诉。

(六) 审判程序中的期间

1. 庭审准备期间。人民法院应当在开庭 10 日以前将人民检察院的起诉书副本送达被告人及其辩护人;应当在开庭 3 日以前将开庭的时间、地点通知人民检察院;将传票、通知书至迟在开庭 3 日以前送达当事人、辩护人、诉讼代理人、证人、鉴定人和翻译人员。公开审判的案件,在开庭 3 日以前先期公布案由、被告人姓名、开庭时间和地点。人民法院自受理自诉案件之日起 3 日内,应当告知自诉人及其法定代理人、附带民事诉讼的当事人及其法定代理人有权委托诉讼代理人。

上诉人通过原审人民法院提出上诉的,原审人民法院应当在 3 日内将上诉状连同案卷、证据移送上一级人民法院,同时将上诉状副本送交上级人民检察院和对方当事人;上诉人直接向第二审人民法院提出上诉的,第二审人民法院应当在 3 日内将上诉状交原审人民法院,再送交同级人民检察院和对方当事人。

人民检察院提出抗诉的案件或者第二审人民法院开庭审理的公诉案件,第二审人民法院应当在决定开庭审理后及时通知人民检察院查阅案卷。人民检察院应当在 1 个月内查阅完毕。人民检察院查阅案卷的时间不计入审理期限。

2. 审理期间。人民法院审理公诉案件,应当在受理后 2 个月内宣判,至迟不得超过 3 个月。对于可能判处死刑的案件或者附带民事诉讼的案件,以及有本

第九章 附带民事诉讼制度与期间、送达

法第 156 条规定情形之一的,① 经上一级人民法院批准,可以延长 3 个月;因特殊情况还需要延长的,报请最高人民法院批准。

适用简易程序审理的案件,人民法院应当在受理后 20 日以内审结;对可能判处的有期徒刑超过 3 年的,可以延长至 1 个半月。

适用普通程序审理的被告人被羁押的自诉案件,应当在被告人被羁押后的 1 个月内宣判,最迟不得超过 1 个半月。有刑事诉讼法第 156 条规定情形之一的,经省、自治区、直辖市高级人民法院批准或者决定,可以再延长 1 个月。适用普通程序审理的被告人未被羁押的自诉案件,应当在立案后的 6 个月内宣判。有特殊情况需要延长审理期限的,经本院院长批准,可以延长 3 个月。

第二审人民法院受理上诉、抗诉案件后,应当在 2 个月以内审结。对于可能判处死刑的案件或者附带民事诉讼的案件,以及有本法第 156 条规定情形之一的,经省、自治区、直辖市高级人民法院批准或者决定,可以延长 2 个月;因特殊情况还需要延长的,报请最高人民法院批准。

人民法院按照审判监督程序重新审判的案件,应当在作出提审、再审决定或者接受抗诉、接受指令再审之日起 3 个月内审结,需要延长期限的,不得超过 6 个月。接受抗诉的人民法院指令下级人民法院再审的,应当自接受抗诉之日起 1 个月内作出决定。

3. 上诉和抗诉期间。控辩双方不服第一审判决的上诉和抗诉的期限为 10 日,不服第一审裁定的上诉和抗诉的期限为 5 日。被害人及其法定代理人不服地方各级人民法院第一审判决的,有权自收到判决书后 5 日内请求人民检察院提出抗诉。人民检察院应在收到被害人及其法定代理人的请求后 5 日内作出是否抗诉的决定,并且答复请求人。

4. 其他期间。在法庭审判过程中,检察人员发现提起公诉的案件需要补充侦查,提出建议经法庭同意延期审理的,人民检察院应当在 1 个月以内补充侦查完毕。

人民法院当庭宣告判决的,应当在 5 日以内将判决书送达当事人和提起公诉的人民检察院;定期宣告判决的,应当在宣告后立即将判决书送达当事人和提起公诉的人民检察院。

(七) 执行程序中的期间

下级人民法院接到最高人民法院或者高级人民法院执行死刑的命令后,应当在 7 日以内交付执行。

人民检察院认为暂予监外执行不当的,应当自接到通知之日起 1 个月以内将书面意见送交批准暂予监外执行的机关,批准暂予监外执行的机关接到人民检察

---

① 第 156 条规定:"下列案件在本法第一百五十四条规定的期限届满不能侦查终结的,经省、自治区、直辖市人民检察院批准或者决定,可以延长二个月:(一)交通十分不便的边远地区的重大复杂案件;(二)重大的犯罪集团案件;(三)流窜作案的重大复杂案件;(四)犯罪涉及面广,取证困难的重大复杂案件。"

院的书面意见后,应当立即对该决定进行重新核查。

人民检察院认为人民法院减刑、假释的裁定不当,应当自收到裁定书副本后20日以内,向人民法院提出书面纠正意见。人民法院应当在收到纠正意见后1个月以内重新组成合议庭进行审理,作出最终裁决。

三、期间的计算、延长与恢复

(一) 期间的计算单位与方法

1. 期间的计算单位。期间的计算单位是:时、日、月,时和日不能换算。其中,以"时"为计量单位的期间,有的属于法定的时限(如拘传的最长时间不能超过12小时),有的则是办案机关通知进行某一项诉讼行为的开始点或结束点。以"日"为计量单位的期间比较多,如对判决不服提出上诉与抗诉的期限为10日等。以"月"为计算单位的,是从开始月的某日到期满月相当开始日的前1日(不论大月或小月)。

2. 不同情形期间的计算方法。

(1) 期间开始的时和日不计算在期间以内。

(2) 计算法定期间时,应当将路途上的时间扣除。

(3) 期间的最后1日为节假日的,以节假日后的第1日为期间届满日期。但对于犯罪嫌疑人、被告人或者罪犯在押期间,应当至期间届满之日为止,不得因节假日而延长在押期限至节假日后的第1日。

(4) 上诉状或者其他文件在期满前已经交邮的,不算过期。邮寄上诉状或者其他文件,应以当地邮局盖印邮戳的时间为准。

(5) 以月计算的期限,自本月某日至下月某日为1个月,如本月1日收案至下个月1日、本月最后1日至下个月最后一日为1个月的审理期限;半月一律按15日计算期限。

(二) 期间的不计入

1. 对犯罪嫌疑人、被告人作精神病鉴定的期间不计入办案期限,其他鉴定时间都应当计入办案期限。对于因鉴定时间较长,办案期限届满仍不能终结的案件,自期限届满之日起,应当对被羁押的犯罪嫌疑人、被告人变更强制措施,改为取保候审或者监视居住。

2. 犯罪嫌疑人不讲真实姓名、住址,身份不明的,侦查羁押期限自查清其身份之日起计算,但是不得停止对其犯罪行为的侦查取证。对于犯罪事实清楚,证据确实、充分的,也可以按其自报的姓名移送审查起诉。

3. 当事人和辩护人申请通知新的证人到庭,调取新的证据,申请重新鉴定或者勘验的,宣布延期审理时间不得超过1个月,延期审理时间不计入审限。依照有关规定,另行委托、指定辩护人或者辩护律师,自案件宣布延期审理之日起至第10日止,准备辩护时间不计入审限。

4. 在审判过程中，自诉人或者被告人患精神病或者其他严重疾病，以及案件起诉到法院后被告人脱逃，较长时间无法继续审理的，应当裁定中止审理。其他不能抗拒的原因，使案件无法继续审理的，可以裁定中止审理。中止审理的原因消失后，应当恢复审理。中止审理的期间不计入审理期限。第二审公诉案件，应在开庭10日以前通知检察院查阅案卷。自通知后的第二日起，人民检察院查阅案卷超过7日后的期限，不计入第二审审理期限。

（三）期间的重新计算

1. 公安机关、人民检察院在侦查期间，发现犯罪嫌疑人另有重要罪行的（指与逮捕时的罪行不同种的重大犯罪和同种的将影响罪名认定、量刑档次的重大犯罪），自发现之日起依照刑事诉讼法有关规定（对犯罪嫌疑人逮捕后的侦查羁押期限不得超过1个月。案情复杂、期限届满不能终结的案件，可以经上一级人民检察院批准延长1个月）重新计算侦查羁押期限。

2. 人民检察院审查起诉过程中，退回公安机关补充侦查完毕移送人民检察院后，人民检察院重新计算审查起诉期限。补充侦查的案件，补充侦查完毕移送人民法院后，人民法院重新计算审理期限。

3. 人民检察院审查起诉的案件，改变管辖的，从改变后的人民检察院收到案件之日起计算审查起诉期限。人民法院改变管辖的案件，从改变后的人民法院收到案件之日起计算审理期限。

4. 第二审人民法院发回原审人民法院重新审判的案件，原审人民法院从收到发回的案件之日起，重新计算审理期限。

5. 公安机关、人民检察院已对犯罪嫌疑人取保候审、监视居住，案件起诉到人民法院后，法院对被告人重新办理取保候审、监视居住手续。取保候审、监视居住的期限重新计算。公安机关对犯罪嫌疑人取保候审或监视居住，案件移送检察院审查起诉后，需要继续取保候审或监视居住的，取保候审或监视居住的期限应当重新计算并告知犯罪嫌疑人。简易程序转为普通程序审理的案件，审理期限应当从决定转为普通程序之日起计算。

（四）期间的延长

1. 拘留后提起批捕期间的延长。公安机关拘留犯罪嫌疑人后3日以内，提请检察院批捕，特殊情况下可延长1日至4日；流窜作案、多次作案、结伙作案的重大嫌疑分子可延长至30日。人民检察院自侦案拘留后需要逮捕的，应在14日以内作出决定。特殊情况下可以延长1日至3日。

2. 侦查羁押期间的延长。

（1）对犯罪嫌疑人逮捕后的侦查羁押期限不得超过2个月。案情复杂、期限届满不能终结的案件，可以经上一级人民检察院批准延长1个月。

（2）下列案件在上述第（1）项规定的期限届满不能侦查终结的，经省、自治区、直辖市人民检察院批准或者决定，可以延长2个月：交通十分不便的边远地区的重大复杂案件；重大的犯罪集团案件；流窜作案的重大复杂案件；犯罪涉及面广,取证困难的重大复杂案件。

(3) 对犯罪嫌疑人可能判处 10 年有期徒刑以上刑罚,依照上述第(2)项规定延长期限届满,仍不能侦查终结的,经省、自治区、直辖市人民检察院批准或者决定,可以再延长 2 个月。

(4) 因为特殊原因,在较长时间内不宜交付审判的特别重大复杂的案件,由最高人民检察院报请全国人民代表大会常务委员会批准延期审理。

3. 审查起诉期间的延长。人民检察院对公安机关移送起诉案件,应在 1 个月以内作出决定,重大、复杂的案件,可以延长半个月。人民检察院对于移送审查起诉的案件,应当在 1 个月内作出决定;重大、复杂的案件,1 个月内不能作出决定的,审查起诉部门报经检察长批准,可以延长 15 日。特殊原因,在较长时间内不宜交付审判的特别重大复杂的案件,由最高人民检察院报请全国人大常委会批准延期审理。

4. 审判期间的延长。法院审理公诉案件,应在受理后 2 个月以内宣判,至迟不得超过 3 个月。有刑事诉讼法第 156 条规定情形之一的,经省、自治区、直辖市高级人民法院批准或者决定,可以再延长 3 个月。

适用简易程序审理案件,人民法院应当在受理后 20 日以内审结;对于可能判处 3 年以上有期徒刑的,可以延长至 1 个半月。

庭审中,有下列情形之一,可延期审理:需通知新的证人到庭,调取新的物证,重新鉴定或者勘验的;公诉案件需补查(应在 1 个月内补侦毕);因回避而不能进行审判的。

第二审受理上诉、抗诉,应在 1 个月以内审结,至迟不得超过 1 个半月。有刑事诉讼法第 156 条规定情形之一的,经省、自治区、直辖市高级人民法院批准或者是决定,可以再延长 1 个月,但最高人民法院受理的上诉、抗诉,由最高人民法院决定。

第二审人民法院受理上诉、抗诉案件,应当在 2 个月以内审结。对于可能判处死刑的案件或者附带民事诉讼的案件,以及刑事诉讼法第 156 条规定情形之一的,经省、自治区、直辖市高级人民法院批准或者决定,可以延长 2 个月;因特殊情况还需要延长的,报请最高人民法院批准。

审判监督重新审判案件,应在决定之日起 3 个月以内审结,需要延长期限的,不得超过 6 个月。审判监督抗诉案件,审期适用前款规定;需指令下级法院再审的,应自接受抗诉之日起 1 个月以内决定,下级法院审理案件的期限适用前款规定。

适用普通程序审理的被告人被羁押的自诉案件,应当在被告人被羁押后 1 个月内宣判,至迟不得超过 1 个半月。有刑事诉讼法第 156 条规定情形之一的,经省级人民法院批准或者决定,可以再延长 1 个月。需要延长审理期限的,应当在期满 7 日以前报请高级人民法院批准或者决定。适用普通程序审理的被告人未被羁押的自诉案件,应当在立案后 6 个月内宣判。有特殊情况需要延长审理期限的，由本院院长批准，可以延长3个月。

庭审中，公诉人需补侦延期审理的，合议庭应同意。但延期审理的次数不得超过两次。人民检察院在补侦期内（1个月）没有提请法恢复法庭审理的，法院应决定按撤诉处理。

辩护人拒绝辩护的，应当准许。被告人要求另行委托辩护人，合议庭应延期审理（自宣布延期之日起至第10日止），由被告人另行委托辩护人或者另行指定辩护律师。被告人当庭拒绝辩护人要求另委托辩护人的，应同意，并宣布延期审理。被告人要求人民法院另行指定辩护律师，合议庭同意的，应宣布延期审理（自宣布延期之日起至第10日止）。

5. 减刑、假释裁定的延期。高级人民法院应当自收到减刑、假释建议书之日起1个月内依法裁定；案情复杂或者情况特殊的，可以延长1个月；中级人民法院应当自收到减刑、假释建议书之日起1个月内依法裁定；案情复杂或者情况特殊的，可以延长1个月。

（五）期间的耽误与恢复

1. 概念。

期间的耽误，是指当事人由于某种原因，没有在法定期限内完成应当进行的诉讼行为。

期间的恢复，是指在不能抗拒的原因或者其他障碍消除后，继续进行应当在期满以前完成的诉讼活动。二者关系密切，期间的耽误是原因（理由），期间的恢复是结果（方式）。

现行刑事诉讼法规定，当事人由于不能抗拒的原因或者其他正当理由而耽误期限的，在障碍消除后5日以内，可以申请继续进行应当在期满以前完成的诉讼活动。前款申请是否准许，由人民法院裁定。可见，期间的耽误有两种情形（原因）：不可抗力原因耽误期间和其他正当理由耽误期间。

2. 期间恢复条件：

（1）主体条件。必须是当事人提出期间恢复的申请，其他诉讼参与人无权提出这种申请。

（2）理由或原因。当事人须证明耽误期间是由于不能抗拒的原因或者有其他正当理由，使其无法完成诉讼活动。"不能抗拒的原因"是指遭受火灾、水灾、地震、台风、车祸等意外事件，致使当事人本身无法进行应当完成的诉讼行为。"其他正当理由"是指当事人突患严重疾病或者没有接到有关诉讼文书等。期间恢复申请书中应说明因何种原因耽误的，并提供证据。

（3）恢复的时间。申请恢复期间应在障碍消除后5日以内提出。

（4）期间恢复的批准。恢复期间的申请是否批准，由人民法院裁定。

第三节 送 达

一、送达的概念和意义

（一）送达的概念

送达，是指诉讼中的国家专门机关按照法定程序和方式将诉讼文件送交收件人的诉讼活动。

其特点有：第一，送达的主体只能是公、检、法三机关。送达是国家专门机关的活动，是一种单向的法律行为。送达是发生在送达主体与送达对象之间的一种法律关系，在这一法律关系中，发件人只能是公安机关、人民检察院和人民法院。收件人可以是诉讼参与人，也可以是有关的机关或单位。因此，诉讼参与人向公安、司法机关递交诉讼文书或者其相互之间传递诉讼文书的行为，不是刑事诉讼中的送达。第二，送达的内容是诉讼文书。其中，公安司法机关制作的有关本案的诉讼文件是送达的主要内容，如传票、通知书、不起诉决定书、起诉书、判决书、裁定书、调解书等。此外，自诉状副本、附带民事诉状和答辩状的副本、上诉状的副本等由当事人制作的诉讼文书，也须通过人民法院送达。第三，送达诉讼文书，原则上应交给收件人本人，收件人一般为公民个人，但也可以是国家机关、企业、事业单位和人民团体。由此可见，送达实质上是公安司法机关的告知行为，形式上则表现为向收件人交付某种诉讼文书。第四，送达的程序和方式法律有明确规定。实施送达行为，必须严格依照法律规定的程序和方式进行，否则不能产生送达的法律效力。诉讼文书的送达，是一项严肃的诉讼活动，是诉讼程序的组成部分，直接关系到整个刑事诉讼活动能否顺利进行。只有按照刑事诉讼法规定的期间和程序，将有关的诉讼文书送达收件人，才能使收件人及时了解其中的内容，按照规定参加诉讼活动，行使诉讼权利，履行诉讼义务。某些诉讼文书，只有按照法定程序送达后，才能发生法律效力。诉讼文书的送达，直接与产生一定的法律后果相联系。例如，当事人在法定期间内收到人民法院的传票，就必须按传票的要求准时出庭，反之，则有权拒绝出庭。

（二）送达的意义

送达是一种诉讼活动，是刑事诉讼不可缺少的组成部分。在刑事诉讼中，将有关的诉讼文件依法送达，具有重要意义。一方面，送达能够保证刑事诉讼的顺利进行。如果不能将有关诉讼文书及时送达当事人和其他诉讼参与人，办案机关及诉讼参与人便不能协调一致地进行诉讼活动。另一方面，送达能够保护诉讼参与人的诉讼权利。只有及时送达诉讼文书，当事人及其他诉讼参与人才能做好准备，充分行使其诉讼权利。因此，送达与保障当事人的诉讼权利关系密切。

二、送达的种类（方式）及其程序

根据收件人和送达文书的情形不同，刑事诉讼法规定了多种送达方式，其程序要求也各有不同。

（一）直接送达

直接送达又称交付送达，是指刑事诉讼中的国家专门机关指派专人将诉讼文书直接送达收件人的方式。直接送达程序：收件人是公民的，本人签收即为直接送达。本人不在，交给他的成年家属或者所在单位负责人员代为签收。收件人是法人或者其他组织的，应当由单位的法定代表人签收。收件人应当在送达回证上证明收到的日期，并且签名或者盖章。如果本人不在，由他的成年亲属或所在单位负责人员代收的，代收人应在送达回证上注明收到日期并且签名或者盖章。

办案机关送达诉讼文书，一般应当直接送达。凡是能够直接送达的，都应当尽可能地采用直接送达的方式。因为收件人要进行诉讼活动，直接送达在于使他了解诉讼文件的内容，以便进行某种诉讼行为。由其成年家属或单位负责人代收，就有可能因需要转交等因素使收件人不能及时收到诉讼文件。

（二）留置送达

留置送达，是指收件人或者代收人拒绝签收向其送达的诉讼文书时，办案机关的送达人依法将其放在收件人住处的送达方式。

留置送达的程序：收件人本人或者代收人拒绝接收或者拒绝签名、盖章的时候，送达人可以邀请他的邻居或者其他见证人到场，说明情况，把文件留在他的住处，在送达回证上记明拒绝的事由、送达的日期，由送达人签名，即认为已经送达。

在司法实践中，有时会遇到收件人或者代收人因不同意诉讼文件的内容或其他原因而拒绝接收的情况。留置送达即是针对此情形的送达方式。留置送达与直接送达具有同等的法律效力。但并不是所有诉讼文书都能适用留置送达，如对调解书就不适用留置送达方式。

（三）委托送达

委托送达，是指办案机关直接送达诉讼文书有困难的，委托收件人所在地的公安司法机关代为交给收件人的送达方式。

委托送达的程序：公安司法机关委托送达的，应当出具委托函，并附上需要送达的诉讼文书及送达回证，受委托的公安司法机关收到委托送达的诉讼文书，应当登记，并由专人及时送交收件人，然后将送达回证退回委托送达的公安司法机关。受委托的公安司法机关无法送达时，应当将不能送达的原因及时告知委托的公安司法机关，并将诉讼文书和送达回证退回。

（四）邮寄送达

邮寄送达，是指公安司法机关在直接送达有困难的情况下，通过邮局将诉讼文书用挂号邮寄给收件人的送达方式。

邮寄送达的程序：邮寄送达的，应当将诉讼文书、送达回证挂号邮寄给收件人，挂号回执上注明的日期为送达的日期。

（五）转交送达

转交送达，是指办案机关将诉讼文书交收件人所在机关单位代收后，转交给收件人的送达方式。

因送达的对象不同，转交送达的单位也不同：收件人是军人的，应当通过其所在部队团级以上单位的政治部门转交；收件人正在服刑的，应当通过其所在监狱或者其他执行机关转交；收件人正在劳动教养的，应当通过劳动教养单位转交。

转交送达的程序：代为转交的机关、单位收到诉讼文书后应当立即交收件人签收，并将送达回证及时送回送达的公安司法机关。

（六）公告送达

公告送达，是指人民法院在收件人下落不明或者采取上述送达方式无法送达时所采用的一种特殊送达方式。例如，在人民法院的公告栏、收件人原住所地张贴公告，也可以在报纸上刊登公告。公告期满，即视为送达。

从法律效果上看，不同的送达方式都会产生法律效力，都要求有送达回证。送达回证，又称送达证、送达证书，是指办案机关制作的用以证明送达行为及其结果的诉讼文书。送达回证的内容包括：送达机关和送达文书的名称；被送达人姓名（名称）、职业、职务、住所地或者经常居住地；送达方式；送达人和被送达人签名、盖章；签收日期等。送达回证是送达人完成送达任务的凭证，也是被送达人接收或者拒收所送达的诉讼文书的证明，同时也是检查办案机关是否按照法定程序和方式送达诉讼文书、认定当事人及其他诉讼参与人的诉讼行为是否有效的依据。送达人不按法律要求送达，致使诉讼活动不能顺利进行的，送达人应承担责任。如果已经合法送达，收件人本人不按文书的要求执行，由此产生的法律后果，应由收件人本人负责。

为了保障刑事诉讼活动能够顺利进行，刑事诉讼法对某些诉讼文件的送达，明确规定了期限。办案机关进行送达，必须按照法定期限进行。①

经过合法送达，收件人不依法行使诉讼权利或履行诉讼义务的，须承担不利的法律后果。为了使收件人了解诉讼文件的内容和送达后的后果，送达人如可能，还可以向他们作适当的解释。

---

① 例如，人民法院在开庭3日以前应当将传票送达当事人，应将开庭通知书送达人民检察院、辩护人和其他诉讼参与人。又如，当庭宣告判决的，应当在5日内将判决书送达当事人和提起公诉的人民检察院；定期宣告判决的，应当在宣告后立即将判决书送达当事人和提起公诉的人民检察院。这些涉及送达期限的规定，都关系到诉讼的顺利进行和收件人诉讼权利的行使，办案机关绝不能够忽视。

第十章 刑事证据制度

第一节 刑事证据的概念和基本属性

一、刑事证据的概念

刑事证据，也称刑事诉讼证据，是指法定机关的法定人员依照法定程序收集或认定的通过法定形式表现的证明案件情况的一切事实。

2012年3月14日修订的《刑事诉讼法》第48条对刑事证据的表述，发生了明显的变化，1996年《刑事诉讼法》第42条规定："证明案件真实情况的一切事实，都是证据。证据有下列七种：（一）物证、书证；（二）证人证言；（三）被害人陈述；（四）犯罪嫌疑人、被告人供述和辩解；（五）鉴定结论；（六）勘验、检查笔录；（七）视听资料。以上证据必须经过查证属实，才能作为定案的根据。"2012年《刑事诉讼法》第48条这样表述："可以用于证明案件事实的材料，都是证据。证据包括：（一）物证；（二）书证；（三）证人证言；（四）被害人陈述；（五）犯罪嫌疑人、被告人供述和辩解；（六）鉴定意见；（七）勘验、检查、辨认、侦查实验等笔录；（八）视听资料、电子数据。证据必须经过查证属实，才能作为定案的根据。"在这里，2012年《刑事诉讼法》第48条与1996年《刑事诉讼法》第42条相比，至少有四点变化：（1）"证明案件真实情况的一切事实"修订成"可以用于证明案件事实的材料"，即"事实"变成了"材料"；（2）"证明案件真实情况"变成了"可以用于证明案件事实"；（3）"证据有下列七种"变成了"证据包括"；（4）"以上证据必须经过查证属实"变成了"证据必须经过查证属实"。很显然，立法者试图放宽证据入门的条件，扩大可能成为证据事实的范围。这样规定将会对我国刑事诉讼实践中证据的运用产生积极的影响。但是，当证据作为定案的根据时，上述修订并没有因为放宽入门条件和范围而放松对它们的要求，因此，这种修订并不妨碍我们在定案根据的意义上对证据定义所作的以上表述。

二、把握刑事证据概念应注意的问题

不论立法对证据如何表述，以下问题都是在理解证据概念时应当把握的。

第一，刑事证据是反映案件事实的事实。犯罪是行为人侵犯刑法所保护的社会关系的现实的行为，一旦发生，必然会在客观外界留下各种反映。人们就是通过这些反映来认识案件情况的。证据就是这些对案件事实的反映，而不是案件事实本身。

第二，刑事证据必须是在诉讼中现实存在的。对于犯罪行为在客观外界留下的各种各样反映，只有现实地把它们收集到诉讼中来，才是有实际意义的证据。否则，就只能是想象中的潜在的"证据"，对于定罪量刑毫无意义。

第三，刑事证据是案件事实的反映，而这些反映也必须是客观上存在的事实。在诉讼中，有许多时候，人们要根据某些现象进行分析、判断，还要根据证据得出某种结论，最终还要作出判决。但是，不能把这些分析、判断、结论甚至判决当成证据。尽管它们可能是在证据的基础上作出的，但它们毕竟不是证据本身。

第四，刑事证据是证明案件事实的内容与法定形式的统一体。所谓证据的内容，就是证据所提供给人们的反映案件情况的信息。所谓证据的法定形式，就是法律规定的证据内容的载体。证据是证明案件事实的事实，而这些事实一定要通过相应的载体才能够表现出来，才能够进入诉讼领域。人们称这些载体为证据的形式。为了保证证据的客观真实性，也为了法律实施的统一性，这些表达证据内容的形式不能被随意确定，而是由法律明确规定的。在法律看来，非法定的形式不能够完整、客观、真实地反映证据的内容。一件合格的证据是法律规定的形式与能够证明案件情况的内容的统一体。表现证据内容的形式可分为两个层次，一方面是指2012年《刑事诉讼法》第48条规定的八项证据种类，另一方面是指这八种证据形式的固定方式。

第五，收集或认定刑事证据是一种职权行为，必须由法定机关的法定人员依照法定程序进行。办理刑事案件的专门机关，依照管辖分工，指派具体的侦查人员、检察人员、审判人员依法行使收集或认定刑事证据的职权，诉讼参与人以及其他人员提供的反映案件情况的材料，要经过办案人员的依法认定，才可能成为定案的依据。侦查人员、检察人员、审判人员收集或认定刑事证据还必须依照法定程序，否则，可能被作为非法证据予以排除。

第六，刑事证据是认定案件事实的根据。进行刑事诉讼必须以案件事实为依据。而案件事实不是凭空想象的，而是由证据确定的。证据是认定案件事实的唯一根据。正是在这个意义上，学者们才称证据是诉讼的生命。"证据"一词，在不同的语境里，会有不同的含义，但是在这里，"证据"与"定案的根据"，其内涵应当是同一的。

三、刑事证据的基本属性

作为一种特殊的法律现象，刑事证据必须同时具备客观性、相关性和合法性三个基本属性，才能成为完整意义的合格证据。

（一）证据的客观性

证据的客观性，是指证据必须是客观上存在的事实，而不是主观想象、猜测或捏造的东西。证据的客观性是由刑事案件发生或没有发生、怎样发生或发生了什么的事实本身所决定的，它是不以侦查、检察和审判人员的意志为转移的。

承认证据具有客观性，是在证据理论领域坚持辩证唯物主义的必然结果，也是人们认识案件事实的哲学基础。诚然，在对案件认识的过程中，有可能出现许多偏差。诸如，司法人员的审查判断失误、证人的感受或记忆错误，等等，但这些偏差部分不能算作证据的内容，而属于需运用正确反映案件事实的证据加以纠正的部分。对案件事实的错误认识，除了证据不充分之外，就是证据缺乏客观性所致。

（二）证据的相关性

证据的相关性，是说证据必须同案件有关联，能够有效地发挥证明作用。证据是客观存在的事实，但并不是所有客观事实都能成为证据，只有那些与案件有关联并能发挥证明作用的事实，才是证据。

证据与案件事实的关联是客观的，不是人们强加的。这种关联有的是伴随着案件的发生、发展而产生的，有的本来是客观存在的事实，由于对认定案情有意义，而与案件事实建立了联系。

证据与案件事实的联系是广泛的，形式多样的。有直接的，也有间接的；有内在的，也有外部的；有必然的，也有偶然的；有肯定的，也有否定的。不管哪种形式的联系，只要是对于证明案情有意义，就都应看作有相关性。

辨别和判断证据与案件事实之间的相关性以及相关联的形式，并不是一件轻而易举的事情。实际上，这一过程，就是侦查、检察和审判人员认识案件事实、认定案情的过程。

（三）证据的合法性

证据的合法性，是指证据必须符合法律的要求，才能作为合格的证据在诉讼中加以运用。具体包括：第一，主体合法，即证据必须由法定机关的法定人员收集或认定；第二，程序合法，即收集、认定证据必须依照法定程序；第三，形式合法，即证据必须通过法定种类和法定的固定方式表现出来。

证据的合法性，是证据的固有属性，不是人为强加的。在证据的客观性和相关性不被重视的时代，证据的合法性就早已存在并被极端地强调了。

第二节 刑事证据的种类

刑事证据的种类,是指法律规定的证据内容的各种表现形式。我国 2012 年《刑事诉讼法》第 48 条第 2 款规定:"证据包括:(一)物证;(二)书证;(三)证人证言;(四)被害人陈述;(五)犯罪嫌疑人、被告人供述和辩解;(六)鉴定意见;(七)勘验、检查、辨认、侦查实验等笔录;(八)视听资料、电子数据。"

一、物证

(一)物证的概念

物证是以其自身属性、特征或存在状况证明案件情况的客观实在。对于这一定义,需要从以下几个方面说明:

第一,定义中的属概念,是列宁在给物质下哲学定义时运用的概念。选择物质范畴的属概念给物证下定义,首先就向人们明示了物证是不依赖于人们的意识而独立存在的客观实体,就其本身而言,绝无人为因素的主观干扰,实实在在地反映案件的客观实际,一旦被司法人员的意识合法地"复写、摄影、反映",就能成为查明案情、定罪量刑的依据;其次还表明,可能成为物证的客观实体的范围,应当拓宽到物质范畴所包容的界地,也就是说,只要是能够以其自身属性、特征或存在状况证明案件情况的物质,就都可能成为物证。不管是宏观的,还是微观的,无论是有形的,还是无形的,也不论是否是有生命的。

第二,"以其自身属性,特征或存在状况证明案件情况",是物证的独有特性。综观我国法律所规定的证据种类,唯有物证是以其自身的属性、特征或存在状况来证明案情的,这是物证与其他种类证据的区别所在。选择物证的这个属性作种差,正是物证的特殊性所在。

第三,以往人们把物证的概念普遍定义为:"能够证明案件事实的物品和痕迹。"随着社会的发展,这一定义显然再无法概括物证的各种表现。突破"物品和痕迹"的限制,把物证概括为所有以其自身属性、特征或存在状况证明案件情况的客观实在,符合我国证据立法的立法精神,也适应未来社会发展的需要。

(二)物证的分类

1. 依据物证发挥证明作用的角度,可以把物证分为特征物证、属性物证和状况物证。

物证证明作用的发挥,无非是通过其自身的外部特征、内部属性和存在状况来实现的,各式各样的物证对案件的证明作用都可以归结为这三个方面。特征物证,是指通过其外部特征发挥其证明作用的物证,任何物质都存在于特定的时空

第十章 刑事证据制度

之中,而且都是在相互联系、永恒地运动着。犯罪这种特殊的物质运动方式,打破了物质运动的常态,必然会给客观外界的物质带来外部特征方面的变化。人们通过这些变化就可以认识犯罪发生、发展的过程。手印、足迹、工具痕迹、枪弹痕迹、尸体和活体上创伤、犯罪工具、赃物,以及其他物品和痕迹都可以通过其外部特征而发挥证明作用。属性物证。任何物质都有其特定的属性或称质的规定性,以其特定的属性发挥证明作用的物证,就是属性物证。例如,毒物、爆炸物、血液、分泌物、气味、声音,等等。状况物证。物质的时空变化本身,尽管没有发生特殊的可以利用的特征及属性变化,仅就其存在的状况,也可以成为认定案情的依据。凡是以本身的存在状况证明案情的物证,就是状况物证。例如,涉案物品存在的时空,现场各种痕迹物品的位置及相应关系,某种特定物的发现地点等。

2. 依据物证体积的大小,可以将物证分为宏观物证、常态物证和微量物证。

宏观物证。不能被提取而随卷进入诉讼领域的体积较大的物证称为宏观物证。例如,房屋、轮船、火车、汽车、飞机,等等。常态物证。能够用人的感官发现,能够被提取、随卷进入诉讼领域的物证,就是常态物证。例如,杀人的匕首、血迹、毛发,等等。微量物证。不能被人的感官所发现,必须借助科学的仪器才能发现、提取的体积微小的物证为微量物证。例如,微量物质粉末、微量痕迹等。

3. 依据物证的形态划分,可将物证分为固体物证、液体物证、气体物证和其他形态物证。

这里所说的固体、液体和气体形态,是指案件事实在物证上反映时的形态。物体的形态,在一定条件下是可以互相转化的,如温度发生了变化,固体会变为液体、液体会变为气体。而当物证以其外部特征证明案情时,必须要求它要有固定的外部形态。因此,应当把物证的外部形态设定为案件事实在物证上反映时的形态。其他形态的物证,是指除上述三种物体常态表现以外的一切特殊形态的物证。诸如,以声音、光线、气味、热能、电、磁、场等特殊形态表现的物证。随着科学技术的发展,专门机关发现、提取、固定、保全物证能力的提高,以其他特殊形态表现的物证的证明能力将会大大加强,效果也会令人瞩目。

4. 依据人的感官对物证的各种感觉划分,物证可分为视觉物证、触觉物证、嗅觉物证、听觉物证、味觉物证。

凡是凭视觉器官发现并从视觉角度证明案件情况的物证就是视觉物证;凡是凭触觉器官发现并从触觉角度证明案情的物证就是触觉物证;同样,凡是凭嗅觉器官、听觉器官或味觉器官发现,并从嗅觉、听觉或味觉角度证明案件情况的物证,就是嗅觉物证、听觉物证或味觉物证。这里的视觉、触觉、嗅觉、听觉和味觉宜作扩大解释,既应当包括人的感官的上述感觉,也应当包括其他生物的上述感官,还应当包括仪器和其他材料的仿生感觉。自然,案件事实和证据事实,只能靠人来认识,其他手段只能是人认识的工具,但这些工具可以被看作人的各种感觉的延伸,依据其感觉的角度而归入人的各种感觉之中。当然,凭人的各种感觉及工具发现的各种物证,必须是被现实的科学理论和实践证明是有证据效力的,否则只能作为侦查破案的线索材料,不能单独、直接作为定罪量刑的依据。比如,警犬嗅觉的利用便是如此。目前,司法实践中大量的物证是靠视觉感受的,凭触觉、嗅觉、听觉或味觉感受的物证不是很多,多数只能转化成人证进入诉讼领域。但是,可以预见,随着科学技术的发展,触觉、嗅觉、听觉或味觉物证将会越来越多地被运用于证明活动之中,其证明效果也绝不亚于视觉物证。

(三) 物证的特征

作为一种证据形式,物证有其鲜明的特色,归纳其主要方面,物证的特征着重表现在它的客观性、特定性和间接性上。

1. 客观性。物证的客观性特征与证据的客观属性既有联系,又有区别。它是说物证是案件事实在人的意识之外的物质上的一种反映,并且通过物质自身的属性、特征和存在状况证明案件事实,在这种反映和证明过程中决无任何主观因素的干扰。犯罪行为这种特殊的物质运动方式对客观外界带来的影响,当通过物质反映给人们的时候,没有意识的物质实体本身是绝不会有意干扰这种反映的;即使在反映过程中出现变化,也完全是遵循自然规律而发生的,人们完全可以推论和预见。当然,人们对物证的这种客观反映的认识和使用,有可能掺杂主观因素,但这与物证对案件事实的反映是两回事。

2. 特定性。物证是案件事实在客观物质上的反映,并且通过其自身的特征、属性以及存在状况而起证明作用,因此,它必须是直接反映案件事实的原始物质本身,而决不能是替代物、同种类物或模型。必须承认,在实际证明过程中,有些物证当它们发挥证明作用时,是以别的证据形式出现的。尽管如此,这些在证明过程中作为概念存在的物证的现实性也是不容忽视的。它必须真实地存在,而且必须被实实在在地收集到,否则,勘验、检查笔录和鉴定结论这一类被称作物证资料的别的证据形式,就成了无源之水,其证明作用也无法发挥。

3. 间接性。物证的间接性特征主要表现在如下两方面:首先,孤立的具体物证,对于说明被告人是不是犯罪行为的实施者这一案件的最主要的事实而言,一定是间接的。尽管物证有着许多优点,但它毕竟是"哑巴"证据,它所能直接证明的只能是案件事实的某些片段。为此,有些英美学者称它为"情况证据",我国学者称它为间接证据。也就是说一个单独的物证,它不能直接说明案件争议的最主要事实——被告人是否是犯罪行为的实施者,它只有与其他证据结合起来,才能说明这一问题。其次,物证在证明案件事实的某个片段时,往往还要辅之以其他证据形式或印证手段。比如,现场遗留的指纹,要想起到证实被告人到过现场的证明作用,还必须辅之以作出同一认定的鉴定意见。在被告人家中搜出的赃物还必须辅之以搜查笔录、扣押清单或者知情者辨认才能发挥完整的证明作用。

(四) 物证的审查判断

物证的审查判断贯穿于物证发挥证明作用过程的始终。尽管物证较之其他证据形式更具有客观性的优点，但是，仍然需要进行详细、认真的审查判断。审查判断物证，一般应着重从以下几个方面理解：

1. 审查物证是否真实。物证的特点是比较固定的，所反映的事实一般不易发生变化。但问题的关键是物证必须是原物，是不可代替的。因此，要着重审查物证是不是复制品、替代品，是不是疑似的，是不是伪造的。

2. 审查物证的来源。司法人员收集物证后，必须追根溯源，查明它的原始出处，以此发现问题。

3. 审查物证和案件事实有无客观联系。证据的关联性属性，对于物证来说尤为重要，因为它不会"讲清"自己与案件的客观联系，所以，需要予以认真审查。

4. 检验、审查物证的外形、属性等特征，并注意因时间、天气等条件的变化对这些特征的影响，如退色、变色、变形、缺损、变质等。

对物证的审查判断，一般采取交由被害人、证人等有关人员辨认、科学技术鉴定的方式；或采取将物证与物证、物证与案件中的其他证据、物证与自然规律和客观情理结合起来进行审查的方式。

从表面看来，对物证的审查判断，发生于对物证的发现、收集、固定和保全之后，其实它贯穿于物证发挥证明作用的始终。从发现物证开始就需要对其进行审查判断，只不过随着案件办理过程的进展，有着程度和侧重点上的不同而已。

二、书证

(一) 书证的概念

书证，是指以文字、图形、符号表示的思想内容证明案件情况的书面材料。书证是以文字、图形、符号记载的内容来证明案情，无论记载什么内容，它都表达了人们的一定思想，并且能够为人们认知和理解，可借以传递一种信息。至于书证内容的表达大体上通过三种方式，即文字、图形、符号。当然，文字和图形都是一种符号，不过这里所说的符号，是除了文字、图形以外的符号。所谓"书面"，不一定是写在纸上，而"材料"，则指的是书证的内容，而不是载体。

(二) 书证的特征

1. 证据内容的思想性。书证是以其记载或表达的思想内容来证明案件情况的。能够使得书证发挥证明作用的是其以文字、图形、符号记载或表达的内容，而不是这些内容的载体，也不是记载或表达这些内容的文字、图形、符号本身的形态特征。这是书证的首要特征，也是书证与物证等其他证据形式相区别的主要方面。

书证与物证的联系是十分密切的。二者同属实物证据，都是客观外界存在的与案件事实有联系的物质实体。在现实的诉讼实践当中,书证记载或表达内容的文字、图形、符号总是要由一定形态的物质实体充当载体的;同时,书写或制作书证时的工具以及表达书证内容的文字、图形、符号本身的痕迹及其特征,都伴随着书证同生俱灭。可能正是因为如此,我国刑事诉讼法才将这两种证据形式并列于同一款项之中。尽管如此,二者的区别仍然是很明显的。其区别的关键就在于二者发挥证明作用的角度。物证是以其自身的特征、属性和存在状况证明案情的,而书证则是以其记载或表达的内容来证明案件情况的。作为证据的某一物质实体,如果它所记载或表达的内容与案件事实有着内在的联系,能够起到证明案件事实的作用,而它的特征、属性或存在状况与案件无关,那么它就是书证;如果它的内容与案件无关,而自身的特征、属性或存在状况能够起到证明作用,那么它就是物证;如果这一物质实体的外部特征、内部属性和存在状况能够起到证明作用,而它所记载或表达的思想内容也同时证明了案情,那么这一物质实体就既是物证也是书证。书证所记载的内容和所表达的思想,可供他人认识和了解。不仅人们普遍熟知的文字或图画,事先约定的密码、暗语、"黑话"或记号等,只要是有思想含义,供人了解的书面材料,无论大小、多少、供几个人认识和了解,都应算作可供人们认识和了解。可见,使用书证,首要的是要弄懂文字、图形和符号的含义。

书证的内容必须反映一定的案件事实,能够据以查明案件情况。"书面材料"是除了口头语言以外人们相互交流的重要方式,而"书面材料",不都是书证,只有那些书面材料的内容与案件事实有联系,能够证明案件情况,才可能成为书证。否则,即使是内容的载体或制作工具与案件有关,它也不能成为书证,而只能作为物证来使用。

2. 表现形式的多样性。对于书证,无论是用以记载、制作的工具,还是制作的方法、表达思想的方式,都宜作扩大解释。例如,用以记载书证内容的材料,就不应有任何限制,只要是能在上面表达一定的内容,并以此证明案件真实情况就可以。这些用以记载的材料或物质,可以是纸张,也可以是布匹;可以是金属板块,也可以是竹、木或地面。书证的制作工具也不应有所限制,笔、刀、棍、手指,等等,只要能用以写或制作出文字、图案或符号来表达思想内容就可以。制作的方法也是多种多样的,书写、印刷、剪拼、雕刻、涂抹、录入等均可。

3. 证明效果的稳定性。书证的内容是在表达人的思想,但是,它同人证的易变性不同,其证明效果却是稳定的。原因在于书证是在案件发生、发展过程中,以文字、图形、符号记载的方式形成的,也就是说,在刑事诉讼开始之前,已经客观地印刻在物质载体上了。书证所记载的内容,不会像人证那样由于个人感觉、判断、记忆和表达的原因而随意改变。已经形成的客观记载,也不会由于受到外界人为的压力而改变。正因为如此,书证被归入实物证据之列。

(三) 书证的分类

1. 以书证内容的表达方式划分，书证可分为文字书证、图形书证和符号书证。

文字书证。文字书证就是用文字记载的内容来证明案情的书证。例如，反动信件、标语、传单、犯罪计划、预备犯罪过程中犯罪分子之间的来往信件等。这里的文字既指汉字也指其他民族的语言文字，也包括数字，涂改数字的发票、账本也应算做这类。这类书证，大部分为众人所知晓，但也有部分为暗语、"黑话"，需要弄通准确含义。图形书证。以图画、图形等方式表达内容的书证为图形书证。伪造的印章、淫秽图画、为实施犯罪绘制的地图等都归于这一类。符号书证。是用除文字、图形以外供人认识和了解的与案件有关的简单标号表达内容的书证。例如，交通标识、指示罪犯出入线路的符号、用以罪犯间联络的事先约定的某种标记等。符号书证大多数需要破译其真实含义。

2. 以书证是否依职权制作划分，书证可分为公文书证和非公文书证。

公文书证。凡国家机关以及其他单位行使职权所制作的文书而成为书证的称公文书证。例如，结婚证书、毕业证书、公证书、判决书、营业执照，以及国家机关或其他单位颁发的职务任免文书和奖惩文书等。公文书证必须是国家机关及有关企事业单位按照法定程序依职权制作的，因而公文书证在制作之后就已具有法律上的效力，不必等到刑事诉讼发生之后。

非公文书证。机关、团体、企事业单位不是出于行使职权的需要而制作的文书或私人制作的文书成为书证的，称非公文书证。例如，单位或个人的一般来往函件，以及公民个人制作的文件等都可能成为非公文书证。

3. 以书证的效力划分，书证可分为原本书证、正本书证和副本书证。

原本书证。书证的原本，即文件的制作人最初制成的文件，它是文件的原始状态，其证据效力最高。收集书证应尽可能收集书证的原本。正本书证。照原本全文抄录或印制并与原本书证具有同等法律效力的书证称正本书证。副本书证。照原本全文抄录或印制但不具有正本效力的书证称副本书证。

4. 以书证的制作目的划分，书证可分为偶然书证和目的书证。

偶然书证。书证制作者在制作之初并未考虑到将来会用作证据，或者说，制作之初并不是为了用作证据或主要不是为了作证据之用，案件发生后才偶然成为证据的书证。例如，贪污案的会计账本、犯罪分子为实施犯罪绘制的现场地图等。在刑事诉讼中，多数书证是偶然书证。目的书证。书证制作者在制作之初就是出于将来用作证据的目的而制作的书证。例如，合同、公证书等。

5. 以书证内容的表现方式划分，书证可分为本身书证和说明书证。

本身书证。书证所记载和表达的内容直观地或直接地反映案件事实，不用加以任何说明即可证明案件真实情况，这样的书证便是本身书证。例如，反动标语、淫秽书画、诬告诉状等。说明书证。书证所记载和表达的内容反映案件事实，但不是直接的或直观的，需要有别的证据或材料来说明它与案件的联系，这样的书证便是说明书证。例如,犯罪成员之间联系的暗语等。

(四)书证的审查判断

对书证的审查判断,应着重从以下几个方面来进行:

1. 审查书证产生的过程。例如,是什么人制作的,在什么情况下制作的,有无外在压力和影响等。

2. 审查书证的内容。审查内容是否真实,是否和案件有联系,是否伪造、变造等。

3. 审查书证的获取过程。书证是谁提供的,在什么时间、地点、条件下获取的,保管或固定的情况等。

三、证人证言

(一)证人证言的概念

证人证言,是指当事人、鉴定人之外的了解案件情况的个人,就自己所感知的案件情况,向司法机关所作的陈述。

首先,证人证言必须是证人提供的。不能认为所有了解案件情况的人,向司法机关所作的陈述都是证人证言。由于各个诉讼参与人的诉讼地位以及与案件的利害关系各不相同,因此,法律将了解案件情况的诉讼参与人向司法机关所作的陈述分别规定为几种证据形式,它们相互之间是不能替代的。

其次,证人证言必须是以个人身份提供的。证人必须是能够辨别是非,能够正确表达的有生命的个人。他们在对案件事实的感受的基础上,依法向司法人员作了陈述之后,才能形成证人证言,因此,证人证言必须是以个人身份提供的。单位、团体以及其他社会组织所提供的有关案件的情况,不能被视为证人证言这种形式。否则,法律要求证人承担的义务将会落空。

再次,证人证言是证人提供的自己所了解的案件情况。了解的途径可以是耳闻目睹、亲身感受,也可以是他人感受而由证人转述的,但必须有确定的原始出处。道听途说、想象、猜测,均不能成为证言内容。证人的判断,如果是基于亲身的体验,而不是毫无根据的推测,也应当认为具有可采性。

最后,证人证言是证人向司法人员所作的陈述,收集证人证言并用合法的形式加以固定,是一种职权行为,只有证人向司法人员所作的陈述,才是证人证言,向法定人员之外的其他人提供案件情况不具有证据能力。

(二)证人资格

证人资格,是指哪些人不能作为证人,哪些人可以或应当作为证人。我国2012年《刑事诉讼法》第60条规定:"凡是知道案件情况的人,都有作证的义务。生理上、精神上有缺陷或者年幼,不能辨别是非、不能正确表达的人,不能作证人。"正确理解我国2012年《刑事诉讼法》关于证人资格的规定,以下问题应该特别注意:第一,"知道案件情况",是取得证人资格的前提条件。第二,

"生理上、精神上有缺陷或者年幼"是丧失证人资格的相对条件。第三,"不能辨别是非、不能正确表达"是丧失证人资格的绝对条件。也就是说,任何公民,一般情况下,只要他了解案件情况,能够辨别是非,正确表达,他就具备了证人资格;即使在生理上、精神上有缺陷或者年幼的公民,只要这些缺陷或年龄的幼小不妨碍他辨别是非,正确表达,法律也不排除他的作证资格。

(三) 证人证言的审查判断

证人证言是司法实践中普遍运用的一种刑事证据,它对于揭露和证实犯罪、保障无罪的人不受刑事追究,具有十分重要的意义。但是,证人证言毕竟是人提供的。由于主客观条件的多方面影响,很容易导致误证或伪证。因此,对证人证言需要进行细致、全面、认真的审查判断。对证人证言的审查判断应当注重以下几个方面:

第一,审查提供证言者的证人资格。提供证言者是否知道案件的情况;证人是否由于生理上、精神上有缺陷或者年幼、年老而影响了辨别是非以及正确表达。同时,还应审查证人所提供的情况是否与他(她)的年龄、社会经历、知识水平以及精神状态相符合;是否具有其他不符合法律规定的证人资格要求的情况,如证人是否同时又是当事人或者其他诉讼参与人等。第二,审查证人证言的形成过程。一个诚实的证人,由于受到主客观条件的影响,也可能提供错误或虚假的陈述。因此,审查证人证言形成过程中影响其真实情况的诸多因素,对查清案件事实有着重要意义。证人证言的形成大体上要经过对案件事实的感受、对感受事实的判断、对判断事实的记忆和对记忆事实的表达四个阶段。在证人对案件事物的感受阶段,证人的感受能力,直接影响着证言的客观和全面程度,而感受能力又受主客观诸因素的影响。例如,证人感觉器官是否正常;感受案件情况时的外界环境如何(如天气、光线、距离、时间、方位、声音强弱等);感受案件时的心理状态如何(恐惧、不安、顾忌、平静、注意力是否集中等);证人的知识和经验如何等。证人对案件事物感受之后紧接着必然要对所感受的事物有所判断,判断失误会直接影响到证言的真实。一般说来,证人的反应能力、智力程度、专业知识、社会经验等都是影响其判断能力的因素,接下来是证人对感受事物的记忆阶段。感受是记忆的基础,但是证人对案件事实感受后,不一定都能全部记忆。影响记忆的因素也是多种多样的,如年龄、健康状况、职业训练情况、情绪、是否有意识记忆以及其他外因(如醉酒、时间过久等)的影响。最后是证人对记忆事实的表达阶段。证人的语言表达能力也直接影响着证言的准确。第三,审查证人的个人品格、与案件及当事人的关系以及其他因素的影响。例如,证人的思想品格、证人是否为人正直、品德高尚、是否素有信誉等;证人是否抱有个人的目的,如为讨好领导或迎合司法机关等,与案件当事人或其他诉讼参与人有无利害关系;证人是否受到外界压力,与案件的处理结果有无利害关系。应当明确,上述方面只是参考的因素,不能作为判断证言是否可靠的主要依据。第四,审查证言的内容前后是否矛盾,审查证人证言与其他证据或客观常识是否矛盾。

(四) 刑事诉讼法修订确立的强制证人出庭和证人保护制度

2012年《刑事诉讼法》第59条重申:"证人证言必须在法庭上经过公诉人、被害人和被告人、辩护人双方质证并且查实以后,才能作为定案的根据。法庭查明证人有意作伪证或者隐匿罪证的时候,应当依法处理。"并且,在第187条第1款规定,公诉人、当事人或者辩护人、诉讼代理人对证人证言有异议,且该证人证言对案件定罪量刑有重大影响,人民法院认为证人有必要出庭作证的,证人应当出庭作证。同时在第188条规定:"经人民法院通知,证人没有正当理由不出庭作证的,人民法院可以强制其到庭,但是被告人的配偶、父母、子女除外。证人没有正当理由拒绝出庭或者出庭后拒绝作证的,予以训诫,情节严重的,经院长批准,处以十日以下的拘留。被处罚人对拘留决定不服的,可以向上一级人民法院申请复议。复议期间不停止执行。"由此我国刑事诉讼法正式确立了强制证人出庭制度。以往备受争议的证人出庭作证条款不具有强制性的现象画上了句号。2012年修订后的《刑事诉讼法》对人民警察就其执行职务时目击的犯罪情况作为证人出庭作证也作了明确规定。

为了保障证人制度的顺利实施,修订后的刑事诉讼法在确立了强制证人出庭制度的同时,还规定了证人保护制度和费用补偿制度。2012年《刑事诉讼法》新增了第62条规定:"对于危害国家安全犯罪、恐怖活动犯罪、黑社会性质的组织犯罪、毒品犯罪等案件,证人、鉴定人、被害人因在诉讼中作证,本人或者其近亲属的人身安全面临危险的,人民法院、人民检察院和公安机关应当采取以下一项或者多项保护措施:(一)不公开真实姓名、住址和工作单位等个人信息;(二)采取不暴露外貌、真实声音等出庭作证措施;(三)禁止特定的人员接触证人、鉴定人、被害人及其近亲属;(四)对人身和住宅采取专门性保护措施;(五)其他必要的保护措施。证人、鉴定人、被害人认为因在诉讼中作证,本人或者其近亲属的人身安全面临危险的,可以向人民法院、人民检察院、公安机关请求予以保护。人民法院、人民检察院、公安机关依法采取保护措施,有关单位和个人应当配合。"

2012年《刑事诉讼法》新增第63条专门对证人作证作出了明确的补偿规定:"证人因履行作证义务而支出的交通、住宿、就餐等费用,应当给予补助。证人作证的补助列入司法机关业务经费,由同级政府财政予以保障。有工作单位的证人作证,所在单位不得克扣或者变相克扣其工资、奖金及其他福利待遇。"

四、被害人陈述

被害人陈述,就是指受犯罪行为直接侵害的人就其所了解的案件情况,向司法机关所作的陈述。

被害人陈述这种证据的提供者,不仅有刑事诉讼法规定的作为当事人的被害人，还要包括没有或不能在刑事诉讼中成为当事人的实体被害人；不仅有自然人被害人，还包括法人或其他单位被害人。其实，是什么样的被害人并不重要，重要的是要了解案件情况，而且，所提供的情况对于证明案件事实有意义。

被害人陈述的内容，应当包括一切对证明案情有意义的事实。对证明案情无意义的，则不能算作此种证据的内容。被害人对案件处理的要求应不应当算作被害人陈述的内容，也要用以上标准来衡量。需要强调的是，不是所有被害人陈述，都能提供对证明案情有意义的事实，被害人陈述也不都是原始证据，也不一定是直接证据。

由于被害人是受犯罪行为直接侵害的人，有的还与犯罪分子有过一定的接触，因此，往往能够提供许多有关案件的具体情况，对侦破案件、证实犯罪，有着特别重要的作用；被害人基于对犯罪分子的义愤以及与案件的直接利害关系，可能会有偏激情绪，在其陈述中很可能会夸大事实情节，或可能作其他方面的虚假陈述；由于受害时处于紧张或恐惧状态，加上其他客观条件的限制，被害人往往会产生错觉或记忆不准的现象。上述特点，在运用被害人陈述这一证据形式时，应当给予高度重视。

在我国刑事诉讼中，被害人陈述是一种独立的证据形式。除了上述特点外，有许多地方与证人证言都基本近似或相同，因此，对证人证言的法律规定和理论阐述，一般来说，对被害人陈述也同样适用。

五、犯罪嫌疑人、被告人的供述和辩解

（一）犯罪嫌疑人、被告人的供述和辩解的概念和内容

犯罪嫌疑人、被告人的供述和辩解，又称口供，是指被嫌疑或被控告犯有罪行，并由专门机关运用刑事诉讼解决其刑事责任的人，针对案件的有关情况向专门机关所作的陈述。被告人口供，包括如下四方面内容：承认自己有罪，并对有罪事实作以供述；对自己无罪或罪轻的辩解；同案犯罪嫌疑人或被告人就本案事实相互间的揭发或印证，也称攀供；其他对证实本案有意义的情况。除上述四项内容之外的其他内容，如检举他人的另案罪行，以及其他与证实本案无意义的情况，尽管都记录在同一份笔录上，但也不能当作本案口供的内容，有的可能成为证人证言。

（二）犯罪嫌疑人、被告人的供述和辩解的特点

由于犯罪嫌疑人、被告人对自己是否犯罪、如何犯罪最清楚，因此，真实的口供对于认定案件事实常常能起到直接全面的证明作用；犯罪嫌疑人、被告人是被追诉的对象，很可能是刑事责任的承担者，案件的处理结果直接关系到他的名誉、自由甚至生命，所以，口供虚假的可能性很大。

（三）收集、使用口供的几项原则

1. 不轻信口供原则。2012年《刑事诉讼法》第53条规定："对一切案件的

判处都要重证据，重调查研究，不轻信口供……"这是我国长期司法实践经验和教训的总结。对于口供要进行认真的查实，不可轻易地相信，应当注重调查研究，在此基础上努力获取大量的口供之外的证据。反对只注重口供，并以口供为线索来查清案件的作法。为此，第53条同时明确，"只有被告人供述，没有其他证据的，不能认定被告人有罪和处以刑罚；没有被告人供述，证据确实、充分的，可以认定被告人有罪和处以刑罚"。

2. 不得强迫任何人自证其罪原则。2012年《刑事诉讼法》第50条规定，"审判人员、检察人员、侦查人员必须依照法定程序，收集能够证实犯罪嫌疑人、被告人有罪或者无罪、犯罪情节轻重的各种证据。严禁刑讯逼供和以威胁、引诱、欺骗以及其他非法的方法收集证据，不得强迫任何人证实自己有罪"。刑讯逼供是使用肉刑或变相肉刑强迫犯罪嫌疑人、被告人招供的审讯方式。刑讯逼供是野蛮的、不人道的严重侵犯人权的做法，受到现代法治的坚决反对。凡是采用刑讯逼供等非法手段获取的口供，不能作为定罪量刑的根据。对使用刑讯逼供手段的公安司法人员，应当追究相应的责任。修订后的刑事诉讼法对"严禁刑讯逼供和以威胁、引诱、欺骗以及其他非法方法收集证据"的重申，尤其是非法证据排除规则的确立，标志着在我国刑事诉讼中确立了现代世界许多国家通行的不得强迫任何人自证其罪原则。

（四）对犯罪嫌疑人、被告人供述和辩解的审查判断

对于犯罪嫌疑人、被告人的供述和辩解，必须进行严肃、认真的审查判断，否则，是很危险的。根据实践经验，应注意以下方面：审查犯罪嫌疑人、被告人供认或辩解时的目的和动机，是在什么情况下供认和辩解的；审查犯罪嫌疑人、被告人供述和辩解的内容的合理性；审查犯罪嫌疑人、被告人供述和辩解是否前后矛盾；将口供同案件中的其他证据对比审查、综合分析。

六、鉴定意见

（一）鉴定意见的概念和基本特征

所谓鉴定意见，是指接受委托或指派的鉴定人运用科学技术或者专门知识对诉讼涉及的专门性问题进行鉴别、分析和判断之后得出的结论性书面意见。

根据全国人大常委会《关于司法鉴定管理问题的决定》的规定，鉴定人是指符合法定条件由省级人民政府司法行政部门审核登记并编入名册予以公告在一个鉴定机构中从事司法鉴定业务的专业技术人员。侦查机关根据侦查工作的需要设立鉴定机构，但不得面向社会接受委托从事司法鉴定业务。可见，鉴定人由两部分人员构成，一部分是侦查机关内部的技术人员，另一部分是社会鉴定机构中的专业技术人员。鉴定意见就是这些在依法设立的鉴定机构中从业的鉴定人作出的。确定鉴定意见这种证据形式，是现代科学技术在诉讼中得以广泛应用的法律依据，鉴定意见的基本特征可以得到如下概括：

1. 科学内容与法律形式的统一。所谓科学内容与法律形式的统一,是指就内容而言,鉴定意见必须是纯粹的科学分析、推理和概括,决不允许掺杂包括法律评价在内的其他内容;这些科学内容又必须通过法定的形式表现出来,而且还要符合法律的要求;同时,这些科学内容最终运用于诉讼活动之中。

鉴定意见内容的科学性主要表现在:第一,鉴定的目的和意义就在于运用科学技术的手段,发现和确定一般人的常识和司法人员的知识所难以发现和确定的案件事实。即使司法人员在某些科学技术领域有所造诣,法律也必须排斥他们所提出的具有证据意义的意见。这是由他们的诉讼职能和地位所决定的,也是诉讼公正性的必然要求。为此,2012年《刑事诉讼法》第144条明确规定:"为了查明案情,需要解决案件中某些专门性问题的时候,应当指派、聘请有专门知识的人进行鉴定。"并设立了鉴定意见这种独立的证据形式。第二,鉴定人接受委托或指派之后,必须在法律许可的范围内,完全按照科学的规律和要求独立完成鉴定任务,不能受到其他因素的干扰。这是鉴定意见证据效力的必要保证。第三,鉴定人在鉴定过程中所使用的手段、方法,必须是科学的,决不能是伪科学的或反科学的。没有被实践证明并被法律认可是科学的方法,不能成为鉴定的手段。第四,鉴定意见的内容,只是针对案件中的专门性问题进行科学分析和概括,不能直接涉及案件事实的法律评价。鉴定意见不是裁定书,更不是判决书。它是作出裁定和判决所依据的一种证据形式,它只能为案件的法律评价提供被科学证明了的事实,而不能是法律评价自身。对案件的法律评价,是司法人员在综合各种证据的基础上适用法律的结果,鉴定人没有权利也没有义务对此发表意见。

鉴定意见形式的法律性主要表现在:第一,鉴定人必须符合法律要求。第二,鉴定人和鉴定机构应当在登记的业务范围内从事鉴定业务。第三,鉴定人从事鉴定工作,要按照法律规定的程序进行,对于鉴定的结果,必须按照法律的要求,做出书面的结论,并由鉴定人签名。第四,鉴定的科学成果,要应用于法律事务之中。

鉴定意见的科学内容和法律形式是相辅相成的。内容的科学性,是这种证据发挥证明作用的基础和前提,而且,鉴定意见的科技含量与其证明效力成正比;形式的法律性则是鉴定意见得以发挥证明作用的保障。二者均不能偏废。

2. 客观详细的说明与必然明确的结论的统一。所谓客观详细的说明与必然明确的结论的统一,是指在鉴定意见中,不仅要求鉴定人详细叙述根据鉴定材料所观察到的事实,而且还要求鉴定人在分析、研究这些材料的基础上,提出明确的必然的鉴别和判断的结论。如果鉴定人只报告结论,而没有对得出这一结论的依据作客观详细的说明,就无法使司法人员和同行专家鉴别该结论是否正确,出现证据判断上的失误。如果只有客观详细的说明,而没有必然明确的结论,司法人员在诉讼中就无法使用这个证据。因为正是由于司法人员无法解决案件中的某些专门性问题,才需要委托或指派鉴定人作出鉴定。司法人员由于不具有或很少具有相关的专门知识,他们是无法根据鉴定中观察到的现象得出必然明确的结论的。

(二) 鉴定意见的证明作用

鉴定意见的证明作用主要表现在以下三个方面:

1. 对证据相关性的确定作用。鉴定意见的确定作用,是指许多实物证据与待证事实的相关性要靠鉴定意见来确定。在一个案件当中,会收集到许多痕迹、物品、文件等实物,这些实物证据与案件情况是否具有相关性,是否能成为认定案情的证据,除依靠诉讼参与人的辨认外,主要依靠鉴定意见来判明、确定。鉴定意见的这个作用,常常是其他证据形式所不具备的。

2. 对证据证明力的印证补强作用。证据是用来证明案情的,但是证据本身的真伪、证明力的大小、证据价值的高低,也需要由证据来印证和补强。鉴定意见在印证证据的真伪或可靠程度、补强其他证据的证明力方面,充当了十分重要的角色。

3. 特定案件事实的认定作用。许多重要的案件事实,必须依靠鉴定意见才能证实。比如,死亡原因、事故原因、伤害程度、生理状态、精神状态、重大责任事故的原因,等等。对送交鉴定的比对材料,如血液、指纹、毛发、笔迹等,经检验、比对,鉴定意见认定为不同一的,可作为排除犯罪嫌疑人、被告人犯罪嫌疑的直接证据。

(三) 对鉴定意见的审查判断

鉴定意见是科学的结论,它的证明力应当是很强的。但是鉴定人毕竟是生活在现实生活中的人,由于主、客观方面的原因,鉴定意见也有可能出现错误。鉴定人完成鉴定后所得出的任何结论,无非是鉴定人个人的一种意见而已,这也是2012年修订后的《刑事诉讼法》将这一种证据的称谓由"鉴定结论"改为"鉴定意见"的主要原因。所以,对鉴定意见也必须作全面细致的审查判断。对鉴定意见的审查判断应注意以下几个方面:

1. 审查鉴定人是否合格。鉴定人是否符合法定条件,是否经审核登记并编入名册予以公告,是否在一个鉴定机构中从事司法鉴定业务,鉴定人和鉴定机构是否在登记的业务范围内从事鉴定业务,鉴定人是否具有从事某项鉴定的技术能力,鉴定人是否具有法定的回避条件,鉴定人是否是自然人。

2. 审查鉴定材料是否符合鉴定要求。鉴定人掌握的送检材料是否真实、充分,也是审查判断鉴定意见的重要方面。鉴定就是对送检的材料进行科学的分析和鉴别,只有检材真实可靠,并且达到现有技术条件要求的一定数量,才有可能作出正确的鉴定。否则,鉴定人的水平再高,鉴定的方法再科学,也不可能得出正确的结论。

3. 审查鉴定的方法是否科学,使用的设备和其他条件是否具备了作出正确结论的必要条件。先进的科学方法,优良的仪器设备,良好的电力、给水、通风或密封以及温度、湿度等条件,是作好鉴定工作的物质保证。如果不具备这些条件,所作出的鉴定意见就需要慎重对待。

4. 审查得出结论的推理是否正确，结论是不是明确的、唯一的。具有明确的结论，是鉴定意见的特点之一。但是，得出这个结论的推理是否正确、科学；鉴定人根据科学方法，使用良好的设备所观察到的现象，能否得出明确、唯一的结论，这是审查的又一重要方面。如果推理违反逻辑的或某一专门学科的规则、原理，所得出的结论是模糊的、非唯一的，那么该鉴定意见就需要认真推敲。

5. 审查书面意见的法律手段是否完备。书面意见是鉴定意见的最终表现形式，它必须符合法律规定的形式、手续，如是否有鉴定人的个人签名或者盖章。这些形式、手续是鉴定意见内容真实可靠的必要保证，也必须认真审查。

另外，还要注意审查鉴定人在鉴定时是否精力集中、认真负责，是否受到外界的影响。同时，还要和其他证据联系起来分析。

总之，鉴定意见并非一定是准确客观的，也需要对之进行认真的审查判断；如果出现问题或可能出现问题，就应当进行补充鉴定或重新鉴定，或者聘请有关专家对鉴定意见共同审查。

七、勘验、检查、辨认、侦查实验等笔录

我国刑事诉讼法规定的勘验、检查、辨认、侦查实验等笔录，是一种特殊的证据形式，它是侦查人员或审判人员对案件侦查或调查核实行为的一种客观记载[1]。我国现行的诉讼结构下和现实的司法实践中，勘验、检查、辨认、侦查实验等笔录起着至关重要的作用。

辨认和侦查实验是法律规定并且刑事司法实践中经常运用的侦查取证方法，但是对于通过这两种方法获得的结果，却没有证据形式加以体现，辨认笔录和侦查实验报告，应当属于何种证据种类，原《刑事诉讼法》并没有加以规定。2012年修订后的刑事诉讼法将"勘验、检查笔录"这一证据种类的名称，修改为"勘验、检查、辨认、侦查实验等笔录"，从而解决了这一问题。

（一）勘验、检查、辨认、侦查实验等笔录的性质

勘验、检查、辨认、侦查实验等笔录是刑事证据的一种表现形式。证据是证明案件情况的事实，而这些能够证明案件情况的事实具体表现形式是由法律来规定的。古今中外的立法者按照自己的世界观和方法论，出于他们各自的需要，在自己的法律实践中确立了相应的证据表现形式。有些时代的立法者甚至不顾证据是否具有客观性、是否与案件有着内在的关联性而硬性规定它们的表现形式。例如，奴隶时代的神示证据和封建时代的法定证据。我国刑事诉讼法第48条明确规定了刑事证据的8种法定表现形式，勘验、检查、辨认、侦查实验等笔录就是其中之一。除此之外，用其他形式或方式表现的情况或事实，不被认为具有形式合法性。

---

[1] 根据我国《刑事诉讼法》第191条第2款的规定，人民法院调查核实证据，可以进行勘验、检查、查封、扣押、鉴定和查询、冻结。

勘验、检查、辨认、侦查实验等笔录是一种特殊的证据形式。勘验、检查、辨认、侦查实验等笔录这种证据形式的特殊性就在于，它们是侦查人员或审判人员亲自组织勘验、检查、辨认、侦查实验之后，对勘验、检查、辨认、侦查实验的结果及其过程所做的客观记载。既不是向证人、被害人、鉴定人询问他们对案件事实的感受，也不是向有关人员收集的物品、痕迹和书面材料。侦查人员或审判人员是刑事案件的办理者和裁决人，他们对案件事实的认定，是对案件事实认识的结果。刑事诉讼法规定的证据形式都是为了帮助司法人员认识案情设定的，而唯有勘验、检查、辨认、侦查实验等来得更直接。因此，古今中外的立法者通常都把司法人员亲临勘验的结果及其记录当作最有价值的证据。

勘验、检查、辨认、侦查实验等行为是法律规定专门调查手段，侦查人员或审判人员尤其是侦查人员，必须依照职权进行勘验、检查、辨认、侦查实验等行为。在采取这些侦查或调查行为时，常常会发现许多与认定案情有关的痕迹、物品和情况。如果办理案件仅限于勘验、检查人员自己认识案情，其记录便只有备忘的意义了。事实上，刑事案件的办理是按照刑事诉讼程序分阶段有次序进行的，是由若干专门机关及其人员以分工负责、互相配合、互相制约的原则共同完成的。执行着不同诉讼职能的主体和参与人将就案件的实质问题充分论证自己的主张。案件的最终处理结果不单单是使犯罪人受到惩罚，而且还应当向当事者、向所有诉讼参加人、向社会公众、向历史表明它的公正性。因此，勘验、检查人员必须按照法律的规定，详细、客观地记录勘验、检查、辨认、侦查实验等行为的过程及其结果，以及其间发现的一切有意义的情况。这也是法律设立勘验、检查、辨认、侦查实验等笔录这种证据形式的目的所在。

勘验、检查、辨认、侦查实验等笔录的内容是客观的。勘验、检查、辨认、侦查实验等笔录是侦查人员或审判人员对有关侦查、调查行为的一种客观记载，不应当掺杂侦查人员或审判人员任何主观的成分。它就是而且只是侦查人员或审判人员对勘验、检查等活动的过程和结果的客观描述。这是这种证据形式的鲜明特色，也是它发挥证明作用的基础所在。在法定的八种证据形式中，物证、书证本身就是客观实物，它们的形成是基于这些客观实物与案件的内在联系，除此之外，其他证据形式的形成统统要经过人的意识活动。如果说被告人供述和辩解、被害人陈述、证人证言和鉴定结论具有客观真实性的话，那也只说明是主观正确地反映了客观而已。而勘验、检查、辨认、侦查实验等笔录则无须也不允许有这样的反映，它就是对勘验、检查等行为和结果的再现。勘验、检查、辨认、侦查实验等笔录是办案人员在执行职务时依职权制作的，为保证这种证据形式的证明作用的有效发挥，法律要求有关人员在制作笔录时必须排除一切主观上的推测、想象，排除一切不明确、不具体、似是而非的东西，绝对客观地记载勘验、检查、辨认、侦查实验时的所闻所见。就如同摄影、录音、录像一般。

需要指出的是，辨认笔录所记载的辨认结果是辨认人的主观意见，是证人、被害人、犯罪嫌疑人、被告人对有关人和物的主观识别和再认，辨认人头脑中对辨认对象的认识及表述不一定是客观的。而辨认笔录的客观性则要求，记录人必须客观、准确地记载辨认的过程和辨认人所表述的内容，不许掺杂任何侦查人员或审判人员的主观分析和意见。

（二）勘验、检查、辨认、侦查实验等笔录的种类

勘验、检查、辨认、侦查实验等笔录是侦查人员或审判人员在对与犯罪有关的场所、物品、尸体、人身进行勘验、检查、侦查实验以及组织辨认等侦查、调查行为时所作的客观记录。对于这个概念，宜作扩大解释。也就是说，这种证据形式不应只限于以"笔"作的文字记录，也不应仅限于在勘验、检查、侦查实验、辨认这几项侦查、调查行为中。依据刑事诉讼法及有相关规定，勘验、检查、辨认、侦查实验等笔录应当包括如下一些具体种类：现场勘查笔录；尸体勘验笔录；物证勘验笔录；人身检查笔录；侦查实验笔录；搜查笔录；扣押清单；辨认笔录；以及有关上述笔录清单的绘图、照片、录音、录像等附件。

（三）对勘验、检查、辨认、侦查实验等笔录的审查判断

尽管勘验、检查、辨认、侦查实验等笔录是侦查人员或审判人员亲自制作的，但是，也有可能出现漏记或错记的情况，因此，必须认真地审查。对勘验、检查、辨认、侦查实验等笔录的审查判断，应强调以下几个方面：

1. 审查笔录的内容是否完整。例如，笔录中文字记录部分、照相部分、绘图部分是否齐全，是否反映了现场或其他勘验、检查对象的概貌；笔录的每一部分内容是否详细、具体等。

2. 审查笔录的内容是否真实。例如，现场、物品、痕迹等是否被破坏或伪造；人身的特征、伤害情况或生理状况有无伪造或变化；笔录中记载的物证、书证等与收集到的是否吻合；笔录中记载的情况，与口供等其他证据是否有矛盾。

3. 审查笔录的记载是否准确。例如，笔录中的文字术语是否确切；有关数字是否准确；有无含糊不清的字眼或主观推测的内容；照片、绘图等是否清晰、符合要求。

4. 审查笔录是否符合法律要求。例如，勘验、检查人员有无勘验、检查的职权；是否邀请了见证人到场，指挥人员、勘验人员、检查人员、笔录制作人和见证人是否签名盖章等。

八、视听资料、电子数据

（一）视听资料的概念

所谓视听资料，就是用仪器设备记录、生成、显现的动态连贯地与其反映的内容相结合证明案情的音像信息。

随着科学技术的进步与发展，特别是计算机技术的发展和广泛运用，视听资料这种新型的证据形式应运而生。1996年我国刑事诉讼法修改增补了视听资料。视听资料的载体是有记录、生成、显现功能的仪器设备，包括录音、录像设备、

电子计算机及其附件等设备。而且所记录、生成、显现的声音、影像信息必须是动态连贯的、生动形象的。如果是静态的，则不是视听资料。还需要指出的是，视听资料证明案情的并不只是动态连贯的声音和影像本身，而是动态连贯的声音、影像与反映的内容结合在一起发挥证明作用。因此，视听资料反映的案情更生动、形象、直观，提供的信息量更多。

（二）视听资料的特征

视听资料至少要具备以下四个特征：（1）依赖性。所有的视听资料必须依靠仪器设备记录、生成、显现。（2）生动性。所有的视听资料声音和影像必须是动态连贯的、生动形象的。人们通过动态连贯、生动形象的声音和影像来获得更多的信息。（3）思想性。声音和影像必须具有思想内容，否则就可能是物证了。（4）统一性。声音和影像与其反映的内容相结合证明案情，如果只是单纯的静态内容，而不与动态连贯、生动形象的声音影像相结合，那就可能是书证了。

（三）视听资料与其他证据形式的联系与区别

1. 视听资料与物证的联系与区别。视听资料与物证同属实物证据，声音和影像的物质属性、特征和存在状况是物证，录像又可能是对物证的固定方式。而二者的区别在于视听资料的生动性、思想性和统一性。物证不具有思想性，书证和视听资料才有；物证也不生动，视听资料却是生动的、连续形象的画面；统一性是指生动、连贯的声音和影像是和思想内容结合在一起发挥证明作用的，物证不具备这个特征。

2. 视听资料与书证的联系与区别。静态的图像就是书证，都具有思想性。二者的区别在于视听资料的连贯性、生动性。这种"连贯性、生动性"可以提供给人们不同于书证的内容。比如，照片是书证，它所能反映的内容就具有局限性，录像则是视听资料，它给人们比书证更多的信息。讯问犯罪嫌疑人的过程要求全程录音、录像，而不能只拍照片也就是这个原因。

3. 视听资料与各种人证的联系与区别。视听资料可作为人证的固定方式，即人证内容和收集过程的记录；二者的区别在于视听资料的依赖性和统一性。人证是人对案件事实的感受，视听资料是用仪器设备捕捉的有关案件的情况，视听资料依赖仪器、设备，而人证不依赖；视听资料是声音、影像和内容的统一，人证只是内容，与声音影像无关。人证受主观干扰，而视听资料的仪器、设备不受主观干扰，更客观。

4. 视听资料与勘验、检查、辨认、侦查实验等笔录的联系与区别。视听资料可作为勘验、检查、辨认、侦查实验等侦查、调查行为的固定方式，是勘验、检查、辨认、侦查实验等笔录的内容、相关行为以及制作过程的音像记录；二者的区别在于视听资料的统一性。当音像资料只是反映勘验、检查、辨认、侦查实验等的内容时，它就是勘验、检查、辨认、侦查实验等笔录；当我们不但使用勘验、检查、辨认、侦查实验等的内容证明案情，而且还使用生动、形象的声和影，将这些声音和影像与反映的内容结合在一起证明案情时，就是视听资料。比如，勘验过程的录像如果只证明勘查的内容，则是勘验、检查笔录；如果还要证明是什么人、怎样勘查的，是否按照法定程序进行，勘查时出现了什么情况，则是视听资料。同一个音像材料，从两个不同的角度看就可能是两种证据。

（四）电子数据

电子数据是2012年修订《刑事诉讼法》时新增加的证据形式。虽然立法者将它与视听资料并列在一起，作为同一个项下的证据种类规定，但不能把它与视听资料作为同一种证据形式看待，如果视听资料可以等同或者涵盖电子数据，立法也就没有必要增加它了。尽管作为一种新型的利用不断发展的现代电子科技、计算机技术而形成的证据形式，它的内涵和外延、特征和功能都有待司法实践进一步的积淀、总结、提炼和检验，以下几项认识对于把握电子数据这种证据形式是必要的：

第一，电子数据一定是以电子形式为载体，以特定的数据为内容而发挥证明作用的。所谓电子形式，是指由介质、磁性物、光学设备、计算机内存或类似设备生成、传输、存储、复制、读取的任一信息的存在形式。所谓特定数据，是指可以被电子形式识别、计量、运算的数字、编码或者符号等信息。

第二，电子数据一定有着不同于其他八种证据的特有的发挥证明作用的机理和空间。如果电子数据不能和其他证据形式区分开而互有交叉、重合，这种证据的独立性将受到怀疑。

第三，电子数据存在于虚拟空间，一定要借助具备自动处理数据功能的系统，如计算机、网络设备、通信设备、自动化控制设备等，才能被使用而进入诉讼领域。

第四，电子数据一定是实物证据。

电子数据具有依赖性、实在性、隐蔽性、易删改等特点，可以预见，随着科技的进步，社会的发展，尤其是计算机技术和互联网络技术的广泛运用，电子数据这种证据形式在诉讼中的使用会越来越普遍。

第三节 刑事证据的分类

刑事证据的分类，是在理论上依据不同的标准，对刑事证据分别进行的类别划分。在证据法学看来，它同法律上规定的刑事证据的种类（证据的表现形式）是两个理论领域的问题。

一、原始证据与传来证据

原始证据与传来证据的划分，其依据是案件事实在证据上的反映是初始反映还是再反映。凡是对案件事实初始反映的证据就是原始证据。凡是对案件事实再反映的证据就是传来证据。

证据是案件事实在客观外界的反映，当这种反映是最初的，便形成了原始证据；当证据上所反映的案件事实不是来自证据形成时的最初反映，而是对最初反映的再反映，这样形成的证据就是传来证据。伴随着案件的发生、发展而形成的物证的原物、书证的原件，司法人员讯问犯罪嫌疑人或被告人所获得的口供，询问目击者所获得的证人证言等，都是原始证据。传来证据往往是由原始证据派生而来的，书证的抄件或复印件、物证的照片或模型、转述的证言等，都是传来证据。

原始证据与传来证据的划分，可以使人们清楚地认识到，由于证据源自案件事实的距离不同而对其可靠性所产生的影响。我国立法并没有绝对排斥传来证据的使用，而是要求尽可能地使用原始证据，只有当传来证据不能反映原始证据的内容、外形和特征的，才不能作为定案的根据。例如，最高人民法院、最高人民检察院、公安部、国家安全部、司法部《关于办理死刑案件审查判断证据若干问题的规定》（以下简称《死刑案件证据规定》）第8条规定："据以定案的物证应当是原物。只有在原物不便搬运、不易保存或者依法应当由有关部门保管、处理或者依法应当返还时，才可以拍摄或者制作足以反映原物外形或者内容的照片、录像或者复制品。物证的照片、录像或者复制品，经与原物核实无误或者经鉴定证明为真实的，或者以其他方式确能证明其真实的，可以作为定案的根据。原物的照片、录像或者复制品，不能反映原物的外形和特征的，不能作为定案的根据。据以定案的书证应当是原件。只有在取得原件确有困难时，才可以使用副本或者复制件。书证的副本、复制件，经与原件核实无误或者经鉴定证明为真实的，或者以其他方式确能证明其真实的，可以作为定案的根据。书证有更改或者更改迹象不能作出合理解释的，书证的副本、复制件不能反映书证原件及其内容的，不能作为定案的根据。"

二、控诉证据和辩护证据

依据刑事证据在证明体系中的不同证明作用倾向，可以把刑事证据分为控诉证据和辩护证据。凡是在证明体系中支持控诉倾向的证据就是控诉证据。凡是在证明体系中支持辩护倾向的证据就是辩护证据。

控诉证据又称攻击证据或不利于被告人的证据，是指那些能够证明被告人有罪、罪重或者应加重、从重处罚的证据。辩护证据又称防御证据或有利于被告人的证据，是指那些能够证明被告人无罪、罪轻或者应从轻、减轻免除处罚的证据。控诉证据和辩护证据的划分，有利于司法人员客观、全面地收集证据，防止先入为主和片面性。需要指出的是，刑事证据的控诉作用或辩护作用，只有在证明体系之中才能体现出来。孤立的证据，其证明作用往往是中性的。同一个证据，在不同的证据组合中，其证明作用有可能发生转化。

三、实物证据和言词证据

实物证据与言词证据的划分，是依据证据内容的不同表现形式。凡是通过人的感知和陈述表现的证据就是言词证据，凡是通过物质实体形态或对物质实体形态记录表现的证据就是实物证据。

言词证据又称人证，包括证人证言，犯罪嫌疑人、被告人的供述和辩解，被害人陈述和鉴定意见；实物证据又称广义的物证，包括物证、书证、勘验、检查、侦查实验等笔录和视听资料、电子数据。应当指出的是，我国刑事诉讼法将辨认笔录与勘验、检查、侦查实验等笔录规定在同一项证据种类中，是由于辨认笔录同勘验、检查、侦查实验等笔录一样，也是侦查或审判人员制作的，但是辨认笔录的内容和发挥证明作用的角度却与勘验、检查、侦查实验等笔录大不相同，勘验、检查、侦查实验等笔录是勘验、检查、侦查实验等行为的固定，是侦查或审判人员观察、验证痕迹、物证、现场的过程和结果的客观记载。而辨认笔录的内容则是被害人、证人、犯罪嫌疑人或被告人等辨认人识别、辨认有关人和物等的主观认识，其起到证明作用的是辨认人的主观意见。因此，辨认笔录应归入言词证据，即人证之列。言词证据与实物证据的划分，可以使司法人员充分注意到这两类证据的各自特点，以便更有效地运用这两类证据。

四、直接证据与间接证据

在刑事诉讼领域，传统的证据分类理论认为，直接证据和间接证据的划分依据是：某个具体的证据能否直接地、单独地说明犯罪嫌疑人被告人是不是犯罪行为的实施者。凡是能够直接地、单独地说明犯罪嫌疑人、被告人是或不是犯罪行为实施者的证据就是直接证据；凡是间接地、需要与其他证据结合起来才能说明犯罪嫌疑人、被告人是或不是犯罪行为实施者的证据就是间接证据。

关于直接证据和间接证据的划分，下列问题还应得到进一步说明：

第一，直接证据所单独揭示或说明的，间接证据不能单独揭示或说明的不是刑事案件主要事实中的任何一部分或某一情节，往往也不是案件主要事实的全部和大部，而是犯罪嫌疑人、被告人是否是犯罪行为的实施者这一案件的最主要事实，并且只是说明或揭示即可，并不要求达到证明的程度。

第二，直接证据与间接证据的命名，不是依据证据是不是犯罪嫌疑人、被告人直接留下的，也不是指是否是司法人员直接收集的，也不是看某个证据对案件事实有无直接的证明作用，更不是人为地抬高直接证据的证明作用，贬低间接证据的证明作用。

第三，由于诉讼目的和证明要求的不同，直接证据和间接证据的划分，在不同性质的诉讼领域里（如民事诉讼、行政诉讼），对于证明不同的待证事实，有着不同的情形。上述直接证据和间接证据的划分，仅适用于刑事诉讼领域认定犯罪嫌疑人或被告人被指控的犯罪事实是否成立。

第四，按照我国法律的有关规定，在没有直接证据的情况下，若干个按照一定规则组合起来的间接证据，也可以成为定罪量刑的依据。例如，《死刑案件证据规定》第33条规定："没有直接证据证明犯罪行为系被告人实施，但同时符合下列条件的可以认定被告人有罪：（一）据以定案的间接证据已经查证属实；（二）据以定案的间接证据之间相互印证，不存在无法排除的矛盾和无法解释的疑问；（三）据以定案的间接证据已经形成完整的证明体系；（四）依据间接证据认定的案件事实，结论是唯一的，足以排除一切合理怀疑；（五）运用间接证据进行的推理符合逻辑和经验判断。根据间接证据定案的，判处死刑应当特别慎重。"

仅凭间接证据定案时应当遵守的规则可以概括为：各个间接证据之间，必须协调一致、没有矛盾；据以定案的间接证据必须形成完整的、封闭的证明体系；由间接证据证明体系所得出的结论必须是唯一的、确凿无疑的，并且足以排除得出其他结论的可能性。

第四节 刑事证明

一、刑事证明的概念

作为刑事诉讼法学和证据法学的学科范畴，刑事证明是指刑事控辩双方（包括公诉人、自诉人及其代理人、被告人及其辩护人）在审判过程中，依照法定程序和要求，向审判机关提出并运用证据阐明待证事实，论证诉讼主张的活动。

对于刑事证明还有一种较为广义的理解，即认为刑事证明是办理刑事案件的专门机关和当事人运用证据认定案件事实的活动。这种理解认为刑事证明贯穿于侦查、提起公诉、审判等刑事诉讼活动始终，包括收集证据、审查判断证据和运用证据认定案件事实全过程，侦查机关、检察机关、审判机关和当事人都是证明主体。

作为一般意义的通常用语，"证明"一词的语义，可以做上述较为广义的理解，甚至可以做更为广义的解释。因为，无论侦查机关、检察机关、审判机关，还是当事人，都要运用证据来"证明"案件事实，以完成自己的诉讼职责或实现自己的诉讼目的。但是，作为刑事诉讼法学的学科范畴，刑事证明却不能做通常语词意义的解释，而应当作严格意义的归纳和提炼。因为刑事证明这一范畴，是刑事证明主体、刑事证明对象、刑事证明责任及刑事证明标准理论构建的基础，事关现代诉讼模式与传统诉讼制度的分野，对于准确把握各诉讼主体的职能，区分"查明"和"证明"的活动方式，辨析侦查中心主义与审判中心主义诉讼模式，理解认识活动和诉讼行为的法律性质、诠释客观真实和价值选择统一的理念都具有重要意义。

作为学科范畴的严格意义上的刑事证明,仅存在审判阶段,审前的侦查、提起公诉阶段是为刑事证明做准备;审判机关不是证明主体,不承担证明责任,证明主体只包括承担控辩职能的公诉人、自诉人及其代理人、被告人及其辩护人。

二、证明对象

所谓证明对象,又称待证事实,是指诉讼中需要运用证据加以证明的案件事实。从证据法的意义上说,案件事实包括待证事实和免证事实,免证事实一般包括司法认知、推定和自认。明确证明对象对于准确、及时、全面地查清案件事实,提高办案质量,有着十分重要的意义。

刑事诉讼中证明对象的具体范围,归纳起来,包括实体法事实、程序法事实和证据事实三大方面需要运用证据加以证明的案件事实。

(一) 实体法事实

由于刑事诉讼的直接目的,就是要解决被告人的刑事责任问题,因此,涉及实体法方面的事实,即与定罪量刑相关的事实,就成为证明对象的核心部分。诸如,犯罪行为是否发生,何人作案;作案时间、地点、手段、方法、动机、目的、危害后果等;有无依法应当从重、减轻、从轻及免除处罚情节;被告人的履历、一贯表现、作案后的态度以及法律规定的有关犯罪主体方面的情况;以及其他对定罪量刑有影响的事实和情节。

(二) 程序法事实

涉及程序法方面的事实。诸如,是否应当采取强制措施的事实,有关回避、诉讼期间、送达以及其他应当查明的程序方面的事实。

(三) 证据事实

证明对象是依靠证据来证明的,但证据自身的真实性和证明力,也需要证明。证明过程就是这样一个循环往复的有机过程。因此,证据事实也是证明对象之一。只有经过查证属实的证据才能作为定罪量刑的依据。

三、证明要求

证明要求是公安司法人员在诉讼中运用证据证明案件事实需要达到的标准或程度。达到了证明要求,才能是完成证明任务。证明要求应当是由法律明确规定的。对于证明要求,应当着重理解如下问题:

(一) 不同证据制度的不同证明标准

不同的证据制度,对于证明过程所要达到的标准要求是不同的。在神示证据制度下,人们愿意相信神灵的启示是最高的证明标准。封建社会的法定证据制度,要求证明过程达到法律预先规定的形式上的真实。在自由心证制度下,证明要求是达到法官的内心确定无疑。我国刑事诉讼法规定,办理刑事案件的专门机关对案件事实的确定,要达到证据的"确实、充分"。

(二) 如何理解"确实、充分"

确实,是从质的方面提出要求,是指证据要真实、可靠;充分,是从量的方面提出要求的,是表示证明某一案件事实的证据要达到足够的量。质和量相结合,达到能够确定案件事实的程度,就达到了法律上的确实、充分的要求。确实、充分并不是说证据种类的齐全,也不要求达到多少规定的指标,只要对确定某一案件事实达到足够的证明力就可以了。关于被告人犯罪事实的认定问题,《死刑案件证据规定》第5条规定:"证据确实、充分是指:(一) 定罪量刑的事实都有证据证明;(二) 每一个定案的证据均已经法定程序查证属实;(三) 证据与证据之间、证据与案件事实之间不存在矛盾或者矛盾得以合理排除;(四) 共同犯罪案件中,被告人的地位、作用均已查清;(五) 根据证据认定案件事实的过程符合逻辑和经验规则,由证据得出的结论为唯一结论。"2012年修订的《刑事诉讼法》第53条第2款规定:"证据确实、充分,应当符合以下条件:(一) 定罪量刑的事实都有证据证明;(二) 据以定案的证据均经法定程序查证属实;(三) 综合全案证据,对所认定事实已排除合理怀疑。"

(三) 不同诉讼阶段有着不同的证明要求

不同诉讼阶段的"证明"一词应该是在广义上使用的,因为作为刑事诉讼法学和证据法学范畴的严格意义的"证明"只存在审判阶段。在不同的诉讼阶段上所要完成的诉讼任务是各不相同的,国家专门机关及其人员做出各种诉讼行为也各有目的,对各种诉讼行为应具备的案情基础也会有所差别。因此,在诉讼不同阶段上,公安司法人员作出各种处理决定时的证明标准,必然有着程度的不同。比如,立案时的证明要求就应低于起诉时的证明要求,侦查终结时的证明要求就应高于采取强制措施时的证明要求。

四、证明责任

证明责任又称举证责任,它是古代罗马法就已经确立的一项诉讼规则。它的基本含义是:在诉讼中提出独立诉讼主张的当事人一方,应当同时提出证据证明自己的主张成立,否则,就将承担败诉的风险。举证责任的典型公式是:谁主张谁举证。这一诉讼规则被当今世界各国普遍采用。

我国的刑事诉讼立法也确立了这一原则。2012年《刑事诉讼法》第49条明确规定:"公诉案件中被告人有罪的举证责任由人民检察院承担,自诉案件中被告人有罪的举证责任由自诉人承担。"同时,第50条还强调,"不得强迫任何人证实自己有罪"。这就意味着在刑事诉讼中证明责任由控方承担。被告方一般不负举证责任,当公诉机关或者自诉人不能够提出充足的证据证明自己的指控成立时,将承担不利的法律后果。对于刑事诉讼的证明责任,以下问题应当进一步明确:

第一，证明责任与举证责任是同一概念。从字面上看，"举证责任"强调的是"举"，即提出证据，只要提出了证据就算尽到了责任；而证明责任就不仅限于"举"了，不光要举出证据，所举出的证据还得被采纳，达到"证明"的程度，才算履行了责任。但是，只要我们对这一诉讼规则的立法意图稍加分析，便不难发现，举出的证据若达不到证明的程度，就不能算做尽到责任。只"举"不"证"，于诉讼毫无意义，这不能是立法的本意，也不符合这一古老规则的本来含义。举出的证据一定要达到证明的程度，才算尽到责任。"举证"与"证明"，两个责任不可分割。从这个意义上说，举证责任与证明责任是一回事。

第二，审判机关不负证明责任。在国内的证据理论界，长期以来存在着一种误解，认为作为审判机关的人民法院也负有证明责任。许多教材和论著都持这一观点。理由是当事人举出的证据要由人民法院加以认定，最终完成证明任务；同时，法律还赋予了人民法院主动收集证据、认定证据的职权。因此得出审判机关也负有证明责任的结论。在知晓了举证责任的本来含义，明确了举证责任与证明责任的关系之后，这个问题就不难解决了。诚然，当事人举出的证据要由法院加以认定，这是宪法和法律赋予人民法院的职权，其他任何机关、团体和个人均无此权力。但却不能因此得出法院也负证明责任的结论。因为无论法院审判职权行使得好坏，审判机关永远不会承担败诉的风险。举证责任（证明责任）是一个完整的诉讼规则，"举出"证据和加以"证明"两个环节不能割裂，不可分开。法院具有调查、认定证据的权力，是完成审判任务所必需的，是国家审判权的重要内容之一。审判职权与举证责任（证明责任）完全是两个领域的问题。审判机关不负证明责任。

第三，举证责任的立法分配。"谁主张谁举证"是举证责任的一般规则，这一规则并不排斥法律对举证责任的特别分配。比如，巨额财产来源不明案的举证责任法律就分配给了被告人。另外，当自诉案件的被告人提出反诉后，他便要承担起反诉案件的证明责任，因为，这时他已经成为反诉案件的控告人了。

五、非法证据排除规则

2012年《刑事诉讼法》重申并提炼了最高人民法院、最高人民检察院、公安部、国家安全部、司法部《关于办理刑事案件排除非法证据若干问题的规定》的有关条款，明确规定：采用刑讯逼供等非法方法收集的犯罪嫌疑人、被告人供述和采用暴力、威胁等非法方法收集的证人证言、被害人陈述，应当予以排除。收集物证、书证不符合法定程序，可能严重影响司法公正的，应当予以补正或者作出合理解释；不能补正或者作出合理解释的，对该证据应当予以排除。在侦查、审查起诉、审判时发现有应当排除的证据的，应当依法予以排除，不得作为起诉意见、起诉决定和判决的依据。并且规定了对非法证据的调查核实、庭审程序及其举证责任。2012年《刑事诉讼法》第55条至第58条规定，人民检察院接到报案、控告、举报或者发现侦查人员以非法方法收集证据的，应当进行调查核实。对于确有以非法方法收集证据情形的,应当提出纠正意见;构成犯罪的,依法追究刑事责任。法庭审理过程中,审判人员认为可能存在以非法方法收集证据情形的,应当对证据收集的合法性进行法庭调查。当事人及其辩护人、诉讼代理人有权申请人民法院对以非法方法收集的证据依法予以排除。申请排除以非法方法收集的证据的,应当提供相关线索或者材料。在对证据收集的合法性进行法庭调查的过程中,人民检察院应当对证据收集的合法性加以证明。现有证据材料不能证明证据收集的合法性的,人民检察院可以提请人民法院通知有关侦查人员或者其他人员出庭说明情况;人民法院可以通知有关侦查人员或者其他人员出庭说明情况。有关侦查人员或者其他人员也可以要求出庭说明情况。经人民法院通知,有关人员应当出庭。对于经过法庭审理,确认或者不能排除存在以非法方法收集证据情形的,对有关证据应当予以排除。由此,我国刑事诉讼中非法证据排除规则正式确立。

第十一章 立案程序

第一节 立案的概念、任务和意义

一、立案概念

立案,是指公安机关、人民检察院和人民法院对于报案、控告、举报和自首的材料以及自行发现的案件线索,按照管辖范围进行审查,并依法决定是否作为刑事案件交付侦查或审判的诉讼程序。

刑事案件的立案是国家赋予侦查机关和人民法院的职权,其他任何机关、团体、企事业单位和公民个人都无权行使,否则就是违法行为。

立案程序是刑事诉讼的开端程序,它是由相应的诉讼环节组成的,包括对立案材料的接受、审查、决定三个环节。其中,接受和审查有关材料是作出决定的前提和基础,立案决定则是审查的处理结果。

二、立案任务

根据2012年《刑事诉讼法》第110条的规定,立案的主要任务是对报案等材料进行审查,以决定是否开始追诉的问题,具体包括以下几个方面的任务:

(一)接受并审查立案材料

公、检、法三机关在接到报案、控告、举报和自首等材料后,第一步需要完成的任务是对立案材料进行审查,以确定这些材料是否真实、可信,是否有犯罪事实存在,是否需要追究刑事责任。

(二)作出是否立案的决定

根据审查结果,依法判断是公诉案件还是自诉案件,作出立案、不予立案的决定。由于公诉程序与自诉程序不同,因此,对立案材料进行审查后,应当作出进一步的决定,其中,侦查机关对于符合公诉条件的案件,应当作出立案侦查的决定;人民法院对于符合自诉条件的案件,应当决定受理,进入审判程序。

(三) 分别处理案件

对接受立案审查的所有案件，立案机关依据法律作出立案与不立案的决定后，对作出不同决定的案件要采用不同的方式分别处理。

无论是公诉案件还是自诉案件，在立案时都应当严格履行法定的诉讼程序。根据有关法律规定，公、检、法三机关决定立案时，应当制作法律文书，办理法律手续，为后续的侦查、起诉、审判等诉讼活动做必要的准备工作。

三、立案意义

立案是刑事诉讼活动的起始程序，其意义主要是：

(一) 立案是刑事诉讼的开启程序

无论是公诉案件还是自诉案件，立案都意味着刑事诉讼活动的开始，没有立案就没有刑事诉讼。对公诉案件来讲，只有立案，侦查机关才能动用国家强制力展开侦查活动。对于自诉案件而言，只有立案，人民法院才能依法定程序进行审判活动，才能及时保护被害人的合法权益。

(二) 立案是刑事诉讼的第一道过滤程序

通过立案审查，甄别立案材料中案件的性质、真实性、严重性。具体来讲，立案机关要初步辨明以下事实：一是案件性质，是否为刑事案件；二是对于公诉案件是否需要侦查；三是案件的管辖范围。

(三) 决定立案是启动侦查或审判程序的法律标志

正确及时作出立案决定，可以为侦查、审判活动的开始和进行提供必要的事实根据和法律依据，为侦查、审判活动的顺利进行奠定前提和基础。对于公诉案件而言，立案还意味着启动侦查程序，侦查机关可以行使法律赋予的侦查权开展侦查活动。

综上所述，立案作为一个独立的诉讼程序既具有保障无辜的人免受刑事追究的功能，又能及时有效掌握、控制犯罪行为，避免继续发生危害社会的后果，保护被害人合法权益，同时还可以有效引导侦查、审判机关及时开展诉讼活动，为进一步办理案件打下良好基础。

第二节 立案的材料来源和条件

一、立案材料来源

修改后的刑事诉讼法对立案材料的来源进行了重新归类，使之更加科学化、规范化。

立案材料来源具体分为四种：

(一) 单位和个人的报案、举报

报案和举报是立案最主要的材料来源之一。2012 年《刑事诉讼法》第 108 条第 1 款规定:"任何单位和个人发现有犯罪事实或者犯罪嫌疑人,有权利也有义务向公安机关、人民检察院或者人民法院报案或者举报。"该条规定将报案或者举报的主体划分为单位和个人两种。此外,人民群众发现、抓获现行犯扭送到公安司法机关同样也是立案的材料来源。

(二) 被害人的报案、控告

被害人是犯罪行为直接侵犯的对象。因此,一般情况下被害人最了解案件情况,特别是有些案件的细节情况,只有被害人才有可能知道。被害人的报案、控告往往是立案的重要依据。但是,由于各种原因,被害人报案、控告容易存在失真性,因此,对被害人的报案、控告要及时、详细记录下来,并认真审查。

(三) 犯罪人的自首

根据刑法的有关规定,自首,是指犯罪分子犯罪后自动投案,如实供述自己罪行的行为。如果在被采取强制措施后的犯罪嫌疑人、被告人或者正在服刑的罪犯,能够如实供述司法机关还未掌握的本人其他罪行的行为,也应视为自首。

(四) 公安机关、人民检察院自行发现的犯罪事实或犯罪嫌疑人

公安机关、检察机关在履行各自工作职责和办理刑事案件时,经常会发现其他的刑事案件或获取有关的犯罪线索。这类材料当然也是立案的材料来源,但在审查时要特别注意防止主观臆断。

二、立案条件

立案条件,是指法律对构成刑事案件所界定的尺度。办案机关掌握了某些材料并不表示一定确立为刑事案件,是否需要立案,须建立在对立案的材料来源进行审查的基础上,对其中符合法律规定的才能立案。

2012 年《刑事诉讼法》第 110 条规定:"认为有犯罪事实需要追究刑事责任的时候,应当立案。"这一规定包含以下两方面的法律含义:

(一) 认为有犯罪事实

立案的条件之一是"认为有犯罪事实"。它是确定立案的法律依据。在立法上明确注明了"认为"二字,表明它只是一种初步的判断。在具体掌握执行时,需要明确以下两点:

1. 对"认为"的理解上既不能过宽也不能过窄。

首先,在衡量是否符合立案条件时,如果丢掉"认为"二字,仅强调必须有犯罪事实,会使一些犯罪证据尚不充足的案件无法立案;反之,如果将法律上规定的"认为"理解为可以主观臆想,是否立案由办案人员根据自己的感觉随意决定,必然会出现立案扩大化的现象。

其次,对"认为"的主体要有正确的认识。法律上规定的"认为"不是指

报案、控告、举报的单位和个人或者自首人自认为有犯罪事实,而是指公安司法机关认为有犯罪事实存在。如果仅是报案、控告、举报的单位和个人或者自首人自认为有犯罪事实,而办案机关经过审查,认为不构成刑事案件时,办案机关就可以作出不立案的决定。

最后,法律上把"认为"作为立案的一个条件,不是只强调主观判断而忽视客观根据,而是要以客观事实作为立案或不立案的根据。法律上之所以规定"认为",是因为诉讼活动刚开始,无法要求办案人员完全了解案情,弄清事实真相,从客观事实出发,才作出这种规定。

2. "认为"的内容是指有"犯罪事实"存在。至于违反党纪、政纪后不道德的行为或者轻微的违法行为等尚未构成犯罪的行为,都不在此列。

(二) 需要追究刑事责任

立案的第二个条件是"需要追究刑事责任"。反过来讲,如果确认已经发生了犯罪事实,但是依法不需要追究刑事责任的,则不应当立案。

《刑事诉讼法》第15条规定了不应当追究刑事责任的六种情形:

1. 情节显著轻微、危害不大,不认为是犯罪的;
2. 犯罪已过追诉时效期限的;
3. 经特赦令免除刑罚的;
4. 依照刑法告诉才处理的犯罪,没有告诉或者撤回告诉的;
5. 犯罪嫌疑人、被告人死亡的;
6. 其他法律规定免予追究刑事责任的。

凡符合上述六种情形之一的,不追究刑事责任。已经立案的,应当撤销案件;反之,如果已经发生的犯罪事实不属于上述六种情形之一的,则说明必须追究刑事责任,而不得以任何其他理由不予立案。这说明,立案或者不立案必须符合法定条件,具有国家强制力,而不是任何部门或者个人的权利。

刑事诉讼法对立案条件规定得较为原则。司法实践中,各种案件的社会危害程度不同,其中有些案件已经达到需要追究刑事责任的程度,立案后的侦查、审判都可直接对被告人追究刑事责任。而有些事件或轻微的刑事案件不需要追究行为人的刑事责任。究竟是否立案,还应当有具体标准。为此,最高人民法院、最高人民检察院和公安部根据刑法规定的各类犯罪的构成要件,结合各自管辖的案件范围,制定了具体的立案标准,它是对立案条件的具体化。

刑事诉讼中实际掌握的立案标准,要比刑法中的定罪标准低。这是因为,案件的危害性到底有多大?性质究竟有多严重?在立案时还不甚明了。而刑法中规定的定罪标准是在人民法院审理案件后,已经查清犯罪事实的情况下使用的定罪标准。所以,立案标准与审理后的定罪标准不应当要求一致。

第三节 立案程序

立案程序,是指刑事诉讼法规定的立案活动的步骤和形式。立案程序包括对于立案材料的接受、审查和处理三个部分。

一、立案材料的接受

根据2012年《刑事诉讼法》第108条第3款的规定,公安机关、人民检察院或者人民法院对于报案、控告、举报,都应当先接受,不能借口管辖分工或其他理由相互推诿、拖延甚至拒绝。对于确不属于本部门管辖的立案材料,应当先接受下来,再移送有管辖权的部门或移送主管部门处理,并将移送情况通知报案人、控告人、举报人。对于不属于本部门管辖而又必须采取紧急措施的,应当先采取紧急措施控制局面,减轻或消除现存的社会危险性,防止犯罪分子继续行凶、自杀、逃跑,然后再将案件材料移送有管辖权的部门。

接受的材料可以是口头的,也可以是书面的。对于口头报案、控告、举报,应当由工作人员写成笔录,经当面对报案人、控告人、举报人宣读无误后,由其签名或者盖章。必要时,公、检、法三机关在接受口头报案、控告、举报时,可以录音。

接受控告、举报的工作人员,应当当场向控告人、举报人说明诬告应负的法律责任。但是,只要不是捏造事实,伪造证据,即使控告、举报的材料与案件事实有出入甚至是错告的,也要和诬告严格加以区别。

为了保障报案人、控告人、举报人及其近亲属的安全,2012年《刑事诉讼法》第109条第3款规定:"公安机关、人民检察院或者人民法院应当保障报案人、控告人、举报人及其近亲属的安全。报案人、控告人、举报人如果不愿公开自己的姓名和报案、控告、举报的行为,应当为他保守秘密。"保守秘密的时间不只限于侦查期间。这样规定是为了解除人们因举报、控告而遭到打击报复的忧虑和担心。

二、立案材料的审查

对立案材料的审查是一种法律行为。根据刑事诉讼法的有关规定,公安机关、人民检察院、人民法院对于报案、控告、举报和自首的材料,应当按照管辖范围,迅速进行审查。这表明只有公、检、法三机关才有对立案材料的审查权。

审查是决定立案的关键环节。立案程序中最大量、最主要的工作就是对立案材料的审查,审查材料的过程就是确认有关犯罪事实和分析判断该犯罪事实是否达到需要追究刑事责任的程度。因此,立案与否取决于对立案材料审查的结果。

根据实践中的问题，公安机关对立案审查的内容、方式、期限等又作出了进一步的规定。

（一）审查的内容

接受案件或者发现犯罪线索后，应当立即审查以下内容：

1. 是否有犯罪事实。具体指是否发生了犯罪事实，应当依据现有证据，对于证据尚不充足，不能确定是否发生了犯罪事实，应当先进行初查，不宜径行认定没有犯罪事实。

2. 是否达到刑事案件立案标准。目前，公安部单独或与有关司法机关共同制定了部分刑事案件的立案标准，一些地方公安机关也制定了适用于本地区的立案标准。对于没有立案标准的，可以参照相关司法解释规定的最低起刑点确定立案标准。没有相关司法解释的，可以综合有关情况，并与人民检察院、人民法院协商后确定。

3. 是否符合案件管辖规定，即是否属于本单位管辖。

（二）审查的方式

由于刑事诉讼法中对立案审查的方式没有作出明确规定，所以，在立案审查过程中，时常发生使用强制措施或强制性措施进行审查的情况，这种做法极易侵犯公民的合法权益。为此，公安部专门作出了初查规定。初查不是侦查，而是立案审查的一种方式。它作为一个新提出的法律概念最早出现在1995年最高人民检察院《关于要案线索备查、初查的规定》中，1999年《人民检察院刑事诉讼规则》对此进行了详细规定。公安机关参考有关规定，在立案审查中提出了初查，即公安机关对案件事实或者线索不明，应当进行初查的，经办案部门负责人在《接受刑事案件登记表》或者其他文书上批示同意，可以进行询问、查询、勘验、鉴定、调取证据材料等不限制被查对象人身、财产权利的措施。①

实际上，这里规定了三个方面的内容：一是初查的条件。只要案件事实或者线索不明，判断可能发生了刑事案件的，即应进行初查。二是初查的批准程序。初查应经办案部门负责人批准，民警个人无权决定初查。三是初查的方式。由于尚未立案，初查只能采取不限制被查人人身自由、财产权利的方法。

当然，初查不是立案的必经程序，只是根据案情，认为需要初查的，才进行初查。这个规定充分体现了侦查机关在诉讼活动中对人权的尊重和保障。

（三）审查的期限

过去，无论是在刑事诉讼法中还是在有关的司法解释等规定中对"审查"的要求都是"迅速"，但未明确规定具体期限。由于各种案件差别很大，很难作

---

① 公安机关有关立案"初查"的规定是在参考《人民检察院刑事诉讼规则》第127条、第128条及《公安机关办理经济犯罪案件的若干规定》第8条规定的基础上制定的。

出统一规定,因此,《公安机关执法细则》① 对一些案件的审查期限作出了明确规定:

1. 对行政执法机关移送的案件,自接受案件之日起 3 日内,依法审查并作出是否立案的决定。

2. 接受涉嫌经济犯罪线索的报案、控告、举报、自首后,应当在 7 日内进行审查,并决定是否立案;重大、复杂线索,经县级以上公安机关负责人批准,立案审查期限可延长至 30 日;特别重大、复杂线索,经地(市)级以上公安机关负责人批准,立案审查期限可延长至 60 日。

3. 对危害国家安全和社会政治稳定,需要建立专案开展侦查的案件,立案审查期限按照专案侦查的有关规定执行。

4. 上级公安机关指定管辖或者书面通知立案的,应当在指定期限内立案侦查。

5. 对接受的其他案件,应当及时进行审查,作出是否立案的决定。报案、控告、举报人在立案审查期间查询立案情况的,应当及时回复。

对其他案件,公安机关应当本着及时原则,不得久拖不决,更不能互相推诿扯皮。对报案、控告、举报人在立案审查期间查询案件情况的,无论审查结果如何,都应当及时回复,以保护当事人的知情权,避免发生纠纷。

(四) 对来源不明、匿名举报材料的审查

司法实践中有时遇到来源不明、匿名举报犯罪事实的材料,对于这种材料可否直接立案?根据刑事诉讼法的有关规定,对于上述情况,不可直接立案,必须经过审查。在审查中,如果发现情况可疑,确有侦查的必要,即使不知举报人是谁,材料从何而来,也可以立案。但是如果经过审查,不符合立案的条件,即使搞清了材料的来源,也不能立案。

三、立案材料的处理

根据审查的情况,公安机关、人民检察院和人民法院应当分别提出立案、不立案决定的意见,并报本机关有关主管负责人审查批准。

(一) 决定立案

1. 公安机关的立案程序。

(1) 呈批。对符合立案条件的,办案部门应当制作《呈请立案报告书》,连同《接受刑事案件登记表》等受案材料,报县级以上公安机关负责人批准。

(2) 决定。县级以上公安机关负责人批准立案的,办案部门制作《立案决定书》。县级以上公安机关负责人直接在《接受刑事案件登记表》或者其他文书上批示立案侦查的,不再制作《呈请立案报告书》,直接制作《立案决定书》。

---

① 公安机关有关立案审查期限的规定是在参考《公安机关办理经济犯罪案件的若干规定》第 6 条规定及《行政执法机关移送涉嫌犯罪案件的规定》第 8 条的基础上制定的。

(3) 通知。对有报案、控告、举报、扭送人的，应当告知立案情况，但案件涉及国家秘密、共同犯罪、集团犯罪、黑社会性质组织犯罪等情况需要保密时，可视情不予告知。告知和不予告知情况，应当在《立案决定书》中注明。对行政执法机关移送的案件，依法决定立案后，书面通知移送案件的行政执法机关。

2. 检察机关的立案程序。人民检察院对自行侦查的案件经过审查后，同样应当填写《刑事案件立案报告书》，连同有关证据材料，报请主管检察长批准后，予以立案，并应当及时报上级人民检察院备案。

3. 人民法院的立案程序。人民法院直接受理的自诉案件，一般由人民法院立案庭的工作人员填写《立案审批表》，经本庭负责人批准后，移送刑事审判庭进行审理。

(二) 不予立案

公、检、法三机关对报案等材料经过审查后，认为没有犯罪事实，或者犯罪情节显著轻微不需要追究刑事责任，不符合立案条件的案件，应经本机关领导批准，不予立案。承办人员应制作《不予立案通知书》。

1. 公安机关不予立案的条件。

有下列情形之一的，不予立案：

(1) 没有犯罪事实的；

(2) 犯罪情节显著轻微不需要追究刑事责任，或者具有其他依法不追究刑事责任情形的。

2. 公安机关不予立案的程序。

(1) 呈批。对不予立案的，办案部门应当制作《呈请不予立案报告书》，连同《接受刑事案件登记表》等受案材料，报县级以上公安机关负责人批准。

(2) 决定。县级以上公安机关负责人批准不予立案的，对于有控告人的案件，制作《不予立案通知书》。县级以上公安机关负责人直接在《接受刑事案件登记表》或者其他文书上批示不予立案的，不再制作《呈请不予立案报告书》，对于有控告人的案件，直接制作《不予立案通知书》。

(3) 通知。将《不予立案通知书》在7日内送达控告人。对报案、举报、扭送人，及时告知不予立案的决定。对行政执法机关移送的案件，应当在接受案件之日起3日内，将《不予立案通知书》送达移送案件的行政执法机关，退回相应案卷材料。

第四节 立案监督

立案标志着刑事追诉的开始，其后将依法开展侦查、起诉、审判等一系列诉讼活动。因此，立案是一项严肃的诉讼行为。除了《刑事诉讼法》第15条规定的六种情形之外，凡是已经发生了犯罪事实，需要追究刑事责任的，都必须依据刑事诉讼法的规定进行立案。但是，由于某些原因，在实践中存在应当立案而不立案的现象，致使某些犯罪分子逍遥法外，被害人权益得不到及时保障。为了防止此类现象的发生，刑事诉讼法授权人民检察院对公安机关的立案实施法律监督。同时，授权被害人在特殊情况下可以直接向人民法院提起自诉，启动私利救济。从目前我国法律的有关规定看，立案监督的途径主要有以下几种：

一、控告人的复议

控告人对不予立案决定不服，向原决定的公安机关申请复议的，原决定的公安机关应当在收到复议申请后 10 日内作出决定，制作《复议决定书》并送达控告人。

二、移送案件的行政执法机关复议

移送案件的行政执法机关认为公安机关应当依法决定立案，提请作出不予立案决定的公安机关复议的，作出不予立案决定的公安机关应当自接到行政执法机关提请复议的文件之日起 3 日内作出立案或者不予立案的决定，制作《复议决定书》并送达移送案件的行政执法机关。

三、人民检察院对公安机关违法立案和有案不立的监督

最高人民检察院、公安部联合印发的《关于刑事立案监督有关问题的规定（试行）》（以下简称《立案监督规定》）共 14 条，明确赋予检察机关对违法立案和有案不立的监督权，并对刑事立案监督工作中涉及检察机关、公安机关工作关系的重大问题作了明确和细化。它对进一步强化刑事立案监督工作，确保依法准确打击犯罪，维护公民、法人和其他组织的合法权益，维护社会公平正义，促进社会和谐稳定具有重要意义。

该规定一是明确建立了立案监督的投诉机制；二是完善了违法立案和有案不立两个方面的立案监督。

（一）立案监督的投诉机制

1. 投诉线索来源。检察机关对应当立案而不立案进行监督的线索来源主要有接受投诉和自行发现。该规定要求，被害人及其法定代理人、近亲属或者行政执法机关，认为公安机关对其控告或者移送的案件应当立案侦查而不立案侦查，向检察机关提出的，检察机关应当受理并进行审查。同时，检察机关通过查阅刑事案件信息等，发现公安机关可能存在应当立案侦查而不立案侦查情形的，也应当依法进行审查。

2. 对该立不立的投诉的处理方式。《立案监督规定》第 5 条明确了检察机关对该立不立的投诉的四种处理方式：一是不符合刑事诉讼法规定的立案条件的，

应当及时答复投诉人或者行政执法机关;二是不属于被投诉的公安机关管辖的案件,应当将有管辖权的机关告知投诉人或者行政执法机关,并建议向该机关控告或者移送;三是公安机关尚未作出不立案决定的,由于被监督的事由尚未发生,不能启动立案监督程序,应当将投诉移送公安机关处理;四是经审查,认为有犯罪事实需要追究刑事责任,属于被投诉的公安机关管辖,且公安机关已作出不立案决定,符合立案监督条件的案件,经检察长批准,应当要求公安机关书面说明不立案理由。通过此条规定,对于投诉事项进行分流,有利于突出监督重点,增强监督实效。

由此可见,检察机关在受理被害人或者单位的投诉后,不应不加区别地一概向公安机关发出说明不立案理由通知书,而是先要对投诉的形式要件和实质内容进行审查,使一部分不符合条件的投诉以其他方式妥善处理,对符合条件的投诉则启动立案监督程序。

（二）违法立案和有案不立的监督

1. 所谓"违法立案",是指立案机关违反法律规定,对不应当立案案件而予以立案的情形。实践中,个别地方确实存在违反法律规定不应当立案而立案的情形,但是刑事诉讼法对这种情况如何监督没有明确规定,检察机关通常都是通过不批捕、不起诉来监督纠正。然而,有的案件由于某种原因不能进入检察机关审查环节,使得检察监督难以进行。《立案监督规定》明确了检察机关对"违法立案"进行监督的条件、范围和程序。

《立案监督规定》第6条规定,检察机关对投诉进行审查后,有证据证明公安机关可能存在违法动用刑事手段插手民事、经济纠纷,或者办案人员利用立案实施报复陷害、敲诈勒索以及谋取其他非法利益等违法立案情形,且已采取刑事拘留等强制措施或者搜查、扣押、冻结等强制性侦查措施,尚未提请批准逮捕或者移送审查起诉的,经检察长批准,应当要求公安机关书面说明立案理由。这表明,检察机关应当重点监督那些性质和危害比较严重的违法行为。

2. 人民检察院对公安机关有案不立的监督。

2012年修正的《刑事诉讼法》第111条规定:"人民检察院认为公安机关对应当立案侦查的案件而不立案侦查的,或者被害人认为公安机关对应当立案侦查的案件而不立案侦查,向人民检察院提出的,人民检察院应当要求公安机关说明不立案的理由。人民检察院认为公安机关不立案理由不能成立的,应当通知公安机关立案,公安机关接到通知后应当立案。"

上述规定表明,人民检察院对公安机关的立案监督分两步进行:

（1）要求说明不立案的理由。当人民检察院发现公安机关应当立案而不立案时,首先是要求公安机关说明不立案的理由。公安机关在接到人民检察院要求说明不立案理由的通知后,应当在7日内制作《不立案理由说明书》,经县级以上公安机关负责人批准后,通知人民检察院。

（2）通知立案。人民检察院如果认为公安机关不立案的理由不能成立时,即应通知公安机关立案。通知立案是法律监督的具体体现，具有严肃的法律效力。公安机关在接到人民检察院的立案通知后，不得再以任何理由不予理睬，而应当在15日内决定立案，并将立案决定通知人民检察院。

（三）刚性监督程序

《立案监督规定》第7条明确了公安机关说明不立案或者立案理由的时限、内容和形式；第8条明确了检察机关开展立案监督的调查职责，并对调查的方式和公安机关配合调查的义务提出要求。同时该条和第9条都明确了检察机关纠正违法和公安机关进行纠正的具体程序和期限。这些条文都是为了让《立案监督规定》真正落到实处。由此可见，从程序设计上凸显了刚性监督。

鉴于实践中少数公安机关对检察机关监督立案的案件存在立而不侦、侦而不结的问题，《立案监督规定》还明确了检察机关对刑事立案监督案件的后续督促、催办程序。

此外，《立案监督规定》还要求，检察机关在立案监督中，发现侦查人员涉嫌徇私舞弊等违法违规行为的，应移交有关部门处理；涉嫌职务犯罪的，依法立案侦查，从而形成刑事立案监督的合力。

四、被害人向人民法院直接起诉

根据2012年《刑事诉讼法》第204条第（3）项规定，对于被害人有证据证明对被告人侵犯自己人身、财产权利的行为应当依法追究刑事责任，而公安机关或者人民检察院不予追究被告人刑事责任的案件，可以由被害人直接向人民法院提起自诉。如果被害人已经死亡或丧失行为能力，则被害人的法定代理人、近亲属也有权向人民法院直接起诉。

对公安机关的立案行为加强法律监督，是人民检察院享有的法律监督职能的重要体现。是否立案是法定要求，是国家权力的具体体现，而不是个人权利的选择。从有关规定可以看出，立案监督主体是人民检察院和被害人。监督方式：一是人民检察院要求公安机关说明不立案的理由，如果认为其理由不能成立的，通知其立案；二是授权被害人在特殊情况下可以直接向人民法院提起自诉。

第十二章 侦查程序

第一节 侦查概述

一、侦查的概念和意义

(一)侦查的概念

何谓侦查,刑事诉讼法以条文的形式,在2012年修正的《刑事诉讼法》第106条中明确规定,"'侦查'是指公安机关、人民检察院在办理案件过程中,依照法律进行的专门调查工作和有关的强制性措施"。

侦查是刑事诉讼中的一个独立诉讼阶段,从立案后开始直至对案件作出撤销或者移送审查起诉的结论而终结的整个过程。侦查是刑事诉讼中的重要诉讼阶段,在此阶段要查获犯罪嫌疑人、查清犯罪事实和收集能够认定案件事实的确实充分证据。

侦查具有以下特征:

首先,侦查的主体是特定的。我国将侦查主体限定为公安机关、国家安全机关、人民检察院、走私犯罪侦查机关、军队保卫部门、监狱;其他任何机关、团体和个人都无权行使侦查权。

其次,各侦查主体负责侦查案件的范围是明确的。国家安全机关负责侦查危害国家安全的刑事案件,人民检察院负责侦查贪污贿赂犯罪以及国家工作人员的渎职等犯罪,军队保卫部门负责侦查军队内部发生的刑事案件,监狱负责侦查罪犯在监狱内的犯罪案件,其他案件则归公安机关负责侦查。

最后,侦查行为的方式是特定的。在我国,侦查行为的方式包括专门调查工作和有关的强制性措施。

(二)侦查的意义

侦查在刑事诉讼程序中处于极为重要的诉讼地位,人民检察院提起公诉的案件,绝大部分证据都是在侦查阶段收集的,犯罪嫌疑人也是在侦查阶段查获的。因此,侦查在刑事诉讼中具有重要意义。

1. 侦查是提起公诉案件的必经程序。立案是刑事诉讼的开始,但是在此阶段,犯罪事实还没有查清,犯罪嫌疑人也没有确定。关于犯罪事实的查清以及犯罪嫌疑人的确定和被查获,则要通过一系列侦查行为才能够完成。对犯罪行为提起刑事控诉所需要的证据,基本上都要通过侦查行为来获得。因此,对于需要侦查的刑事案件,侦查阶段起着承上启下的重要作用,是公诉案件立案后和提起公诉前的必经程序。

2. 侦查是揭露犯罪行为的重要手段。犯罪分子作案以后,总是想方设法逃避罪责,或者隐匿、毁灭、伪造证据,或者与同案人订立攻守同盟,或者继续犯罪危害社会。为有效地揭露各种犯罪行为,使犯罪人受到应有惩罚,就应及时、准确地查明犯罪事实,查获犯罪嫌疑人。侦查机关通过侦查活动,迅速破案,查获犯罪嫌疑人,就能够有效地惩治和制止犯罪,维护社会秩序,保护国家和集体的利益,保护公民个人合法权益,维护社会稳定。

3. 侦查是提起公诉和审判的基础与前提。提起公诉是建立在侦查活动基础上的,侦查活动的质量高低,直接关系到能否提起公诉或者能否获得胜诉。侦查工作质量高,就为批准逮捕、审查起诉、提起公诉奠定了良好基础,使整个刑事诉讼活动在最初阶段就进入正确轨道,使准确、及时地打击犯罪,保护无罪的人不受刑事追诉的刑事诉讼任务得以实现。如果侦查工作质量不高,就会直接影响到批捕工作、审查起诉工作和提起公诉工作的顺利进行,甚至会使真正的犯罪分子因为侦查工作的缺陷收集不到确实充分的证据而逍遥法外。

4. 侦查是社会治安综合治理的有力措施。打击犯罪活动和制止犯罪活动是社会综合治理的首要环节。通过侦查活动及时将犯罪嫌疑人查获,就可以防止其继续实施犯罪行为;通过侦查行为,可以发现可能导致犯罪的隐患和漏洞,并针对这些隐患和漏洞采取相应的补救措施,预防新的犯罪发生。

二、侦查的任务

侦查是整个刑事诉讼程序的基础,刑事案件中的大量证据是在侦查程序中获取的。侦查是查明案件事实、获得犯罪证据至关重要的阶段,直接关系到起诉、审判活动能否顺利完成。因此,在侦查阶段要完成以下几项任务:

(一)收集证据

收集证据是刑事诉讼的重要任务,也是刑事侦查的中心任务。刑事案件的侦查,从立案开始,直至勘验现场、调查询问、搜查、讯问犯罪嫌疑人,都是要收集能够证明案件真实情况的一切证据。有了确实充分的证据,才能判明犯罪事实是否存在及其情节轻重和危害程度,才能查明案件的真实情况,才能确定和查获犯罪嫌疑人。

(二)查明犯罪事实

查明犯罪事实是处理刑事案件的基础,也是侦查的重要任务。在侦查过程中，各种诉讼行为的进行都是围绕查明案情展开的。既要查明是否发生了犯罪事实，又要查明犯罪行为实施的时间、地点、手段、动机、目的、侵害的对象和造成的危害后果以及行为人实施危害社会行为时的年龄和精神状态。凡是根据我国刑法规定属于犯罪构成要件的事实和属于量刑情节的事实，都应当通过侦查予以查清。

（三）确定犯罪嫌疑人

在刑事案件中，部分案件是先发现犯罪嫌疑人，后查明有关犯罪事实的；而相当多的案件，在侦查初期，犯罪嫌疑人是隐藏、潜藏而不被侦查机关所掌握的。但是这些不被侦查机关掌握的犯罪嫌疑人，必然与案件的犯罪事实有着直接或者间接的联系。确定犯罪嫌疑人，就是在查明犯罪事实的基础上，揭露潜藏的犯罪嫌疑人并且予以确认。

（四）预防和减少犯罪

查明犯罪事实并确认犯罪嫌疑人以后，还应当根据案情和犯罪嫌疑人的情况，依照有关规定，采取必要的强制措施，以防止犯罪嫌疑人逃避侦查或者继续犯罪。同时，对于正在预备犯罪的案件，通过及时侦查，力争把犯罪控制在预备阶段，避免造成不应有的实际危害。此外，在侦查过程中，还应当结合破案，总结犯罪嫌疑人活动的特点和规律，发现和堵塞治安防范的漏洞，注意宣传、教育群众，协助有关部门做好预防犯罪工作。

三、侦查的要求

为了保证刑事案件的迅速侦破，准确及时地完成刑事侦查任务，进行侦查行为时，必须严格按照以下要求进行：

（一）迅速及时

侦查是一项时间性很强的诉讼活动，一定要抓住时机，迅速及时地进行，这样才有利于发现和收集证据，查明犯罪事实和查获犯罪嫌疑人。刑事案件发生以后，由于作案人的主观原因和客观原因，能够证实犯罪事实的各种证据，可能发生变化。这种变化随着时间的推移差异会更大，这就给案件的侦破以及最终正确处理案件带来一定的困难。

迅速及时是侦查工作在时间和时机上的要求，但必须依照法律规定的程序进行。不能只顾迅速及时，而不顾诉讼程序的法律规定，即迅速及时应当在法律规定的范围内进行。

（二）客观全面

所谓客观，是指尊重客观事实，按照客观事物的本来面目去认识案件事实，不能从侦查人员的主观想象推测出发去认识客观案件事实。所谓全面，是指客观事物的方方面面，侦查人员应当如实全面、不带有主观偏见地把案件事实的各个方面都尽量查清，不能不顾案件事实而根据自己的需要出发去获取案件的证据材料。要收集、调取犯罪嫌疑人有罪或者无罪、罪轻或者罪重的证据材料。

当然，全面并不是说案件事实的细枝末节与定罪量刑无关的事实都要查清，否则就是对全面的误解，就会造成司法资源的浪费，使侦查工作走向误区。

（三）深入细致

深入细致原则，是指侦查人员在进行侦查活动时，必须深入现场、耐心细致地进行勘验，深入群众中耐心向群众了解案件情况，虚心听取群众对案件事实的反映。

刑事案件发生以后，能够证明犯罪发生的各种证据，不可能自己主动地呈现在侦查人员面前，犯罪嫌疑人也不可能主动地将实施犯罪行为的过程，向侦查人员主动交代清楚，即使交代清楚，如果侦查人员不掌握其他证据，对犯罪嫌疑人也不能最终处理。深入细致原则是由刑事案件本身的复杂性和隐蔽性所决定的，也是查清案件事实的必由之路。

（四）保守秘密

保守秘密原则，是指在侦查过程中，严格禁止将案情、证据、当事人及诉讼参与人的有关情况向无关人员泄露。专门调查工作是同危害国家安全犯罪和其他刑事犯罪分子作斗争的有力手段，有其特殊的机密性。

在此阶段，案情可能尚未清楚，犯罪分子还未归案，证人、被害人被打击报复的危害尚未解除，过早地泄露或公布有关人证、物证等情况，对于侦查工作极为不利。

（五）程序合法

在侦查过程中，要求侦查人员严格遵守刑事诉讼法和其他有关法律关于程序的规定。这不仅是侦查质量和效率的保证，也是正当法律程序原则的根本要求。为了保证侦查活动顺利进行，及时揭露、证实犯罪，查获犯罪人，又不伤害无辜，必须严格依照有关刑事诉讼法律规定的程序进行。侦查人员必须增强法制观念，养成依法办事的习惯，自觉地维护法律的尊严，做到有法必依、执法必严。

第二节　侦查行为

一、讯问犯罪嫌疑人

（一）讯问犯罪嫌疑人的概念和意义

讯问犯罪嫌疑人，是指侦查人员为了查明案件事实和其他有关情况，以言词的方式对犯罪嫌疑人进行讯问的一种侦查行为。

讯问犯罪嫌疑人是侦查人员收集证据的一种手段，通过对犯罪嫌疑人的讯问，侦查人员可以了解犯罪事实真相，了解案件中的证据情况，发现新的犯罪事实和其他犯罪嫌疑人，为进一步收集其他证据提供线索以及与其他证据进行鉴别，以确定证据的真伪。

讯问犯罪嫌疑人还可以使侦查人员有机会听取犯罪嫌疑人的申辩，有利于保证犯罪嫌疑人辩护权利充分行使，有利于保障无罪的人和其他依法不应追究刑事责任的人免受刑事追诉。

通过对犯罪嫌疑人的讯问，还可以掌握某些犯罪活动的趋势和特点、犯罪者的心理活动，从而为预防和减少犯罪采取相应的对策提供参考依据。

（二）讯问犯罪嫌疑人的程序

讯问犯罪嫌疑人涉及对其人身自由的限制，也涉及通过讯问所获得的犯罪嫌疑人供述和辩解的证据能力。根据2012年《刑事诉讼法》第116条至第121条的规定，讯问犯罪嫌疑人应当严格遵守下列程序规定：

1. 讯问的主体。讯问犯罪嫌疑人必须由人民检察院或者公安机关的侦查人员负责进行。讯问的时候，侦查人员不得少于二人。除侦查人员以外，其他人员都无权对犯罪嫌疑人进行讯问。

2. 讯问的地点。一是案发现场；对在现场发现的犯罪嫌疑人，经出示工作证件，可以口头传唤，但应当在讯问笔录中注明。二是犯罪嫌疑人所在市、县内的指定地点或者到他的住处以及公安机关、人民检察院的办公场所；对不需要逮捕、拘留的异地犯罪嫌疑人，可以传唤、拘传到犯罪嫌疑人所在市、县内的指定地点或者到他的住处进行讯问，但是应当出示人民检察院或者公安机关的证明文件。对于本地传唤、拘传的犯罪嫌疑人，其讯问地点应当是公安机关、人民检察院的办公场所。传唤、拘传持续的时间不得超过12小时；案情特别重大、复杂，需要采取拘留、逮捕措施的，传唤、拘传持续的时间不得超过24小时。不得以连续传唤、拘传的形式变相拘禁犯罪嫌疑人。传唤、拘传犯罪嫌疑人，应当保证犯罪嫌疑人的饮食和必要的休息时间。三是犯罪嫌疑人被送交看守所羁押以后，侦查人员对其进行讯问，应当在看守所内进行。

3. 讯问的内容。侦查人员在讯问犯罪嫌疑人的时候，应当首先讯问犯罪嫌疑人是否有犯罪行为，让他陈述有罪的情节或者无罪的辩解，然后向他提出问题。犯罪嫌疑人对侦查人员的提问，应当如实回答。但是对与本案无关的问题，有拒绝回答的权利。侦查人员在讯问犯罪嫌疑人的时候，应当告知犯罪嫌疑人如实供述自己罪行可以从宽处理的法律规定。

4. 讯问笔录与书面供词。讯问笔录应当交犯罪嫌疑人核对，对于没有阅读能力的，应当向他宣读。如果记载有遗漏或者差错，犯罪嫌疑人可以提出补充或者改正。犯罪嫌疑人承认笔录没有错误后，应当签名或者盖章。侦查人员也应当在笔录上签名。犯罪嫌疑人请求自行书写供述的，应当准许。必要的时候，侦查人员也可以要犯罪嫌疑人亲笔书写供词。

5. 讯问过程录音录像。侦查人员在讯问犯罪嫌疑人的时候，可以对讯问过程进行录音或者录像；对于可能判处无期徒刑、死刑的案件或者其他重大犯罪案件，应当对讯问过程进行录音或者录像。录音或者录像应当全程进行，保持完整性。

6. 讯问聋、哑犯罪嫌疑人的要求。讯问聋、哑的犯罪嫌疑人，应当有通晓聋、哑手势的人参加，并且将这种情况记明笔录。讯问聋、哑或不通晓当地语言文字的犯罪嫌疑人，应当配备翻译人员参加，并在讯问笔录上注明犯罪嫌疑人的聋、哑或国籍、民族情况，以及翻译人员的姓名、工作单位和职业。

7. 拘留、逮捕的讯问时间。对被拘留、逮捕的犯罪嫌疑人，应当在拘留、逮捕后的 24 小时以内进行讯问。在发现不应当拘留、逮捕的情况时，应立即释放犯罪嫌疑人，发给释放证明。

侦查人员在讯问前，一般应当了解案件情况和证据材料，制订讯问计划，列出讯问提纲。

二、询问证人和被害人

（一）询问证人、被害人的概念和意义

询问证人，是指侦查人员以言词方式向证人进行调查的一种侦查活动。证人证言是刑事诉讼中最普遍的一种证据，询问证人则是侦查过程中广泛采用的一种重要的诉讼行为，几乎所有案件的侦查，都要询问证人。侦查人员通过询问证人，可以收集到证人所了解的与案件事实有关的情况。

询问被害人，是指侦查人员依照法定程序，以言词方式向被害人就其受害和犯罪人的有关情况进行调查了解的一种侦查活动。

询问证人、被害人，有助于侦查人员发现案件线索，收集证据，查明案件事实，查获犯罪嫌疑人，对于揭露和证实犯罪，保障无罪的人不受刑事追究，具有十分重要的意义。

（二）询问证人、被害人的程序

询问证人的目的主要是获得能够证明案件真实情况的证人证言。为了获得有效的证人证言，侦查人员在询问证人时，必须遵守法律规定的程序。根据《刑事诉讼法》第122条至第125条的规定，询问证人应当遵守下列程序：

1. 询问的主体。询问证人由不少于两名侦查人员进行。询问证人是一项重要的诉讼行为，必须严肃认真加以对待。侦查人员要想向证人了解案件事实情况，必须亲自向证人询问，而不能委托他人向证人询问。非侦查人员无权向证人通过询问了解案件情况，其他人员询问时，证人有权拒绝回答。

2. 询问的地点。一是现场、证人所在单位、住处或者证人提出的地点；侦查人员在现场询问证人，应当出示工作证件，到证人所在单位、住处或者证人提出的地点询问证人，应当出示人民检察院或者公安机关的证明文件。二是人民检察院或者公安机关的办公场所；根据案件情况，在必要的时候，可以通知证人到人民检察院或者公安机关提供证言。

3. 遵守个别进行的原则。询问证人应当个别进行，同一案件有多名证人需要询问时,应当对每个证人分别进行询问,其他证人不得在场,并分别制作询问笔录。不能同时同地询问多个证人,更不允许以开座谈会或集体讨论的方式进行。因为证人作证是将其所见所闻的案件事实情况陈述给侦查人员,如果有其他证人在场的,可能造成证人之间互相影响证言,可能会使证人产生顾虑而不能如实陈述自己的所见所闻,从而影响到证人证言的客观真实性,影响到侦查人员对证人证言的审查判断。

4. 告知如实提供证言的义务。询问证人,应当告知他应当如实地提供证据、证言和有意作伪证或者隐匿罪证要负的法律责任。其目的是促使证人如实提供证据和证言,加强证人作证的责任心,防止证人作伪证或者隐匿罪证。同时,侦查人员还应当告知证人依法享有的各种诉讼权利,并应当给予证人及其近亲属人身权利和财产权利的特殊保护。

5. 询问的内容。询问证人,一般应先让证人就他所知道的案件情况连续地、详细全面地叙述,然后对其所陈述不清或矛盾的地方,以及其他需要通过询问查明事实情节的,再进一步询问。在证人所陈述的内容与案件无关时,侦查人员可以进行适当的引导。对证人陈述的内容,应当询问其来源和根据,并注意查明证人感受案件事实时的主观条件和客观情况。询问证人时,侦查人员不得向证人作提示性或者暗示性的发问,以暗示证人应如何作答;不得向证人泄露案情或者表示对案件的看法,影响证人作证;更不得以暴力、胁迫、引诱、欺骗等非法方法逼取证人证言。

6. 询问笔录与书面证词要求。询问笔录应当交证人核对,对于没有阅读能力的,应当向他宣读。如果记载有遗漏或者差错,证人可以提出补充或者改正。证人承认笔录没有错误后,应当签名或者盖章。侦查人员也应当在笔录上签名。证人请求自行书写供述的,应当准许。必要的时候,侦查人员也可以要证人亲笔书写供词。

侦查人员应当将问话和证人陈述如实地记录清楚。书写询问笔录应当使用能够长期保持字迹的书写工具、墨水。询问笔录上所列项目,应当按规定填写齐全。侦查人员、翻译人员应当在询问笔录上签名或者盖章。

侦查人员根据案件情况和需要,在询问证人进行文字记录的同时,可以录音、录像。证人请求自行书写供述的,应当准许;必要时,侦查人员也可以要求证人亲笔书写供词。证人应当在亲笔书写证言的末页签名(盖章)、捺指印。侦查人员收到后,应当在首页右上方写明"于某年某月某日收到",并签名。

在询问证人之前,侦查人员应当仔细地分析研究有关的案件材料,了解证人的身份、职业,尤其是要了解证人与案件有没有利害关系、证人与案件当事人之间有没有利害关系。对于需要查明的问题,应当事先拟定出询问证人提纲,保证询问证人能够有针对性、有计划、有目的地进行。

关于询问被害人的程序,根据2012年《刑事诉讼法》第125条规定,适用询问证人的规定。但是,由于被害人与证人的诉讼地位不同,与案件及犯罪嫌疑人存在利害关系,因此,在询问被害人时,除依照询问证人的各项规定进行外,还应当既考虑到他是受犯罪行为直接侵害的人,对犯罪事实及犯罪嫌疑人的情况会有更多的了解,又要考虑到他与案件有利害关系,对其陈述既要认真听取,还要注意分析是否合乎情理,有无夸大情节。对特殊被害人进行询问,则要注意采用适当方法及相应措施。例如,询问生命垂危的被害人,既要设法抢救,又要及时进行询问。对于被害人的个人隐私,应当为他保守秘密,对于被害人的人身安全,应当给予保护等。询问被害人时,应告知其有提起附带民事诉讼的权利。

根据2012年《刑事诉讼法》第54条的规定,采用暴力、威胁等非法方法收集的证人证言、被害人陈述,应当予以排除。

三、勘验、检查

(一) 勘验、检查的概念和意义

勘验、检查,是指侦查人员对与犯罪有关的场所、物品、尸体或人身进行实地勘验或者检查的侦查行为。其目的是发现和收集犯罪活动所遗留下来的各种痕迹和物品。

勘验与检查两者性质是相同的,只是适用对象有所区别,勘验的对象是现场、物品和尸体,而检查的对象则是活人的身体。

勘验、检查是侦查中常用的侦查方法,其任务是发现、收集犯罪行为产生的痕迹、物品和其他证据,分析研究罪犯作案的情况,作案手段和所使用的工具,判断案件的性质和犯罪分子作案的动机,确定侦查方向和范围,揭露犯罪和证实犯罪,保障无罪的人不受刑事追究。

勘验、检查属于侦查行为,实施主体必须是侦查人员。由于勘验、检查涉及公民的人身权利和财产权利的限制,勘验、检查的范围必须是与犯罪有关的场所、物品、人身、尸体。与犯罪有关的场所,是指留有犯罪痕迹和物品的地方;与犯罪有关的物品,是指犯罪工具和现场遗留物,包括犯罪嫌疑人和被害人遗留的衣物、毛发、血迹、书信、唾液、精液等可见物;与犯罪有关的人身,是指犯罪嫌疑人和被害人的身体;与犯罪有关的尸体,是指死因与犯罪有关的尸体,包括被害人的尸体和犯罪嫌疑人的尸体。

勘验、检查是通常情况下侦查破案的首要环节。任何犯罪行为都在一定的时间和空间中进行,必然会在犯罪现场留下各种痕迹、物品,即使在犯罪后对现场加以刻意的破坏或伪装,也会留下新的伪装、破坏的痕迹和物品。因此,侦查人员通过勘验和检查,可以及时发现、收集犯罪的痕迹和物品。通过对这些证据材料的分析,就可以了解犯罪嫌疑人实施犯罪的情况,据此判断案件性质、作案手段和犯罪动机目的,以及作案人的个人情况。

(二) 勘验、检查的种类和程序

根据2012年《刑事诉讼法》第126条至第133条的规定,勘验、检查的种类包括：现场勘验、物证检验、尸体检验、人身检查和侦查实验。

1. 现场勘验。现场勘验是侦查人员对犯罪现场，与犯罪有关的场所、物品和痕迹进行勘查和检验的一种侦查活动。

犯罪现场是犯罪分子实施犯罪的地点，是犯罪行为的客观记录，犯罪证据较为集中，是获取破案线索和犯罪证据的重要场所。及时发现和严密保护好现场，是做好勘验工作的前提条件。为此，2012年《刑事诉讼法》第127条对单位和公民个人提出了要求，即"任何单位和个人，都有义务保护犯罪现场，并且立即通知公安机关派员勘验"。保护犯罪现场，就是在现场周围的一定范围内设置隔离线，阻止非侦查人员进入现场，以免对现场的痕迹和物品造成破坏而失去证据价值。

犯罪现场是犯罪分子留下证据最集中的地方，犯罪现场的物品和痕迹都可能是查获犯罪分子的关键线索。因此，只有保护好犯罪现场，维持犯罪现场的原始状态，侦查人员才能发现并收集犯罪分子遗留下来的痕迹、物证、书证、视听资料，并据此确定侦查方向和为缩小侦查范围提供重要依据，为侦破案件打下基础。

执行勘验的侦查人员接到通知后，应当迅速赶到案发现场进行现场勘查。侦查人员进行现场勘验时，必须持有相应的证明文件，即《勘查证》或者《刑事犯罪现场勘查证》。侦查人员对于与犯罪有关的场所、物品、尸体都应当进行勘验，利用各种技术手段，及时提取与案件有关的痕迹、物证。为了保证勘验结果的可靠性，在必要的时候，如涉及专门性问题时，采用一般的检验，难以得出正确结论，必须采用科学方法和技术手段，需要运用专门知识，才能查明案件事实真相，可以指派或者聘请具有专门知识的人，在侦查人员的主持下进行勘查、检验。为了保证勘验的客观公正性，应邀请两名与案件无关的见证人在场见证。

勘查现场的任务，是查明犯罪现场的情况，发现和收集证据，研究分析案情，判断案件性质，确定侦查方向和范围，为破案提供线索和证据。根据现场勘查的情况，需要迅速采取搜索、追踪、堵截、鉴别、控制销赃等紧急措施的，应当立即报告负责本案侦查的指挥人员。

侦查人员在现场勘验时，还应当及时向现场周围的群众、目睹人等一切知情人员进行调查询问，以便了解案发时现场的状况，对勘验过程中所发现和收集的与案件有关的各种证据，应及时采取各种措施和技术手段予以固定和保全。

公安机关实施现场勘查，应当由县级以上公安机关侦查部门负责。一般案件的现场勘查，由侦查部门负责人指定的人员现场指挥；重大、特别重大案件的现场勘查由侦查部门负责人现场指挥。必要时，案发地公安机关负责人应当亲自到现场指挥。

对现场勘验情况应制成笔录，并由侦查人员、参加勘验的其他人员和见证人在笔录上签名或盖章。勘查现场，应当按照现场勘查规则的要求拍摄现场照片，制作《现场勘查笔录》和现场图。对重大、特别重大案件的现场，应当录像。

计算机犯罪案件的现场勘查，应当立即停止应用计算机，保护计算机及相关设备，并复制电子数据。

2. 物证检验。物证检验，是指在侦查过程中，利用科学技术原理和设备对收集到的与案件有关的物品和痕迹进行检查、验证和研究，以确定该物证与案件事实之间关系的一种侦查活动。物证是刑事诉讼中经常使用的一种证据，对于发现和揭露犯罪，确定侦查线索和侦查方向，查获犯罪分子，具有十分重要的作用。在侦查过程中，侦查人员应当及时收集对查明案件真实情况有意义的痕迹和物品，防止物证消失或者毁灭。

侦查人员对于所收集的痕迹和物品，应当认真、细致地分析研究物品的特征和痕迹的变化情况；通过研究分析确定这些痕迹和物品与周围环境及犯罪活动的关系；对涉及专门技术性问题的，应当指派或聘请具备专门技术的鉴定人进行鉴定。

检验物证应当制作笔录，详细记载检验的过程，物品的特征、形状、材料、尺寸、大小、性质、重量、体积、商标等事项，参加检验的侦查人员、鉴定人和见证人均应签名或者盖章，并记明年月日。

3. 尸体检验。尸体检验，是指通过尸表进行检验或者解剖，确定死亡的原因、时间，判断致死的工具、手段和方法，为侦查破案提供线索和根据的一种侦查活动。2012年《刑事诉讼法》第129条规定："对于死因不明的尸体，公安机关有权决定解剖，并且通知死者家属到场。"因此，公安机关为了确定死亡原因，有权力也有职责对尸体进行解剖，无论是死者家属还是其他人都无权阻止。公安机关确定死亡原因的目的是确定犯罪事实是否存在。

在死因不明的情况下，通过尸体检验，查看内伤、取样化验等，确定或者判断死亡的时间、原因、致死工具和方法手段等，为进一步分析作案过程，确定侦查破案的线索和证据，准确地揭露犯罪、惩罚犯罪，提供依据。

侦查人员在尸体检验之前，一般要先了解案件情况，询问并记录死者的自然情况，如死者的年龄、面貌、体格特征、尸体来源、尸体的位置，并应当进行拍照，有条件的可对勘验尸体的全过程进行录像，然后进行尸表检验。尸表检验，是指对尸体外部进行的勘验，主要是查明尸体姿势、位置、衣着、血迹、斑痕、伤痕的形状、位置、大小，以及尸体隐蔽部位的附着物，如口、鼻、眼、耳、指甲缝、阴道内等有无附着物，根据需要，捺印十指指纹和掌纹，提取血、尿、胃内容等。对于无名尸体的相貌特征，生理、病理特征，以及衣着、携带物品和尸体包装物的特征，进行细致的检验，详细记载，并一律捺印十指指纹和掌纹。

进行尸表检验不能确定死亡原因的，可以对尸体进行解剖。解剖尸体或者开棺检验以确定死亡原因的行为，需经县级以上公安机关负责人批准。经批准后，通知死者家属到场，并让其在《解剖尸体通知书》上签名或者盖章。死者家属到场，不仅可以了解尸体解剖或者开棺验尸的情况，配合公安机关查明案件情况，而且对公安机关的尸体解剖或者开棺验尸的活动也起到监督的作用，有利于公安机关依法进行尸体检验。死者家属无正当理由拒不到场或者拒绝签名、盖章的，不影响解剖或者开棺检验，但是应当在《解剖尸体通知书》上注明。对于身份不明的尸体，无法通知死者家属的应当在笔录中注明。

对于尸体解剖必须严格按照卫生部《解剖尸体规则》进行。属于应当解剖的情况包括：必须经过解剖才能查明死因的尸体或者无名尸体需要查明死因及性质的；突然死亡，有他杀或者自杀嫌疑的；因工农业中毒或者烈性传染病死亡涉及法律问题的尸体等情况。解剖尸体可根据案件的不同要求进行局部解剖或者系统解剖。解剖的场所，仅限于在公安机关以及医学院校附设的实验室进行。检验尸体的一切情况，应当详细地写成笔录，尸体检验笔录应当由法医单独制作，并应由法医签名或者盖章。

对于已查明死因，没有继续保存必要的尸体，应当通知家属领回处理，对无法通知或者通知后家属拒绝领回的，经县级以上公安机关负责人批准，可以及时处理。

4. 人身检查。人身检查，是指侦查人员为了确定被害人、犯罪嫌疑人的某些特征、伤害情况或者生理状态，依法对其人身进行检查或者采集生物样本的一种侦查活动。2012年《刑事诉讼法》第130条第1款规定："为了确定被害人、犯罪嫌疑人的某些特征、伤害情况或者生理状态，可以对人身进行检查，可以提取指纹信息，采集血液、尿液等生物样本。"因此，侦查机关有权对被害人、犯罪嫌疑人人身进行检查。

人身检查是对活人人身进行的一种特殊检验。通过检查可以确定被害人、犯罪嫌疑人的体表特征，如相貌、皮肤颜色和光滑程度、特殊痕迹、伤疤等；通过对被害人伤害情况的检查确定伤害部位、程度、伤势形态；通过生理状态的检查，确定被害人、犯罪嫌疑人有无生理缺陷等。指纹、血液、尿液等生物样本，具有个性化特征，对于案件事实的认定准确性高。

对被害人、犯罪嫌疑人进行人身检查，必须由侦查人员进行。对犯罪嫌疑人进行人身检查，如果犯罪嫌疑人拒绝，侦查人员认为必要时，可以强制进行。所谓必要时，是指不进行强制检查，人身检查的任务就无法完成，侦查活动就无法继续进行下去，如犯罪嫌疑人经过说服教育，仍然拒绝检查的、犯罪嫌疑人精神失常等情况。

对于被害人的人身检查，应征求本人同意，不得强制进行。检查强奸案件被害人的处女膜，应当出于被害人真正的自愿，不能进行强制检查。如果确实需要检查被害人身体时，应当通过说服教育，对被害人讲明利害关系，征得被害人同意，再进行检查。

为了保护被害妇女或者女性犯罪嫌疑人的人身权利，防止产生误解，保证侦查活动顺利进行，体现对妇女的特殊保护，检查妇女的身体，应当由女工作人员或者医师进行。

为保证人身检查工作的顺利进行，侦查人员应当在检查前熟悉和了解已有的案件材料,明确检查的部位和要求。人身检查涉及对公民的人身自由的限制,以及涉及通过检查所收集的证据材料能否作为证据使用的问题,因此,必须严格按照法律规定进行,不得有侮辱人格或其他侵犯其合法权益的行为。

随着科技的发展,先进的技术手段已经运用到刑事案件侦查领域,发挥着重要的作用;采集指纹、血液、尿液等生物样本,增加了侦查取证的科技含量,会使侦查人员减少对口供等言词证据的依赖。

人身检查的情况应当制作笔录,在笔录中应当详细记载检查的情况和检查的结果,并由参加检查的侦查人员、检查人员和见证人签名或者盖章。

5. 侦查实验。侦查实验,是指侦查人员为了确定和判明与案件有关的某一事实或现象,在某种情况下能否发生或怎样发生,而模拟案件原有条件,将该事实或现象实验性地重新加以演示的一种侦查活动。

进行侦查实验的主要目的是确定在一定条件下能否听到或者看到;确定在一定时间内能否完成某一行为;确定在什么条件下能够发生某种现象;确定在某种条件下某种行为和某种痕迹是否吻合一致;确定在某种条件下使用某种工具可能或者不可能留下某种痕迹;确定某种痕迹在什么条件下会发生变异;确定某种事件是怎样发生的。侦查实验是分析研究犯罪手段和某些事实、情节,审查判明犯罪嫌疑人供述和辩解、证人证言、被害人陈述是否合乎客观实际情况的一种方法。

由于进行侦查实验有可能产生一定的不良后果,因此,侦查实验不宜广泛采用。当对案件重要情节非经侦查实验难以查明时,或者对案件是否发生以及如何发生难以确定时,才允许进行侦查实验。

为了查明案情,在必要的时候,经公安机关负责人批准,可以进行侦查实验。进行侦查实验时,禁止一切足以造成危险、侮辱人格或者有伤风化的行为。为了保护当事人和其他公民的合法权益,在进行侦查实验时,应当严格按照侦查实验的规则进行,不得实施危害人身健康、财产安全和公共安全的行为;不得实施损害当事人及其他诉讼参与人人格尊严和名誉的行为;不得实施破坏当地善良风俗的行为;不得实施足以造成危险的行为等。如果进行侦查实验有上述危害的可能性,则不应当批准进行侦查实验;如果在侦查实验过程中出现了上述危害结果或者危害可能性的,应当终止侦查实验的进行。

侦查实验,应当由侦查人员进行,并应当邀请两名以上见证人在场。在涉及专门性问题时,可以聘请具有专门知识的人参加。侦查实验的情况应当写成笔录,由参加实验的人签名或者盖章。侦查实验笔录包括三个部分:(1)记录案件发生的时间、地点、简要案情,侦查实验的目的和要求;(2)记录侦查实验的方法、过程和结果;(3)记录侦查实验开始和结束的时间,参加人员的姓名、工作单位和职务,并由参加侦查实验的侦查人员和见证人签名或者盖章。

为了保证勘验、检查的质量,防止和纠正其中的差错,2012年《刑事诉讼法》第132条规定:"人民检察院审查案件的时候,对公安机关的勘验、检查,认为需要复验、复查时,可以要求公安机关复验、复查,并且可以派检察人员参加。"复验、复查的目的,就是要保证和提高勘验、检查的质量,防止和纠正可能出现的错误。

复验、复查可以多次进行,但每次都要制作笔录,人民检察院在具备条件的情况下,也可以自行复验、复查。复验、复查应当遵守的法律程序和规则与勘验、检查相同。人民检察院要求复验、复查的,公安机关应当及时进行复验、复查,并通知人民检察院派员参加。

四、搜查

(一) 搜查的概念和意义

搜查,是指为了收集犯罪证据,查获犯罪嫌疑人,侦查人员依法对于犯罪嫌疑人以及可能隐藏罪犯或者罪证的人的身体、物品、住处和其他有关地方进行搜寻、检查的一种侦查行为。

通过对隐藏犯罪嫌疑人的住处或者其他场所进行搜查,抓获犯罪嫌疑人;或者在搜查过程中责令隐藏犯罪嫌疑人的公民交出犯罪嫌疑人;通过对犯罪嫌疑人身上、住处和其他场所进行搜查,收集证据。因此,搜查的目的就是查获犯罪嫌疑人和收集犯罪证据。

搜查的范围包括犯罪嫌疑人人身、物品、住处;可能隐藏犯罪嫌疑人或者犯罪证据的人身、物品、住处,是指犯罪嫌疑人以外的其他人的人身、犯罪嫌疑人或者其他人的物品和住处,如犯罪嫌疑人的亲友、邻居、同学及其物品、住处等;以及其他有关地方,即指除上述之外罪犯可能藏身或者隐藏犯罪证据的地方。

搜查和检查是不同的。搜查的目的是查获犯罪嫌疑人和查找犯罪证据,而检查的目的则是确定被害人、犯罪嫌疑人的某些特征、伤害情况或者生理状态,以了解案情和核实证据;搜查的对象包括犯罪嫌疑人人身和可能隐藏罪犯或者罪证的犯罪嫌疑人住处和其他有关地方,而检查只能对被害人、犯罪嫌疑人人身进行检查;搜查可以强制进行,但需要出示搜查证,在紧急情况下,使用拘留证或者逮捕证也可以进行搜查,而检查则不需要签发法律文件,对犯罪嫌疑人可以进行强制检查,但对被害人不能强制检查。

搜查是侦查机关同犯罪作斗争的一项重要手段,它对于侦查机关及时收集证据,查获犯罪嫌疑人,防止其逃跑、毁灭、转移证据,揭露犯罪、证实犯罪和保证诉讼活动的顺利进行具有十分重要的意义。

(二) 搜查的程序

由于搜查涉及公民人身权利和住宅不可侵犯权利的限制,可能伴随着财产权利的限制,同时也是为了保证所搜查出的物证、书证、视听资料等证据材料的证据价值,侦查人员在进行搜查时,必须严格按照搜查程序进行。根据《刑事诉讼法》第134条至第138条的规定，侦查人员进行搜查时应当遵守以下法律程序：

1. 搜查的决定。搜查必须由侦查机关负责人批准，并由侦查人员依法进行，其他任何机关、团体和个人都无权对公民人身和住宅进行搜查。非法搜查他人人身或住宅的行为，是违法的，情节严重构成犯罪的，将依法追究其刑事责任。

2. 搜查的执行。搜查必须由两名以上侦查人员持有县级以上侦查机关的主要负责人签发的搜查证进行。搜查时，必须向被搜查人出示搜查证，否则被搜查人有权拒绝搜查。出示搜查证是为了证明执行搜查人员的身份和履行搜查责任，防止非法搜查，保障公民的人身权利、财产权利和居住权利不受非法侵犯。但是，侦查人员在执行逮捕、拘留的时候，遇有紧急情况，不使用搜查证也可以进行搜查。所谓紧急情况，是指执行拘留、逮捕的时候，遇有可能随身携带凶器的；可能隐藏爆炸、剧毒等危险物品的；可能隐匿、毁弃、转移犯罪证据的；可能隐匿其他犯罪嫌疑人的；其他突然发生的紧急情况。

法律要求执行搜查时，侦查人员不得少于两人，其目的在于防止被搜查人员对执行搜查的侦查人员行凶或者诬告侦查人员，加强侦查人员之间的监督。

3. 搜查过程的见证。搜查时，应当有被搜查人或者他的家属、邻居或者其他见证人在场。搜查出来与案件有关的物品，应当让见证人过目。对国家机关、团体或者企事业单位进行搜查时，应当有该单位的代表参加。需要对外国驻我国的外交机构或者住宅进行搜查时必须经该外交机构同意。这样规定的目的是证实搜查情况，增强搜查所取得的证据的真实性、可靠性，保证搜查活动的依法进行，同时便于人民群众监督，防止被搜查人诬陷违法搜查，保证侦查活动的顺利进行。

为了防止被搜查人逃跑，或者转移、销毁被搜查的物品，必要时，可以在被搜查的处所周围设置武装警戒或者临时封锁，以保证搜查工作的顺利进行。侦查人员在进行搜查时，不得损坏被搜查人的财物。

任何单位和个人，都有义务按照侦查机关的要求，交出可以证明犯罪嫌疑人有罪或者无罪的物证、书证、视听资料等证据。否则，侦查机关可依法强制提取。

4. 搜查妇女的特殊规定。搜查妇女的身体，应当由女工作人员进行。这是为了加强对妇女的保护，防止侦查人员在搜查妇女的身体时，出现人身侮辱等违法行为，确保被搜查妇女的人身权利不受侵犯，防止被搜查人的诬陷。除了由女工作人员进行搜查外，见证人也应是女性。

5. 搜查笔录。搜查的情况应当写成笔录。侦查人员应当将整个搜查情况记录下来，搜查笔录所记载的查获犯罪证据和可疑物品及其他有关犯罪的线索，对于分析案情、揭露、证实犯罪具有重要作用。为了保证搜查笔录的真实性和准确性，搜查笔录应当由侦查人员和被搜查人员或者他的家属、邻居或者其他见证人签名或盖章。如果被搜查人员或者他的家属不在现场，或者拒绝签名、盖章的，侦查人员应当在笔录上注明。

五、扣押物证、书证

(一) 查封、扣押物证、书证的概念和意义

查封、扣押物证、书证，是指侦查机关依法就地封闭禁止动用、强制扣留与案件有关的财物、文件的一种侦查行为。其目的在于固定、取得和保全证据。

及时查封、扣押物证、书证能够防止证明犯罪嫌疑人有罪或无罪、罪重或罪轻的财物和文件发生毁弃、丢失或者被隐藏等现象，从而保证侦查人员依法查封、扣押的物证、书证发挥应有的证据作用。

(二) 查封、扣押物证、书证的程序

查封、扣押涉及公民财产权利的限制，涉及被扣押物证、书证的证据价值，因此，查封、扣押必须要按照法定程序进行。根据 2012 年《刑事诉讼法》第 139 条至 143 条的规定，查封、扣押物证、书证应当遵守下列程序：

1. 查封、扣押的决定和执行主体。查封、扣押物证、书证只能由侦查人员进行。侦查人员可以在勘验、检查和搜查中进行查封、扣押，也可以单独进行查封、扣押。执行查封、扣押财物、文件的侦查人员不得少于二人，并持有有关法律文书或者侦查人员工作证件。

2. 查封、扣押的范围。根据 2012 年《刑事诉讼法》第 139 条的规定："在侦查活动中发现的可用以证明犯罪嫌疑人有罪或者无罪的各种财物、文件，应当查封、扣押；与案件无关的财物、文件，不得查封、扣押。对查封、扣押的财物、文件，要妥善保管或者封存，不得使用、调换或者损毁。"在实践中，发现某一财物、文件与案件之间是否具有关联，一时难以确定，在这种情况下，应当先行查封、扣押，待查清后再作处理，以免丧失重要证据；如果发现是违禁物品的，虽然与案件无关也应当予以扣押，并交有关部门处理。现场勘查或者搜查中需要查封、扣押财物、文件的，由现场指挥人员决定。

3. 查封、扣押的手续。根据 2012 年《刑事诉讼法》第 140 条的规定："对查封、扣押的财物、文件，应当会同在场见证人和被查封、扣押财物、文件持有人查点清楚，当场开列清单一式二份，由侦查人员、见证人和持有人签名或者盖章，一份交给持有人，另一份附卷备查。"

《查封、扣押财物、文件清单》应当写明财物或者文件的名称、编号、规格、数量、重量、质量、特征及其来源，由侦查人员、见证人和持有人签名或者盖章后，一份交给持有人，另一份附卷备查。持有人及其家属在逃或者拒绝签名时，不影响查封、扣押的进行，但应当在查封、扣押清单上注明。

对于应当扣押但是不便提取的财物、文件，经拍照或者录像后，可以交被扣押物品持有人保管或者封存，并且单独开具《查封、扣押物品、文件清单》一式二份，在清单上注明已经拍照或者录像，物品、文件持有人应当妥善保管，不得转移、变卖、毁损，由侦查人员、见证人和持有人签名或者盖章，一份交给物品、文件持有人，另一份连同照片或者录像带附卷备查。对不能随案移送的物证，应当拍成照片；容易损坏、变质的物证、书证，应当用笔录、绘图、拍照、录像、制作模型等方法加以保全。对于可以作为证据使用的录音、录像带、电子数据存储介质，应当记明案由、对象、内容、录取、复制的时间、地点、规格、类别、应用长度、文件格式及长度等，并妥为保管。

对于查获的淫秽物品，武器弹药、管制刀具，易燃、易爆、剧毒、放射等危险品，鸦片、海洛因、吗啡、冰毒、大麻等毒品和制毒原料或者配剂、管制药品，危害国家安全的传单、标语、信件和其他宣传品，秘密文件、图表资料，珍贵文物、珍贵动物及其制品、珍稀植物及其制品，其他大宗的、不便搬运的物品，不宜随案保存或者移送的，应当拍成照片存入卷内，原物由侦查机关妥为保管或者按照国家有关规定分别移送主管部门处理或者销毁。

对容易腐烂变质及其他不易保管的物品，可以根据具体情况，经县级以上侦查机关负责人批准，在拍照或者录像后委托有关部门变卖、拍卖，变卖、拍卖的价款暂予保存，待诉讼终结后一并处理。对属于被害人的物品，在通知被害人后，超过半年未领取的，予以没收，上缴国库。如有特殊情况，可以酌情延期处理。凡是已经送交财政部门处理的赃款赃物，如果失主前来认领，并经查证属实，由原没收机关从财政部门提回，予以归还。如原物已经变卖，应当退还价款。

4. 邮件、电报的扣押。侦查人员认为需要扣押犯罪嫌疑人的邮件、电报的时候，经公安机关或者人民检察院批准，即可通知邮电机关将有关的邮件、电报检交扣押。不需要继续扣押的时候，应即通知邮电机关。

5. 财产的查询、冻结。根据2012年《刑事诉讼法》第142条的规定："人民检察院、公安机关根据侦查犯罪的需要，可以依照规定查询、冻结犯罪嫌疑人的存款、汇款、债券、股票、基金份额等财产。有关单位和个人应当配合。犯罪嫌疑人的存款、汇款、债券、股票、基金份额等财产已被冻结的，不得重复冻结。"侦查机关根据侦查犯罪的需要，查询、冻结犯罪嫌疑人的存款、汇款、债券、股票、基金份额等财产的，应当经县级以上侦查机关负责人批准，制作《查询存款、汇款、债券、股票、基金份额等财产通知书》、《冻结存款、汇款、债券、股票、基金份额等财产通知书》，通知银行或者其他金融机构、邮电部门执行，但不得重复冻结。

不需要继续冻结存款、汇款、债券、股票、基金份额等财产时，应当制作《解除冻结存款、汇款、债券、股票、基金份额等财产通知书》，通知银行或者其他金融机构、邮电部门执行。冻结存款、汇款、债券、股票、基金份额等财产的期限为6个月。有特殊原因需要延长的，侦查机关应当在冻结期满前办理继续冻结手续。每次冻结期限最长不超过6个月。逾期不办理继续冻结手续的，视为自动撤销冻结。根据2012年《刑事诉讼法》第143条的规定："对查封、扣押的财物、文件、邮件、电报或者冻结的存款、汇款、债券、股票、基金份额等财产，经查明确实与案件无关的，应当在三日以内解除查封、扣押、冻结，予以退还。"

对于冻结在银行、其他金融机构或者邮电部门的赃款，应当向人民法院随案移送对该银行、其他金融机构或者邮电部门出具的证明文件，待人民法院作出生效判决后，由人民法院通知该银行、其他金融机构或者邮电部门上缴国库。犯罪嫌疑人在侦查中死亡的，所冻结的财产，依法应当返还被害人的，侦查机关可以申请人民法院裁定通知冻结存款、汇款、债券、股票、基金份额等财产的银行、其他金融机构或者邮电部门返还被害人；所冻结的财产，依法应当予以没收的，依据2012年《刑事诉讼法》第五编"特别程序"中的"犯罪嫌疑人、被告人逃匿、死亡案件违法所得的没收程序"办理。

6. 查封、扣押财产的保管。对于查封、扣押的财物、文件、邮件、电子邮件、电报，应当指派专人妥善保管，不得使用、调换、损毁或者自行处理，其中若涉及国家秘密的，应当严格保守秘密。经查明查封、扣押的物品、文件、邮件、电子邮件、电报确实与案件无关的，应当在3日以内解除扣押，退还原主或者原邮电部门、网络服务单位。

对犯罪嫌疑人违法所得的财物及其孳息，应当依法追缴，对属于被害人的合法财产及其孳息，应当在登记、拍照或者录像、估价后及时返还，并在案卷中注明返还的理由，将原物照片、清单和被害人的领取手续存卷备查。对查封、扣押的犯罪嫌疑人的财物及其孳息，应当妥善保管，以供核查。任何单位和个人不得挪用、损毁或者自行处理。对扣押的犯罪嫌疑人的财物及其孳息中，作为证据使用的实物应当随案移送；对不宜移送的，应当将其清单、照片或者其他证明文件随案移送。待人民法院作出生效判决后，由扣押的侦查机关按照人民法院的通知，上缴国库或者返还受害人，并向人民法院送交执行回单。案件变更管辖时，与案件有关的财物及其孳息应当随案移交。移交财物时，由接收人、移交人当面查点清楚，并在交接单据上共同签名或者盖章。

六、鉴定

(一) 鉴定的概念和意义

鉴定，是指侦查机关为了查明案情，指派或聘请具有专门知识的鉴定人，就案件中某些专门性问题进行分析研究和科学鉴别并得出意见的一种侦查行为。其目的在于确定与案件有关的某些专门性问题。

根据法律规定和司法实践，鉴定的适用范围极其广泛。在侦查中，经常采用的鉴定主要有：人身伤害医学鉴定；精神病医学鉴定；刑事技术鉴定；会计鉴定；工程技术及责任事故鉴定；书法鉴定；违禁品和危险品鉴定；扣押物品的价格鉴定；文物鉴定；珍稀动植物及其制品鉴定；电子数据鉴定等。

为了保证鉴定的客观性和公正性，鉴定人如果具有与案件或者案件当事人具有利害关系等法律规定应当回避的情形,则应当回避,不参加本案的鉴定活动。鉴定人对案件中的专门性问题进行鉴定,必须有侦查机关的指派或者聘请。鉴定人如果是侦查机关内部工作人员则是指派,如果不是本机关工作人员就是聘请。鉴定人必须具有解决专门性问题的知识、技术水平,否则不能充当鉴定人。

在侦查中,准确的鉴定,对于及时收集证据,缩小侦查范围,提供侦查方向,审查判断案内其他证据的真伪,查明案件事实真相,查获犯罪嫌疑人具有重要作用。

(二) 鉴定的程序

根据2012年《刑事诉讼法》第144条至第147条的规定,鉴定应当遵守下列程序:

1. 选择合格的鉴定人。侦查机关根据案件的具体情况和所要鉴定的案件中专门性问题,指派或者聘请合格的鉴定人。所谓合格鉴定人,是指鉴定人必须具备与案件中所要求解决的专门性问题相适应的专门知识和技能,并且不具有应当回避或者其他可能影响客观、公正作出鉴定意见的情况。

应当为鉴定人进行鉴定提供必要的条件,及时向鉴定人送交有关检材和对比样本等原始材料,介绍与鉴定有关的情况,并且明确提出要求鉴定解决的问题,但是不得暗示或者强迫鉴定人作出某种鉴定意见。如果提供的鉴定材料不足,鉴定人可以要求补充送交鉴定材料。

2. 鉴定意见的出具。鉴定人进行鉴定后,应当写出鉴定意见,并且签名。鉴定后应当出具鉴定意见,并由两名以上具有鉴定资格的鉴定人签名或者盖章。如果是多名鉴定人共同进行鉴定的,可以互相讨论,达成一致后提出共同的鉴定意见,每一名鉴定人都应当签名;如果意见不能一致,则可以分别提出自己的意见,并各自签名。

对某一问题不能作出肯定的或者否定的意见,应当说明原因。鉴定只能涉及案件中的专门性事实问题,无权对案件的法律问题作出评判。

鉴定人应当按照鉴定规则,运用科学方法进行鉴定。鉴定一般需要进行的步骤有:预备检验;分别检验;对比检验;综合评断;制作鉴定书。

3. 鉴定意见的告知。侦查机关应当将用作证据的鉴定意见告知犯罪嫌疑人、被害人。如果犯罪嫌疑人、被害人提出申请,可以补充鉴定或者重新鉴定。实践中,对于那些不被用作定案根据的鉴定意见或者决定撤销案件的鉴定意见,一般可不告知犯罪嫌疑人和被害人。

4. 虚假鉴定的法律责任。鉴定人故意作虚假鉴定,情节严重构成犯罪的,应当依法追究其作伪证的刑事责任;尚不够刑罚处罚的,则依法予以行政处分。

此外,对犯罪嫌疑人作精神病鉴定的时间不计入办案期限,其他鉴定时间都应当计入办案期限。对于因鉴定时间较长,办案期限届满仍不能终结的案件,自期限届满之日起,应当对被羁押的犯罪嫌疑人变更强制措施,改为取保候审或者监视居住。

七、技术侦查措施

2012年《刑事诉讼法》专节规定了技术侦查措施。长期以来，司法实践中一直适用技术侦查措施，其法律依据是《人民警察法》和《国家安全法》的规定，2012年《刑事诉讼法》将技术侦查纳入法典中加以规定。

（一）技术侦查的概念和意义

技术侦查，是指侦查机关为了获取犯罪证据或者应逮捕而在逃的犯罪嫌疑人、被告人，利用技术手段对其行为和通信内容进行监控的侦查活动。公安机关、人民检察院等侦查机关有权在刑事案件侦查过程中使用技术侦查措施。关于技术侦查的概念，学术界观点各异，多数观点没有区分技术侦查和秘密侦查措施，本书基于刑事诉讼法的规定和司法实际情况，确定了技术侦查概念的含义。

刑事诉讼法关于技术侦查措施的规定，有利于规范该措施的适用，避免使用该措施所收集的证据材料无法作为证据，从而打击日益猖獗的犯罪活动。信息时代的到来促使犯罪手段的变化，利用互联网和通信工具进行犯罪，通过互联网和通信工具进行密谋实施犯罪和遥控实施犯罪，日益猖獗。使用技术侦查手段能够及时、准确地掌握犯罪情报信息，提高破案效率、增大打击犯罪的力度。

刑事诉讼法关于技术侦查措施的规定，有利于加强侦查程序人权保障。技术侦查措施使用的程序控制，可以大大减少和降低技术侦查措施使用给公民合法权益造成侵犯的可能性，防止和减少侦查机关滥用权力的现象。

刑事诉讼法关于技术侦查措施的规定，还有利于促进侦查模式的转化，实现"由供到证"向"由证到供"的转化，从而提高侦查破案的技术含量。技术侦查措施的使用，促使侦查人员把收集证据的重点放到口供以外的实物证据。

（二）技术侦查适用的程序

1. 技术侦查适用的案件范围。2012年《刑事诉讼法》第148条规定："公安机关在立案后，对于危害国家安全犯罪、恐怖活动犯罪、黑社会性质的组织犯罪、重大毒品犯罪或者其他严重危害社会的犯罪案件，根据侦查犯罪的需要，经过严格的批准手续，可以采取技术侦查措施。人民检察院在立案后，对于重大的贪污、贿赂犯罪案件以及利用职权实施的严重侵犯公民人身权利的重大犯罪案件，根据侦查犯罪的需要，经过严格的批准手续，可以采取技术侦查措施，按照规定交有关机关执行。追捕被通缉或者批准、决定逮捕的在逃的犯罪嫌疑人、被告人，经过批准，可以采取追捕所必需的技术侦查措施。"

因此，在刑事诉讼中，可以采取技术侦查措施的情形，只有三种：一是公安机关负责侦查的危害国家安全犯罪、恐怖活动犯罪、黑社会性质的组织犯罪、重大毒品犯罪或者其他严重危害社会的犯罪案件；二是人民检察院负责侦查的重大的贪污、贿赂犯罪案件以及利用职权实施的严重侵犯公民人身权利的重大犯罪案件；三是追捕被通缉或者被批准、决定逮捕的在逃的犯罪嫌疑人、被告人的案件。

2. 技术侦查采取实施的阶段。采取技术侦查措施，会导致公民隐私权的问题，因此，刑事诉讼法规定，只能在立案之后采用，在立案之前则不能采取技术侦查措施。

3. 技术侦查的种类。关于技术侦查措施的种类，刑事诉讼法没有作出具体规定，本书认为技术侦查措施主要包括监听、通信监控、追踪定位。所谓监听，是指侦查机关基于侦查犯罪的需要，利用技术手段监听和获取与犯罪有关言词证据的一种措施。包括侵入私人空间安装设备进行监听和非侵入式的技术监听，既可以实时监控，又可以是秘密录音录像。所谓通信监控，是指侦查机关基于侦查犯罪的需要，利用技术手段截获通信内容的侦查措施。包括对有线电话、传真、对讲机、手机、电子邮件、互联网即时通信等手段的实时监察和获取内容。所谓追踪定位，是指在追捕被通缉或者被批准、决定逮捕的在逃的犯罪嫌疑人、被告人时，使用技术手段对犯罪嫌疑人、被告人的行迹和位置进行跟踪和定位的侦查措施。主要是通过对被追捕及其相关人的手机信息，确定行动轨迹和所在位置。

4. 技术侦查的适用期限。根据刑事诉讼法的规定，批准决定自签发之日起3个月以内有效。对于不需要继续采取技术侦查措施的，应当及时解除；对于复杂、疑难案件，期限届满仍有必要继续采取技术侦查措施的，经过批准，有效期可以延长，每次不得超过3个月。

5. 技术侦查的批准和执行。技术侦查的适用，需要经过批准程序；而批准决定应当根据侦查犯罪的需要，确定采取技术侦查措施的种类和适用对象。在实际适用时，必须严格按照批准的措施种类、适用对象和期限执行。侦查人员对采取技术侦查措施过程中知悉的国家秘密、商业秘密和个人隐私，应当保密；对采取技术侦查措施获取的与案件无关的材料，必须及时销毁。采取技术侦查措施获取的材料，只能用于对犯罪的侦查、起诉和审判，不得用于其他用途。公安机关依法采取技术侦查措施，有关单位和个人应当配合，并对有关情况予以保密。采取技术侦查措施收集的材料在刑事诉讼中可以作为证据使用。

八、秘密侦查措施

2012年《刑事诉讼法》专节规定了技术侦查措施；同时在本节的法条中规定了秘密侦查措施。

（一）秘密侦查的概念及意义

秘密侦查，是指公安机关为获取犯罪线索和证据，而采取暗中和隐瞒真实身份的方法所进行的侦查。

采取秘密侦查措施，是侦查破案的需要，在司法实践中有时需要派有关人员隐匿真实身份潜入犯罪团伙内部协助侦破棘手案件或大案要案；或者为了将涉案的所有贩毒、走私人员一网打尽，而对毒品、走私贩运的全过程进行控制。这种控制下交付，也属于秘密侦查的范围。

刑事诉讼法关于秘密侦查措施的规定，有利于打击有组织犯罪，尤其是毒品犯罪和走私犯罪。这类犯罪一般比较隐蔽，难以被发现，更难获取和固定证据，犯罪分子时常逍遥法外，逃避法律的惩罚。有了卧底侦查和控制下交付的法律规定，就会加大对这类犯罪的惩罚力度，同时也使秘密侦查有法可依，秘密侦查所获得的材料可以直接作为认定案件事实的依据。

（二）秘密侦查的适用程序

1. 秘密侦查措施的种类。根据刑事诉讼法的规定和司法实际情况，秘密侦查主要包括两种：

一是卧底侦查，是指侦查人员隐瞒真实身份，潜伏在所要侦查的犯罪组织内部或环境，以获取犯罪情报和证据的侦查方法。但是，不得诱使他人犯罪，不得采用可能危害公共安全或者发生重大人身危险的方法。

二是控制下交付，是指公安机关知情并监控毒品等违禁品或者财物的非法买卖，其目的在于侦查某项犯罪并查明参与该项犯罪的人员。上述秘密侦查措施，不涉及公民合法权益的侵犯，但是涉及人员的安全和刑事案件侦破的总体思路问题，因此，需要公安机关负责人的批准。

2. 秘密侦查适用的案件范围。2012年《刑事诉讼法》第151条规定："为了查明案情，在必要的时候，经公安机关负责人决定，可以由有关人员隐匿其身份实施侦查。但是，不得诱使他人犯罪，不得采用可能危害公共安全或者发生重大人身危险的方法。对涉及给付毒品等违禁品或者财物的犯罪活动，公安机关根据侦查犯罪的需要，可以依照规定实施控制下交付。"

从法律规定上看，公安机关立案管辖的刑事案件都可以卧底侦查；控制下交付则适用于给付毒品等违禁品或者财物的犯罪活动。根据司法实际情况，卧底侦查主要适用于具有隐蔽性、集团性、经常性的有组织犯罪案件。

3. 秘密侦查的决定。秘密侦查措施不同于技术侦查措施，它的使用不会构成对公民合法权益的侵犯，因此，刑事诉讼法没有规定需要严格的审批程序。出于办案需要和安全考虑，只需经过公安机关负责人决定即可实施。这是一项只有公安机关才可以采用的侦查措施。

4. 秘密侦查的执行。秘密侦查的实施是为了制止犯罪和获取证据，本身不得诱使他人犯罪，不得采用可能危害公共安全或者发生重大人身危险的方法。采用秘密侦查措施收集的材料在刑事诉讼中可以作为证据使用。

九、辨认

（一）辨认的概念及意义

辨认，是指在侦查过程中，为了查明与案件有关的情况，侦查人员主持并组织被害人、证人对犯罪嫌疑人或者与犯罪有关的物品、文件、尸体、场所等进行辨别，作出判断的一项侦查行为。

在侦查中正确使用辨认，可以帮助侦查人员查获犯罪分子。例如，在抢劫、强奸、伤害等被害人与犯罪嫌疑人有过正面接触的案件中，关于犯罪嫌疑人的体貌特征、衣着打扮，都有所记忆，通过被害人辨认就可以查获犯罪嫌疑人；可以帮助侦查人员判明犯罪现场的遗留物或者作案工具的所有者或者使用者，从而为侦查提供方向或者缩小侦查范围，甚至确定作案人；可以帮助侦查人员判明某物品是否是赃物，从而确定收集证据范围。

通常辨认分为公开辨认和秘密辨认两种形式。所谓公开辨认，是指由侦查人员组织辨认主体对所要辨认的人或者物品进行辨认，一般适用于对物品和尸体进行辨认，或者犯罪嫌疑人已经被逮捕或者拘留的情况。所谓秘密辨认，是指在不让作案人察觉的情况下，由被害人、证人对其进行辨认。在侦查中，有时在没有确定犯罪嫌疑人的情况下，但是辨认者对犯罪嫌疑人的体貌特征已经有所了解，为了发现作案人，可以根据作案人的活动规律，由侦查人员秘密地带领辨认者对作案人可能出没的场作进行寻找辨认。实践中，这两种辨认形式可以根据案件实际情况，交换使用。

（二）辨认应当遵守的程序

1. 辨认的决定。侦查人员有权让被害人、犯罪嫌疑人或者证人对与犯罪有关的物品、文件、尸体、场所或者犯罪嫌疑人进行辨认。但是由于对犯罪嫌疑人进行辨认，涉及公民的人身权利，应当经办案部门负责人批准。一般情况下，侦查人员在办理刑事案件中，遇到证人证言、被害人陈述与犯罪现场的情况不一致或者不完全一致的情况下，采用辨认方法则可以查清案件事实真相时，则采用辨认。

2. 辨认的实施。由不得少于两名侦查人员主持辨认的进行。在组织辨认前，应当向辨认人详细询问辨认对象的具体特征，避免辨认人见到辨认对象。辨认是一项严肃的侦查行为，必须在侦查人员主持下进行，为了防止非法辨认，加强监督，侦查人员不得少于2人。在组织辨认之前，侦查人员应当详细询问辨认人，问清所看到的有关人、物或者场所的具体特征及其他有关情况，并应当详细记录，为了防止对辨认人产生暗示，导致辨认的结果不具有客观性，辨认前不得让辨认人见到辨认对象。

3. 个别进行的原则。几名辨认人对同一辨认对象进行辨认时，应当由辨认人个别进行。辨认时，应当将辨认对象混杂在其他对象中，不得给辨认人任何暗示。为了避免辨认人之间互相干扰，影响辨认结果，应当分别单独进行辨认。无论是对人还是对物的辨认，为了保证辨认的准确性，必须将需要审查的人或者物品混杂在若干个其他对象之中，并且不得将需要审查的人或者物品单独提供给辨认人进行辨认，侦查人员不得给辨认人任何提示。

辨认犯罪嫌疑人时，被辨认的人数不得少于7人；对犯罪嫌疑人照片进行辨认的，不得少于10人的照片。对犯罪嫌疑人的辨认，辨认人不愿意公开进行时，可以在不暴露辨认人的情况下进行，侦查人员应当为其保守秘密。

4. 辨认笔录。辨认经过和结果，应当制作辨认笔录，由侦查人员签名，辨认人、见证人签字或者盖章。辨认笔录是2012年修正后的《刑事诉讼法》增加的证据种类。由于主客观因素的影响，辨认结果可能不真实，需要侦查人员结合案件中的其他证据对辨认结果进行审查判断。

十、通缉

（一）通缉的概念和意义

通缉，是指公安机关通令缉拿依法应当逮捕而在逃的犯罪嫌疑人的一种侦查活动。通缉是缉拿在逃犯罪嫌疑人的有力措施。

通缉充分地发挥了公安机关系统内部通力合作、协同作战的威力，对于及时制止和打击犯罪，保障侦查和审判活动的顺利进行具有重要意义。

（二）通缉的程序

根据2012年《刑事诉讼法》第153条的规定，通缉应当遵守下列程序：

1. 通缉令发布的主体。只有县级以上的公安机关有权发布通缉令，其他任何机关、团体、单位、组织和个人都无权发布。人民检察院在办理自侦案件过程中，需要追捕在逃的犯罪嫌疑人时，经检察长批准，有权作出通缉决定，但仍需由公安机关发布通缉令。

2. 通缉令的效力范围。各级公安机关在自己管辖地区范围以内，可以直接发布通缉令；超出自己管辖的地区，应当报请有权决定的上级机关发布。通缉令发送范围，由签发通缉令的公安机关负责人决定。通缉令可以通过广播、电视、报刊、计算机网络等媒体发布。

3. 通缉的对象。依法应当逮捕而在逃的犯罪嫌疑人、越狱逃跑的犯罪嫌疑人、被告人或者罪犯，是通缉的对象。通缉令中应写明被通缉人的姓名、性别、年龄、民族、籍贯、出生地、户籍所在地、居住地、职业、衣着和体貌特征并附被通缉人近期照片。除了必须保密的事项以外，应当写明发案的时间、地点和简要案情。

4. 通缉令的补发。通缉令发出后如果发现新的重要情况可以补发通报。通报必须注明原通缉令的编号和日期。

5. 通缉令的效力。接到通缉令的公安机关，应当及时部署，积极查缉。对于通缉在案的犯罪嫌疑人，任何公民都有权扭送公安机关、人民检察院或人民法院处理。抓获犯罪嫌疑人后，应当迅速通知通缉令发布机关，并报经抓获地县级以上公安机关负责人批准后，凭通缉令羁押。原通缉令发布机关应当立即进行核实，并及时依法处理。

6. 通缉令的撤销。被通缉的人已经缉拿归案、死亡、犯罪嫌疑人自首或者通缉原因已经消失而无通缉必要的，发布通缉令的机关应当在原发布范围内立即发出撤销通缉令的通知。

第三节 侦查终结

一、侦查终结的概念和意义

（一）侦查终结的概念

侦查终结,是指侦查机关通过侦查,认为案件事实已经查清,证据确实充分,足以认定犯罪嫌疑人是否犯罪和应否对其追究刑事责任而决定结束侦查,依法对案件作出处理或者提出处理意见的一项诉讼活动。

根据刑事诉讼法的规定,侦查终结有以下两种情况：第一,经过侦查,取得了能够证实犯罪嫌疑人有罪以及犯罪情节轻重的证据,没有发现遗漏罪行和其他应当追究刑事责任的同案犯罪嫌疑人时,即应及时终结侦查。第二,经过侦查,发现不应对犯罪嫌疑人追究刑事责任时,也应及时终结侦查。这种侦查终结的情况可能是没有犯罪事实存在或者犯罪嫌疑人的行为不构成犯罪,或者犯罪嫌疑人具有法定的不追究刑事责任的情形。

（二）侦查终结的意义

侦查终结是侦查程序中的最后阶段,侦查机关要对整个案件作出事实上和法律上的认定,并依法决定案件应当移送起诉或者决定撤销案件。因此,做好侦查终结的工作,对于保证检察机关准确、及时地提起公诉,使依法应当受到刑事追究的犯罪分子受到应得的惩罚,保障无罪的和依法不应受到刑事追究的公民及时地得到解脱,保护公民的合法权益,具有重要意义。

二、侦查终结的程序

（一）侦查终结的条件

根据2012年《刑事诉讼法》第160条的规定,刑事案件侦查终结必须具备以下三个条件：

1. 案件事实已经查清；这是侦查终结的事实要件。案件事实包括犯罪嫌疑人有罪或无罪、罪重或者罪轻的事实和情节。如果犯罪嫌疑人确有犯罪行为,则应当查清犯罪的时间、地点、动机、目的、手段、情节、危害结果以及是否有漏罪和没被追究的人。如果案件事实没有查清,侦查就不应当终结。

2. 证据确实、充分；这是侦查终结的证据要件。证据确实、充分是侦查终结的中心环节,根据《刑事诉讼法》第53条的规定,应当符合的条件包括：一是定罪量刑的事实都有证据证明；二是据以定案的证据均经法定程序查证属实；三是综合全案证据,对所认定事实已排除合理怀疑。

3. 法律手续完备；这是侦查终结的必要性要件。法律手续完备，是指在侦查中形成的文书和履行的法律手续齐全和完整，是衡量侦查活动是否严格依法进行的标准。在侦查终结前，必须认真检查侦查活动是否合法，有关的法律手续是否完备，如果发现有不足或者遗漏之处，应及时补充。

（二）侦查终结的程序

根据刑事诉讼法及相关法律的规定，侦查终结应当遵守下列程序：

1. 制作结案报告；侦查终结的案件，侦查人员应当制作结案报告。其内容包括：犯罪嫌疑人的基本情况、是否采取了强制措施及其理由、案件的事实和证据、法律依据和处理意见。

2. 报请审批；办案单位应当将结案报告报送县级以上侦查机关负责人批准；对于重大、复杂、疑难的案件应当经过集体讨论决定。侦查终结后，应当将全部案卷材料加以整理，按要求装订立卷。

3. 听取辩护律师的意见；根据2012年《刑事诉讼法》第159条规定："在案件侦查终结前，辩护律师提出要求的，侦查机关应当听取辩护律师的意见，并记录在案。辩护律师提出书面意见的，应当附卷。"因此，在侦查终结前，如果辩护律师提出对案件处理的要求，则侦查机关必须听取辩护律师的意见，并将辩护意见记录在案；拒绝听取辩护律师的意见，则属于程序违法。

4. 移送审查起诉并告知犯罪嫌疑人及其辩护律师；根据2012年《刑事诉讼法》第160条的规定："公安机关侦查终结的案件，应当做到犯罪事实清楚，证据确实、充分，并且写出起诉意见书，连同案卷材料、证据一并移送同级人民检察院审查决定；同时将案件移送情况告知犯罪嫌疑人及其辩护律师。"因此，侦查终结移送审查起诉的案件，要符合侦查终结的条件，在移送时要提出对案件的处理意见，同时连同案卷材料和证据一并移送人民检察院，并告知犯罪嫌疑人及其辩护律师案件已经移送起诉。

三、撤销案件

2012年《刑事诉讼法》第161条规定："在侦查过程中，发现不应对犯罪嫌疑人追究刑事责任的，应当撤销案件；犯罪嫌疑人已被逮捕的，应当立即释放，发给释放证明，并且通知原批准逮捕的人民检察院。"

所谓不应对犯罪嫌疑人追究刑事责任，是指没有发生刑事案件或者有《刑事诉讼法》第15条规定的六种情形之一的，而不追究刑事责任的情形。侦查机关经过侦查，发现不应对犯罪嫌疑人追究刑事责任时，应当作出撤销案件的决定，并制作撤销案件决定书。犯罪嫌疑人已被逮捕的，应当立即释放，发给释放证明，并且通知原批准逮捕的人民检察院。实践中，需撤销刑事案件的，应制作撤销案件决定书，并报经县级以上公安机关负责人批准。

第四节 补充侦查

一、补充侦查的概念和意义

补充侦查,是指公安机关或者人民检察院依照法定程序,在原有侦查工作的基础上,对案件中的部分事实情况作进一步调查、补充证据的一种诉讼活动。

补充侦查是侦查权的重要组成部分,只有享有侦查权的侦查机关才有权实施。补充侦查并不是每一个刑事案件都必须经过的诉讼程序,它只是在原有的侦查工作没有达到侦查目的和要求或侦查任务还未完成的情况下,由侦查机关就部分事实情节进行侦查。因此,正确、及时地进行补充侦查,对于查清全部案件事实、客观公正地处理案件,防止和纠正在诉讼过程中发生的错误等,具有十分重要的意义。

二、补充侦查的种类

根据2012年《刑事诉讼法》第88条、第171条和第198条规定,补充侦查在程序上有三种:

(一)报请批准逮捕案件的补充侦查

根据2012年《刑事诉讼法》第88条规定,人民检察院对于公安机关提请批准逮捕的案件进行审查后,"对于不批准逮捕的,人民检察院应当说明理由,需要补充侦查的,应当同时通知公安机关"。

最高人民法院、最高人民检察院、公安部、国家安全部、司法部、全国人大常委会法制工作委员会《关于刑事诉讼法实施中若干问题的规定》第27条对1996年《刑事诉讼法》第68条的解释为"人民检察院审查公安机关提请批准逮捕的案件,应当作出批准或者不批准逮捕的决定,对报请批准逮捕的案件不另行侦查"。因此,公安机关对于不批准逮捕决定的犯罪嫌疑人,仍然认为需要逮捕的,则要进行补充侦查。人民检察院不能认为报捕案件不符合批准逮捕的条件而自行补充侦查。

(二)审查起诉阶段的补充侦查

根据2012年《刑事诉讼法》第171条第2款规定,"人民检察院审查案件,对于需要补充侦查的,可以退回公安机关补充侦查,也可以自行侦查。"

此阶段的补充侦查,如果是由公安机关侦查终结,人民检察院审查之后,需要补充侦查时,既可以决定将案件退回公安机关补充侦查,也可以决定自行侦查,必要时可以要求公安机关协助。如果是人民检察院自行侦查终结的案件需要补充侦查的,则不能退回公安机关补充侦查。

对于退回公安机关补充侦查的案件，应当在一个月以内补充侦查完毕；人民检察院审查起诉的期限从案件补充侦查完毕移送起诉之日起重新计算。人民检察院审查起诉中决定自行侦查的，应当在审查起诉期限内侦查完毕。补充侦查以二次为限，这既指退回公安机关补充侦查的案件，也包括人民检察院决定退回侦查部门补充侦查的案件。

为了维护当事人的合法权益和国家法律的尊严，对于二次补充侦查的案件，人民检察院仍然认为证据不足，不符合起诉条件的，应当作出不起诉的决定。

(三) 法庭审理阶段的补充侦查

根据2012年《刑事诉讼法》第198条和第199条规定，在法庭审判过程中，检察人员发现提起公诉的案件需要补充侦查，并提出补充侦查建议的，人民法院可以延期审理，人民检察院应当在一个月以内补充侦查完毕。

可见，法庭审理阶段补充侦查只有人民检察院依法提出建议，人民法院才能作出延期审理的决定。人民法院不能主动将案件退回人民检察院补充侦查。对于人民检察院提起公诉的案件，只要符合法律规定，人民法院就必须开庭审判。至于补充侦查的方式，一般由人民检察院自行侦查，必要时可以要求公安机关协助。

第五节　对人民检察院自行侦查案件的特殊规定

人民检察院对直接受理的案件的侦查，是指人民检察院对自己受理的案件，依法进行的专门调查工作和有关的强制性措施，又称自侦案件的侦查。

根据2012年《刑事诉讼法》第162条规定，人民检察院对直接受理的案件的侦查，适用刑事诉讼法第二编第二章的规定，即刑事诉讼法关于侦查的一般规定均适用于人民检察院的自侦案件。但刑事诉讼法又针对人民检察院的特殊地位作了一些特殊规定。

一、侦查权限的特殊规定

(一) 对犯罪嫌疑人的拘留和讯问

2012年《刑事诉讼法》第163条规定，人民检察院直接受理的案件中符合本法第79条、第80条第4项、第5项规定情形，需要逮捕拘留犯罪嫌疑人的，由人民检察院作出决定，由公安机关执行。

2012年《刑事诉讼法》第164条规定，人民检察院对直接受理的案件中被拘留的人，应当在拘留后的24小时以内进行讯问。在发现不应当拘留的时候，必须立即释放，发给释放证明。

(二) 对犯罪嫌疑人的逮捕

2012年《刑事诉讼法》第163条规定，人民检察院直接受理的案件中符合本法第 79 条、第 80 条第 4 项、第 5 项规定情形，需要逮捕、拘留犯罪嫌疑人的，由人民检察院作出决定，由公安机关执行。

2012 年《刑事诉讼法》第 165 条规定，人民检察院对直接受理的案件中被拘留的人，认为需要逮捕的，应当在 14 日以内作出决定。在特殊情况下，决定逮捕的时间可以延长 1 日至 3 日。对不需要逮捕的，应当立即释放；对需要继续侦查，并且符合取保候审、监视居住条件的，依法取保候审或者监视居住。

二、案件侦查终结后的处理

根据 2012 年《刑事诉讼法》第 166 条规定，人民检察院侦查终结的案件，应当作出提起公诉、不起诉或者撤销案件的决定。

第十三章 提起公诉程序

第一节 审查起诉

一、审查起诉的概念

审查起诉,是指人民检察院对侦查机关或侦查部门侦查终结移送起诉的案件受理后,依法对侦查机关或侦查部门认定的犯罪事实和证据、犯罪性质以及适用的法律等进行审查核实,并作出处理决定的一项诉讼活动。

二、审查起诉的内容

根据《人民检察院刑事诉讼规则》第250条的规定,审查起诉的内容包括:

1. 犯罪嫌疑人身份状况是否清楚,包括姓名、性别、国籍、出生年月日、职业和单位等;
2. 犯罪事实、情节是否清楚,认定犯罪性质和罪名的意见是否正确;有无法定的从重、从轻、减轻或者免除处罚的情节;共同犯罪案件的犯罪嫌疑人在犯罪活动中的责任的认定是否恰当;
3. 证据材料是否随案移送,不宜移送的证据的清单、复制件、照片或者其他证明文件是否随案移送;
4. 证据是否确实、充分;
5. 有无遗漏罪行和其他应当追究刑事责任的人;
6. 是否属于不应当追究刑事责任的;
7. 有无附带民事诉讼;对于国家财产、集体财产遭受损失的,是否需要由人民检察院提起附带民事诉讼;
8. 采取的强制措施是否适当;
9. 侦查活动是否合法;
10. 与犯罪有关的财物及其孳息是否扣押、冻结并妥善保管,以供核查。对被害人合法财产的返还和对违禁品或者不宜长期保存的物品的处理是否妥当,移送的证明文件是否完备。

三、审查起诉的方法

(一) 审阅案卷材料

审阅案卷材料是检察机关审查起诉的首要步骤,办案人员应当首先审阅侦查机关制作的起诉意见书,然后再审阅其他案卷材料,并按照审查起诉的内容制作阅卷笔录。

(二) 讯问犯罪嫌疑人

人民检察院审查案件,应当讯问犯罪嫌疑人。讯问犯罪嫌疑人,应当告知其在审查起诉阶段所享有的诉讼权利。通过讯问犯罪嫌疑人,核实口供的真实性,分析口供与其他证据之间有无矛盾,查清犯罪事实和情节,正确认定犯罪性质和罪名。

(三) 听取被害人的意见

听取被害人的意见,是审查起诉的必经程序。被害人是案件的当事人,检察机关应听取被害人关于案件处理的意见,保障被害人的合法权益。检察机关还应了解被害人有无因犯罪遭受物质损失,告知被害人有提起附带民事诉讼的权利及其他诉讼权利。

(四) 听取犯罪嫌疑人、被害人委托的人的意见

根据2012年《刑事诉讼法》第170条的规定,人民检察院审查案件,应当讯问犯罪嫌疑人,听取辩护人、被害人及其诉讼代理人的意见,并记录在案。辩护人、被害人及其诉讼代理人提出书面意见的,应当附卷。新增的这条规定,有助于保障犯罪嫌疑人和被害人的合法权益,保证审查起诉活动的质量。

(五) 补充侦查

根据2012年《刑事诉讼法》第171条第2款的规定,在审查起诉阶段的补充侦查,是指人民检察院通过审查发现案件事实不清、证据不足或遗漏罪行、同案犯罪嫌疑人等情形,不能作出提起公诉或者不起诉决定,而采取的补充进行有关专门调查等工作的一项诉讼活动。补充侦查的目的在于查清有关事实和证据,以决定是否将犯罪嫌疑人交付审判。

四、审查起诉的期限

人民检察院对于移送审查起诉的案件,应当在1个月内作出决定;重大、复杂的案件,1个月内不能作出决定的,报经检察长批准,可以延长15日。对于补充侦查的案件,应当在1个月内补充侦查完毕,补充侦查以两次为限,补充侦查完毕移送人民检察院后,人民检察院重新计算审查起诉期限。人民检察院审查起诉的案件,改变管辖的,从改变后的人民检察院收到案件之日起计算审查起诉

期限。

五、审查后的处理

人民检察院审查起诉后,应根据不同的情况,依法作出提起公诉或不起诉的决定。

第二节 提起公诉

一、提起公诉的概念

提起公诉,是指人民检察院代表国家以国家公诉机关身份向人民法院提起诉讼,要求人民法院对指控的犯罪进行审判,确定被告人刑事责任并予以刑事处罚的诉讼活动。

二、提起公诉的条件

提起公诉必须同时满足以下两个条件:

(一)犯罪嫌疑人的犯罪事实已经查清,证据确实、充分

这是提起公诉的事实条件。根据《人民检察院刑事诉讼规则》第279条的规定,具有下列情形之一的,可以确认犯罪事实已经查清:

1. 属于单一罪行的案件,查清的事实足以定罪量刑或者与定罪量刑有关的事实已经查清,不影响定罪量刑的事实无法查清的;

2. 属于数个罪行的案件,部分罪行已经查清并符合起诉条件,其他罪行无法查清的;

3. 无法查清作案工具、赃物去向,但有其他证据足以对被告人定罪量刑的;

4. 证人证言、犯罪嫌疑人供述和辩解、被害人陈述的内容中主要情节一致,只有个别情节不一致且不影响定罪的。

对于符合第(2)项情形的,应当以已经查清的罪行起诉。

(二)依法应当追究犯罪嫌疑人的刑事责任

这是提起公诉的法律条件。犯罪嫌疑人的行为如果不构成犯罪,或者虽然构成犯罪,但依法不应当追究刑事责任的,就不能作出提起公诉的决定。

三、起诉书的制作和案件移送

起诉书是人民检察院代表国家正式向人民法院提出追究被告人刑事责任的重要司法文书,是人民检察院提起公诉的书面依据,也是人民法院对被告人行使审

判权的前提，同时还是法庭调查和辩论的基础。人民检察院作出起诉决定后，应当制作起诉书。起诉书的内容包括：

1. 首部。首部主要是制作该文书的人民检察院名称、文书编号等。

2. 被告人的基本情况。包括姓名、性别、出生年月日、出生地、身份证号码、民族、文化程度、职业、住址、是否受过刑事处罚、采取强制措施的情况以及在押被告人的关押处所等；如果是单位犯罪，应写明犯罪单位的名称、所在地址、法定代表人或代表的姓名、职务。

如果被告人真实姓名、住址无法查清，应当按其绰号或者自报的姓名、自报的年龄制作起诉书，并在起诉书中注明。被告人自报的姓名可能造成损害他人名誉、败坏道德风俗等不良影响的，可以对被告人编号并按编号制作起诉书，并在起诉书中附具被告人的照片。

3. 案由和案件来源。案由，是指案件的内容提要，一般用犯罪主体和认定的罪名加以概括。

案件来源，主要是指该案是由公安机关侦查终结移送起诉的，还是人民检察院侦查部门自行侦查终结的案件。人民检察院自行侦查终结的案件，一般写明"经本院侦查终结"，公安机关侦查终结的应写明公安机关名称，案件移送的时间等内容。

4. 案件事实和证据。一般包括犯罪的时间、地点、经过、手段、动机、目的、危害后果等与定罪量刑有关的事实要素。

5. 起诉的根据和理由。包括被告人触犯的刑法条款，犯罪的性质，法定从轻、减轻或者从重处罚的情节，共同犯罪中被告人应负的罪责等。

6. 尾部。写明起诉书送达的人民法院名称，本案承办人的法律职务和姓名，制作起诉书的年、月、日，并加盖人民检察院公章。

7. 附项。这部分写明被告人被采取强制措施的场所及地址、证据目录、主要证据照片或复印件，证人名单及其住址或单位地址，鉴定人的住址或单位地址，随案移送案卷的册数、页数，随案移送的赃物和其他证据等。

人民检察院提起公诉的案件，应当向人民法院移送起诉书、证据目录、证人名单和主要证据的复印件或者照片。证据目录，是指起诉前收集的证据材料目录。证人名单包括在起诉前提供了证言的证人名单。证人名单应当列明证人的姓名、年龄、性别、职业、住址、通信处。"主要证据"，是指对认定犯罪构成要件的事实起主要作用，对案件定罪量刑有重要影响的证据。其具体范围由办案人员根据规定和各个证据在具体案件中的实际证明作用加以确定。主要证据包括：(1) 起诉书中涉及的各证据种类中的主要证据；(2) 多个同种类证据中被确定为"主要证据"的；(3) 作为法定量刑情节的自首、立功、累犯、中止、未遂、正当防卫的证据。

第三节 不起诉

一、不起诉的概念

不起诉,是指人民检察院对公安机关侦查终结移送起诉的案件和自行侦查终结的案件进行审查后,认为犯罪嫌疑人的行为不构成犯罪或者依法不应追究刑事责任,或者其犯罪情节轻微,依照刑法规定不需要判处刑罚或者免除刑罚,以及对于补充侦查的案件,认为证据不足,不符合起诉条件,从而作出不将犯罪嫌疑人交付人民法院审判的一种处理决定。

二、不起诉的种类及适用条件

我国的不起诉有三种:法定不起诉;酌定不起诉;证据不足的不起诉。

(一)法定不起诉

法定不起诉又称绝对不起诉,是指 2012 年《刑事诉讼法》第 173 条第 1 款规定的不起诉,即犯罪嫌疑人没有犯罪事实,或者有本法第 15 条规定的情形之一的,人民检察院应当作出不起诉决定。这次修改的刑事诉讼法对法定不起诉的条件作出了修改,将"犯罪嫌疑人没有犯罪事实"也纳入法定不起诉的范畴,这样更加合理。

另根据 2012 年《刑事诉讼法》第 15 条的规定,法定不起诉适用于以下六种情形之一:

1. 情节显著轻微、危害不大,不认为是犯罪的;
2. 犯罪已过追诉时效期限的;
3. 经特赦令免除刑罚的;
4. 依照刑法告诉才处理的犯罪,没有告诉或者撤回告诉的;
5. 犯罪嫌疑人、被告人死亡的;
6. 其他法律规定免予追究刑事责任的。

(二)酌定不起诉

酌定不起诉又称相对不起诉,是指 2012 年《刑事诉讼法》第 173 条第 2 款规定的不起诉,即人民检察院对于起诉与不起诉享有自由裁量权,对于符合条件的,既可以作出起诉决定,也可以作出不起诉的决定。

酌定不起诉的适用必须同时具备两个条件:(1)犯罪嫌疑人的行为构成犯罪;(2)犯罪嫌疑人的犯罪行为情节轻微,依照刑法规定不需要判处刑罚或者免除刑罚。

(三) 证据不足的不起诉

2012年《刑事诉讼法》第171条第4款规定，对于二次补充侦查的案件，人民检察院仍然认为证据不足，不符合起诉条件的，应当作出不起诉的决定。这一款的修改明确了证据不足不起诉必须经过二次补充侦查，同时将原来的"可以"改为"应当"作出不起诉的决定。

根据《人民检察院刑事诉讼规则》的规定，具有下列情形之一的，不能确定犯罪嫌疑人构成犯罪和需要追究刑事责任的，属于证据不足，不符合起诉条件，可以作出不起诉决定：（1）据以定罪的证据存在疑问，无法查证属实的；（2）犯罪构成要件事实缺乏必要的证据予以证明的；（3）据以定罪的证据之间的矛盾不能合理排除的；（4）根据证据得出的结论具有其他可能性的。

三、不起诉决定书的宣布与送达

不起诉的决定，应当公开宣布，并且将不起诉决定书送达被不起诉人和他的所在单位。对于公安机关移送起诉的案件，人民检察院决定不起诉的，应当将不起诉决定书送达公安机关；对于有被害人的案件，决定不起诉的，人民检察院应当将不起诉决定书送达被害人。

四、对不起诉的制约

(一) 公安机关对不起诉决定的制约

对于公安机关移送起诉的案件，人民检察院决定不起诉的，公安机关认为不起诉的决定有错误的时候，可以要求作出不起诉决定的人民检察院进行复议。人民检察院应当在收到要求复议意见书后30日内作出复议决定，并通知公安机关。如果意见不被接受，公安机关还可以向上一级人民检察院提请复核。上一级人民检察院应当在收到提请复核意见书后的30日内作出决定，制作复核决定书送交下级人民检察院和提请复核的公安机关；经复核改变下级人民检察院的决定的，应当撤销下级人民检察院的不起诉决定，交由下级人民检察院提起公诉。

(二) 被害人对不起诉决定的制约

被害人对人民检察院作出的不起诉决定不服的，可以自收到决定书后7日以内向作出不起诉决定的人民检察院的上一级人民检察院申诉。上一级人民检察院对不起诉决定进行复查后，应当在3个月内作出复查决定，案情复杂的，最长不得超过6个月。复查决定书应当送达被害人和作出不起诉决定的人民检察院。上级人民检察院复查作出起诉决定的，应当撤销下级人民检察院的不起诉决定，交由下级人民检察院提起公诉，并将复查决定抄送移送审查起诉的公安机关。

此外，2012年《刑事诉讼法》第176条规定，对人民检察院维持不起诉决定的，被害人可以向人民法院起诉。被害人也可以不经申诉，直接向人民法院起诉。人民法院受理案件后，人民检察院应当将有关案件材料移送人民法院。

（三）被不起诉人对不起诉的制约

对于人民检察院依照 2012 年《刑事诉讼法》第 173 条第 2 款规定作出的不起诉决定，被不起诉人如果不服，可以自收到不起诉决定书后 7 日以内向作出不起诉决定的人民检察院提出申诉。人民检察院应当作出复查决定，并将复查决定书送达被不起诉人；如果复查决定是撤销不起诉决定或变更不起诉的事实或者法律根据的，还应当将复查决定书同时抄送移送审查起诉的公安机关和本院有关部门；如果人民检察院作出的是撤销不起诉决定并提起公诉的复查决定，应当将案件交由审查起诉部门提起公诉。

第十四章 刑事审判概述

第一节 刑事审判的概念和任务

审判是法院代表国家解决争议与纠纷的一种诉讼活动。根据审判解决纠纷的性质不同,审判可以分为刑事、民事和行政三种。刑事案件经过人民检察院提起公诉或者自诉人的自诉,便进入审判阶段。

一、刑事审判的概念

在我国,刑事审判是指人民法院在控辩双方和其他诉讼参与人的参加下,依照法定程序,依法对刑事案件进行审理和裁判的一种诉讼活动。刑事审判包括对刑事案件的审理和裁判两部分内容。所谓"审理",是指人民法院对刑事案件事实和证据进行调查核实并听取控辩双方对适用法律的意见的活动;所谓"裁判",则是指人民法院在审理的基础上,依据法律对案件的实体和程序问题作出处理决定的活动。在两者关系上,审理是裁判的前提和基础,裁判是审理的结果和目的,两者共同构成刑事审判的全部内容。对于刑事审判这一概念,可以从以下几方面来理解:

(一)审判在整个刑事诉讼中居于中心地位

刑事案件是由公诉机关提出公诉或自诉人起诉后,才进入审判阶段的。审判是决定刑事案件实质问题的最关键阶段,因为被告人是否有罪、应否受到刑事处罚,只有通过审判才能最终作出决定。从某种意义上讲,审判前的诉讼活动,是为把被告人交付审判提供条件的;审判后的执行阶段,是将审判结果付诸实施的,因此,审判在刑事诉讼中居于中心地位。

(二)审判是法院代表国家实施的职权活动

人类社会早期实行私力救济,血亲复仇是常用的冲突解决方式,这种方式往往使用武力,又对社会秩序造成新的破坏。进入文明社会后,尤其是国家介入争端的解决之后,纠纷的解决逐渐转向依靠既中立又权威、代表国家的某一专门机关来进行。这种专门机关发展到后来便是法院。由法院行使审判权,是国家权力分化的结果。基于被赋予的国家权力,法院对争议的解决具有强制性,冲突主体必须服从,否则将承受法律上的不利后果。

(三)审判应当在控辩双方平等争辩、法官中立的格局中进行

刑事审判是围绕控辩双方对被告人刑事责任的争执而展开的,因此,刑事审判首先应当在控辩双方的积极参与下进行。同时,由于审判是法院代表国家实施的一种职权活动,而且这种职权活动具有强制性,因此,确保法官居于不偏不倚的中立立场裁判案件是至关重要的。在法庭上,控辩双方围绕案件积极辩论、法官在争执双方的辩论中居中公断有利于查明案件事实,客观公正地解决纠纷。

二、刑事审判的任务

2012年《刑事诉讼法》第2条规定了刑事诉讼法的任务,刑事审判当然也应以实现这种任务为己任。由于刑事审判作为刑事诉讼中一个独立的诉讼阶段,也有其特定的任务,从总体上看,审判阶段的任务在于确定被告人是否构成犯罪、对其应否处以刑罚以及处以何种刑罚,从而作出公正的裁判。我国刑事审判的任务主要有以下几点:

第一,查明案件事实,实现惩罚犯罪的功能。法院要对被告人定罪或者判刑,必须查明案件的事实真相。法庭通过控辩双方举证、质证和相互辩论查明案件真相。法庭对案件事实真相的查明,有助于揭露、证实犯罪和形成正确的裁判,从而有效地实现刑法惩治犯罪的特有功能。

第二,尊重和保障人权,保障当事人的诉讼权利和其他合法权益。2012年《刑事诉讼法》第2条明确规定"尊重和保障人权",审判作为刑事诉讼最关键的诉讼阶段,是当事人诉讼权利充分行使的阶段,也是实现尊重和保障人权的重要阶段。被告人在庭审中被赋予对抗控诉方的诉讼权利,能够使法官不偏信控诉主张,采纳有利于被告方的意见,从而保护被告方的诉讼权利,使被告方的合法权益得到维护。当然,正确的裁判也有利于保障被害人的合法权益。

第三,发挥法制教育作用。大部分刑事案件的审判采取公开的形式进行,不仅使审判过程受到社会各界的监督,而且也使群众在旁听庭审的过程中受到法制教育。被告人经过庭审,也能感受到法庭给予的公正待遇,对于其教育挽救也是很有意义的。

第二节 刑事审判组织

审判组织,是指人民法院审理和裁判刑事案件的组织形式。它解决如何组织人员对案件进行审理和裁判的问题。合法有效的组织形式,是人民法院正确审判案件的前提。审判组织是审理案件中面临的首要问题。根据我国人民法院组织

法、刑事诉讼法的规定，人民法院审判刑事案件有三种组织形式：合议庭、独任庭和审判委员会。

一、独任庭

独任庭，是指由审判员一人单独审理和裁判刑事案件的组织形式。根据2012年《刑事诉讼法》第178条的规定，基层人民法院适用简易程序审判的案件可以由审判员一人独任审判。

独任庭审判案件的范围仅限于基层人民法院适用简易程序审判的刑事案件。基层人民法院适用普通程序审理的刑事案件以及中级以上人民法院审判的所有刑事案件，都不能采用这种审判组织形式。

在刑事诉讼中，有一些刑事案件事实清楚，证据充分，由审判员一人独任审判可以保证案件的审判质量。采用独任庭审判案件的意义主要是：可以节省司法资源和便于人民法院集中力量审理重大、复杂的案件。

二、合议庭

合议庭，是指由审判员或者审判员与陪审员数人集体审判刑事案件的组织形式。除了可以采用独任庭审判的案件外，其余刑事案件均由合议庭进行审判，因此，合议庭是人民法院审判案件的基本组织形式。合议庭组成人员应当为单数。其具体组成分为如下几种情况：

1. 基层人民法院和中级人民法院审判第一审刑事案件，应当由审判员3人或者审判员与陪审员共3人组成合议庭进行；高级人民法院、最高人民法院审判第一审刑事案件，应当由审判员3人、5人或7人，或者审判员与陪审员3人、5人或7人组成合议庭进行。对于陪审员参加审判的，法律并没有对其人数作具体限定，但合议庭不能完全由陪审员组成。

2. 人民法院审判上诉、抗诉案件，应当由审判员3人或5人组成合议庭进行。人民陪审员不能参与此类案件的审理。

3. 最高人民法院复核死刑案件，高级人民法院复核死刑缓期执行案件，应当由审判员3人组成合议庭进行。此类案件人民陪审员也不能参与审判。

实行合议庭审判案件的意义主要是：可以充分发挥庭审人员的集体智慧，防止个人办案容易出现的主观片面性；可以使审判人员之间互相商量、互相监督，防止个人独断专行和徇私舞弊，以保证案件质量。

在合议庭中吸收陪审员参加陪审，是现代法制民主化、文明化的表现。人民陪审员由与基层人民法院同级的人民代表大会常务委员会任命。在人民法院执行职务时，享有与审判员同等的权利，但不能担任审判长。审判长由院长或庭长在合议庭审判员中指定一人担任，院长或庭长审判案件时，自己担任审判长。审判长主持合议庭的活动，具体指挥法庭审判的进行。

合议庭经过庭审，必须对案件作出裁判。合议庭评议表决案件时，合议庭成员应当表明自己的意见，陪审员与审判员具有相同的表决权。如果意见有分歧，应当按照少数服从多数的原则进行，即应当按多数人的意见作出决定，但是少数人的意见应当写入笔录。评议笔录应由合议庭的组成人员在审阅确认无误后签名。评议情况应当保密。

三、审判委员会

审判委员会是人民法院内部对审判工作进行集体领导的常设性组织。人民法院组织法规定，各级人民法院设立审判委员会，其任务是总结审判经验，讨论重大疑难案件和其他与审判工作有关的问题。审判委员会一般由院长、副院长、庭长或少数有丰富审判经验的审判员组成。除院长外（院长由本级人民代表大会任免），其他审判委员会委员由院长提请本级人民代表大会常务委员会任免。

审判委员会是通过召开会议讨论、决定案件的处理结果的。审判委员会会议由院长主持，院长因故不能主持时，可委托一名副院长主持。审判委员会讨论案件采取民主集中制原则进行，按多数委员的意见形成审判委员会的决定。审判委员会的决定，合议庭应当执行。合议庭有不同意见的，可以建议院长提交审判委员会复议。同级人民检察院的检察长可以列席审判委员会会议并可以发表意见，但不能参加表决。

刑事诉讼法在1996年修正以前，司法实践中很多案件都要经过审判委员会讨论决定。针对实践中审判委员会包揽案件过多，不开庭审案却行使了对案件的实体处分权所带来的弊端，1996年《刑事诉讼法》在如何协调合议庭与审判委员会关系上作了较大调整。一是规定合议庭开庭审理并且评议后，应当作出判决。二是规定只有在开庭审理并且评议后，合议庭认为案情疑难、复杂、重大，难以决定的，才由合议庭提请院长提交审判委员会讨论决定，改变了过去一些案件未经合议庭开庭审理，就将案件提交审判委员会讨论决定的做法，这就理顺了合议庭与审判委员会的关系。按照现在的规定，合议庭应当对大多数审理的案件行使独立的裁判权，做到"审"与"判"的结合。而审判委员会由于不开庭审理，其决定的案件范围不能太宽，只能是针对某些疑难、重大、复杂的案件。2012年《刑事诉讼法》仍沿用1996年《刑事诉讼法》的规定。

根据最高人民法院司法解释的规定，"疑难、复杂、重大的案件"是指下列案件：（1）拟判处死刑的；（2）合议庭成员意见有重大分歧的；（3）人民检察院抗诉的；（4）在社会上有重大影响的；（5）其他需要由审判委员会讨论决定的。

第三节 刑事审判制度

审判是国家对社会冲突的最终解决方式。审判制度则是在一定历史条件下,国家为了确保法律的全面实施,而确立的关于审判机关的性质、组织结构、职能和审判程序等方面制度的总称。它是一国司法制度最重要的组成部分。

一、两审终审制

所谓两审终审制,是指刑事案件最多经过两级人民法院审理即告终结的一种审级制度。所谓审级制度,是指依照法律规定,国家审判机关在组织上分为多少等级,案件需要经过几级法院审理后,其判决才能发生法律效力的制度。

依照两审终审制的规定,第一审法院判决后,如果有上诉权的人提出上诉,或者人民检察院提出抗诉,则其判决还不能生效,须经第二审法院审理后,所作的裁判才是终审的裁判,当事人不得再上诉,人民检察院也不得抗诉(但上级人民检察院仍可依据审判监督程序提出抗诉)。

确立两审终审制的意义是:有利于及时纠正错误的裁判,维护当事人的合法权利;有利于上级人民法院监督下级人民法院的一审判决、裁定的合法性和准确性;有利于惩罚犯罪分子,保障无罪的人不受刑事追究,保护公民的合法权利。

当今世界各国都建立了各自的审级制度,不过,在审级的划分上,各国的规定并不一致。例如,日本、法国、英国实行的是三审终审制,在这些国家,一般第一审为事实审,第二、三审为法律审;俄罗斯实行的是两审终审制,在这些国家,当事人不服第一审判决,只有一次上诉的权利,上诉审不分事实和法律审,上诉审法院对案件进行的是全面审理。

2012年《刑事诉讼法》第10条规定:"人民法院审判案件,实行两审终审制。"具体来讲,就是地方各级人民法院(包括基层人民法院、中级人民法院、高级人民法院,不包括最高人民法院)审理第一审刑事案件所作的判决或裁定,如果有上诉权的人不服,或者人民检察院认为有错误,在法定期间内,可以提出上诉或抗诉,上一级人民法院对于上诉或抗诉的案件,必须进行全面审理,所作的裁判是终审的判决和裁定,立即发生法律效力。

我国的两审终审制有以下例外情况:第一,由于最高人民法院是最高审级,所以最高人民法院审理的第一审刑事案件,其判决、裁定一经作出立即生效,不存在提起二审程序问题。第二,判处死刑的案件,即使经过了两级人民法院的审理,其裁判并不立即生效,而必须经过死刑复核程序,才能发生法律效力。第三,地方各级人民法院根据《刑法》第63条第2款规定在法定刑以下判处刑罚的案件,即使经过两级人民法院的审理,其裁判并不立即生效,必须报请最高人民法院核准。

审级的多少与民主、公正并没有必然联系。审级设置多，体现出对终局性裁判的慎重，这有利于防止不公正的裁判，但不可避免地导致诉讼拖延，也不利于保障当事人合法权益。审级设置太少，虽然有利于提高诉讼效率，节约司法资源，但错误的裁判得不到及时纠正，又影响了司法裁判公正性的实现。因此，审级设置的多少，应考虑是否与本国国情相适应。我国不实行三审终审制，是由于两审终审制是适合现阶段我国国情的一种审级制度。第一，我国幅员辽阔，许多地方交通不便，审级设置过多，不利于及时结案，也给当事人徒增讼累。实行两审终审，有利于提高诉讼效率，节约诉讼成本。第二，实行两审终审能够保证刑事案件得到正确处理。根据案件的不同情况，我国对不同的案件规定了不同的审级管辖，能够保证案件得到正确处理；二审程序实行的是全面审理，不仅对案件事实进行审查，也对适用法律是否正确进行审查，此外，刑事诉讼法还规定了死刑复核程序和审判监督程序，两审终审后案件即使还有错误的，仍然可以通过这两个程序予以纠正。第三，实行两审终审制，案件有了进入二审的机会，在案件进入二审后，上级人民法院通过二审案件的审理可以发现下级人民法院审判中存在的问题，这样有利于上级人民法院对下级人民法院的审判工作实施监督。

二、审判公开制

审判公开，是指法院对案件的审理和判决，除有特别规定的外，都应当在法庭上公开进行。它是当今世界上绝大多数国家公认的一项宪法性制度。

2012年修正的《刑事诉讼法》第11条规定："人民法院审判案件，除本法另有规定的以外，一律公开进行。"我国的审判公开，是指人民法院的审判活动，除法律另有规定的情况外，都应当向社会公开，不仅允许群众到庭旁听，而且允许新闻媒体采访报道。

审判公开的内容是：第一，向当事人公开。审判公开要求庭审活动对当事人公开，即法庭的全部审理活动，都应当在有当事人及其他诉讼参与人在场的情况下进行。第二，对社会各界公开。即审理过程允许公众旁听、允许新闻媒体采访报道。第三，审判结论公开。即对案件不论是否公开审理，所有案件的裁判均以公开的方式宣布。这三项内容紧密联系、不可或缺，共同组成审判公开的全部内容。

在我国，贯彻执行审判公开制度，就要求人民法院先期公布公开审判的时间和地点，通知公诉机关和诉讼参与人到庭，并为公众旁听审判提供便利条件，允许媒体进行报道，审理后的判决、裁定应当及时公开宣布。

实行审判公开制的意义主要表现在三个方面：第一，可以把人民法院的刑事审判活动置于人民群众的监督之下，增强刑事诉讼的透明度；第二，有利于带动合议、陪审、辩护、回避等其他审判程序和制度的贯彻执行；第三，有利于进行法制宣传。它是教育和改造犯罪分子的一种有效方法，是开展社会主义法制教育的一种良好形式。

根据2012年《刑事诉讼法》第183条和第274条的规定，下列案件是公开审理的例外情况：（1）有关国家秘密的案件应当不公开审理；（2）有关个人隐私的案件应当不公开审理；（3）涉及商业秘密的案件，当事人申请不公开审理的，可以不公开审理；（4）审判的时候被告人不满18周岁的案件，应当不公开审理。这里强调的是，涉及商业秘密的案件是"可以"不公开审理，而不是"应当"不公开审理。

依法不公开审理的案件，开庭时应当当庭宣布不公开审理的理由。审理过程中，除了承办该案的司法人员以及相关的诉讼参与人外，任何公民包括与审理该案无关的法院工作人员和被告人的近亲属都不得旁听。但是，审判的时候被告人不满18周岁的案件不公开审理时，经未成年被告人及其法定代理人同意，未成年被告人所在学校和未成年人保护组织可以派代表到场。不论案件是否公开审理，宣告判决，一律公开进行。

三、陪审制

陪审制，是指人民法院审判刑事案件依法由人民陪审员与审判员共同组成合议庭审判案件的制度。

确立陪审制的意义是：第一，有利于把人民法院的审判工作直接置于人民群众的监督下，从而增强人民法院审判员的责任心；第二，有利于发挥人民群众的智慧和力量；第三，有利于提高人民群众的法律素质。

目前，世界上关于陪审制有两种模式：一种是英美法系的陪审团审判模式；另一种是大陆法系的陪审员参审模式。陪审团审判模式实行陪审团认定案件事实，法官负责法律适用的判案方式；陪审员参审模式则没有这种分工，由陪审员与法官共同审案，共同评议，共同裁决。根据2012年《刑事诉讼法》第178条第3款的规定，人民陪审员在人民法院执行职务，与审判员享有同等的权利，这表明我国实行的是大陆法系国家的参审模式的陪审制。

2012年《刑事诉讼法》第13条规定，人民法院审判案件，依照刑事诉讼法实行人民陪审员陪审的制度。第178条规定，基层人民法院、中级人民法院审判第一审案件应当由审判员三人或者审判员与人民陪审员共三人组成合议庭进行。也就是说，有些案件可以由陪审员参加审判，陪审员参加审判的案件只能是第一审案件。人民陪审员在人民法院执行职务，同审判员有同等的权利。

根据人民法院组织法和全国人民代表大会常务委员会于2004年8月28日通过、2005年5月1日起施行的《关于完善人民陪审员制度的决定》的规定，公民担任人民陪审员，应当具备下列条件：（1）拥护中华人民共和国宪法；（2）年满23周岁；（3）品行良好、公道正派；（4）身体健康。担任人民陪审员，一般应当具有大学专科以上文化程度。人民代表大会常务委员会的组成人员，人民法院、人民检察院、公安机关、国家安全机关、司法行政机关的工作人员和执业律师等人员，不得担任人民陪审员。下列人员不得担任人民陪审员：

（1）因犯罪受过刑事处罚的；（2）被开除公职的。人民陪审员的名额，由基层人民法院根据审判案件的需要，提请同级人民代表大会常务委员会确定。符合担任人民陪审员条件的公民，可以由其所在单位或者户籍所在地的基层组织向基层人民法院推荐，或者本人提出申请，由基层人民法院会同同级人民政府司法行政机关进行审查，并由基层人民法院院长提出人民陪审员人选，提请同级人民代表大会常务委员会任命。人民陪审员的任期为5年。

第十五章 第一审程序

第一节 第一审程序概述

一、第一审程序的概念

第一审程序,是指人民法院对于人民检察院提起公诉、自诉人提起自诉的案件进行初次审判所遵循的程序。

刑事案件经过人民检察院提起公诉或者自诉人提起自诉就进入了审判阶段。对刑事案件的审判首先应按照第一审程序进行,一审裁判作出后如果有上诉或抗诉方可进入二审程序,如果没有上诉、抗诉,审判就此结束。因此,第一审程序是人民法院审判案件的基本程序,是刑事诉讼中最重要的诉讼阶段。

刑事诉讼法对公诉案件的第一审程序规定得比较详细、全面,而对自诉案件第一审程序只根据自诉案件的特点作了一些特殊规定,对于没有明确规定的,应当参照公诉案件第一审程序进行。

二、第一审程序的意义

在第一审程序中,人民法院通过开庭,审查证据,查明案件事实,根据刑法作出裁判。第一审程序的意义主要有以下几点:

1. 第一审程序是全部刑事审判的基础。无论是公诉案件还是自诉案件的审判,都必须经过第一审程序。第一审程序是否能够得到正确实施,直接关系到案件处理结果的好坏。因此,它是全部刑事审判的基础。

2. 第一审程序集中体现了刑事诉讼的各项基本原则。只有在法庭审判中,刑事诉讼法规定的被告人有权获得辩护、保障诉讼参与人的诉讼权利等基本原则,才能得到最充分的实现。

3. 正确地进行第一审审判,有助于减少上诉、抗诉和申诉案件。既可以节约司法资源,又能减轻当事人的负担,从而有助于实现诉讼经济的要求。

第二节 公诉案件的第一审程序

一、开庭前对案件的审查

根据法律规定，人民法院对于检察机关提起公诉的案件，都应当受理。人民法院在受理公诉案件后，应当指定审判员对案件进行审查，以决定是否开庭审判。对公诉案件的庭前审查是我国第一审开庭前的必经程序。

对公诉案件庭前审查的目的在于保证审判质量，防止滥诉行为的发生。为此，公诉案件庭前审查的性质是，对案件是否符合开庭审判的条件予以审查。公诉案件庭前审查的这种性质表明，庭前审查解决的是案件是否能够提交法庭审判的程序性问题，而不能把庭前审查变成对被告人定罪量刑的程序。

根据2012年《刑事诉讼法》第181条和最高人民法院司法解释的规定，对公诉案件审查的内容是：

1. 案件是否属于本院管辖。
2. 起诉书指控的被告人的身份、实施犯罪的时间、地点、手段、犯罪事实、危害后果和罪名以及其他可能影响定罪量刑的情节等是否明确。
3. 起诉书中是否载明被告人被采取强制措施的种类、羁押地点、是否在案以及有无扣押、冻结在案的被告人的财物及存放地点；是否列明被害人的姓名、住址、通讯处，为保护被害人而不宜列明的，应当单独移送被害人名单。
4. 有无2012年《刑事诉讼法》第15条第（2）至（6）项规定的不追究刑事责任的情形。

审查的方法是实行书面审查。在庭前审查时不提审被告人，也不询问证人和被害人。

人民法院对提起公诉的案件进行审查后，对于起诉书中有明确指控犯罪事实的，应当决定开庭审判。对下列不同情况分别作如下处理：

1. 对于不属于本院管辖或者被告人不在案的，应当决定退回人民检察院。
2. 对于根据2012年《刑事诉讼法》第195条第（3）项规定宣告被告人无罪，人民检察院依据新的事实、证据材料重新起诉的，人民法院应当依法受理。
3. 人民法院依照有关司法解释的规定，裁定准许人民检察院撤诉的案件，没有新的事实、证据，人民检察院重新起诉的，人民法院不予受理。
4. 对于符合2012年《刑事诉讼法》第15条第（2）至（6）项规定的情形的，应当裁定终止审理或者决定不予受理。
5. 对于被告人真实身份不明，但符合2012年《刑事诉讼法》第158条第2款规定的，人民法院应当依法受理。

人民法院对按照普通程序审理的公诉案件，决定是否受理，应当在7日内审查完毕。对于人民检察院建议按简易程序审理的公诉案件，决定是否受理，应当在3日内审查完毕。审查的期限计入人民法院的审理期限。

二、开庭前的准备工作

人民法院对公诉案件经过审查后决定开庭审判的，应当进行下列各项准备工作：

（一）确定合议庭组成人员

根据2012年《刑事诉讼法》第178条规定，第一审公诉案件除基层人民法院适用简易程序审理的案件可以由审判员一人独任审判外，都应当组成合议庭进行审判。因此，人民法院决定对公诉案件适用普通程序开庭审判后，首先需要确定合议庭的组成人员。

（二）向被告人及其辩护人送达起诉书副本

为了使当事人做好出庭准备，根据2012年《刑事诉讼法》第182条规定，人民法院应将人民检察院的起诉书副本至迟在开庭10日以前送达被告人及其辩护人。对于被告人未委托辩护人的，告知其可以委托辩护人；对于符合2012年《刑事诉讼法》第34条第2、3款规定的，应当通知法律援助机构指派律师为其提供辩护。对于符合2012年《刑事诉讼法》第34条第1款规定的，本人及其近亲属可以向法律援助机构提出申请，对符合法律援助条件的，法律援助机构应当指派律师为其提供辩护。

（三）召集公诉人、当事人和辩护人、诉讼代理人了解情况，听取意见

根据2012年《刑事诉讼法》第182条第2款规定，在开庭以前，审判人员可以召集公诉人、当事人和辩护人、诉讼代理人，对回避、出庭证人名单、非法证据排除等与审判相关的问题，了解情况，听取意见。

（四）将开庭的时间、地点通知人民检察院

人民法院审判公诉案件，人民检察院应当派员出席法庭支持公诉。因此，为了使人民检察院做好出庭准备，人民法院在开庭3日以前应将开庭的时间、地点通知人民检察院。

（五）将传票或者通知书送达有关诉讼参与人

当事人、辩护人、法定代理人、证人、鉴定人和翻译人员作为诉讼参与人，是否出庭参与法庭审理，关系到案件能否公正审理，因此，人民法院应将传唤当事人和通知辩护人、诉讼代理人、证人、鉴定人和勘验、检查笔录制作人、翻译人员出庭的传票和通知书至迟在开庭3日以前送达。

（六）先期公布案由

根据公开审判的原则，人民法院审理案件，除依法不公开审理的案件以外，应当允许公民到庭旁听，允许新闻记者采访。为了使旁听人员能够安排时间到法庭旁听，人民法院应在开庭3日以前张贴公告，公布案由、被告人姓名、开庭时

间和地点。

上述工作是人民法院在开庭前必须进行的诉讼活动,直接关系到案件的审判质量和程序是否公正、合法的问题,因此,上述活动情形应当写入笔录,由审判人员和书记员签名,附卷备查。

三、法庭审判程序

法庭审判,是指审判人员以开庭的方式,在公诉人、当事人和其他诉讼参与人的参加下,通过控诉和辩护双方的质证与辩论,调查核实证据,查明案件事实,全面听取各方对案件事实和定罪量刑的意见,依法确定被告人是否有罪,是否应受刑罚处罚以及处以何种刑罚的一种诉讼活动。

根据刑事诉讼法的规定,我国法庭的审判程序可分为开庭、法庭调查、法庭辩论、被告人最后陈述、评议和宣判五个阶段。

(一)开庭

开庭审理前,书记员应当依次进行下列工作:(1)查明公诉人、当事人、证人及其他诉讼参与人是否已经到庭;(2)宣读法庭规则;(3)请公诉人、辩护人入庭;(4)请审判长、审判员(人民陪审员)入庭;(5)审判人员就座后,当庭向审判长报告开庭前的准备工作已经就绪。

审判长在书记员报告后宣布开庭,并依次进行下列工作:

1. 传被告人到庭,查明被告人的下列情况:(1)姓名、出生年月日、民族、出生地、文化程度、职业、住址,或者单位的名称、住所地,诉讼代表人的姓名、职务。(2)是否曾受到过法律处分及处分的种类、时间。(3)是否被采取强制措施及强制措施的种类、时间。(4)收到人民检察院起诉书副本的日期;附带民事诉讼的,附带民事诉讼被告人收到民事诉状的日期。

2. 宣布案件的来源、起诉的理由、附带民事诉讼原告人和被告人的姓名(名称)及是否公开审理。对于不公开审理的案件,应当当庭宣布不公开审理的理由。依法不公开审理的案件,不得允许任何公民包括与审理该案无关的法院工作人员和被告人的近亲属旁听。但是,审判的时候被告人不满18周岁的案件不公开审理时,经未成年被告人及其法定代理人同意,未成年被告人所在学校和未成年人保护组织可以派代表到场。

3. 宣布合议庭组成人员、书记员、公诉人、辩护人、鉴定人和翻译人员的名单。

4. 应当告知当事人、法定代理人在法庭审理过程中依法享有的诉讼权利:(1)可以申请合议庭组成人员、书记员、公诉人、鉴定人和翻译人员回避。(2)可以提出证据,申请通知新的证人到庭、调取新的证据、重新鉴定或者勘验、检查。(3)被告人可以自行辩护。(4)被告人可以在法庭辩论终结后作最后的陈述。

5. 分别询问当事人、法定代理人是否申请回避，申请何人回避和申请回避的理由。如果当事人、法定代理人申请审判人员、出庭支持公诉的检察人员回避，合议庭认为符合法定情形的，应当依照刑事诉讼法、司法解释有关回避的规定处理；认为不符合法定情形的，应当当庭驳回，继续法庭审理。如果申请回避人当庭申请复议，合议庭应当宣布休庭，待作出复议决定后，决定是否继续法庭审理。同意或者驳回回避申请的决定及复议决定，由审判长宣布，并说明理由。必要时，也可以由院长到庭宣布。

对于共同犯罪的案件，应将各被告人同时传唤到庭，在逐一查明身份及基本情况后，集中宣布上述事项和告知被告人在法庭上享有的权利，以避免重复告知，节省开庭时间。上述开庭阶段的事项进行完毕后，由审判长宣布开始法庭调查。

（二）法庭调查

法庭调查，是指在合议庭或独任庭审判员的主持以及控辩双方和其他诉讼参与人的参加下，当庭对案件事实和证据进行审查核实的工作。

法庭调查是法庭审判的中心环节之一。认定案件事实和定罪量刑，都要以经过法庭调查程序核对过的证据为依据，凡是没有经过法庭调查的证据，不能作为定案的根据。因此，法庭调查成效如何，直接关系到裁判结果的正确与否，应当十分认真地做好法庭调查工作。法庭调查的程序是：

1. 公诉人宣读起诉书。审判长宣布法庭调查开始后，首先由公诉人宣读起诉书；有附带民事诉讼的，再由附带民事诉讼的原告人或者其诉讼代理人宣读附带民事诉状。

没有起诉，就没有审判，因此宣读起诉书是法庭审理的必经程序。通过宣读起诉书，表明人民检察院代表国家，正式将被告人告上法庭审判，要求法庭确定被告人刑事责任，并依法予以惩罚。宣读起诉书还有利于旁听的群众了解检察机关究竟对被告人提出了什么指控，便于他们监督庭审活动，并起到法制宣传教育作用。

2. 被告人、被害人陈述。在审判长主持下，被告人、被害人可以就起诉书指控的犯罪事实分别进行陈述。被告人如果承认起诉书指控的犯罪，应让他陈述犯罪事实；如果否认起诉书指控的犯罪，应允许他陈述辩解意见。

被告人陈述之后，应允许被害人就起诉书指控的犯罪事实及自己受害的经过进行陈述。由双方当事人分别就起诉书指控的犯罪事实进行有针对性的陈述，有利于揭示事实真相。

3. 讯问、发问被告人。被告人、被害人分别就起诉书指控的犯罪事实进行有针对性的陈述后，在审判长主持下，公诉人可以就起诉书中指控的犯罪事实讯问被告人。

公诉人应通过讯问被告人，揭露、证实犯罪，支持其指控，力争使审判人员对其指控的犯罪事实清楚明了，采纳其指控意见。

公诉人对被告人讯问后，被害人及其诉讼代理人经审判长准许，可以就公诉人讯问的情况进行补充性发问；附带民事诉讼的原告人及其法定代理人或者诉讼代理人经审判长准许，可以就附带民事诉讼部分的事实向被告人发问；经审判长准许，被告人的辩护人及法定代理人或者诉讼代理人可以在控诉一方就某一具体问题讯问完毕后向被告人发问。

被害人作为犯罪行为的直接受害者，他们及其诉讼代理人对被告人的发问能够补充公诉人的讯问，当庭揭露被告人的虚假陈述，增强控诉力度。附带民事诉讼的原告人及其法定代理人或者诉讼代理人就附带民事诉讼部分的事实向被告人发问，可以证实被告人的犯罪行为给附带民事诉讼原告人造成的物质损失和应承担的赔偿责任。辩护人由于要履行辩护职能，可以通过向被告人发问，向法庭揭示有利于被告人的事实、情节和证据，以维护被告人的合法权益。

在我国，审判人员在法庭上不是消极的仲裁者，经过控辩双方讯问、发问被告人后认为有必要时，也可以讯问被告人。

对被告人进行讯问和发问，必须在审判长主持下进行。对于控辩双方讯问、发问的内容与本案无关或者讯问、发问的方式不当的，审判长应当制止。对于控辩双方认为对方讯问或者发问的内容与本案无关或者讯问、发问的方式不当并提出异议的，审判长应当判明情况予以支持或者驳回。

对于共同犯罪案件中的被告人，应当分别进行讯问，以免被告人之间相互影响，作虚假口供。合议庭认为必要时，可以传唤共同被告人同时到庭对质。

4. 核实证据。按照刑事诉讼法的规定，证据只有经过当庭质证才能成为定案的根据。因此，在讯问、发问被告人以后，应当当庭核查各种证据。根据2012年《刑事诉讼法》第49条的规定，公诉案件中被告人有罪的举证责任由人民检察院承担，因此，公诉人对每一起指控的犯罪事实都应向法庭举证。

核查证据从控诉方向法庭举证开始。对指控的每一起案件事实，经审判长准许，公诉人可以提请审判长传唤证人、鉴定人和勘验、检查等笔录制作人出庭作证，或者出示证据，宣读未到庭的被害人、证人、鉴定人和勘验、检查等笔录制作人的书面陈述、证言、鉴定意见及勘验、检查等笔录；被害人及其诉讼代理人和附带民事诉讼的原告人及其诉讼代理人经审判长准许，也可以分别提请传唤尚未出庭作证的证人、鉴定人和勘验、检查等笔录制作人出庭作证，或者出示公诉人未出示的证据，宣读未宣读的书面证人证言、鉴定意见及勘验、检查等笔录。

被告人、辩护人、法定代理人经审判长准许，可以在起诉一方举证提供证据后，分别提请传唤证人、鉴定人出庭作证，或者出示证据、宣读未到庭的证人的书面证言、鉴定人的鉴定意见。

控辩双方要求证人出庭作证，向法庭出示物证、书证、视听资料等证据，应当向审判长说明拟证明的事实，审判长同意的，即传唤证人或者准许出示证据；审判长认为与案件无关或者明显重复、不必要的证据，可以不予准许。

当庭对证人证言、物证等质证的程序是：

1. 证人出庭提供证言，接受质证。法庭调查中证人应当出庭作证。符合下列情形的证人，经人民法院准许，也可以不出庭作证：(1) 未成年人；(2) 庭审期间身患严重疾病或者行动极为不便的；(3) 其证言对案件的审判不起直接决定作用的；(4) 有其他原因的。

2012年《刑事诉讼法》第187条第1款规定，公诉人、当事人或者辩护人、诉讼代理人对证人证言有异议，且该证人证言对案件定罪量刑有重大影响，人民法院认为证人有必要出庭作证的，证人应当出庭作证。该条第2款规定，人民警察就其执行职务时目击的犯罪情况作为证人出庭作证，适用前款规定。

经人民法院通知，证人没有正当理由不出庭作证的，人民法院可以强制其到庭，但是被告人的配偶、父母、子女除外。证人没有正当理由拒绝出庭或者出庭后拒绝作证的，予以训诫，情节严重的，经院长批准，处以10日以下的拘留。被处罚人对拘留决定不服的，可以向上一级人民法院申请复议。复议期间不停止执行。

证人到庭后，审判人员应当做下列工作：第一，核实证人的身份；第二，核实证人与当事人以及与本案的关系；第三，告知证人应当如实地提供证言和有意作伪证或者隐匿罪证要负的法律责任；第四，证人作证前，应当让其在如实作证的保证书上签名。这些工作完成之后证人向法庭提供证言。

公诉人、当事人和辩护人、诉讼代理人经审判长许可，可以对证人发问。向证人发问，应当先由提请传唤的一方进行；发问完毕后，对方经审判长准许，也可以发问。审判人员认为有必要时，也可以询问证人。

询问证人应当遵循以下规则：(1) 发问的内容应当与案件的事实相关；(2) 不得以诱导方式提问；(3) 不得威胁证人；(4) 不得损害证人的人格尊严。

审判长认为发问的内容与本案无关，或者发问方式不当的，应当制止。控辩双方认为对方发问的内容与本案无关，或者发问的方式不当时，都有权提出异议，审判长应当判明情况予以支持或者驳回。

询问证人应当分别进行，不能将若干证人同时传唤到庭询问。证人经控辩双方发问或者审判人员询问后，审判长应当告其退庭。证人不得旁听对本案的审理。

鉴定人和勘验、检查等笔录制作人应当出庭宣读鉴定意见、勘验、检查等笔录并就有关问题接受控、辩双方的询问。但经人民法院准许不出庭的除外。对鉴定人和勘验、检查等笔录制作人的询问，适用以上询问证人的程序进行。公诉人、当事人或者辩护人、诉讼代理人对鉴定意见有异议，人民法院认为鉴定人有必要出庭的，鉴定人应当出庭作证。经人民法院通知，鉴定人拒不出庭作证的，鉴定意见不得作为定案的根据。

公诉人、当事人和辩护人、诉讼代理人可以申请法庭通知有专门知识的人出庭，就鉴定人作出的鉴定意见提出意见。法庭对于上述申请，应当作出是否同意的决定。有专门知识的人出庭，适用鉴定人的有关规定。

对于未到庭的证人的证言笔录、鉴定人的鉴定意见和勘验、检查等笔录制作人的勘验、检查等笔录和其他作为证据的文书，应当当庭宣读。审判人员应当听取公诉人、当事人和辩护人、诉讼代理人的意见。

对于公诉人在法庭上宣读、播放未到庭证人的证言的，如果该证人提供过不同的证言，法庭应当要求公诉人将该证人的全部证言在休庭后3日内移交。人民法院在审查这些证言材料时，发现与庭审调查认定的案件事实有重大出入，可能影响正确裁判的，应当决定恢复法庭调查。

2. 被害人、附带民事诉讼原告人出庭提供陈述后，控辩双方经审判长准许，可以向被害人、附带民事诉讼原告人发问。审判人员认为有必要时，也可以向被害人、附带民事诉讼原告人发问。

3. 公诉人、辩护人有物证、视听资料等证据的，可向法庭出示、播放。当庭出示的物证、视听资料等证据，应当先由提供证据的一方就所出示的证据的来源、特征等作必要的说明，然后由另一方进行辨认并发表意见。控辩双方可以互相质问、辩论。

根据2012年《刑事诉讼法》第193条第1款的规定，法庭审理过程中，对与定罪、量刑有关的事实、证据都应当进行调查。

法庭调查中有以下情况时应作如下处理：

1. 在法庭审理过程中，合议庭对于证据有疑问的，可以宣布休庭，对该证据进行调查核实。人民法院调查核实证据时，可以进行勘验、检查、查封、扣押、鉴定和查询、冻结。

2. 法庭审理过程中，当事人和辩护人申请通知新的证人到庭，调取新的证据，申请重新鉴定或者勘验的，应当提供证人的姓名、证据的存放地点，说明所要证明的案件事实，要求重新鉴定或者勘验的理由。审判人员根据具体情况，认为可能影响案件事实认定的，应当同意该申请，并宣布延期审理；不同意的，应当告知理由并继续审理。

合议庭认为本案事实已经调查清楚，应当由审判长宣布法庭调查结束，开始就全案事实、证据、适用法律等问题进行法庭辩论。

(三) 法庭辩论

为了查明案件事实，正确适用法律，刑事诉讼法在法庭调查之后规定了一个单独的法庭辩论阶段，控辩双方可以对案件进行综合性的辩论。

法庭辩论是在审判长的主持下，控、辩双方对案件的事实、证据和适用法律等问题，提出自己的意见，并相互辩驳的诉讼活动。法庭辩论过程中，控、辩双方对与定罪、量刑有关的事实、证据都可以进行辩论。

根据2012年《刑事诉讼法》和最高人民法院司法解释的规定，法庭辩论应当在审判长的主持下，按照下列顺序进行：公诉人发言；被害人及其诉讼代理人发言；被告人自行辩护；辩护人辩护；控辩双方进行辩论。附带民事诉讼部分的辩论应当在刑事诉讼部分的辩论结束后进行，先由附带民事诉讼原告人及其诉讼代理人发言，然后由附带民事诉讼被告人及其诉讼代理人答辩，依次可反复辩论，直至辩论被审判长宣布结束。

在司法实践中，公诉人的首轮发言被称作"发表公诉词"。公诉词不能简单地重复起诉书的内容，而应以法庭调查所查明的案情为依据。公诉人通过对案件事实的认定和适用法律进行论证，能够有力地揭露和证实犯罪，对旁听群众进行有效的法制教育。

辩护人的首轮发言被称作"发表辩护词"。辩护词是辩护人以法庭调查查明的案情为基础，提出的维护被告人合法权益的综合性意见。辩护人的辩护一定要尊重事实，充分讲理。辩护人既要敢于仗义执言，又要切中要害。

法庭辩论应在审判长主持下有序进行。在法庭辩论过程中，审判长对于控辩双方与案件无关、重复或者互相指责的发言应当制止，使辩论始终围绕与定罪量刑相关的实质性问题进行。如果在辩论中，合议庭发现新的事实，认为有必要进行调查时，审判长可以宣布暂停辩论，恢复法庭调查，待该事实查清后继续法庭辩论。

执行辩护职能的一方中，有时辩护人与被告人意见不一致，法律允许双方拒绝辩护。对此，司法解释规定：

1. 对于辩护人依照有关规定当庭拒绝继续为被告人进行辩护的，合议庭应当准许。在此情况下，如果被告人要求另行委托辩护人，合议庭应当允许，宣布延期审理，由被告人另行委托辩护人或者由人民法院通知法律援助机构另行指派律师。

2. 被告人当庭拒绝辩护人为其辩护，要求另行委托辩护人的，合议庭应当同意，并宣布延期审理。被告人要求人民法院通知法律援助机构另行指派律师，合议庭同意的，应当宣布延期审理。

3. 重新开庭后，被告人再次当庭拒绝重新委托的辩护人或者法律援助机构另行指派的律师的，合议庭应当分别情形作出处理：（1）被告人是成年人的，可以准许。但被告人不得再另行委托辩护人，人民法院也不再通知法律援助机构另行指派律师，被告人可以自行辩护。（2）被告人是盲、聋、哑人，或者是尚未完全丧失辨认或者控制自己行为能力的精神病人、开庭审理时不满18周岁的未成年人以及可能被判处无期徒刑、死刑的人，则不予准许。

法庭经过一轮或几轮辩论，审判长认为控辩双方充分陈述了各自的意见，没有继续辩论必要时，即可宣告法庭辩论结束。

（四）被告人最后陈述

被告人最后陈述是法庭审判的一个独立阶段。2012年《刑事诉讼法》第193条第3款规定："审判长在宣布辩论终结后，被告人有最后陈述的权利。"在合议庭作出判决前给被告人一个最后陈述意见的机会，对于保护被告人的合法权益、正确处理案件，以及搞好法制宣传具有重要意义。

被告人在最后陈述阶段，既可以陈述他对全案的看法，也可以对其是否犯罪、罪行轻重、走向犯罪的原因、对犯罪的悔改认识以及量刑等方面发表意见。

对于被告人的最后陈述权，合议庭应当充分重视，让被告人把话讲完。如果被告人在最后陈述中多次重复自己的意见，审判人员可以制止；如果陈述内容是蔑视法庭、公诉人，损害他人及社会公共利益或者与本案无关的，审判人员应当制止；在公开审理的案件中，被告人最后陈述的内容涉及国家秘密或者个人隐私的，也应当制止。

被告人在最后陈述中提出了新的事实、证据，合议庭认为可能影响正确裁判的，应当恢复法庭调查；如果被告人提出新的辩解理由，合议庭认为确有必要的，可以恢复法庭辩论。

（五）评议和宣判

被告人最后陈述结束后，审判长宣布休庭，法庭进入评议和宣判阶段。

评议是合议庭组成人员对案件进行全面审议、讨论并作出处理决定的诉讼活动。合议庭成员评议案件时，应充分考虑控辩双方的意见。

合议庭评议案件应秘密进行。评议时，合议庭成员应当表明自己的意见，不能在表决中弃权。如果意见有分歧，应当按多数人的意见作出决定，但是少数人的意见应当写入笔录。评议笔录由合议庭的组成人员确认无误后签名。

合议庭经过评议后，应当作出判决或裁定。对于疑难、重大、复杂的案件，合议庭认为难以作出决定的，由合议庭提请院长提交审判委员会讨论决定。院长认为不必要的，可以建议合议庭复议一次。对于审判委员会的决定，合议庭应当执行，如果有不同意见，可以建议院长提交审判委员会复议。合议庭评议后，或者经审判委员会讨论后，应分别情况作出以下裁判：

1. 起诉指控的事实清楚，证据确实、充分，依据法律认定被告人的罪名成立的，应当作出有罪判决。

2. 起诉指控的事实清楚，证据确实、充分，指控的罪名与人民法院审理认定的罪名不一致的，应当作出有罪判决。

3. 案件事实清楚，证据确实、充分，依据法律认定被告人无罪的，应当判决宣告被告人无罪。

4. 证据不足，不能认定被告人有罪的，应当以证据不足，指控的犯罪不能成立，判决宣告被告人无罪。

5. 案件事实部分清楚，证据确实、充分的，应当依法作出有罪或者无罪的判决；对事实不清，证据不足部分，依法不予认定。

6. 被告人因不满16周岁，不予刑事处罚的，应当判决宣告被告人不负刑事责任。

7. 被告人是精神病人，在不能辨认或者不能控制自己行为的时候造成危害结果，不予刑事处罚的，应当判决宣告被告人不负刑事责任。

8. 犯罪已过追诉时效期限，并且不是必须追诉或经特赦令免除刑罚的，应当裁定终止审理。

9. 被告人死亡的，应当裁定终止审理；对于根据已查明的案件事实和认定的证据材料，能够确认被告人无罪的，应当判决宣告被告人无罪。

合议庭作出裁判后，应当宣判。宣判是将判决的内容向当事人和群众宣告。不管案件是否公开审理，宣告判决一律公开进行。

宣判有当庭宣判和定期宣判两种形式。当庭宣告判决的，应当宣布判决结果，并在5日以内将判决书送达当事人、法定代理人、诉讼代理人、提起公诉的人民检察院、辩护人和被告人的近亲属。定期宣告判决的，合议庭应当在宣判前，先期公告宣判的时间和地点，传唤当事人并通知公诉人、法定代理人、诉讼代理人和辩护人；判决宣告后应当立即将判决书送达当事人、法定代理人、诉讼代理人、提起公诉的人民检察院、辩护人和被告人的近亲属。判决生效后还应当送达被告人的所在单位或者原户籍所在地的公安派出所。被告人是单位的，应当送达被告人注册登记的工商行政管理机关。

宣告判决时，法庭内全体人员应当起立。公诉人、辩护人、被害人、自诉人或者附带民事诉讼的原告人未到庭的，不影响宣判的进行。

在法庭审判的上述五个阶段中，还应做好以下工作：

1. 开庭审理的全部活动，应当由书记员制作成笔录，经审判长审阅后，分别由审判长和书记员签名。法庭笔录中的出庭证人的证言部分，应当在庭审后交由证人阅读或者向其宣读。证人确认无误后，应当签名或者盖章。法庭笔录应当在庭审后交由当事人阅读或者向其宣读。当事人认为记录有遗漏或者有差错的，可以请求补充或者改正。当事人确认无误后，应当签名或者盖章。

2. 在法庭审判过程中，如果诉讼参与人或者旁听人员违反法庭秩序，合议庭应当按照下列情形分别处理：（1）对于违反法庭秩序情节较轻的，应当当庭警告制止并进行训诫；（2）对于不听警告制止的，可以指令法警将其强行带出法庭；（3）对于违反法庭秩序情节严重的，经报请院长批准后，对行为人处1000元以下的罚款或者15日以下的拘留；（4）对于严重扰乱法庭秩序，构成犯罪的，依法追究刑事责任。

当事人对人民法院罚款、拘留决定不服的，可以向上一级人民法院申请复议。上一级人民法院复议期间，不停止决定的执行。

3. 遇有法定情形时延期审理、中止审理或终止审理。延期审理，是指在法庭审判过程中，遇有影响审判进行的情形而暂停法庭审判，待该情形消失后，继续开庭审判的一种诉讼制度。在法庭审判过程中，遇有下列情形之一，影响审判进行的，可以延期审理：（1）需要通知新的证人到庭，调取新的物证，重新鉴定或者勘验的。（2）检察人员发现提起公诉的案件需要补充侦查，提出建议的。在庭审过程中，公诉人发现案件需要补充侦查，提出延期审理建议的，合议庭应当同意。但是建议延期审理的次数不得超过两次。法庭宣布延期审理后，人民检察院应当在1个月以内补充侦查完毕。超过期限没有提请人民法院恢复法庭审理的，人民法院应当决定按人民检察院撤诉处理。（3）由于申请回避而不能进行审判的。

中止审理,是指人民法院在审判过程中,因出现了某种情况,而将正在进行的诉讼暂时停止,待该情况消除后再恢复审理的一种诉讼制度。在审判过程中,有下列情形之一,致使案件在较长时间内无法继续审理的,可以中止审理:(1)被告人患有严重疾病,无法出庭的;(2)被告人脱逃的;(3)自诉人患有严重疾病,无法出庭,未委托诉讼代理人出庭的;(4)由于不能抗拒的原因。中止审理的原因消失后,应当恢复审理。中止审理的期间不计入审理期限。

中止审理与延期审理不同。两者的主要区别是:(1)延期审理仅适用于法庭审理过程中,而中止审理适用于人民法院受理案件后至作出判决前。(2)延期审理是出于诉讼本身进展的需要,中止审理是出于诉讼以外的原因。(3)延期审理不停止法庭审理以外的诉讼活动,而中止审理暂停一切诉讼活动。(4)延期审理受审理期限的制约,而中止审理不受审理期限的制约。

终止审理,是指人民法院在审判案件过程中,遇有某种情况使得案件的审理不应当或者不需要继续进行,从而结束审判活动的一种诉讼制度。终止审理的情况是指2012年修正的《刑事诉讼法》第15条第2至6项规定的情形。

终止审理与中止审理不同。主要区别是:(1)终止审理适用于审理不应当或者不需要继续进行的情形,而中止审理则适用于因遇有某种情形使得案件无法继续审理下去的情形。(2)终止审理后,诉讼程序即告结束,不再恢复,而中止审理只是暂停诉讼活动,一旦中止诉讼的原因消失,即应恢复诉讼程序。

四、第一审公诉案件审理期限

根据2012年《刑事诉讼法》第202条的规定,人民法院审理公诉案件,应当在受理后两个月以内宣判,至迟不得超过3个月。对于可能判处死刑的案件或者附带民事诉讼的案件,以及有2012年《刑事诉讼法》第156条规定情形之一的,经上一级人民法院批准,可以延长3个月;因特殊情况还需要延长的,报请最高人民法院批准。

人民法院改变管辖的案件,从改变后的人民法院收到案件之日起计算审理期限。

人民检察院补充侦查的案件,补充侦查完毕移送人民法院后,人民法院重新计算审理期限。

第三节 自诉案件的第一审程序

一、自诉案件的提起和审查

自诉案件由自诉人提起。自诉人一般是被害人。根据2012年《刑事诉讼法》

第112条的规定，被害人死亡或者丧失行为能力的，被害人的法定代理人、近亲属有权向人民法院起诉。另外，根据最高人民法院司法解释的规定，如果被害人因受强制、威吓等原因无法告诉，或者是限制行为能力人以及因年老、患病、盲、聋、哑等原因不能亲自告诉，其法定代理人、近亲属代为告诉的，人民法院应当依法受理。法定代理人、近亲属代为告诉的，应当提供与被害人关系的证明和被害人不能亲自告诉的原因的证明。

自诉人提起自诉案件时，应当向人民法院提交刑事自诉状；提起附带民事诉讼的，还应当提交刑事附带民事自诉状。自诉人书写自诉状确有困难的，可以口头告诉，由人民法院工作人员作出告诉笔录。告诉笔录应当由记录人向自诉人宣读，自诉人确认无误后，应当签名或者盖章。

人民法院接到自诉人的刑事自诉状或者自诉人的口头告诉后，应当指定审判人员认真审查案件是否符合人民法院受理自诉案件的条件。该条件是：（1）案件属于法定的自诉案件的范围；（2）属于本院管辖；（3）刑事案件的被害人告诉的；（4）有明确的被告人、具体的诉讼请求和能证明被告人犯罪事实的证据。人民法院受理2012年修正的《刑事诉讼法》第204条第（3）项规定的自诉案件，还应当符合2012年修正的《刑事诉讼法》第110条、第176条的规定。

人民法院应当在收到自诉状或者口头告诉第2日起15日内作出是否立案的决定，并书面通知自诉人或者代为告诉人。

具有下列情形之一的，应当说服自诉人撤回起诉，或者裁定驳回起诉：（1）不符合上述人民法院受理自诉案件条件的；（2）证据不充分的；（3）犯罪已过追诉时效期限的；（4）被告人死亡的；（5）被告人下落不明的；（6）除因证据不足而撤诉的以外，自诉人撤诉后，就同一事实又告诉的；（7）经人民法院调解结案后，自诉人反悔，就同一事实再行告诉的。

自诉人明知有其他共同侵害人，但只对部分侵害人提起自诉的，人民法院应当受理，并视为自诉人对其他侵害人放弃告诉权利。判决宣告后自诉人又对其他共同侵害人就同一事实提起自诉的，人民法院不再受理。共同被害人中只有部分人告诉的，人民法院应当通知其他被害人参加诉讼。被通知人接到通知后表示不参加诉讼或者不出庭的，即视为放弃告诉权利。第一审宣判后，被通知人就同一事实又提出自诉的，人民法院不予受理。但当事人另行提起民事诉讼的，不受上述规定的限制。

人民法院受理自诉案件后，对于当事人因客观原因不能取得并提供有关证据而申请人民法院调取证据，人民法院认为必要的，可以依法调取。

对于已经立案，经审查缺乏罪证的自诉案件，如果自诉人提不出补充证据，应当说服自诉人撤回起诉或者裁定驳回起诉；自诉人经说服撤回自诉或者被驳回起诉后，又提出了新的足以证明被告人有罪的证据，再次提起自诉的，人民法院应当受理。

二、自诉案件的审理程序

人民法院对于决定受理的自诉案件，应当开庭审理。刑事诉讼法对自诉案件的第一审程序没有作全面的规定，符合适用简易程序条件的，按简易程序审理；不适用简易程序审理的，审理程序参照公诉案件第一审普通程序的规定进行。

鉴于自诉案件主要是侵犯公民个人合法权益的轻微刑事案件，刑事诉讼法对自诉案件的审判程序作了一些特殊规定，主要体现在以下几个方面：

第一，人民法院对于告诉才处理和被害人有证据证明的轻微刑事案件，可以在查明事实、分清是非的基础上进行调解。通过调解方式结案，有利于妥善解决自诉人与被告人之间的纷争，提高诉讼效率，防止矛盾激化。

调解应当在自愿、合法，不损害国家、集体和其他公民利益的前提下进行。调解达成协议的，人民法院应当制作刑事自诉案件调解书，由审判人员和书记员署名，并加盖人民法院印章。调解书经双方签收后即发生法律效力。调解没有达成协议或者调解书签收前当事人反悔的，人民法院应当进行判决。

需要指出的是，对2012年《刑事诉讼法》第204条第（3）项规定的自诉案件不适用调解，因为这类案件原来是公诉案件。

第二，自诉人在宣告判决前可以同被告人自行和解或者撤回起诉。由于自诉案件大部分属于侵犯公民个人权益的轻微刑事案件，因此，自诉人可以自动放弃追究被告人刑事责任的诉权。对于自诉人要求撤诉的，人民法院经审查认为确属自愿的，应当准许；经审查认为自诉人系被强迫、威吓等原因，不是出于自愿的，应当不予准许。自诉人是二人以上，其中部分人撤诉的，不影响案件的继续审理。

对于已经审理的自诉案件，当事人自行和解的，应当记录在卷。人民法院裁定准许自诉人撤诉或者当事人自行和解的案件，被告人被采取强制措施的，应当立即予以解除。

自诉人经两次依法传唤，无正当理由拒不到庭的，或者未经法庭准许中途退庭的，人民法院应当决定按自诉人撤诉处理。

第三，告诉才处理和被害人有证据证明的轻微刑事案件的被告人或者其法定代理人在诉讼过程中，可以对自诉人提起反诉。对2012年《刑事诉讼法》第204条第（3）项规定的自诉案件的自诉人不能提起反诉。反诉，是指自诉案件的被告人或者其法定代理人作为被害人，控告自诉人犯有与本案有联系的罪行，要求人民法院追究自诉人刑事责任的诉讼活动。

反诉必须符合下列条件：（1）反诉的对象必须是本案自诉人；（2）反诉的内容必须是与本案有关的行为；（3）反诉的案件必须是属于人民法院直接受理的告诉才处理或者被害人有证据证明的轻微刑事案件。反诉案件适用自诉案件的规定，并应当与自诉案件一并审理。反诉是一个独立的诉讼，原自诉人撤诉的，不影响反诉案件的继续审理。

人民法院审理自诉案件的期限,被告人被羁押的,适用 2012 年《刑事诉讼法》第 202 条第 1 款、第 2 款的规定;未被羁押的,应当在受理后 6 个月以内宣判。

第四节 简易程序

一、简易程序的概念和适用范围

简易程序是相对于普通审判程序而言的,它是指基层人民法院审判某些事实清楚,证据充分,被告人认罪的刑事案件时所适用的,比普通审判程序相对简化的一种刑事审判程序。简易程序只适用于第一审程序,并且只能由基层人民法院适用。

采用简易程序审理案件,能够节省人力、物力和财力,提高诉讼效率;方便快捷地审结这些案件,可以减轻当事人的讼累。

符合下列条件的,可以适用简易程序审判:(1)案件事实清楚、证据充分的;(2)被告人承认自己所犯罪行,对指控的犯罪事实没有异议的;(3)被告人对适用简易程序没有异议的。人民检察院在提起公诉的时候,可以建议人民法院适用简易程序。

有下列情形之一的,不适用简易程序:(1)被告人是盲、聋、哑人,或者是尚未完全丧失辨认或者控制自己行为能力的精神病人的;(2)有重大社会影响的;(3)共同犯罪案件中部分被告人不认罪或者对适用简易程序有异议的;(4)其他不宜适用简易程序审理的。

二、适用简易程序审判案件的程序

适用简易程序审理案件,审判人员应当询问被告人对指控的犯罪事实的意见,告知被告人适用简易程序审理的法律规定,确认被告人是否同意适用简易程序审理。

适用简易程序审理案件,对可能判处 3 年有期徒刑以下刑罚的,可以组成合议庭进行审判,也可以由审判员一人独任审判;对可能判处的有期徒刑超过 3 年的,应当组成合议庭进行审判。适用简易程序审理公诉案件,人民检察院应当派员出庭。

适用简易程序审理案件,在审理的方式和步骤上可以较普通程序简便、灵活。即不受刑事诉讼法关于普通程序中送达期限、讯问被告人、询问证人、鉴定人、出示证据、法庭辩论程序规定的限制。但在判决宣告前应当听取被告人的最后陈述意见。

人民法院在审理过程中,发现不宜适用简易程序的,应当按照公诉案件或者自诉案件的第一审普通程序重新审理。

适用简易程序审理案件,人民法院应当在受理后 20 日以内审结;对可能判处的有期徒刑超过 3 年的,可以延长至一个半月。

第五节 刑事诉讼中的判决、裁定和决定

一、判决

人民法院在刑事案件的审理过程中和审理终结后,必须对案件的实体或程序性问题作出某些处理决定。刑事诉讼中的判决、裁定和决定就是人民法院解决刑事案件实体和程序问题的三种方式。

判决是人民法院在刑事案件审理终结时,就案件的实体问题所作出的一种处理决定。它所解决的是被告人的行为是否构成犯罪,犯了什么罪,应否给予刑事处罚以及处以何种刑罚的问题。

判决是人民法院代表国家行使审判权的结果,是国家意志的具体体现。它具有以下三个特点:

1. 强制性。它是指判决一经发生法律效力,就必须按照它确定的内容无条件执行。这种强制性具有普遍的约束力,当事人和其他任何机关、团体、单位和个人都应当严格遵守。

2. 稳定性。它是指判决一旦生效后,非经法定程序不能更改和撤销。如果是已经生效的判决,在未经再审程序予以变更之前,不能停止判决的执行。

3. 排他性。它是指对同一案件事实的认定和判决,当事人和人民检察院不得再行起诉,人民法院不得再行审理。一个案件不得同时有两个结论、两个判决。

人民法院作出判决必须制作判决书。判决书由首部、事实、理由、判决结果和尾部五个部分组成,其格式和制作要求是:

1. 首部:应写明作出判决的人民法院名称,判决书的类别、案号;公诉机关(或自诉人的情况);被害人的姓名、性别、年龄、民族、出生地、职业或工作单位、住址;诉讼代理人的姓名、性别、工作单位和职务;被告人的姓名、性别、出生年月日、民族、出生地、职业或工作单位和职务、住址、因本案所受强制措施的情况、现在何处等;辩护人的姓名、性别、工作单位和职务;案由;开庭日期、审判组织和是否公开审理等。

2. 事实:首先应概述人民检察院指控的基本内容。其次写明被告人的供述、辩解以及辩护人的辩护要点。随后详写人民法院经审理查明的事实、情节和证据。对案情应根据是有罪判决还是无罪判决的具体情况予以叙述。有罪判决应写

明犯罪的时间、地点、动机、目的、手段、行为过程、危害后果和影响量刑轻重的各种情节等。无罪判决应写明案件发生的时间、地点、经过等，围绕着不构成犯罪的要件叙述。叙述案情应保守国家秘密，不涉及个人隐私。

3. 理由：根据查证属实的事实、情节和法律规定，论证被告人是否构成犯罪，犯什么罪（一案多人的应分清各被告人的地位、作用和刑事责任），是否处以刑罚，应否从重、从轻、减轻处罚。

4. 判决结果：分四种情况写明判决结果。第一种定罪判刑的，写明被告人犯什么罪判处什么刑罚；第二种定罪免刑的，写明被告人犯什么罪、免除刑罚；第三种宣告被告人无罪；第四种对证据不足，不能认定被告人有罪的，以证据不足，指控的犯罪不能成立，判决被告人无罪。

5. 尾部：应写明上诉的期限和上诉的法院，合议庭组成人员或独任审判员和书记员的姓名，判决的日期等。加盖人民法院印章。

二、裁定

裁定是人民法院在刑事案件审理过程中和判决执行中，就解决案件的程序问题和部分实体问题所作的一种处理决定。

人民法院适用裁定主要是解决案件的程序问题，如 2012 年《刑事诉讼法》第 104 条规定的当事人由于不能抗拒的原因或者有其他正当理由耽误期限，而申请继续进行应当在期满以前完成的诉讼活动的，人民法院是否准许，适用裁定。再如二审法院经过审理，维持原裁判，或者发回重新审判时，可以适用裁定维持原判或者发回重审，等等。适用裁定解决部分实体问题，主要指减刑、假释的裁定。

裁定书的格式、内容和署名与判决书基本相同，但内容相对简单。

裁定与判决的法律性质和特点基本相同。但作为处理案件的两种不同方式，它们之间的区别也是明显的：

1. 在适用对象上，判决只解决案件的实体问题，而裁定既解决实体问题，也解决程序问题，并且以解决程序问题为主。它解决的实体问题往往发生在判决的执行中，如减刑、假释裁定。

2. 在适用范围上，判决只限于审理终结时，裁定则适用于整个审判甚至执行过程。

3. 一个案件可能有几个生效的裁定，但生效的判决只能有一个。

4. 判决必须采取书面形式，裁定则可采用书面和口头两种形式。

5. 不服一审判决的上诉、抗诉期限为 10 日，不服一审裁定的上诉、抗诉期限是 5 日。

三、决定

决定也是人民法院解决刑事诉讼程序问题的一种方式。决定不仅适用于人民法院，而且适用于公安机关和人民检察院。

在刑事诉讼中，人民法院适用决定只能解决诉讼程序问题。例如，对回避申请决定是否同意；对当事人、辩护人提出的通知新的证人到庭、调取新的物证、重新鉴定或勘验的申请，应由法庭作出是否同意的决定，等等。

决定可以是口头的，也可以是书面的。口头决定应记录在卷，书面决定应制作决定书。口头决定与书面决定具有同等的法律效力。

决定和判决、裁定一样，都是对诉讼的一种处理方式。它们的区别在于：

1. 决定只解决诉讼程序问题，而判决解决的是案件的实体问题，裁定既解决实体问题，又解决程序问题。

2. 决定可以由公、检、法三机关适用，而判决和裁定只能由人民法院适用。

3. 一个案件只能有一个生效的判决，但可以有多个生效的裁定或决定。

4. 适用决定解决程序问题不允许上诉或抗诉，适用判决、裁定则允许上诉或抗诉。对决定虽然不能上诉或抗诉，但对于某些决定，法律允许当事人申请复议。

5. 决定一经作出，立即生效，而判决、裁定除终审以外，并不立即生效。

第十六章 第二审程序

第一节 第二审程序的概念和意义

一、第二审程序的概念

我国人民法院审判案件实行两审终审制,地方各级人民法院审判的第一审案件,在判决宣告后不能立即生效,在法定的上诉期限内,有上诉权的人有权上诉,同级人民检察院有权提出抗诉。上诉和抗诉都会引起第二审程序。

第二审程序又称上诉审程序,是指上一级人民法院根据有上诉权的人的上诉或人民检察院的抗诉,对下一级人民法院尚未发生法律效力的判决或裁定依法予以重新审判的诉讼程序。

第二审程序是刑事诉讼中一个独立的诉讼阶段,但不是一切案件的必经程序。只有在上诉权人和同级人民检察院不服第一审裁判提出上诉或抗诉时,才会引起第二审程序。第二审人民法院的判决或裁定一经作出,就是终审的判决或裁定,案件即告终结。

二、第二审程序的意义

第二审人民法院对第一审未生效的判决、裁定具有维持原判、改判、发回重审等权力,因此,第二审程序的意义十分重要。具体来讲有以下几点:

1. 有利于正确查明案情,准确地惩罚犯罪分子,切实保护被告人的合法权益。由于刑事案件的复杂性以及其他主客观因素对审判案件的影响,第一审人民法院有可能将重罪轻判或轻罪重判,甚至将有罪判无罪、无罪判有罪。在有上诉权的人上诉或者人民检察院抗诉后,由第二审人民法院对一审裁判重新审理,有利于纠正第一审法院的错误裁判,使犯罪分子受到与其罪行相当的处罚,使无罪的人不受刑事追究,从而准确地惩罚犯罪,切实保护被告人的合法权益。即使一审裁判是正确的,被上诉、抗诉后,通过二审的重新审理后维持了原裁判,能够更加树立第一审人民法院的威信,促使犯罪分子认罪服法,接受改造。

2. 有利于发挥上级人民法院对下级人民法院的审判监督作用。根据我国宪法和人民法院组织法的规定，上级人民法院对下级人民法院的审判工作负有监督职责。第二审程序是上级人民法院监督下级人民法院审判工作的有效方式之一。第二审人民法院通过对上诉、抗诉案件的审理，可以通过个案了解下一级人民法院的审判情况，及时发现违法情况予以纠正，防止错案、冤案的发生；第二审人民法院通过二审程序，还可以发现一审法院审判工作中普遍存在的问题，从而帮助下级人民法院总结经验教训，改进审判工作，提高办案质量。

第二节 第二审程序的提起

一、有权提起上诉、抗诉的个人和机关

第二审程序是由上诉或抗诉引起的。上诉，是指有上诉权的人不服地方各级人民法院未生效的第一审判决或裁定，依法提请上一级人民法院对案件进行重新审判的一种诉讼活动。第二审程序中的抗诉，是指地方各级人民检察院认为同级人民法院未生效的第一审判决或裁定确有错误，依法提请上一级人民法院对案件进行重新审判的一种诉讼活动。有权提起上诉的人员有：

（一）被告人、自诉人及其法定代理人

被告人、自诉人在刑事诉讼中处于当事人的诉讼地位，人民法院的判决、裁定与他们有直接的利害关系，因此，法律赋予他们独立的上诉权，只要他们依法提出上诉，就必然引起第二审程序。法律赋予被告人的上诉权，不得以任何借口加以剥夺。

某些被告人、自诉人由于是未成年人或精神上、生理上有缺陷不能进行正常的诉讼活动，法律赋予其法定代理人独立的上诉权。即使被告人、自诉人不同意他们的上诉，其上诉也是有效的。

（二）经被告人同意的辩护人、近亲属

被告人的辩护人和近亲属并不是案件的当事人，没有独立的上诉权。因此，他们只有在征得被告人的同意后，才可以提出上诉。这就是说，被告人的辩护人和近亲属行使上诉权是有条件的，如果被告人不同意上诉，其辩护人和近亲属的上诉就无效。

（三）附带民事诉讼的当事人及其法定代理人

附带民事诉讼的当事人和他们的法定代理人对附带民事诉讼部分享有独立的上诉权。第一审判决或裁定中的附带民事诉讼部分，由于涉及附带民事诉讼当事人的切身利益，因此，法律允许他们及其法定代理人对判决、裁定中的附带民事诉讼部分提出上诉。但他们的上诉无权涉及判决、裁定中的刑事部分，其上诉并

不影响刑事判决、裁定的生效和执行。

由于有上诉权的人在刑事诉讼中的诉讼地位不同,这些人员可以分为两类:一类是有独立上诉权的上诉人,包括被告人、自诉人、附带民事诉讼的当事人以及他们的法定代理人,他们是能够独立提起上诉的主体。另一类是无独立上诉权的上诉人,包括辩护人和被告人的近亲属,他们没有独立的上诉权,只有在经过被告人同意后其上诉才能成立。

公诉案件中的被害人虽然也属于当事人,但法律并未赋予其上诉权,而是给予他们及其法定代理人请求人民检察院抗诉的权利。被害人及其法定代理人不服地方各级人民法院第一审判决的,自收到判决书后5日以内,有权请求人民检察院提出抗诉。人民检察院自收到被害人及其法定代理人的请求后5日以内,应当作出是否抗诉的决定并且答复请求人。

与上诉主体多元化相比,抗诉主体具有特定性和单一性,有权提起抗诉的主体是与原审人民法院相对应的同级的地方人民检察院。地方各级人民检察院认为本级人民法院的第一审判决、裁定确有错误的时候,应当向上一级人民法院提出抗诉。最高人民法院是国家的最高审判机关,它的一审判决和裁定就是终审的判决和裁定,不能对其提出上诉或抗诉。

二、上诉、抗诉的理由

刑事诉讼法对上诉的理由没有规定任何限制,有上诉权的人只要在法定的期限内提出上诉,无须任何理由,上诉即可成立。换句话说,上诉权人可以任何理由提出上诉,无论其依据的理由是否合理合法,都不影响上诉效力。刑事诉讼法作这种规定,是为了保障上诉权人上诉权利的充分实现。

对于抗诉的理由,刑事诉讼法是作了明确限制的,即只有在地方各级人民检察院认为本级人民法院的第一审判决、裁定确有错误时,才能提出抗诉。实践中,"确有错误"通常是指以下情况:(1)认定事实不清、证据不足的;(2)有确实、充分证据证明被告人有罪而判决宣告其无罪的;(3)重罪轻判或轻罪重判,或者适用刑罚明显不当的;(4)认定罪名不正确,一罪判数罪、数罪判一罪,影响量刑或者造成严重的社会影响的;(5)免除刑事处罚或者适用缓刑有错误的;(6)人民法院在审理案件过程中严重违反法律规定的诉讼程序的。

三、上诉、抗诉的期限

对地方各级人民法院未生效的第一审判决、裁定的上诉或抗诉,应当在法定的期限内提出。不服判决的上诉和抗诉的期限为10日,不服裁定的上诉和抗诉的期限为5日,从接到判决书、裁定书的第2日起算。对附带民事诉讼判决或者裁定的上诉、抗诉期限,应当按照刑事部分的上诉、抗诉期限确定。如果原审附带民事部分是另行审判的,上诉期限应当按照民事诉讼法规定的期限执行。

超过了法定的期限提出的上诉或抗诉，属于无效的法律行为，不能再引起第二审程序，只能被视为申诉。

四、提起上诉、抗诉的方式和程序

上诉既可以采用书状方式，也可以采用口头方式。书状与口头上诉具有同等效力，人民法院都应当受理。人民法院受理的上诉案件，一般应当有上诉状及副本。上诉状内容应当包括：第一审判决书、裁定书的文号和上诉人收到的时间；第一审法院的名称；上诉的请求和理由；提出上诉的时间；上诉人签名或者盖章。如果是被告人的辩护人、近亲属经被告人同意提出上诉的，还应当写明提出上诉的人与被告人的关系，并应当以被告人作为上诉人。

被告人、自诉人、附带民事诉讼原告人因书写上诉状确有困难而口头提出上诉的，第一审人民法院应当根据其所陈述的理由和请求制作笔录，由上诉人阅读或者向其宣读后，上诉人应当签名或者盖章。

上诉既可以通过第一审人民法院提出，也可以直接向第二审人民法院提出。通过第一审人民法院提出上诉的，第一审人民法院应当审查上诉是否符合法律规定。符合法律规定的，应当在上诉期满后3日以内将上诉状连同案卷、证据移送上一级人民法院，同时将上诉状副本送交同级人民检察院和对方当事人。上诉人直接向第二审人民法院提出上诉的，第二审人民法院应当在收到上诉状后3日以内将上诉状交第一审人民法院。第一审人民法院应当审查上诉是否符合法律规定。符合法律规定的，应当在接到上诉状后3日以内将上诉状连同案卷、证据移送上一级人民法院，同时将上诉状副本移交同级人民检察院和对方当事人。

上诉人在上诉期限内要求撤回上诉的，应当准许。反复提出上诉并撤回的，是否上诉，以上诉人在上诉期满前的最后一次意思表示为准。上诉人在上诉期满后要求撤回上诉的，应当由第二审人民法院进行审查。如果认为原判决认定事实和适用法律正确，量刑适当，应当裁定准许被告人撤回上诉；如果认为原判决事实不清，证据不足或者将无罪判为有罪、轻罪重判等，应当不准许撤回上诉，并按照上诉审程序进行审理。

提起抗诉必须采用书面方式，即必须制作抗诉书。地方各级人民检察院对同级人民法院第一审判决、裁定的抗诉，只能通过第一审人民法院提交抗诉书，并将抗诉书副本抄送上一级人民检察院。第一审人民法院应当在抗诉期满后3日以内，将抗诉书连同案卷、证据移送上一级人民法院，并且将抗诉书副本送达当事人。上级人民检察院接到下级人民检察院的抗诉书后，如果认为抗诉不当，可以向同级人民法院撤回抗诉，并且通知下级人民检察院，下级人民检察院必须服从。人民检察院在抗诉期限内撤回抗诉的，第一审人民法院不再移送案件；如果是在抗诉期满后第二审人民法院裁判前撤回抗诉的，第二审人民法院可以裁定准许，并通知第一审人民法院和当事人。

第三节 第二审案件的审判

一、第二审案件的审判原则

由于第二审程序是对第一审法院作出裁判的案件进行复审,根据诉讼原理,在第二审程序中除了遵守刑事诉讼的各项基本原则外,还应遵循两项原则。

(一)全面审理原则

所谓"全面审理",是指第二审人民法院应对第一审裁判进行全面审查,不受上诉或者抗诉范围的限制。这是我国刑事诉讼法在第二审程序中确立的一项重要原则。

2012年《刑事诉讼法》第222条规定,第二审人民法院应当就第一审判决认定的事实和适用法律进行全面审查,不受上诉或者抗诉范围的限制。共同犯罪的案件只有部分被告人上诉的,应当对全案进行审查,一并处理。

根据刑事诉讼法和司法解释的规定,全面审理原则的内容包括:(1)二审法院既要对一审裁判认定的事实是否正确进行审查,又要对其适用法律是否正确予以审查;(2)二审法院既要对上诉或抗诉部分进行审查,又要对未上诉或抗诉的部分进行审查;(3)共同犯罪案件中,二审法院既要对已上诉或抗诉的被告人的问题进行审查,又要对未上诉或抗诉的被告人的问题进行审查。

全面审理原则是我国实事求是、有错必纠指导思想在刑事诉讼中的具体运用。它比部分审查能更好地发现案件的真实情况,从而有利于提高办案质量,保障上诉权人的利益,有利于上级人民法院对下级人民法院实施审判监督。

第二审人民法院对第一审人民法院移送的上诉、抗诉案件,先要进行程序性审查,主要是审查移送来的案卷中是否包括下列内容:(1)移送上诉、抗诉案件函;(2)上诉状或者抗诉书;(3)第一审判决书或者裁定书8份;(4)全部案卷材料和证据,包括案件审结报告和其他应当移送的材料。如果上述材料齐备,第二审人民法院应当收案;材料不齐备的,应当通知第一审人民法院及时补充。

对于上诉、抗诉案件,第二审人民法院进行全面实体审查的具体内容主要有:(1)第一审判决认定的事实是否清楚,证据是否确实、充分,证据之间有无矛盾;(2)第一审判决适用法律是否正确,量刑是否适当;(3)在侦查、起诉、第一审程序中,有无违反法律规定的诉讼程序的情形;(4)上诉、抗诉是否提出了新的事实和证据;(5)被告人供述、辩解的情况;(6)辩护人的辩护意见以及采纳的情况;(7)附带民事部分的判决、裁定是否适当;(8)第一审法院合议庭、审判委员会讨论的意见。

（二）上诉不加刑原则

所谓"上诉不加刑"，是指第二审人民法院审判只有被告人一方提出上诉的案件，不得以任何理由加重被告人的刑罚。

法律规定上诉不加刑原则的意义在于：可以使被告人在行使上诉权时没有顾虑，使上诉制度和两审终审制度落到实处；有利于促使检察机关履行法律监督职能，从而有效地限制和防止国家权力的滥用；有利于保护被告人合法权益；有利于加强第一审人民法院办案人员的责任心，提高办案质量。

第二审人民法院在执行上诉不加刑原则时应当把握以下三点：

第一，适用上诉不加刑的前提条件是只有被告人一方提出上诉。如果检察机关提出抗诉或者自诉人提起上诉的，不论被告方是否上诉，都不受上诉不加刑原则的限制。

第二，上诉不加刑原则不仅适用于二审法院直接改判的案件，而且适用于发回重审的案件。第二审人民法院审理被告人或者他的法定代表人、辩护人、近亲属上诉的案件，不得加重被告人的刑罚。第二审人民法院发回原审人民法院重新审判的案件，除有新的犯罪事实，人民检察院补充起诉的以外，原审人民法院也不得加重被告人的刑罚。

第三，上诉不加刑原则的核心是只有被告人一方上诉时，二审法院不得加重被告人的刑罚。最高人民法院的司法解释作了如下规定：（1）共同犯罪案件，只有部分被告人提出上诉的，既不能加重提出上诉的被告人的刑罚，也不能加重其他同案被告人的刑罚；（2）共同犯罪案件中，人民检察院只对部分被告人的判决提出抗诉的，对其他第一审被告人，不得加重刑罚；（3）对原判认定事实清楚、证据充分，只是认定的罪名不当的，在不加重原判刑罚的情况下，可以改变罪名；（4）对被告人实行数罪并罚的，不得加重决定执行的刑罚，也不能在维持原判决决定执行的刑罚不变的情况下，加重数罪中某罪的刑罚；（5）对被告人判处拘役或者有期徒刑宣告缓刑的，不得撤销原判决宣告的缓刑或者延长缓刑考验期；（6）对事实清楚、证据充分，但判处的刑罚畸轻，或者应当适用附加刑而没有适用的案件，不得撤销第一审判决，直接加重被告人的刑罚或者适用附加刑，也不得以事实不清或证据不足发回第一审人民法院重新审理。必须依法改判的，应当在第二审判决、裁定生效后，依照审判监督程序重新审判。

二、第二审案件的审判

（一）审理方式

根据刑事诉讼法的规定，审理第二审案件有两种方式。一是开庭审理方式，二是庭外调查讯问方式。开庭审理方式与第一审的开庭审理方式相同，只是在个别程序上稍有不同。庭外调查讯问的方式是主要就案卷材料进行审查，不开庭审理，但在审查中要讯问被告人、询问证人，并进行一些其他的庭外调查核实证据的活动。

根据 2012 年《刑事诉讼法》第 223 条第 1 款的规定，第二审人民法院对于下列案件，应当组成合议庭，开庭审理：（1）被告人、自诉人及其法定代理人对第一审认定的事实、证据提出异议，可能影响定罪量刑的上诉案件；（2）被告人被判处死刑的上诉案件；（3）人民检察院抗诉的案件；（4）其他应当开庭审理的案件。

第二审法院开庭审理案件的程序除刑事诉讼法已有规定的以外，参照第一审程序的规定进行。因此，二审人民法院开庭审理上诉或者抗诉案件，除参照第一审程序的规定外，还应当依照下列规定进行：

1. 法庭调查阶段，审判长或者审判员宣读第一审判决书、裁定书后，由上诉人陈述上诉理由或者由检察人员宣读抗诉书；如果是既有上诉又有抗诉的案件，先由检察人员宣读抗诉书，再由上诉人陈述上诉理由；法庭调查的重点要针对上诉或者抗诉的理由，全面查清事实，核实证据。

如果检察人员或者辩护人申请出示、宣读、播放第一审审理期间已经移交给人民法院的证据的，法庭应当指令值庭法警出示、播放；需要宣读的证据，由法警交由申请人宣读。

2. 在法庭辩论阶段，上诉案件，应当先由上诉人、辩护人发言，再由检察人员发言；抗诉案件，应当先由检察人员发言，再由被告人、辩护人发言；既有上诉又有抗诉的案件，应当先由检察人员发言，再由上诉人、辩护人发言，并进行辩论。

第二审人民法院开庭审理上诉、抗诉案件，既可以在第二审人民法院进行，也可以到案件发生地或者原审人民法院所在地进行。

人民检察院抗诉的案件或者第二审人民法院开庭审理的公诉案件，同级人民检察院都应当派员出席法庭。对于开庭审理的第二审公诉案件，第二审人民法院应当在决定开庭审理后及时通知人民检察院查阅案卷。人民检察院应当在一个月以内查阅完毕。人民检察院查阅案卷的时间不计入审理期限。

共同犯罪案件中，原审的其他被告人虽然没有上诉，人民检察院也没有对其判决抗诉，但这些被告人仍应当参加法庭调查，并可以参加法庭辩论。

第二审人民法院对上诉案件采用调查讯问的方式审理时，应遵循以下程序：（1）应当讯问被告人，直接听取其供述与辩解，对没有上诉的被告人也应讯问。（2）应当听取其他当事人、辩护人、诉讼代理人的意见。（3）合议庭评议和宣判。经过上述程序后，合议庭即应作出相应的判决，并予以公开宣判。

对一审裁定的上诉、抗诉案件的审理程序，根据 2012 年《刑事诉讼法》第 229 条规定的精神，应当参照本法第 225 条、第 227 条和第 228 条的规定，分别情形用裁定驳回上诉、抗诉，或者撤销、变更原裁定。

（二）处理结果

第二审人民法院对上诉、抗诉案件经过审理后，应当作出裁判。第二审裁判的形式有三种：驳回上诉、抗诉，维持原判；撤销原判，直接改判；撤销原判，发回重审。具体依照下列情形分别处理：

1. 原判决认定事实和适用法律正确、量刑适当的，应当裁定驳回上诉或者抗诉，维持原判。

2. 原判决认定事实没有错误，但适用法律有错误，或者量刑不当的，直接改判。需要强调的是，根据2012年《刑事诉讼法》第225条的规定，对原判认定事实没有错误，只是适用法律有错误，或者量刑不当的案件，只能改判，不能发回原审法院重新审判。这主要是考虑到，案件发还回去以后，还要重新审理案件事实，浪费人力物力。

3. 原判决事实不清楚或者证据不足的，可以在查清事实后改判；也可以裁定撤销原判，发回原审人民法院重新审判。原审人民法院对于因事实不清或者证据不足发回重新审判的案件作出判决后，被告人提出上诉或者人民检察院提出抗诉的，第二审人民法院应当依法作出判决或者裁定，不得再发回原审人民法院重新审判。这就对这类案件发回重新审判的次数作出了限制，即只能发回重新审判一次。

4. 发现第一审人民法院的审理有下列违反法律规定的诉讼程序的情形之一的，应当裁定撤销原判，发回原审人民法院重新审理：（1）违反刑事诉讼法有关公开审判的规定的；（2）违反回避制度的；（3）剥夺或者限制了当事人的法定诉讼权利，可能影响公正审判的；（4）审判组织的组成不合法的；（5）其他违反法律规定的诉讼程序，可能影响公正审判的。

5. 对不服第一审裁定的上诉、抗诉案件，第二审人民法院经过审查后，应当参照2012年《刑事诉讼法》第225条、第226条和第227条的规定，分别情形用裁定驳回上诉、抗诉，或者撤销、变更原裁定。

6. 第二审人民法院审理刑事附带民事一并上诉、抗诉案件，如果发现刑事和附带民事部分均有错误需依法改判的，应当一并改判。审理刑事附带民事诉讼的上诉、抗诉案件调解结案的，按刑事诉讼法和司法解释的有关规定办理。

7. 对第二审自诉案件，必要时可以进行调解，当事人也可以自行和解。在第二审程序中，自诉案件的当事人提出反诉的，第二审人民法院应当告知其另行起诉。

第二审的判决、裁定和最高人民法院的判决、裁定都是终审的判决、裁定，一经宣告即发生法律效力，不得对其另行上诉或抗诉。

依照2012年《刑事诉讼法》第228条的规定，由第二审法院发回第一审法院重新审判的案件，应当另行组成合议庭，依照第一审程序进行审判。这就意味着，原合议庭成员不能再参与本案的审理；对于重新审判后的判决，依照2012年《刑事诉讼法》第216条、第217条、第218条的规定，可以上诉、抗诉。发回重审的案件，原审人民法院从收到发回的案件之日起，重新计算审理期限。

第二审人民法院受理上诉、抗诉案件，应当在两个月以内审结。对于可能判处死刑的案件或者附带民事诉讼的案件,以及有2012年修正的《刑事诉讼法》第156条规定情形之一的,经省、自治区、直辖市高级人民法院批准或者决定,可以延长两个月;因特殊情况还需要延长的,报请最高人民法院批准。

三、对查封、扣押、冻结财物及其孳息的处理

2012年《刑事诉讼法》第234条对公安机关、人民检察院和人民法院在刑事诉讼中查封、扣押、冻结的财物如何处理作了专门规定。这是一项通则性规定,可适用于各个诉讼阶段和各个审判程序。但由于对查封、扣押、冻结财物的最后处理是在判决生效以后,故将其规定在二审程序中。对2012年《刑事诉讼法》第234条的规定可以作出如下理解:

一是对公安机关、人民检察院和人民法院实施查封、扣押、冻结中涉及的财物及其孳息作出规定。刑事诉讼法规定,对于查封、扣押、冻结的犯罪嫌疑人、被告人的财物及其孳息,应当妥善保管,以供核查,并制作清单,随案移送。任何单位和个人不得挪用或者自行处理。对被害人的合法财产,应当及时返还。对违禁品或者不宜长期保存的物品,应当依照国家有关规定处理。

二是对作为证据使用的实物作出规定。刑事诉讼法规定,对作为证据使用的实物应当随案移送。对不宜移送的,应当将其清单、照片或者其他证明文件随案移送。

三是对人民法院的判决提出要求。刑事诉讼法规定,人民法院作出的判决,应当对查封、扣押、冻结的财物及其孳息作出处理。

四是对人民法院生效判决的执行作出规定。刑事诉讼法规定,人民法院作出的判决生效以后,有关机关应当根据判决对查封、扣押、冻结的财物及其孳息进行处理。对查封、扣押、冻结的赃款赃物及其孳息,除返还被害人的以外,一律上缴国库。

五是对贪污、挪用、私自处理行为作出制裁的规定。刑事诉讼法规定,司法工作人员贪污、挪用或者私自处理查封、扣押、冻结财物及其孳息的,依法追究刑事责任;不构成犯罪的,给予处分。

第十七章 死刑复核程序

第一节 死刑复核程序的概念和意义

一、死刑复核程序的概念

死刑复核程序，是指享有死刑复核权的人民法院对判处死刑的案件进行审查核准的一种特殊审判程序。死刑案件包括死刑立即执行和死刑缓期两年执行案件，因此，死刑复核程序既包括死刑立即执行案件的复核程序，也包括判处死刑缓期两年执行案件的复核程序。对于这个概念可以从以下三个方面来理解：

（一）死刑复核程序审理的对象是特定的

死刑复核程序只受理经过其他审判程序审结的判处被告人死刑的刑事案件。具体来讲，包括三种情形：（1）第一审判处被告人死刑，在上诉、抗诉期限内，被告人没有上诉，检察院也没有抗诉的案件；（2）第二审人民法院判处被告人死刑的案件；（3）按照审判监督程序审结的判处被告人死刑的案件。这三类案件都必须报请有死刑核准权的人民法院进行审查核准后，方可发生法律效力，交付执行。死刑复核程序不受理判处被告人其他刑罚的案件。

（二）死刑复核程序是死刑案件的终审程序

我国实行两审终审制。因此，一般刑事案件，最多经过两级法院的审理即告终结，其判决即可生效。但死刑复核程序是两审终审制的例外。对于判处死刑的案件，按照普通程序经过了一审和二审，其判决还不能生效，还必须再经过一个专门的死刑复核程序。只有经过有复核权的人民法院核准，死刑判决才能生效和交付执行。这表明了国家对判处死刑持特别慎重的态度，因而在普通的审判程序之外，又增加一道专门的复核程序进行把关，以最大的努力避免错杀、保护生命权。

（三）死刑复核程序的启动无须附加条件

一般来说，法院对案件的受理和审判，具有被动性的特点。即如果没有起诉，法院就不能启动审判程序。但是，由于判处死刑涉及剥夺人的生命，一旦判错就会导致极其严重的后果。为了保证不致错杀无辜和防止轻罪重判,国家把死刑的核准权只授予最高人民法院和高级人民法院,刑事诉讼法把死刑复核程序规定为判处死刑的必经程序。因此,凡是判处死刑的案件,无论被告人是否服判,是否有当事人上诉或者检察院抗诉,一律要报请最高人民法院或高级人民法院进行复核。换句话说,核准死刑是最高人民法院或高级人民法院的专有职权,这一程序的启动无须附加任何条件。这又突破了"审判被动性"的一般原则。

二、死刑复核程序的意义

我国刑事诉讼法规定死刑复核程序,具有十分重要的意义。

(一)有利于保证死刑案件的审判质量

死刑是剥夺人生命的最严厉的刑罚,它以其巨大的威慑力发挥着震慑犯罪的刑罚预防功能。在当前治安形势严峻、刑事犯罪率持续上升的情况下,死刑对于惩治犯罪起着不可替代的独特作用。但是,死刑的最大弊端就是不可挽回性。因此,对死刑的适用必须慎之又慎。从立法上规定死刑复核程序,正是为了最大限度地控制死刑案件发生错判的概率。一方面,它要求对于判处死刑的案件,在履行了正常的普通程序之后,再加一道特殊的审核把关程序。增加一次审核,就减少一次错判的可能性。死刑复核程序正是基于这样的认识论而设立的。另一方面,刑事诉讼法只授权由最高人民法院或者高级人民法院进行核准,就是将死刑案件的最后裁决权集中到水平更高的审判主体行使,以求最大限度地保证案件审判质量,并能在一定程度上保证适用死刑标准的统一,从而使判决结果达到最大可信度和最强的说服力。

(二)有利于贯彻保留死刑又严格控制死刑的基本政策

死刑是一种古老的刑罚,按照传统的观念,对于罪大恶极者,理应判处死刑。然而,自从意大利刑法学家贝卡利亚提出废除死刑的主张以来,世界范围内的死刑存废之争已达两个世纪之久。许多国家和地区已经废除死刑,一些仍然保留死刑的国家正在逐渐减少死刑的适用。我国当前还不能废除死刑,但应当对死刑的适用加以严格控制。

我国于1979年制定了第一部刑法,该法规定的死刑条文有15个,死刑罪名有28个。但是此后,单行立法逐渐增加了许多死刑罪名。1997年修订后的刑法规定的可以适用死刑的罪名,比第一部刑法增加了数倍。由于死刑的增减和存废,与一国的政治、经济状况以及社会治安形势、刑罚观念等诸多问题密切相关,基于我国的现实状况,在现阶段还不能废除死刑,也难以大幅度削减死刑立法。因此,既保留死刑又慎用死刑成为我国目前对待死刑问题的基本政策。在仍然保留死刑的情况下,在刑法中规定了"判处死刑缓期两年执行"的制度,这就大量减少了死刑的实际执行;另外,在刑事诉讼法中又规定了死刑复核程序,使之作为从程序制度方面保证慎用死刑的一个重要机制,它以提高死刑案件复核机关的级别和增加死刑案件的审理次数这两种办法体现了慎用死刑的原则。这样，既维系了死刑的威慑力，又避免了死刑适用过多过滥。在实际执行中，严格遵循死刑复核程序，就可以确保死刑仅适用于罪行极其严重又非杀不可的犯罪分子。对于可杀可不杀的罪犯，则尽量少杀。由此可见，我国在刑事诉讼法中规定死刑复核程序，体现了保留死刑又慎用死刑的指导思想，使程序法和实体法彼此呼应、相辅相成，它使我国在实体法中规定的死刑得到了适当的平衡。

三、死刑复核程序的改革历程

死刑复核程序是我国独具特色的司法制度，其发展过程与中国司法实践紧密联系在一起。新中国成立后，1954年的人民法院组织法便规定了死刑复核制度，规定对于死刑案件（包括死刑立即执行案件和死刑缓期执行案件）由最高人民法院和高级人民法院核准。在1957年第一届全国人民代表大会第四次会议上决定将死刑立即执行案件的核准权统一交由最高人民法院行使；判处死刑缓期两年执行案件，则由高级人民法院复核和核准。但是"文化大革命"期间，死刑复核制度同其他制度一样被破坏殆尽。1979年，第五届全国人民代表大会通过了我国第一部刑事诉讼法，该法恢复了"文化大革命"前的死刑复核制度，把死刑复核程序单列一章，明确规定死刑、死刑缓期两年执行的核准权分别赋予最高人民法院和高级人民法院行使，同时还规定了核准的基本程序。至此，作为我国独具特色的死刑复核制度基本稳定下来。

但是，由于法律条文粗疏，死刑复核的具体程序仍不够完善，特别是由于最高人民法院将绝大部分死刑立即执行案件的核准权长期下放给高级人民法院行使，而高级人民法院实际上不再履行死刑复核程序，而直接以第二审取代死刑复核，造成第二审与死刑复核程序合二为一，导致死刑复核程序名存实亡，这是死刑复核制度中最突出的问题。这个问题在1996年刑事诉讼法大修中未得到彻底解决。

近十几年来，我国民主和法制建设不断推进，全社会的法律意识和法制观念明显增强，依法治国基本方略与尊重和保障人权写入宪法。在这样的社会背景下，由最高人民法院统一收回死刑复核权的改革方案也提上议事日程。2004年由中央司法体制改革领导小组根据党的十六大关于推进司法体制改革和完善诉讼程序的要求，提出改革目前授权高级人民法院行使部分死刑案件核准权的做法，将死刑案件核准权统一收归最高人民法院行使。2006年第十届全国人民代表大会常务委员会通过了关于修改人民法院组织法的决定，并于同年年底，由最高人民法院讨论通过了最高人民法院《关于统一行使死刑案件核准权有关问题的决定》。该决定规定从2007年1月1日起，最高人民法院统一行使死刑案件的核准权。至此，下放了几十年的死刑立即执行案件的复核权终于又收回到最高人民法院。2012年刑事诉讼法的再次修改将这些司法实践经验和改革成果写入修正案中予以固定下来。

第二节 死刑复核的程序

根据刑法和刑事诉讼法的规定，死刑判决有两种不同的情况：一种是判处死刑立即执行，即在判决生效后，原判法院接到最高人民法院院长签发的死刑执行命令，在7日内交付执行；另一种则是判处死刑缓期两年执行，即为被判处了死刑的罪犯设置了一个考验期，如果在这两年内没有故意犯罪，缓期执行期满后就应当予以减刑。由于这两类判决所产生的后果大不相同，因此，对这两类判决的核准权限以及具体的复核程序，理应有所区别。

一、判处死刑立即执行案件的复核程序

（一）判处死刑立即执行案件的报请复核

根据刑事诉讼法和刑法的规定，死刑除依法由最高人民法院判决的以外，都应当报请最高人民法院核准。所谓"报请最高人民法院核准"，是逐级上报，而不能由中级人民法院直接报送最高人民法院核准。具体来说，有以下几种情况：

1. 中级人民法院判处死刑的第一审案件，被告人不上诉、人民检察院不抗诉的，在上诉、抗诉期满后3日内报请高级人民法院复核。高级人民法院同意判处死刑的，应当依法作出裁定后，报请最高人民法院核准；不同意判处死刑的，应当提审或者发回重新审判；

2. 中级人民法院判处死刑的第一审案件，被告人提出上诉或者人民检察院提出抗诉，高级人民法院终审裁定维持死刑判决的，报请最高人民法院核准；

3. 高级人民法院判处死刑的第一审案件，被告人不上诉、人民检察院不抗诉的，在上诉、抗诉期满后3日内报请最高人民法院核准；

4. 依法应当由最高人民法院核准的死刑案件，判处死刑缓期两年执行的罪犯，在死刑缓期执行期间，如果故意犯罪，查证属实，应当执行死刑的，由高级人民法院报请最高人民法院核准。

（二）判处死刑立即执行的案件进行复核的审理程序

1. 报请复核的要求。

（1）上报时须报送死刑案件的有关材料，应当包括报请死刑复核的报告、死刑案件综合报告和原审（包括一审、二审）判决书各15份。同时应将能够证明案件真实情况，并经过查证属实的各种肯定性和否定性的证据随案卷材料一起报送。对于不能随案移送的物证，应由原审人民法院妥善保管，以便对案件进行复核时作必要的查证。其中不便随案移送的物证，应报送物证检验报告和说明，或对物证的鉴定意见，并附原物的照片。

（2）报请死刑复核，应当坚持一案一报的原则。不能将两个或者两个以上

的死刑案件集中在一起报请复核，更不能等集中一批死刑案件后，再报请复核。

(3) 共同犯罪案件如果有1名被告人被判处死刑立即执行的，则应当全案上报。对另案处理的人员情况也应附加说明。

2. 判处死刑立即执行案件的复核方式。最高人民法院复核死刑案件时，应当由审判员三人组成合议庭进行。合议庭在审核案件时，一般采用书面审查或者书面审查与必要的调查相结合的方式，不开庭审理。具体做法是：

(1) 阅卷。阅卷是最重要的复核方式。合议庭对报送复核的全部诉讼案卷裁判进行全面审查，以确定诉讼程序是否符合法律程序，判决、裁定认定的犯罪事实是否清楚，据以定案的证据是否确实、充分，适用法律是否正确，量刑是否适当。

(2) 必要的调查。合议庭成员通过阅卷发现对案件的证据有疑问，需要进一步核实时，应当对证据进行调查核实，必要时到案发现场调查。

(3) 讯问被告人，听取辩护人意见。最高人民法院复核死刑案件，应当讯问被告人。辩护律师提出要求的，应当听取辩护律师的意见。

3. 判处死刑立即执行案件的复核内容。复核死刑案件，应当对案件事实认定、法律适用、诉讼程序进行全面审查，具体包括：

(1) 原审认定的主要事实是否清楚，证据是否确实、充分。

(2) 犯罪情节、后果和危害程度。综合考虑该犯罪是否达到了"罪行极其严重"的程度。

(3) 原审判决、裁定定性是否准确，罪名的认定是否与案件事实、证据及有关法律规定相吻合，是否必须判处死刑立即执行。

(4) 被告人犯罪时的年龄和其他个人情况。特别应注意：犯罪的时候是否已满18周岁。不满18周岁的人，不适用死刑；如果是女犯，审判的时候是否怀孕，对于怀孕的妇女不适用死刑，也不能判处死刑缓期两年执行；被告人有无刑事责任能力。

(5) 有无法定、酌定从轻或者减轻处罚的情节，以及其他应当审查的情况。

(6) 审查审判期间有无违反法定程序和影响审判公正的情形。

4. 死刑立即执行案件复核后的处理。对报请复核的死刑案件全面审查后，合议庭应当进行评议并写出书面复核审理报告。报告内容包括以下内容：案件的由来和审理的经过；被告人和被害人简况；案件的侦破情况；原判要点和各方意见；复核对事实和证据的分析与认定；合议庭评议意见、审判委员会讨论决定意见；需要说明的问题。

然后根据案件的具体情况，作出核准或者不核准的裁定。对于不核准死刑的，最高人民法院可以发回重新审判或者予以改判。

(1) 最高人民法院复核后，对于原判认定事实和适用法律正确、量刑适当、诉讼程序合法的，裁定予以核准。

(2) 最高人民法院复核后，对于原判认定事实不清、证据不足的，裁定不予核准,并撤销原判,发回重新审判。

(3) 最高人民法院复核后,对于原审人民法院违反法定诉讼程序,可能影响公正审判的,裁定不予核准,并撤销原判,发回重新审判。

(4) 最高人民法院复核后,对于原判认定事实正确,但是依法不应当判处死刑的,裁定不予核准,并撤销原判,发回重新审判或者予以改判。

(5) 数罪并罚案件,一人有两罪以上被判处死刑,最高人民法院复核后,认为其中部分犯罪的死刑裁判认定事实不清、证据不足的,对全案裁定不予核准,并撤销原判,发回重新审判;认为其中部分犯罪的死刑裁判认定事实正确,但依法不应当判处死刑的,可以改判并对其他应当判处死刑的犯罪作出核准死刑的判决。

(6) 一案中两名以上被告人被判处死刑,最高人民法院复核后,认为其中部分被告人的死刑裁判认定事实不清、证据不足的,对全案裁定不予核准,并撤销原判,发回重新审判;认为其中部分被告人的死刑裁判认定事实正确,但依法不应当判处死刑的,可以改判并对其他应当判处死刑的被告人作出核准死刑的判决。

最高人民法院裁定不予核准死刑的,根据案件具体情形可以发回第二审人民法院或者第一审人民法院重新审判。对于发回重新审判的案件,原审人民法院应当另行组成合议庭进行审理。

5. 最高人民检察院对于死刑复核程序的监督。根据刑事诉讼法的规定,在复核死刑案件过程中,最高人民检察院既可以作为控诉一方向最高人民法院提出意见,也可以行使法律监督职能对死刑复核案件进行监督。最高人民法院应当将死刑复核结果通报最高人民检察院。

二、判处死刑缓期两年执行案件的复核程序

死刑缓期两年执行,简称"死缓",它并不是一个独立的刑罚种类,而是我国为了减少死刑执行而创立的一种独特的行刑制度,其目的是贯彻实行少杀慎杀的方针,尽量挽救、教育和改造罪行极其严重但不是非杀不可的犯罪分子。被判处死刑缓期两年执行的罪犯,在两年考验期内没有故意犯罪,那么在期满后,就不再执行死刑而予以减刑。

判处死刑缓期两年执行的案件与立即执行显然不同,由于它实际上是"刀下留人",不致发生错杀的问题,也就不必将此类案件的核准权统一集中到最高人民法院。因此,刑法和刑事诉讼法都明确规定,死刑缓期两年执行的案件由高级人民法院核准。

(一) 判处死刑缓期两年执行案件的报请复核

1. 中级人民法院判处死刑缓期两年执行的第一审案件的报请复核。中级人民法院一审判处死刑缓期两年执行的案件,如果被告人不上诉、人民检察院不抗

诉的，在上诉、抗诉期满后，应当报请高级人民法院核准。

中级人民法院一审判处死刑缓期两年执行的案件，如果被告人上诉或者人民检察院抗诉，则应当按照第二审程序的规定将案件移送高级人民法院审理。

高级人民法院在复核时，如果同意判处死刑缓期两年执行，应当裁定维持原判的，还应当按照死刑复核程序的要求进行审查核准；如果认为原判事实不清，证据不足，或者认为必须判处死刑立即执行的，应当发回中级人民法院重新审判。

中级人民法院在报请复核时，应当写出报请复核报告、死刑缓期执行案件综合报告，连同各种诉讼文书及全部证据等材料，一并送交高级人民法院。报请复核时，也要坚持一案一报的原则，不能等积累了若干案件一起报送。

2. 高级人民法院一审判处的死刑缓期两年执行案件的报请复核。高级人民法院一审判处死刑缓期两年执行的案件，如果被告人不上诉、人民检察院不抗诉，在上诉、抗诉期满后，高级人民法院再按照死刑复核程序对死刑缓期两年执行案件进行复核；如果被告人上诉、人民检察院抗诉，则按照第二审程序的规定将案件移送最高人民法院进行审理，最高人民法院的二审裁判为终审裁判，不能上诉和抗诉。

（二）判处死刑缓期两年执行案件复核的审理程序

高级人民法院在复核"死缓"案件时，应当由审判员三人组成合议庭进行。对死缓案件复核后，应当分别情况，对案件作出以下处理：

1. 同意判处死刑缓期两年执行的，应当以复核裁定予以核准；

2. 认为原判事实不清，或者证据不足的，应当裁定发回原审人民法院重新审判；

3. 认为原判事实清楚，证据确实、充分，但是量刑过重的，应当依法改判。

高级人民法院核准死刑缓期两年执行的案件，如果只有被告人一方上诉的，不得自行改判为死刑立即执行，也不得以发回重审的方式指令原审人民法院加重刑罚。

对于高级人民法院发回重审的案件，原审人民法院应当依照第一审程序进行审判。重新审判后作出的判决和裁定，被告人不服，可以上诉，人民检察院可以抗诉。

第十八章 审判监督程序

刑事审判程序一旦最终作出生效裁决，即交付执行，该裁决具有稳定性和权威性。但是，由于刑事裁判事关重大，既涉及国家刑罚权的公正行使，还涉及对被告人诸多重大权利的处置以及对刑事被害人遭受各种损失的弥补，因此，各国都在生效裁判程序外规定了一些特别救济程序或者措施，以纠正可能因各种原因而导致的裁判错误。我国刑事审判监督程序正是基于此种目的而设置的特别审判程序。在司法实践中，审判监督程序成为冤假错案得以查清的最后一道法定程序，体现了我国"实事求是，有错必纠"的刑事政策。

第一节 审判监督程序的概念和意义

一、审判监督程序的概念

审判监督程序，又称再审程序，是指人民法院、人民检察院对于已经发生法律效力的判决和裁定，发现在认定事实上或者在适用法律上确有错误，依法提出并由人民法院对其重新审判所应遵循的步骤、方式和方法。对于这个概念，可以从以下三个方面来理解：

（一）审判监督程序的审理对象是已经发生法律效力的判决和裁定

发生法律效力的判决和裁定，包括正在执行和已经执行完毕的判决和裁定。具体包括：已过法定期限没有上诉、抗诉的判决和裁定；终审的判决和裁定；最高人民法院核准的死刑的判决和裁定以及高级人民法院核准的死刑缓期两年执行的判决和裁定。如果裁判还未生效则不得启动审判监督程序，只能在法定期间内通过上诉、抗诉启动二审程序来寻求救济。

（二）提起审判监督程序的主体是法定的机关和人员

审判监督程序是为纠正已经生效的裁判可能发生的错误而启动的特别审判程序。为防止无理缠讼，破坏生效裁判的稳定性和权威性，提起审判监督程序的主体严格限制在法律授权的国家机关和特定人员。具体而言是各级人民法院院长、最高人民法院和上级人民法院，以及最高人民检察院和上级人民检察院。

（三）提起审判监督程序的条件受到严格限制

审判监督程序是在普通审判程序之外的特别程序，启动程序的条件也必须严格限制。具体来说，提起审判监督的条件必须是发现已经生效的判决或者裁定在认定事实或者适用法律方面确有错误，结果不公的。因此，在启动审判监督程序进行再次审理之前，实际上已经有一个事先进行的初步审查过程，确保审判监督程序只作为例外性的特别救济程序，而不能随意启动。

二、再审与二审的区别

再审程序，即审判监督程序，与第二审程序一样，都有通过对案件再次审理而实现纠正错误的判决和裁定的功能，所以容易把这两个程序混淆。但实际上它们是刑事诉讼中两种不同的程序，主要有以下差别：

（一）审理对象不同

再审程序的审理对象是已经发生法律效力的判决和裁定，其中包括正在执行或者已经执行完毕的案件。而二审程序审理的对象则是尚未发生法律效力的判决和裁定。

（二）提起的主体不同

再审程序是由各级人民法院院长提交本院审判委员会决定，以及最高人民法院、上级人民法院、最高人民检察院和上级人民检察院提起的。而二审程序是由有上诉权的人及其法定代理人，以及经过被告人同意的近亲属、辩护人提出上诉，或者同级人民检察院提起抗诉而引起的。

（三）提起的理由不同

再审程序对提起理由进行了严格的法律限制，必须经有启动权的人民法院或者人民检察院审查，认为已经生效的判决、裁定在认定事实或者适用法律上确有错误的，才能提起。上诉启动的二审程序则没有这样的限制，只要有上诉权的人及其法定代理人，经被告人同意的辩护人和近亲属依法上诉，无论何种理由以及是否充分，都必然引起二审程序。

（四）提起的期限不同

再审程序一般没有期限限制，只要发现生效的判决、裁定确有错误，有权提起的主体在任何时候都可以提起。而提起第二审程序的上诉或抗诉，必须在法定期限内提出，判决为10日，裁定为5日，如果超过期限又无正当理由的，第二审人民法院则不予受理。

（五）审理案件的法院不同

再审案件的审理法院没有特别的限定，按照审判监督程序审判案件的法院既可以是原审人民法院，也可以是提审的任何上级人民法院。而按照二审程序审判案件的法院，只能是第一审人民法院的上一级人民法院。

（六）适用刑罚的原则不同

刑事诉讼法没有明确规定按照再审程序重新审理案件是否可以加重被告人刑罚处罚的后果。只是最高人民法院在相关司法解释中规定了除人民检察院抗诉的以外，再审一般不得加重原审被告人的刑罚。但是，刑事诉讼法对按照第二审程序审判案件必须遵守上诉不加刑原则作出了明确规定，在只有被告人或者他们的法定代理人、辩护人、近亲属一方提出上诉的情况下不得加重被告人的刑罚。

（七）作出裁判的法律效力不同

按照第二审程序作出的裁判一经作出，除法律规定需要复核的案件以外，即为生效裁判。但是，再审程序作出的判决、裁定的法律效力取决于再审裁判所适用的程序和审级。如果生效裁判的案件原来是第一审案件，应当按照第一审程序进行审判，所作出的判决、裁定允许向第二审人民法院上诉、抗诉。如果生效裁判的案件原来是第二审案件，或者是上级人民法院提审的案件，应当依照第二审程序进行审判，所作出的判决、裁定是终审的裁判，不允许上诉、抗诉。

三、审判监督程序的意义

我国刑事诉讼法规定审判监督程序具有十分重要的意义。

（一）有利于实现裁判稳定性和有错必纠的辩证统一

人民法院以国家强制力为后盾依法作出裁决，一旦发生法律效力交付执行即具有稳定性特征。非经法定程序，任何机关、团体、单位和个人都无权撤销和变更。裁决的稳定性具有强化裁判权威性和实现定分止争的重大功能。但是，刑事案件的复杂性、刑事诉讼的回溯性、人的理性的有限性决定了刑事裁判错误的必然性。因此，任何国家都在判决交付执行后仍保留一定的更改的余地，以确保发生的重大错误能够得到纠正，从而实现司法公正，特别是保障无辜的人不受刑事处罚。我国审判监督程序一方面设置了对确有错误的判决和裁定进行再次审判的程序，从而实现有错必纠；但另一方面又通过严格限定启动程序的主体和条件，从而确保审判监督程序不至于冲击生效裁判稳定性的根基。

（二）有利于加强对刑事审判的监督

刑事审判是国家的一项重要权力，不仅关系到对被告人的财产权、人身自由权甚至生命权等人之基本权利的予夺，而且还关系到对已经遭受犯罪行为侵害的被害人是否会因为错误裁判而可能再次"被害"。所以，对于刑事审判权力应当加以严格的监督，确保其正确行使。审判监督程序正是为这样一个目的而设置的特别程序。一方面，当事人以及法定代理人、近亲属有权提起申诉，有关国家党政机关、单位和团体都可以就错误的裁判提出意见和建议。虽然这些材料并不必然启动再审程序，但是都将使刑事审判工作置于社会监督之下，从而调动人民法院正确行使审判权力的积极性。另一方面，再审程序也是上级人民法院对下级人民法院进行审判监督，以及人民检察院对人民法院进行审判监督的重要途径。正是通过再审程序，使得人民法院或者人民检察院对发现的确有错误的判决和错误得到及时的纠正。

第二节 再审案件的审理程序

一、审判监督程序的启动

（一）提起审判监督程序的材料来源

提起审判监督程序的材料来源，是指人民法院、人民检察院获得有关已经生效裁判发生错误的信息来源。根据刑事诉讼法的规定和司法实践，提起审判监督程序的材料来源主要有以下几个方面：

1. 当事人及其法定代理人、近亲属向人民法院提出的申诉。当事人及其法定代理人、近亲属与案件的结局有着利害关系，他们对生效判决、裁定在认定事实和适用法律上有意见时会积极地利用法律赋予的申诉权向人民法院或人民检察院提出对生效判决、裁定的不服及其理由，是司法机关发现错误判决、裁定的重要途径，从而也是启动审判监督程序的重要来源。

2. 人民法院、人民检察院自己发现的错误案件。人民法院上下级之间是监督和被监督关系，人民检察院是法律监督机关，因此他们会经常进行不同层次、不同规模的检查、总结工作，这是发现错误裁判的重要途径，也是提起审判监督程序的材料来源。

3. 各级人民代表大会代表提出的纠正错案的议案。人民代表大会是国家的权力机关，发现人民法院的生效裁判可能发生的错误提出议案、反映情况，是人民代表的一个重要职责。这也是司法机关启动再审程序的一个重要材料来源。

4. 党政机关、团体、企事业单位和新闻媒体反映的相关情况。我国有广泛的法律监督机制，党的纪律检查委员会、国家监察机关、律师协会、新闻单位、工会、妇联等机关、单位和社会团体发现人民法院生效的裁判有错误时会向司法机关提出意见、反映情况，这也是提起审判监督程序的材料来源。

上述途径获得的材料不必定启动审判监督程序。这些材料还需要经过人民法院、人民检察院进行审查方可作出是否提起审判监督程序的决定。

（二）申诉以及审查处理

申诉，是指当事人对公安司法机关作出的生效决定、判决和裁定不服，而提出重新审查和处理的要求。在审判监督程序中，申诉是指有申诉权的人对人民法院生效的判决、裁定不服，向人民法院或者人民检察院提出申请，请求依法提出审判监督程序对案件重新审判的一种诉讼活动。

1. 申诉权人。根据2012年《刑事诉讼法》第241条规定，有权申诉的人为当事人及其法定代理人、近亲属。这些人与案件的结局都有着利害关系，应当赋予他们对生效裁判不服而提出重新审理的权力。

2. 申诉期限。根据相关司法解释规定，对于刑事案件的申诉，原则上应在刑罚执行完毕后两年内提出。对于属于可能对原审被告人宣告无罪，或者在刑罚执行完毕后两年内提出申诉未被受理，或者系疑难、复杂、重大案件，超过两年提出申诉的，人民法院也应当受理。

3. 申诉审查机关。申诉原则上应向作出终审裁判的人民法院提出。因为申诉一般由终审人民法院审查处理。上级人民法院对未经终审人民法院审查处理的申诉，一般交终审人民法院审查；对经终审人民法院审查处理仍坚持申诉的，应当受理。

4. 申诉受理审查期限。人民检察院复查刑事申诉案件，应在立案后3个月内办结。案情复杂的，最长不得超过6个月。人民法院受理申诉后，应当在3个月内作出决定，至迟不得超过6个月。

5. 对申诉的处理。根据刑事诉讼法的规定，当申诉符合下列情形时，人民法院应当重新审判：

（1）有新的证据证明原判决、裁定认定的事实确有错误，可能影响定罪量刑的；

（2）据以定罪量刑的证据不确实、不充分，依法应当予以排除，或者证明案件事实的主要证据之间存在矛盾的；

（3）原判决、裁定适用法律确有错误的；

（4）违反法律规定的诉讼程序，可能影响公正审判的；

（5）审判人员在审理案件的时候，有贪污受贿、徇私舞弊、枉法裁判行为的。

（三）有权提起审判监督程序的主体

根据2012年《刑事诉讼法》第243条的规定，有权提起审判监督程序的主体是：

1. 各级人民法院院长对本院已经发生法律效力的判决和裁定，如果发现在认定事实或者适用法律上确有错误，必须提交审判委员会处理。经审判委员会讨论决定同意再审的，可以提起审判监督程序。

2. 最高人民法院对各级人民法院已经发生法律效力的判决和裁定，上级人民法院对下级人民法院已经发生法律效力的判决和裁定，如果发现确有错误，有权提审或者指令下级人民法院再审。

3. 最高人民检察院对各级人民法院已经发生法律效力的判决和裁定，上级人民检察院对下级人民法院已经发生法律效力的判决和裁定，如果发现确有错误，有权按照审判监督程序向同级人民法院提出抗诉。

（四）提起审判监督程序的理由

2012年《刑事诉讼法》第243条对提起审判监督程序的理由作了严格的限制性规定。只有在发现已经生效的法律效力的判决、裁定"在认定事实上或者在适用法律上确有错误"时才能提起审判监督程序。具体地讲，只要发现下列情形之一的，就应当提起审判监督程序：

1. 原判决、裁定认定事实上确有错误。这主要是指原判决、裁定认定的主要事实或者重大情节不清楚或者失实。主要有以下几种情况：原判决认定的事实不存在；证据不确实、不充分或者证明案件事实的主要证据之间存在矛盾；发现了新的证据，证明原判决、裁定认定的事实是错误的；发现在侦查、起诉和审判中，证人、鉴定人、记录人、翻译人对于案件有重大关系的情节，故意作虚假证明、鉴定、记录、翻译，导致错误认定案件事实的。

2. 原判决、裁定在适用法律上确有错误。这主要是指没有正确地适用刑事实体法和执行刑事政策，导致定罪不准，量刑显失公平。主要表现在：（1）有罪判无罪，无罪判有罪，混淆罪与非罪的界限；（2）重罪轻判，轻罪重判，量刑不当；（3）认定罪名不正确，一罪判数罪、数罪判一罪，影响量刑或者造成严重的社会影响；（4）免予刑事处罚或者适用缓刑错误；（5）对具有法定从重、从轻、减轻处罚情节的，没有依法从重、从轻、减轻刑罚，使量刑显失公正的。

3. 严重违反法律规定的诉讼程序，影响对案件的正确裁判。诉讼程序是正确裁判案件的保证。如果严重违反诉讼程序，就不能保证正确应用法律，惩罚犯罪分子，保障无罪的人不受刑事追究。严重违反诉讼程序的情节有：（1）没有依法组成合议庭；（2）非法剥夺了被告人的辩护权；（3）依法应当回避的人员参加了案件的审判；（4）没有依法公开审判，等等。严重违反法律规定的诉讼程序，以至于影响了案件的正确裁判，也是提起审判监督程序的理由之一。

二、再审案件的审理

（一）再审的法院

按照法律规定，各级人民法院都可以依照审判监督程序对案件重新审判。即依照审判监督程序重新审判的法院，既可以是原来的第一审人民法院，也可以是第二审人民法院；可以是提审的上级人民法院，还可以是被指令再审的人民法院。根据刑事诉讼法的规定，上级人民法院指令下级人民法院再审的，应当指令原审人民法院之外的下级人民法院审理；由原审人民法院审理更为适宜的，也可以指令原审人民法院审理。

（二）再审的原则

人民法院按照审判监督程序重新审判案件实行全面审查原则。对生效的裁判提起审判监督程序后，将对案件进行重新审判，即重新调查案件事实，重新考虑如何适用法律，以正确处理案件。最高人民法院司法解释规定，对于按照审判监督程序重新审判的案件，应当对原判决、裁定认定的事实、证据和适用法律进行全面审查。这就是说，再审案件的审判不受申诉或者抗诉范围的限制。通过全面审查，实事求是地对案件作出处理，有错必纠，不错不改。

(三) 再审的程序

人民法院按照审判监督程序审判的案件，可以决定中止原判决、裁定的执行。

如果原来是第一审案件，应当依照第一审程序进行审判，所作的判决、裁定，可以上诉、抗诉；如果原来是第二审案件，或者是上级人民法院提审的案件，应当依照第二审程序进行审判，所作的判决、裁定，是终审的判决、裁定。对于有原审人民法院再审案件的，应当另行组成合议庭进行审理。人民法院开庭审理再审案件，同级人民检察院应当派员出席法庭。

在再审案件审理过程中，人民法院决定再审的案件，需要对被告人采取强制措施的，由人民法院依法决定；人民检察院提出抗诉的再审案件，需要对被告人采取强制措施的，由人民检察院依法决定。

(四) 再审后的处理

人民法院依照审判监督程序对案件重新审理后，应当按照下列情形分别处理：

1. 原判决、裁定认定事实和适用法律正确、量刑适当的，应当裁定驳回申诉或者抗诉。

2. 原判决、裁定认定事实没有错误，但适用法律有错误，或者量刑不当的，应当改判。按照第二审程序审理的案件，认为必须判处被告人死刑立即执行的，直接改判后，应当报请最高人民法院核准。

3. 应当对被告人实行数罪并罚的案件，原判决、裁定没有分别定罪量刑的，应当撤销原判决、裁定，重新定罪量刑，并决定执行的刑罚。

4. 按照第二审程序审理的案件，原判决、裁定认定事实不清或者证据不足的，可以在查清事实后改判，也可以裁定撤销原判，发回原审人民法院重新审判。原判决、裁定认定事实不清，证据不足，经再审仍无法查清，证据不足，不能认定原审被告人有罪的，判决宣告被告人无罪。

同时，最高人民法院司法解释规定，除人民检察院抗诉的以外，再审一般不得加重原审被告人的刑罚。对按照司法解释规定的不具备开庭条件可以不开庭审理的，或者可以不出庭参加诉讼的情形，不得加重未出庭原审被告人、同案原审被告人的刑罚。另外，对于再审改判宣告无罪并依法享有申请国家赔偿权利的当事人，宣判时合议庭应当告知其该判决发生法律效力后即有申请国家赔偿的权利。

(五) 再审的审理期限

刑事诉讼法规定，人民法院按照审判监督程序重新审判的案件，应当在作出提审、再审决定之日起3个月以内审结，需要延长期限的，不得超过6个月。接受抗诉的人民法院按照审判监督程序审判抗诉的案件，审理期限适用前款规定；对需要指令下级人民法院再审的，应当自接受抗诉之日起一个月以内作出决定，下级人民法院审理案件的期限适用前款规定。

第十九章 执行程序

第一节 执行概述

一、执行的概念和特点

刑事诉讼中的执行,是指人民法院、人民检察院、公安机关以及其他刑罚执行机关将已经发生法律效力的判决、裁定所确定的内容依法付诸实施,并解决在刑罚实施过程中出现的刑罚执行变更等问题而进行的诉讼活动。

需要指出的是,并非执行判决、裁定的整个过程和全部活动都属于刑事诉讼活动的范围。其中,属于刑事诉讼活动的,主要包括两个方面:一是人民法院交付执行,即将生效的判决、裁定交付给刑罚执行机关去执行;二是刑罚执行过程中的变更,如减刑、假释,等等。至于执行机关对罪犯的监管、教育、组织劳动等活动,则属于司法行政活动,不具有刑事诉讼的性质。

执行具有以下特点:

(一)执行主体的广泛性

执行主体的广泛性,是指在刑事诉讼中,有权利和义务执行生效裁判的机关、单位和组织是多元化的,范围广泛、层次多样。根据刑事诉讼法的规定,其不仅包括人民法院、人民检察院和公安机关,还包括监狱、未成年犯管教所、拘役所、看守所以及由公安机关转交的罪犯所在单位或者基层组织等。相对于侦查、起诉和审判的主体,执行的主体具有明显的广泛性特点。

(二)合法性

执行的合法性主要是指执行的依据合法与执行的程序合法。执行的依据必须是已经发生法律效力的判决和裁定,宣告被告人无罪、免除刑事处罚后立即释放在押被告人的除外。另外,执行活动必须严格依照法定程序进行。人民法院交付执行时,必须移送完备的司法文书并办理相应的法律手续;刑罚变更时,应当依据法定条件、遵照有关管辖及程序的规定进行,不可任意变更或停止执行。

(三)及时性

执行的及时性,是指人民法院的生效裁判一经发生法律效力,就应当迅速执行，任何机关、团体和个人都无权阻止和拖延。只有及时有效地执行生效的有罪判决，才能使犯罪分子受到应有的惩罚，使国家、集体和个人的合法权益得到维护，使受到破坏的社会秩序得到修复，同时也对社会上的不安定分子发出警戒和威慑，预防其走上犯罪道路。只有及时执行无罪或者免除刑事处罚的裁判，才能使无辜或不应受到刑罚处罚的人尽快被释放，恢复人身自由和名誉。

（四）强制性

执行的强制性，是指已经发生法律效力的判决和裁定具有普遍的约束力，任何机关、团体和个人都应当执行。特别是生效的有罪判决，是人民法院对犯罪分子代表国家依法作出的处理决定，并以国家强制力为后盾确保实施。被判刑人，无论其是否同意生效裁判所确定的内容，都应当被无条件地执行。如果抗拒执行生效判决、裁定，情节严重的，根据《刑法》第313条的规定，将以拒不执行判决、裁定罪追究其刑事责任。

二、执行的意义

执行是刑事诉讼的最后一个阶段，是国家刑罚权得以落实的最终环节。执行对于实现刑事诉讼目的和完成刑事诉讼任务具有重要的意义。主要表现在以下几个方面：

第一，正确执行生效的判决和裁定，能够使犯罪分子受到应有的法律制裁，并借此对其进行教育和改造，使之认识错误、改正错误，不再实施危害国家、集体和他人合法权益的行为，并能够自食其力，重新回归社会。

第二，正确执行生效的判决和裁定，能够维护国家、集体和个人的合法权益。特别是对被害人，对犯罪分子执行刑罚不仅使其人身权利可以免受犯罪分子的进一步侵害，而且通过执行财产刑以及附带民事诉讼赔偿的裁判，还将使其财产权益得到补偿。

第三，正确执行生效判决、裁定，能够保障无辜的人以及不需要刑事处罚的人免受刑事处罚。这主要是指对无罪以及免除刑事处罚的裁判的执行。通过执行无罪判决以及免除刑事处罚的判决，可以使在押的被告人被及时释放，恢复人身自由，特别是对于被宣告无罪的人，可以恢复名誉，维护其合法权益。

第四，正确执行生效判决、裁定，有利于宣传社会主义法制，教育公民自觉遵守法律，积极同犯罪行为作斗争，同时对于社会上的不安定分子可以形成威慑和警告，使之不敢以身试法，从而实现预防犯罪、减少犯罪的目的。

三、执行的依据

我国2012年《刑事诉讼法》第248条第1款规定："判决和裁定在发生法律效力后执行。"据此，执行的依据是已经发生法律效力的判决、裁定。根据2012年《刑事诉讼法》和《刑法》的相关规定，下列判决、裁定是发生法律效力的判决、裁定：

1. 已过法定期限没有上诉、抗诉的一审判决和裁定。
2. 终审的判决和裁定。包括第二审的判决、裁定和最高人民法院的判决、裁定。终审的判决和裁定自宣告之日起发生法律效力。
3. 高级人民法院核准的死刑缓期两年执行的判决、裁定。
4. 最高人民法院核准死刑的判决和裁定以及核准在法定刑以下判处刑罚和适用特殊情况假释的判决和裁定。

四、执行的机关

执行的机关，是指将人民法院已经发生法律效力的判决、裁定付诸实施的机关。按照各种刑罚的特点以及执行机关职能的不同，可以把执行机关分为三种，即交付执行机关、执行机关和执行的监督机关。

（一）交付执行机关

交付执行机关，是指将生效裁判及罪犯依照法定程序交给有关机关执行的机关。根据《宪法》、《刑事诉讼法》与《人民法院组织法》的有关规定，人民法院是国家的审判机关，也是将生效裁判交付执行的机关。人民法院需根据生效裁判确定的内容以及刑罚执行方式不同，交由不同的执行机关执行。根据《刑事诉讼法》和最高人民法院《刑事诉讼法若干问题的解释》的有关规定，发生法律效力的判决和裁定一般由原第一审人民法院交付执行，但是，罪犯关押在第二审人民法院所在地的，也可以由第二审人民法院交付执行。

（二）执行机关

执行机关，是指将生效裁判所确定的刑罚付诸实施的机关。根据相关法律规定，执行机关包括人民法院、监狱、公安机关及其转交的其他有关单位和组织。具体而言，人民法院负责对无罪、免予刑事处罚、罚金、没收财产和死刑立即执行判决的执行；监狱和未成年犯管教所负责对无期徒刑和有期徒刑判决的执行，同时，监狱还负责对死缓判决的执行；此外，看守所虽然不是刑罚执行机关，但是为了减少押解负担、节省司法资源，对于被判处有期徒刑的罪犯，在被交付执行刑罚前，剩余刑期在3个月以下的，可由其代为执行；拘役所负责对被判处拘役的罪犯的执行；对于被判处管制、宣告缓刑、假释或者暂予监外执行的罪犯实行社区矫正，由社区矫正机构负责执行。

（三）执行的监督机关

人民检察院是专门的法律监督机关，依法对刑事诉讼实行法律监督。对执行进行监督是人民检察院对刑事诉讼进行监督的重要内容。例如，根据2012年《刑事诉讼法》第252条的规定，人民法院在交付执行死刑前，应当通知同级人民检察院派员临场监督；根据该法第256条、第263条、第262条的规定，人民检察院对决定暂予监外执行、减刑、假释以及罪犯在服刑期间又犯罪等情况实行监督；根据第 264 条的规定，监狱和其他执行机关在刑罚执行中，如果认为判决有错误或者罪犯提出申诉的，应当转请人民检察院或者原判人民法院处理；第 265 条还规定，人民检察院对执行机关执行刑罚的活动是否合法实行监督。如果发现有违法的情况，应当通知执行机关纠正。

第二节 各种判决、裁定的执行程序

一、死刑立即执行判决的执行

死刑立即执行涉及对罪犯生命权的剥夺，无论是判决的作出还是对判决的执行，都应当十分慎重。为了从诉讼程序上确保死刑的正确运用，防止错杀，刑事诉讼法对死刑立即执行判决的执行程序，作了较为严格的规定。

（一）执行死刑命令的签发

执行死刑判决，必须有执行死刑命令才能进行。根据 2012 年《刑事诉讼法》第 250 条的规定，最高人民法院判处和核准的死刑立即执行的判决，应当由最高人民法院院长签发执行死刑的命令。执行死刑命令应当按照统一格式填写，然后由院长签名，并加盖人民法院印章。

（二）执行死刑的机关和期限

执行死刑的机关是原审人民法院。最高人民法院的执行死刑命令，由高级人民法院交付原审人民法院执行。原审人民法院接到死刑执行命令后，应当在 7 日以内执行。在司法实践中，进行执行的原审人民法院一般是原第一审人民法院。

（三）执行死刑的场所和方法

死刑可以在刑场或者指定的羁押场所内执行。刑场不得设在繁华地区、交通要道和旅游景点附近。

死刑采用枪决或者注射等方法执行。对于采用枪决方法执行死刑，人民法院有条件执行的，应交付司法警察执行；没有条件执行的，可交付武装警察执行。执行死刑时的警戒事宜，由公安机关负责。采用注射方法执行死刑的，具体由谁实施，法律未作明确规定，但应由法医或者医师进行。采用枪决、注射以外的其他方法执行死刑的，应当事先报请最高人民法院批准。

当今世界各国在执行死刑的方法上已经日趋文明化、人道化。大多数国家已经摒弃了车裂、绞刑、砍头、火刑等酷刑的方法，而广泛采用枪决、绞刑等方式。我国所采用的注射方法不仅方便、迅速，对罪犯造成的痛苦小，而且能够节省司法资源的投入。对于采用枪决、注射之外的其他方法，经报请最高人民法院批准，也可以采用。

（四）执行死刑的具体程序

1. 根据最高人民法院《刑事诉讼法若干问题的解释》第 343 条的规定，执行死刑前，罪犯提出会见其近亲属或者其近亲属提出会见罪犯申请的，人民法院可以准许。这一规定体现了人道主义精神。但需注意，在会见时，应当做好警戒等相关事宜，防止发生意外。

2. 人民法院将罪犯交付执行死刑，应当在交付执行 3 日前通知同级人民检察院派员临场监督。人民检察院收到同级人民法院执行死刑监督通知后，应当做好如下监督工作：（1）查明同级人民法院是否收到最高人民法院核准死刑的判决或者裁定和执行死刑的命令。（2）检查执行死刑的场所、方法和执行死刑的活动是否合法。（3）执行死刑前发现有刑事诉讼法规定的"应当停止执行"或"暂停执行"的情形后，应当建议人民法院停止执行。（4）执行死刑过程中，根据需要可以进行拍照、摄像；执行死刑后，检查罪犯是否确已死亡，并填写死刑临场监督笔录，签名后入卷归档。

3. 执行死刑由人民法院的审判人员负责指挥。执行死刑前，指挥执行的审判人员对罪犯应当验明正身，即认真核对被执行人的姓名、性别、年龄、籍贯、基本犯罪事实及其他情况，确保被执行的人就是判决、裁定所确定的死刑罪犯，以防止错杀；还要询问罪犯有无遗言、信札，并制作笔录，然后交付执行人员执行死刑。

4. 执行死刑应当公布，不应示众。公布执行死刑，可以震慑犯罪，鼓舞人民群众同犯罪作斗争，但是张贴布告应当选择适当的场所，防止发生负面效应。对于在刑场执行死刑的罪犯，禁止游街示众以及其他有辱被执行人人格，或者有伤社会风化的行为。

5. 执行死刑完毕，应当由法医验明罪犯确已死亡后，在场书记员制作笔录。交付执行的人民法院应当将执行死刑情况（包括执行死刑前后照片）及时逐级上报最高人民法院。

（五）执行死刑后的处理

执行死刑后，由法医验明罪犯确实死亡后，在场书记员制作笔录。交付执行的人民法院应当将执行死刑情况（包括执行前后照片）及时逐级上报最高人民法院。

执行死刑后，通知罪犯家属，对罪犯生前遗物、遗款等应当查点清楚，并列出清单，交其家属领取，并将收条交付执行的人民法院附卷。

此外，负责执行的人民法院还应办理下列事项：

1. 对于死刑罪犯的遗书、遗言笔录，应当及时进行审查，涉及财产继承、债务清偿、家事嘱托等内容的，将遗书、遗言笔录交给家属，同时复制存卷备查；涉及案件线索等问题的，应当抄送有关机关。

2. 通知罪犯家属在限期内领取罪犯尸体；有火化条件的，通知领取骨灰。过期不领取的，由人民法院通知有关单位处理。对于死刑罪犯的尸体或者骨灰的处理情况，应当记录在卷。

3. 对外国籍罪犯执行死刑后，通知该国驻华使、领馆的程序和时限，依照有关规定办理。

二、死刑缓期二年执行、无期徒刑、有期徒刑和拘役判决的执行

（一）执行机关

根据2012年《刑事诉讼法》第253条的规定，被判处死刑缓期二年执行、无期徒刑、有期徒刑的罪犯，执行机关是监狱。对被判处有期徒刑的罪犯，在被交付执行刑罚前，剩余刑期在三个月以下的，由看守所代为执行。被判处拘役的罪犯，执行机关是公安机关。

对未成年犯应当在未成年犯管教所执行刑罚。未成年犯年满18周岁，剩余刑期不超过2年的，仍可以留在未成年犯管教所执行刑罚。

（二）执行程序

对于被判处死刑缓期二年执行、无期徒刑、有期徒刑的罪犯，交付执行的人民法院应当将判决书、裁定书、人民检察院的起诉书副本、自诉状复印件、人民法院的执行通知书、结案登记表及时送达看守所，由公安机关将罪犯交付监狱执行。前述"交付执行的人民法院"，是指第一审人民法院。前述法律文书必须同时具备，缺一不可。送达这些法律文书，有利于执行机关了解罪犯的犯罪性质、诉讼过程、罪犯的认罪态度，有利于有针对性地对其进行教育和改造，充分发挥刑罚执行的作用。公安机关接到人民法院的判决书、裁定书、执行通知书后应当在1个月以内将罪犯送交监狱执行。罪犯需要羁押执行刑罚，而判决确定前罪犯没有被羁押的，人民法院应当根据生效的判决书或者裁定书将罪犯羁押，并送交公安机关。

对于判处拘役的罪犯，在判决、裁定生效后，由交付执行的人民法院将判决书、裁定书、人民检察院的起诉书副本、自诉状复印件、执行通知书、结案登记表及时送达公安机关。公安机关应当将罪犯送交拘役所执行，没有拘役所的地区，由看守所执行。

对未成年犯，应依法送交未成年犯管教所执行刑罚。对于已满14周岁不满18周岁的未成年犯，应当与成年犯区别对待，分别关押。这是因为：（1）未成年罪犯的生理、心理上的承受能力比较弱，管教所的监管较之监狱更为宽松，更适宜未成年人，可以避免在监狱执行而给他们心理上带来伤害。（2）将未成年罪犯集中在特定场所执行，便于对他们进行有针对性的教育改造，能够更好地进行文化知识、生产技能教育。（3）将未成年罪犯与成年罪犯实行分押分管，可以防止成年罪犯对未成年罪犯管教的污染。

执行机关在接收罪犯时，有收押审查权。收押审查的内容包括：（1）判决

书、裁定书是否已发生法律效力；（2）法律文书是否齐全和是否有误；（3）罪犯是否患有严重疾病需要保外就医，是否怀孕或者是正在哺乳自己婴儿的妇女等。对于符合收押条件的，执行机关应当将罪犯及时收押，并且通知罪犯家属。对于不符合收押条件的，执行机关有权拒绝收押。监狱不收监的，应当书面说明理由，由公安机关将执行通知书退回人民法院。人民法院经审查认为监狱不予收监的罪犯不符合刑事诉讼法第254条规定的暂予监外执行条件的，应当决定将罪犯交付监狱收监执行，并将收监执行决定书分别送达交付执行的公安机关和监狱。

执行机关对罪犯收押以后，应当将罪犯罪名、刑期、执行地址等自收监之日起5日以内通知罪犯家属。对于罪犯在服刑中死亡、调动、脱逃满2个月未捕回或捕回后有变动的，执行机关应当书面报告交付执行的人民法院及对该监所实行监督的人民检察院。

被判处有期徒刑、拘役罪犯的刑期，从判决执行之日起计算，判决前被拘留和逮捕的，羁押一日折抵刑期一日。服刑期满，执行机关立即释放并发给释放证明。

自2002年11月9日起施行的最高人民法院《关于死刑缓期执行的期间如何确定问题的批复》规定，根据刑法第51条的规定，死刑缓期执行的期间，从判决或者裁定核准死刑缓期2年执行的法律文书宣告或送达之日起计算。

对被判处死缓罪犯的减刑，必须在2年期满后及时进行，执行机关不得任意拖延或者提前；但是，罪犯在缓刑期间故意犯罪并经查证属实后核准死刑的，即可执行死刑，不受2年期限的限制。如果罪犯在2年期满被减为有期徒刑后故意犯罪的，不能执行死刑，只能依法对所犯新罪作出判决，把前罪没有执行的刑罚和后罪所判处的刑罚，依照数罪并罚原则，决定应执行的刑罚。

三、有期徒刑缓刑、拘役缓刑判决的执行

缓刑，是指对具备法定条件、被判处3年以下有期徒刑、拘役刑罚的罪犯，在一定期间内暂缓执行刑罚，若其在暂缓执行期间未犯新罪，则原判刑罚不再执行的一种制度。缓刑并非独立刑种，而是一种特殊的刑罚执行方式。

（一）执行机关及交付执行

2012年《刑事诉讼法》第258条规定："对被判处管制、宣告缓刑、假释或者暂予监外执行的罪犯，依法实行社区矫正，由社区矫正机构负责执行。"

第一审人民法院判处拘役或者有期徒刑宣告缓刑的犯罪分子，判决尚未发生法律效力的，不能立即交付执行。如果被宣告缓刑的罪犯在押，第一审人民法院应当先行作出变更强制措施的决定，改为监视居住或者取保候审，并立即通知有关公安机关。判决发生法律效力后，应当将法律文书送达当地公安机关。

（二）对缓刑罪犯的考察与处理

根据《刑法》第76条的规定，对宣告缓刑的犯罪分子，在缓刑考验期限内，

依法实行社区矫正，如果没有该法第77条规定的情形，缓刑考验期满，原判的刑罚就不再执行，并公开予以宣告。因此，缓刑实际上是一种附条件的不执行。

对于宣告缓刑的罪犯，我国2012年《刑事诉讼法》第258条规定，依法实行社区矫正，由社区矫正机构负责执行。

被宣告缓刑的犯罪分子，在缓刑考验期限内再犯新罪或者被发现判决宣告以前还有其他罪没有判决，应当撤销缓刑，对新犯的罪或者新发现的罪作出判决，把前罪和后罪所判处的刑罚，依数罪并罚原则，决定执行的刑罚。审判新罪的人民法院在审判新罪时，应对原判决、裁定宣告的缓刑予以撤销；如果原来是上级人民法院判决、裁定宣告缓刑的，审判新罪的下级人民法院也可以撤销原判决、裁定宣告的缓刑。审判新罪的人民法院对原判决、裁定宣告的缓刑撤销后，应当通知原宣告缓刑的人民法院和执行机关。

被宣告缓刑的犯罪分子，在缓刑考验期限内违反法律、行政法规或者国务院公安部门有关缓刑的监督管理规定，情节严重的，应当依法撤销缓刑，执行原判刑罚。原作出缓刑裁判的人民法院应当自收到同级公安机关提出的撤销缓刑建议书之日起1个月内依法作出裁定。人民法院撤销缓刑的裁定，一经作出，立即生效。

四、管制和剥夺政治权利判决的执行

（一）执行机关

根据我国2012年《刑事诉讼法》第258条、第259条的规定，对被判处管制的罪犯，依法实行社区矫正，由社区矫正机构负责执行；对被判处剥夺政治权利的罪犯，由公安机关执行。

（二）执行程序

根据《刑法》第38条第2款至第4款以及2012年《刑事诉讼法》第258条的规定，判处管制，可以根据犯罪情况，同时禁止犯罪分子在执行期间从事特定活动，进入特定区域、场所，接触特定的人。对判处管制的犯罪分子，依法实行社区矫正。违反上述禁止令的，由公安机关依照《中华人民共和国治安管理处罚法》的规定处罚。

根据2012年《刑事诉讼法》第259条以及相关司法解释的规定，对于被判处剥夺政治权利的罪犯，执行机关应当按照人民法院的判决，向罪犯及其原所在单位或者居住地群众宣布其犯罪事实、被剥夺政治权利的期限，以及罪犯在执行期间应当遵守的规定。执行机关应当对其严格管理监督，基层组织或者罪犯的原所在单位协助进行监督。被剥夺政治权利的罪犯执行期满，公安机关应当书面通知本人及其所在单位或者居住地基层组织。

五、罚金、没收财产判决的执行

2010年6月1日起施行的最高人民法院《关于财产刑执行问题的若干规

定》,对财产刑的执行作了新的规定。

(一)执行机关

财产刑由第一审人民法院负责裁判执行的机构执行。被执行的财产在异地的,第一审人民法院可以委托财产所在地的同级人民法院代为执行。

(二)执行程序

1. 对罚金的执行,被执行人在判决、裁定确定的期限内未足额缴纳的,人民法院应当在期满后强制缴纳。对没收财产的执行,人民法院应当立即执行。

2. 人民法院应当依法对被执行人的财产状况进行调查,发现有可供执行的财产,需要查封、扣押、冻结的,应当及时采取查封、扣押、冻结等强制执行措施。

3. 执行财产刑时,案外人对被执行财产提出权属异议的,人民法院应当审查并参照民事诉讼法的有关规定处理。

4. 被判处罚金或者没收财产,同时又承担刑事附带民事诉讼赔偿责任的被执行人,应当先履行对被害人的民事赔偿责任。判处财产刑之前被执行人所负正当债务,应当偿还的,经债权人请求,先行予以偿还。

5. 执行的财产应当全部上缴国库。委托执行的,受托人民法院应当将执行情况连同上缴国库凭据送达委托人民法院;不能执行到位的,应当及时告知委托人民法院。

6. 具有下列情形之一的,人民法院应当裁定中止执行;中止执行的原因消除后,恢复执行:(1)执行标的物系人民法院或者仲裁机构正在审理的案件争议标的物,需等待该案件审理完毕确定权属的;(2)案外人对执行标的物提出异议确有理由的;(3)其他应当中止执行的情形。

被执行人没有全部缴纳罚金的,人民法院在任何时候发现被执行人有可供执行的财产,应当随时追缴。

7. 具有下列情形之一的,人民法院应当裁定终结执行:(1)据以执行的刑事判决、裁定被撤销的;(2)被执行人死亡或者被执行死刑,且无财产可供执行的;(3)被判处罚金的单位终止,且无财产可供执行的;(4)依照刑法第53条规定免除罚金的;(5)其他应当终结执行的情形。

人民法院裁定终结执行后,发现被执行人有隐匿、转移财产情形的,应当追缴。

8. 财产刑全部或者部分被撤销的,已经执行的财产应当全部或者部分返还被执行人;无法返还的,应予赔偿。

9. 因遭遇不能抗拒的灾祸缴纳罚金确有困难,被执行人向执行法院申请减少或者免除的,执行法院经审查认为符合法定减免条件的,应当在收到申请后一个月内依法作出裁定准予减免;认为不符合法定减免条件的,裁定驳回申请。

10. 人民法院办理财产刑执行案件,本规定没有规定的,参照适用民事执行的有关规定。

六、无罪和免除刑罚判决的执行

无罪和免除刑罚判决的执行机关是人民法院。根据 2012 年《刑事诉讼法》第 249 条的规定，第一审人民法院判决被告人无罪、免除刑事处罚的，如果被告人在押，在宣判后应当立即释放。由此可见，无罪和免除刑罚判决的执行，是在其生效之前开始的。这是对无罪和免除刑罚判决所做的特殊规定。其目的在于，尽早恢复无罪之人的人身自由和名誉，尽早将免除刑罚之人从人身自由被剥夺的状态中解脱出来，保障他们的合法权益。司法实践中，为了确保二审程序的顺利进行，通常第一审法院在通知看守所将在押被告人释放的同时，往往又会对其采取取保候审的强制措施。

第三节　执行的变更程序

执行的变更，是指人民法院、监狱及其他执行机关对生效裁判在交付执行或执行过程中出现法定需要改变刑罚种类或执行方法的情形后，依照法定程序予以改变的活动。

一、死刑执行的变更

死刑执行的变更包括停止执行死刑和暂停执行死刑两种情况。我国 2012 年《刑事诉讼法》与最高人民法院《刑事诉讼法若干问题的解释》对上述变更执行的条件和程序进行了全面规定，充分体现了我国对死刑的慎用。

（一）变更的条件

1. 停止执行死刑的条件。我国 2012 年《刑事诉讼法》第 251 条第 1 款规定，下级人民法院在接到执行死刑的命令后，应当在 7 日以内交付执行，但发现有下列情形之一的，应当停止执行，并立即报告最高人民法院，由最高人民法院作出裁定：

（1）在执行前发现判决可能有错误的；

（2）在执行前罪犯揭发重大犯罪事实或者有其他重大立功表现，可能需要改判的；

（3）罪犯正在怀孕。

2. 暂停执行死刑的条件

我国 2012 年《刑事诉讼法》第 252 条第 4 款规定，指挥执行的审判人员，对罪犯应当验明正身，讯问有无遗言、信札，然后交付执行人员执行死刑。在执行前，如果发现可能有错误，应当暂停执行，报请最高人民法院裁定。

需要指出的是，上述停止执行与暂停执行的条件中都包含"可能有错误"，但对于何为"可能有错误",2012年《刑事诉讼法》并未作出明确规定。对此,最高人民法院于2008年颁布的《关于适用停止执行死刑程序有关问题的规定》(以下简称《停止执行死刑程序规定》)对此进行了弥补。该《停止执行死刑程序规定》第1条规定:《刑事诉讼法》规定的判决"可能有错误"包括下列情形:

(1) 发现罪犯可能有其他犯罪的;

(2) 共同犯罪的其他犯罪嫌疑人归案,可能影响罪犯量刑的;

(3) 共同犯罪的其他罪犯被暂停或者停止执行死刑,可能影响罪犯量刑的;

(4) 判决可能有其他错误的。

(二) 变更的程序

对于死刑执行变更的程序,最高人民法院的《停止执行死刑程序规定》进行了细化。

1. 下级人民法院发现错误的。下级人民法院在接到最高人民法院执行死刑命令后、执行前,发现该案具有2012年《刑事诉讼法》第251条、第252条规定停止执行情形的,应当暂停执行死刑,并立即将请求停止执行死刑的报告及相关材料层报最高人民法院审批。

最高人民法院经审查,认为不影响罪犯定罪量刑的,应当裁定下级人民法院继续执行死刑;认为可能影响罪犯定罪量刑的,应当裁定下级人民法院停止执行死刑。下级人民法院停止执行后,应当会同有关部门调查核实,并及时将调查结果和意见层报最高人民法院审核。

2. 最高人民法院发现错误的。最高人民法院在执行死刑命令签发后、执行前,发现该案有2012年《刑事诉讼法》第251条、第252条规定的停止执行情形的,应当立即裁定下级人民法院停止执行死刑,并将有关材料移交下级人民法院。下级人民法院会同有关部门调查核实后,应当及时将调查结果和意见层报最高人民法院审核。

对于依法已停止执行死刑的案件,最高人民法院依照下列情形分别处理:

(1) 确认罪犯正在怀孕的,应当依法改判;

(2) 确认原裁判有错误,或者罪犯有重大立功表现需要依法改判的,应当裁定不予核准死刑,撤销原判,发回重新审判;

(3) 确认原裁判没有错误,或者罪犯没有重大立功表现,或者重大立功表现不影响原裁判执行的,应当裁定继续执行原核准死刑的裁判,并由院长再签发执行死刑的命令。

二、死刑缓期二年执行的变更

死刑缓期二年执行是死刑的一种特殊的执行方法。根据2012年《刑法》第50条和2012年《刑事诉讼法》第250条的规定,被判处死刑缓期二年执行的罪犯，根据其在死刑缓期执行期间的表现，死缓判决可作两种变更：

（一）对死缓犯的减刑

《刑法》第50条规定："判处死刑缓期执行的，在死刑缓期执行期间，如果没有故意犯罪，二年期满以后，减为无期徒刑；如果确有重大立功表现，二年期满以后，减为二十五年有期徒刑；……对被判处死刑缓期执行的累犯以及因故意杀人、强奸、抢劫、绑架、放火、爆炸、投放危险物质或者有组织的暴力性犯罪被判处死刑缓期执行的犯罪分子，人民法院根据犯罪情节等情况可以同时决定对其限制减刑。"

根据《刑事诉讼法》、《中华人民共和国监狱法》（以下简称《监狱法》）的有关规定，对死刑缓期执行罪犯减刑的管辖法院是服刑地的高级人民法院。审理对死刑缓期执行罪犯减刑案件的程序是：罪犯所在监狱在死刑缓期二年期满时，提出减刑建议，报经省、自治区、直辖市监狱管理机关审核后，报请高级人民法院裁定。高级人民法院组成的合议庭对申报材料审查后，认为应当减刑的，裁定减刑，并将减刑裁定书副本同时抄送原判人民法院及人民检察院。死刑缓期执行期满减为有期徒刑的，刑期自死刑缓期执行期满之日起计算。

另外，需要指出的是，被判处死刑缓期二年执行的罪犯，如果死刑缓期二年执行期满后尚未裁定减刑前又犯新罪的，应当依法减刑后，对其所犯新罪另行审判。

（二）对死缓犯执行死刑

被判处死刑缓期二年执行的罪犯，在死刑缓期执行期间，如果故意犯罪，查证属实，应当执行死刑。

具体的程序是：由罪犯服刑监狱及时侦查，侦查终结后移送人民检察院审查起诉。经人民检察院提起公诉，服刑地的中级人民法院依法审判，所作的判决可以上诉、抗诉。认定构成故意犯罪的判决、裁定发生法律效力后，由作出生效判决、裁定的人民法院依法报请最高人民法院核准死刑。核准后，交罪犯服刑地的中级人民法院执行。

三、暂予监外执行

（一）暂予监外执行的概念

暂予监外执行，是指对被判处有期徒刑或者拘役的罪犯，因具有法律规定的某种特殊情况，不适宜在监狱或者拘役所等场所执行刑罚，暂时将其放在监外不予关押的一种变通执行方法。

（二）暂予监外执行的适用对象

适用暂予监外执行的对象，只能是被判处有期徒刑或者拘役的罪犯。对于被判处无期徒刑或者死缓的罪犯，除2012年《刑事诉讼法》第254条第2款的情形外，不能适用监外执行，因为这些罪犯罪行严重，社会危害性比较大，在监外执行不能达到良好的改造效果，也不足以防止发生社会危险性。

（三）暂予监外执行的适用条件

对于暂予监外执行的适用条件，2012年《刑事诉讼法》第254条作了明确规定，即必须具备下列情形之一：

1. 罪犯有严重疾病需要保外就医的。保外就医，是指罪犯身患严重疾病，不宜在监狱或其他执行机关的医院进行治疗，而由罪犯提出保证人担保其在监外执行兼治病期间不违反有关规定的制度。为了防止保外就医被滥用以及罪犯在监外继续危害社会，立法对适用保外就医的对象作了限制性规定。

2. 罪犯是怀孕或者正在哺乳自己婴儿的妇女。需要指出的是，哺乳期限应自婴儿出生至其一周岁以前。

3. 罪犯生活不能自理，适用暂予监外执行不致危害社会的。这一般是指罪犯由于老、弱、病、残等原因，必须由他人照顾才能生活。对此类罪犯暂予监外执行，主要是基于人道主义精神，同时，也有利于罪犯改造，便于执行机关工作。

4. 另据2012年《刑事诉讼法》第254条第2款的规定，对被判处无期徒刑的罪犯，有前款第（2）项规定情形的，可以暂予监外执行。

（四）不得保外就医的情形

根据2012年《刑事诉讼法》第254条第3款的规定，对于适用保外就医可能有社会危险性的罪犯，或者自伤自残的罪犯，不得保外就医。

（五）暂予监外执行的适用程序

根据2012年《刑事诉讼法》第254条、第255条、第256条、第257条、第258条的规定，予以监外执行的程序与机关分别是：

1. 第254条第4款规定，对于罪犯确有严重疾病，必须保外就医的，由省级人民政府指定的医院诊断并开具证明文件。发现被保外就医的罪犯不符合保外就医条件的，或者严重违反有关保外就医规定的，应当及时收监执行。

2. 第254条第5款规定，对具备暂予监外执行条件的罪犯，在交付执行前，暂予监外执行由交付执行的人民法院决定；在交付执行后，暂予监外执行由监狱或者看守所提出书面意见，报省级以上监狱管理机关或者设区的市一级以上公安机关批准。

由人民法院决定的，有关法院应当制作《暂予监外执行决定书》，载明罪犯基本情况、判决确定的罪名和刑罚、决定暂予监外执行的原因、依据等内容，并抄送人民检察院和罪犯居住地的公安机关。

另据2012年《刑事诉讼法》第255条、第256条规定，监狱、看守所提出暂予监外执行的书面意见的，应当将书面意见的副本抄送人民检察院。人民检察院可以向决定或者批准机关提出书面意见。决定或者批准暂予监外执行的机关应当将暂予监外执行决定抄送人民检察院。人民检察院认为暂予监外执行不当的，应当自接到通知之日起一个月以内将书面意见送交决定或者批准暂予监外执行的机关，决定或者批准暂予监外执行的机关接到人民检察院的书面意见后，应当立即对该决定进行重新核查。

3. 根据2012年《刑事诉讼法》第258条的规定，对于暂予监外执行的罪犯，由居住地社区矫正机构负责执行，基层组织或者罪犯的原所在单位协助进行监督，执行机关应当对暂予监外执行的罪犯严格管理监督。对于服刑中决定暂予监外执行的罪犯，原执行机关应当将罪犯服刑改造的情况通报负责监外执行的公安机关，以便有针对性地对罪犯进行管理监督。负责执行的公安机关应当告知罪犯，在暂予监外执行期间必须接受监督改造并遵守有关的规定。

4. 根据2012年《刑事诉讼法》第257条的规定，对暂予监外执行的罪犯，有下列情形之一的，应当及时收监：（1）发现不符合暂予监外执行条件的；（2）严重违反有关暂予监外执行监督管理规定的；（3）暂予监外执行的情形消失后，罪犯刑期未满的。

对于人民法院决定暂予监外执行的罪犯应当予以收监的，由人民法院作出决定，将有关的法律文书送达公安机关、监狱或者其他执行机关。

不符合暂予监外执行条件的罪犯通过贿赂等非法手段被暂予监外执行的，在监外执行的期间不计入执行刑期。罪犯在暂予监外执行期间脱逃的，脱逃的期间不计入执行刑期。

罪犯在暂予监外执行期间死亡的，执行机关应当及时通知监狱或者看守所。

四、减刑

（一）减刑的概念

减刑，是指被判处管制、拘役、有期徒刑或者无期徒刑的罪犯，在执行期间确有悔改或者立功表现，由人民法院依法适当减轻其原判刑罚的制度。但是，减刑以后实际执行的刑期，判处管制、拘役、有期徒刑的，不能少于原判刑期的 1/2；判处无期徒刑的不能少于10年。

（二）减刑的对象

减刑的对象必须是被判处管制、拘役、有期徒刑、无期徒刑的犯罪分子。死刑缓期执行罪犯的减刑，是依照法律的特别规定进行的，是死刑缓期执行制度的组成部分，不属于减刑制度的适用范围。

（三）减刑的程序

对于被判处无期徒刑的罪犯的减刑案件由服刑地高级人民法院管辖。对于被判处有期徒刑、拘役、管制的罪犯的减刑案件由服刑地中级人民法院管辖。

对于被判处无期徒刑的罪犯的减刑，执行机关应当提出经省、自治区、直辖市监狱管理机关审核同意的监狱减刑建议书；对于被判处有期徒刑（包括减为有期徒刑）、拘役、管制的罪犯的减刑，执行机关应当提出减刑建议书；被宣告缓刑的罪犯，在缓刑考验期限内确有重大立功表现，需要予以减刑，并相应缩短缓刑考验期限的，应当由负责考察的公安派出所会同罪犯的所在单位或者基层组织提出书面意见，由中级人民法院依法裁定；对于公安机关看守所监管的罪犯的减刑，由罪犯所在的看守所提出意见，并由中级人民法院依法裁定。

人民法院审理减刑案件，应当依法组成合议庭。人民法院应当自收到减刑建议书起1个月内审理完毕作出裁定；对于无期徒刑、有期徒刑（包括减为有期徒刑）的减刑案件，由于案件复杂或者情况特殊的，可以延长1个月。

减刑的裁定应当及时送达执行机关、同级人民检察院以及罪犯本人。人民检察院认为人民法院的减刑裁定不当，应当在收到裁定书副本后20日内，向人民法院提出书面纠正意见。人民法院收到书面纠正意见后，应当重新组成合议庭进行审理，并在1个月内作出最终裁定。

五、假释

（一）假释的概念

假释，是指对于被判处有期徒刑、无期徒刑的犯罪分子经过一定期限的服刑改造，确有悔改表现，释放后，不致再危害社会的，附条件地将其提前释放的一种制度。

（二）假释的对象

假释的对象必须是被判处有期徒刑、无期徒刑的犯罪分子，但累犯以及因杀人、爆炸、抢劫、强奸、绑架等暴力性犯罪被判处10年以上有期徒刑、无期徒刑的犯罪分子除外。

（三）假释的条件

假释的条件有二：一是已实际执行一定的刑期，即被判处有期徒刑的犯罪分子，实际执行原判刑期1/2以上，被判处无期徒刑的犯罪分子，实际执行13年以上；二是认真遵守监规，接受教育改造，确有悔改表现，释放后不致再危害社会。以上两个条件须同时具备。但根据刑法第81条的规定，如果有特殊情况，经最高人民法院核准，可以不受上述执行刑期的限制。所谓特殊情况，是指涉及政治性、外交性的情况等。

2006年施行的《关于审理未成年人刑事案件具体应用法律若干问题的解释》第18条规定，对未成年罪犯的减刑、假释，在掌握标准上可以比照成年罪犯依法适度放宽。未成年罪犯能认罪服法，遵守监规，积极参加学习、劳动的，即可视为"确有悔改表现"予以减刑，其减刑的幅度可以适当放宽，间隔的时间可以相应缩短。符合刑法第81条第1款规定的，可以假释。未成年罪犯在服刑期间已经成年的，对其减刑、假释可以适用上述规定。

（四）假释的程序

根据《刑法》第82条的规定，假释依照减刑程序进行。

此外，根据《刑法》第 81 条第 1 款规定报请最高人民法院核准因犯罪分子具有特殊情况，不受执行刑期限制的假释案件，按下列情形分别处理：（1）中级人民法院依法作出假释裁定后，应即报请高级人民法院复核。高级人民法院同意假释的，应当报请最高人民法院核准；高级人民法院不同意假释的，应当裁定撤销中级人民法院的假释裁定。（2）高级人民法院依法作出假释裁定的，应当报请最高人民法院核准。

报请最高人民法院核准因犯罪分子具有特殊情况，不受执行刑期限制的假释案件，应当报送报请核准假释案件的报告、罪犯具有特殊情况的报告、假释裁定各 15 份以及全案卷宗。最高人民法院核准因犯罪分子具有特殊情况，不受执行刑期限制的假释案件，予以核准的，作出核准裁定书；不予核准的，应当作出撤销原裁定、不准假释的裁定书。

（五）对被假释罪犯的考察与处理

根据 2012 年《刑事诉讼法》第 258 条的规定，对于被假释的罪犯，依法实行社区矫正，由社区矫正机构负责执行。

对假释的犯罪分子，在假释考验期限内，如果没有《刑法》第 86 条规定的情形，假释考验期满，就认为原判刑罚已经执行完毕，并公开予以宣告。

被假释的犯罪分子，在假释考验期限内再犯新罪或者被发现判决宣告以前还有其他罪没有判决，应当撤销假释，由审判新罪的人民法院在审判新罪时，对原判决、裁定的假释予以撤销；如果原来是上级人民法院判决、裁定假释的，审判新罪的人民法院也可以撤销原判决、裁定的假释。审判新罪的人民法院对原审判决、裁定的假释撤销后，应当通知原假释的人民法院和执行机关。

被假释的犯罪分子，在假释考验期限内违反法律、行政法规或者公安机关有关假释的监督管理规定，应当依法撤销假释的，原作出假释裁判的人民法院应当自收到同级公安机关提出的撤销假释建议书之日起 1 个月内依法作出裁定。人民法院撤销假释的裁定，一经作出，立即生效。

第四节　执行中的其他处理

一、对新罪、漏罪的处理

新罪，是指罪犯在服刑期间实施的犯罪。漏罪，是指执行过程中发现的，罪犯在判决宣告以前所犯的尚未判决的罪行。

根据 2012 年《刑事诉讼法》第 262 条第 1 款、第 290 条以及《监狱法》第 60 条的规定，对服刑罪犯犯新罪或者发现漏罪的，应当分别不同的情况，予以追究：

1. 在刑罚执行期间，如果发现了漏罪或新罪的，由监狱等执行机关进行侦查，侦查终结后，移送人民检察院审查决定，向有管辖权的人民法院提起公诉。人民法院应依法进行审判，将罪犯的新罪和漏罪所判处的刑罚与原判决所确定的刑罚，按照数罪并罚原则，决定应当执行的刑罚。

2. 对罪犯脱逃后又犯新罪的，应当分别情况处理。如果新罪是在被追捕回来以后发现的，按上述管辖和处理程序进行追究；如果罪犯所犯罪行是在犯罪地发现的，由犯罪地的公安机关、人民检察院、人民法院按照管辖范围和法定程序进行处理。判决后，原则上仍应将罪犯送回原所在监狱或其他执行场所执行。

人民法院对人民检察院提起公诉的新罪、漏罪审理后，作出的判决除送达罪犯外，还应当将副本送达原审人民法院、人民检察院和执行机关。

二、对错判和对申诉的处理

2012年《刑事诉讼法》第264条规定："监狱和其他执行机关在刑罚执行中，如果认为判决有错误或者罪犯提出申诉，应当转请人民检察院或者原判人民法院处理。"根据规定，执行机关如果认为判决有错误，应提出具体意见，并附有关材料，转送原起诉的人民检察院或者原判人民法院处理；如果认为事实出入比较重大或者确有必要的，也可以转送原起诉人民检察院的上级人民检察院、原审人民法院的上级人民法院处理。

监狱和其他执行机关对于罪犯提出的申诉应当及时转递，不得扣压。罪犯的申诉材料已明确要求人民检察院或者人民法院处理的，可按其要求转递。如无明确要求，则由执行机关根据案件情况决定向人民法院或者人民检察院转递。

人民法院或者人民检察院收到执行机关意见和材料或罪犯的申诉后，应当认真进行审查。如认为原判决或裁定在认定事实或者适用法律上确有错误，应按审判监督程序予以处理。如认为原裁判正确，应及时答复执行机关或申诉人。

监狱法规定，人民检察院或者人民法院应当自收到监狱提请处理意见书之日起6个月内将处理结果通知监狱。

第五节 人民检察院对执行的监督

一、对执行死刑的监督

2012年《刑事诉讼法》第252条第1款规定："人民法院在交付执行死刑前，应当通知同级人民检察院派员临场监督。"根据最高人民法院《刑事诉讼法若干问题的解释》的规定，人民法院将罪犯交付执行死刑，应当在交付执行3日前通知同级人民检察院派员临场监督。人民检察院收到同级人民法院执行死刑临场监督通知后,应当查明同级人民法院是否收到最高人民法院核准死刑的判决或者裁定和执行死刑的命令。

被判处死刑的罪犯在被执行死刑时,人民检察院应当派员临场监督。执行死刑临场监督,由检察人员担任,并配备书记员担任记录。

临场监督执行死刑的检察人员应当依法监督执行死刑的场所、方法和执行死刑的活动是否合法。在执行死刑前,发现有下列情形之一的,应当建议人民法院停止执行:(1)被执行人并非应执行死刑的罪犯;(2)罪犯犯罪时不满18周岁;(3)判决可能有错误;(4)在执行前罪犯检举揭发重大犯罪事实或者有其他重大立功表现,可能需要改判;(5)罪犯正在怀孕。

在执行死刑过程中,人民检察院临场监督人员根据需要可以进行拍照、摄像;执行死刑后,人民检察院临场监督人员应当检查罪犯是否确已死亡,并填写死刑临场监督笔录,签名后入卷归档。

二、对暂予监外执行的监督

根据2012年《刑事诉讼法》第255条、第256条的规定,监狱、看守所提出暂予监外执行的书面意见的,应当将书面意见的副本抄送人民检察院。人民检察院可以向决定或者批准机关提出书面意见。此外,批准暂予监外执行的机关应当将批准的决定抄送人民检察院。人民检察院认为暂予监外执行不当的,应当自接到通知之日起1个月以内将书面意见送交批准暂予监外执行的机关,批准暂予监外执行的机关接到人民检察院的书面意见后,应当立即对该决定进行重新核查。

三、对减刑、假释的监督

根据2012年《刑事诉讼法》第263条的规定,人民检察院认为人民法院减刑、假释的裁定不当,应当在收到裁定书副本后20日以内,向人民法院提出书面纠正意见。人民法院应当在收到纠正意见后1个月以内重新组成合议庭进行审理,作出最终裁定。

上述对人民法院减刑、假释裁定的纠正意见,由作出减刑、假释裁定的人民法院的同级人民检察院书面提出。下级人民检察院发现人民法院减刑、假释裁定不当的,应当立即向作出减刑、假释裁定的人民法院的同级人民检察院报告。

四、对执行刑罚活动的监督

2012年《刑事诉讼法》第265条规定:人民检察院对执行机关执行刑罚的活动是否合法实行监督。如果发现有违法的情况,应当通知执行机关纠正。这是刑事诉讼法关于人民检察院对执行刑罚活动进行监督的原则性规定。

（一）监督的内容

人民检察院对执行的监督主要包括以下内容：

1. 对交付执行的裁判进行监督。人民检察院应当审查作为执行依据的判决、裁定是否已经发生法律效力；对于一审宣告被告人无罪或者免除刑罚的，对在押被告人是否已释放等。

2. 对执行机关收押、执行和监督考察等实行监督。人民检察院应当审查监狱对罪犯是否依照法定条件和手续进行收押，对于不予收押的，是否有书面说明；监狱、未成年犯管教所、拘役所等对罪犯执行刑罚是否合法；对交付执行的死缓罪犯是否按时提出减刑建议；对刑满罪犯是否及时释放；对服刑确有悔改及立功表现的罪犯是否及时提出减刑、假释建议；公安机关对管制、剥夺政治权利、缓刑、监外执行等罪犯的监督考察是否合法、负责；人民法院对罚金、没收财产等刑罚的执行是否合法；罚没的财产是否依法处理等。

（二）监督的方式

人民检察院在监督过程中，发现有违法情况的，及时通知执行机关予以纠正。对于情节较轻的违纪行为，以口头方式向违纪人提出纠正意见；对情节严重的违法行为，经检察长批准以书面方式向执行机关发出《纠正违法通知书》；对违法行为造成严重后果并构成犯罪的，提请有关机关追究责任人员的刑事责任。

对于人民检察院发出的《纠正违法通知书》，执行机关应当回复对监督的落实情况，没有回复的，人民检察院应当及时报告上一级人民检察院，并抄报执行机关的上级主管机关。上级检察机关认为下级人民检察院的纠正违法意见正确的，应与同级执行机关共同督促下级执行机关纠正；上级检察机关认为下级人民检察院的纠正违法意见有错误的，应当通知下级人民检察院撤销已发的《纠正违法通知书》，并通知同级执行机关。

第二十章 特别程序

第一节 未成年人刑事案件诉讼程序

一、未成年人刑事案件诉讼程序概念、特征和意义

（一）未成年人刑事案件诉讼程序的概念和特征

未成年人刑事案件诉讼程序，是指基于教育、感化、挽救的方针，以及教育为主、惩罚为辅的原则，对于实施犯罪行为或诉讼过程中，尚不满18周岁的未成年犯罪嫌疑人、被告人，以及诉讼过程中不满18周岁的被害人和证人，适用不同于成年人的特别诉讼程序。

为了适应我国司法实践和社会发展的需要，2012年《刑事诉讼法》新增加了该程序作为一项特别的诉讼程序。该程序有以下特征：第一，从主体上看，适用该程序的主体有两类，一是涉嫌实施犯罪行为时未满18周岁的未成人犯罪嫌疑人、被告人；二是在诉讼过程中不满18周岁的未成年犯罪嫌疑人、被告人、被害人和证人。第二，从内容上看，该程序是在1996年刑事诉讼法，有关诉讼过程中不满16或18周岁的未成年人，在"讯问和审判"、"指定辩护"以及"不公开审理"等方面特别规定的基础上，增加或修改了未成年人刑事诉讼程序的方针、原则、权利保障、法律援助、情况调查、拘捕和羁押、合适成年人制度、附条件不起诉、审判不公开以及犯罪记录封存等诸多规定。第三，从法律效力上看，该程序是特别程序，对普通程序具有优先适用的效力，即凡是该程序有规定的，就应当适用该程序。如果该程序没有规定，则适用普通程序。

（二）未成年人刑事案件诉讼程序的意义

设立未成年人刑事案件诉讼程序的意义：第一，保障未成年犯罪嫌疑人、被告人的诉讼权利，防止未成年人因身心发育不健全以及法律意识淡薄、法律知识缺乏等原因，而不知道或不能够行使合法诉讼权利。例如，法律援助、合适成年人制度。第二，关照未成年犯罪嫌疑人、被告人的成长，减少刑事诉讼对未成年人身心健康成长的负面影响。例如，拘捕、羁押制度，讯问和审判的合适成年人

制度,审判不公开以及犯罪记录封存等。第三,全面了解未成年人犯罪的原因,给予其重新做人的机会,从宽惩罚未成年人犯罪。例如,情况调查制度,附条件不起诉制度等。

二、未成年犯罪嫌疑人、被告人刑事诉讼程序方针和原则

未成年犯罪嫌疑人、被告人刑事诉讼程序方针是"教育、感化、挽救";其原则是"坚持教育为主、惩罚为辅"。这些方针和原则属于该程序指导性规定。

无论是"方针"还是"原则"均包含了"教育"一词,因此,办案人员在同未成年犯罪嫌疑人、被告人接触的期间,应当积极向其进行法制宣传教育和思想教育,促使其知错悔改。"感化"是教育的另一种方式,要求办案人员以温和的语言讯问未成年犯罪嫌疑人、被告人,在充分了解未成年人犯罪原因、家庭背景、教育状况等背景资料的基础上晓之以理,动之以情,从内心打动未成年犯罪嫌疑人、被告人;"挽救"是教育和惩罚未成年人的目的,未成年人涉世未深,多是因一时冲动或失误而犯罪,主观恶性不深,应为其提供悔改的机会,促使其回归社会。

"教育为主,惩罚为辅"原则要求:办案人员在刑事诉讼过程中应当像教师或家长那样以教育者身份对待未成年犯罪嫌疑人、被告人,教育是主要目的,必要的惩罚是为了达到警示教育和促使悔改的手段。

上述"方针"和"原则"是我国未成年人犯罪刑事政策的直接体现。早在1979年中共中央的58号文件中,就提出了对违法犯罪的未成年人要实行教育、挽救、改造的方针;1982年1月13日中共中央《关于加强政法工作的指示》中明确指出:"必须坚决实行教育、感化和挽救的方针,着眼于挽救。"1992年《未成年人保护法》第38条更明确规定"对违法犯罪的未成年人,实行教育、感化、挽救的方针,坚持教育为主,惩罚为辅的原则";1999年《预防未成年人犯罪法》中,也再一次将前述原则阐明为针对未成年人犯罪的基本原则。由此,对未成年人犯罪的刑事政策思想正式上升到法律层面。上述"方针"和"原则"具有实体法和程序法两方面意义。例如,在实体法上,明确了未成年人犯罪的入罪年龄和入罪范围,并确立了未成年人从轻或减轻处罚的法定情节,使对未成年人适用刑罚的范围和程度都有别于成年人罪犯;在程序法上,则制定了一系列有利于未成年人的合法权益且有利于未成年人回归社会的刑事程序机制。如本节中有关未成年人的法律援助、不公开审判、拘捕和羁押、附条件不起诉、量刑情况调查等均体现了该"原则"和"方针"。

三、未成年人的诉讼权利保障制度

(一)未成年人诉讼权利保障制度的内容

根据2012年《刑事诉讼法》第266条规定,未成年人诉讼权利保障制度包

括三项内容：一是应当保障未成年人行使其诉讼权利；二是保障未成年人得到法律帮助；三是由熟悉未成年人身心特点的审判人员、检察人员、侦查人员承办。

第一项，是指公、检、法三机关在侦查、起诉和审判阶段，均负有保障未成年人行使其诉讼权利的义务。如前文所述，未成年人因身心尚未成熟，对于自己应当享有的诉讼权利不知、不明、不会，因此，办案机关首先应当用未成年人理解的语言告知其诉讼权利；如果未成年人因法律知识欠缺而不会行使其诉讼权利，办案机关即应当帮助其行使诉讼权利，如为其获得律师帮助提供条件和机会。其次，办案机关还应当以内部监督和部门间互相监督的方式，保障未成年人行使其诉讼权利，对于侵犯未成年人诉讼权利的行为及时纠正、制止或制裁。

第二项，是指保障未成人在诉讼各个环节和阶段，都有机会获得具有专门法律知识人的帮助，为其提供法律咨询、申请取保候审、同被羁押的未成年人进行会见和通信，提供辩护，对于侵犯其权利的行为进行控告，对某些决定和裁决不服进行上诉和申诉等。

第三项，是指从办案机关主体角度理解和关心未成年人，由熟悉未成年人身心特点的审判人员、检察人员、侦查人员办理未成年人案件，主要目的是防止办案过程中，诸如讯问语气、方式不当，导致未成年人情绪失控而难以进行沟通、交流等现象发生，甚至极端情况下发生的自残自杀现象，① 同时，能够准确、及时了解未成年人犯罪的动机、目的。随着未成年人犯罪比例增大，办案机关有条件以内部专门组织、机构形式成立未成年人案件侦查专案组、起诉科以及少年法庭，使得办理未成年人犯罪案件的人员专门化，积累经验，摸索方法，组织培训办案人员了解未成年人身心特点，以及在刑事诉讼中对该特点的掌握和运用知识。具体要求可参照2010年8月28日《中央社会治安综合治理委员会预防青少年违法犯罪工作领导小组、最高人民法院、最高人民检察院、公安部、司法部、共青团中央关于进一步建立和完善办理未成年人刑事案件配套工作体系的若干意见》的规定。

（二）未成年人诉讼权利保障中的年龄计算

未成年人诉讼权利的保障，通常是针对诉讼过程中，犯罪嫌疑人、被告人、被害人、证人不满18周岁。如果犯罪行为发生时是未成年人，但是在诉讼期间已经年满18周岁，则不再享有该程序中某些有关未成年人的诉讼权利保障措施。这些措施诸如：法律援助、限制适用拘捕和羁押、讯问和审判时通知合适成年人到场、审判不公开。对未成年人诉讼权利给予保障，是考虑到诉讼期间未成年人身心发育不全，尚未达到成年人的程度，其自身诉讼行为能力不健全。如果诉讼期间其年龄已经达到18周岁，则失去给予其特别关照的必要性。

受犯罪行为时年龄影响的，主要是刑事责任追究以及相关罪名的认定。不过，犯罪行为发生时不满18周岁的案件，均可称为"未成年人刑事案件"。因

---

① 例如，20世纪80年代的一部国产电影《少年犯》中，就出现少年犯吞服小剪刀的故事情节。

此，有关未成年人刑事案件诉讼程序中的"情况调查"、"附条件不起诉"以及"犯罪记录封存"等程序规定均是针对犯罪时不满18周岁的未成年人涉及的案件。

四、未成年犯罪嫌疑人、被告人的法律援助制度

根据2012年《刑事诉讼法》第267条规定，未成年犯罪嫌疑人、被告人没有委托辩护人的，人民法院、人民检察院、公安机关应当通知法律援助机构指派律师为其提供辩护。在侦查、起诉和审判阶段，如果犯罪嫌疑人、被告人不满18周岁，且没有委托辩护人，则办案机关就有责任及时通知法律援助机构，即办案机关所在的法律援助中心，由法律援助中心指派律师为未成年犯罪嫌疑人、被告人提供法律援助，不得向其收取辩护费用。1996年刑事诉讼法第34条，规定了审判阶段未成年被告人，如果没有委托辩护人，"人民法院应当指定承担法律援助义务的律师为其提供辩护"。最高人民法院《关于审理未成年人刑事案件的若干规定》第15条规定："人民法院应当依法保证未成年被告人获得辩护。开庭审理时不满十八周岁的未成年被告人没有委托辩护人的，人民法院应当指定承担法律援助义务的律师为其提供辩护……"

前后对比，不同之处有：一是未成年人获得法律援助的时间，由审判阶段提前到侦查阶段；二是保障未成年人获得法律援助的主体增多，即由原先的法院和承担法律援助义务的律师，增加为公、检、法机关、法律援助机构及其指派的律师；三是未成年人获得法律援助的方式改变了，即由原先的直接由法院指定辩护律师，改为先由办案机关（公、检、法）通知法律援助机构，再由法律援助机构指派辩护律师。

五、未成年犯罪嫌疑人、被告人的情况调查制度

根据2012年《刑事诉讼法》第268条规定，公安机关、人民检察院、人民法院办理未成年人刑事案件，根据情况可以对未成年犯罪嫌疑人、被告人的成长经历、犯罪原因、监护教育等情况进行调查。

上述情况调查制度的特征有：

第一，调查的责任主体是公、检、法三机关；

第二，调查的对象是未成年犯罪嫌疑人、被告人的成长经历、犯罪原因、监护教育等情况；

第三，调查的种类属于自由裁量型或非强制型，因为，办案机关根据案情"可以"进行调查，包括两层含义：其一，情况调查与否由办案机关分别独立自由决定；其二，各个机关间的决定互不影响，即公安机关调查与否不影响检察院决定是否进行情况调查，法院是否进行情况调查不受前者的影响。

公、检、法机关在有关规范性文件中也规定了有关情况调查。在侦查阶段,① 对违法犯罪未成年人的讯问应当采取不同于成年人的方式。讯问前,除掌握案件情况和证据材料外,还应当了解其生活、学习环境、成长经历、性格特点、心理状态及社会交往等情况,有针对性地制作讯问提纲。在审查起诉阶段,② 审查起诉未成年犯罪嫌疑人,可以结合社会调查,通过学校、社区、家庭等有关组织和人员,了解未成年犯罪嫌疑人的成长经历、家庭环境、个性特点、社会活动等情况,为办案提供参考。在审判阶段,③ 开庭审理前,控辩双方可以分别就未成年被告人的性格特点、家庭情况、社会交往、成长经历以及实施被指控的犯罪前后的表现等情况进行调查,并制作书面材料提交合议庭。必要时,人民法院也可以委托有关社会团体组织就上述情况进行调查或者自行进行调查。对未成年罪犯量刑应当依照《刑法》第61条的规定,并充分考虑未成年人实施犯罪行为的动机和目的、犯罪时的年龄、是否初次犯罪、犯罪后的悔罪表现、个人成长经历和一贯表现等因素。

可见,上述三机关规定的调查目的各有不同,公安机关规定的调查主要是为了"有针对性地制作讯问提纲";检察院是"为办案提供参考";法院则是为了"对未成年罪犯量刑"。总体而言,与2012年刑事诉讼法没有冲突,可同时执行。

六、未成年犯罪嫌疑人、被告人的逮捕和羁押制度

2012年《刑事诉讼法》对未成人的逮捕和羁押规定了与成年人不同的程序和方式。其出发点都是为了最大限度减少诉讼活动对未成年人身心造成伤害和不良影响。这些伤害和影响来自多个方面:④ 第一,由于未成年人心智能力有限所产生的担心和恐惧,这使他们相对成年人来讲会受到更大的伤害。第二,羁押中所产生的交叉感染。第三,羁押的标签化效果不利于未成年人回归社会。第四,在我国现有诉讼环境下,与采用非羁押措施相比,对被追诉人适用羁押措施往往更容易导致其后的起诉和定罪。第五,羁押在一定程度上会影响到与被害人关系的修复。凡此种种都会对未成年人的学习、工作、生活和今后回归社会产生不利影响。

2012年《刑事诉讼法》第269条在逮捕方面有两个规定:一是严格限制对未成年人适用逮捕措施,即未成年犯罪嫌疑人、被告人已经达到逮捕条件,但是,办案机关还应当在申请、批准或决定等环节上层层审查、筛选和限制适用逮捕,或以其他措施替代,如取保候审、监视居住等非羁押性的强制措施来替代逮捕。二是讯问未成年犯罪嫌疑人、被告人是检察院和法院批准和决定逮捕的必经

---
① 《公安机关办理未成年人违法犯罪案件的规定》第10条。
② 《人民检察院办理未成年人刑事案件的规定》第16条。
③ 《最高人民法院关于审理未成年人刑事案件的若干规定》第21条;《最高人民法院关于审理未成年人刑事案件具体应用法律若干问题的解释》第11条。
④ 宋英辉:《未成年人刑事司法的模式选择与制度构建》,载《人民检察》2011年第12期。

过程，否则，不能作出批准或决定逮捕决定。即不能够以书面审查方式批准或决定逮捕未成年人。讯问的目的是进一步了解核实案情和有关情况、了解逮捕未成年人的必要性。

值得注意的是，此处没有提到对未成年人的拘留进行严格限制。其原因是，刑事诉讼中拘留是对现行犯或具有重大犯罪嫌疑的人采取的临时性紧急措施。时间紧、情况急，没有时间仔细考虑限制采用拘留与否。有时，难以区分是否未成年人。有时，来不及办理拘留手续即可先行拘留（无证拘留）。此外，拘留是临时性的，剥夺自由时间短，远不如逮捕对人身自由的影响。因此，限制拘留缺乏可行性和必要性。

无论是对未成年人的拘留、逮捕，还是对其判刑后的执行刑罚（指剥夺人身自由的刑罚，如拘役、徒刑），都涉及以剥夺其自由为特征的羁押。前者通常称为审判前羁押，后者则称之为审判后羁押。

为了防止在羁押期间成年人对未成年人的不良影响，以及对未成年人合法权利的侵犯，为了感化、教育和挽救未成年人，将未成年人与成年人的羁押场所分开十分关键。只有分别羁押，才有可能分别管理、分别教育。因此，是否有羁押未成年人的专门场所（看守所、拘役所和监狱）是执行上述规定的关键。

七、讯问和审判时合适成年人在场制度

"合适成年人"一词的起源地是英国，其基本含义是指警察在讯问未成年犯罪嫌疑人或精神错乱、精神障碍犯罪嫌疑人时，必须有合适的成年人到场。[①]

讯问和审判时合适成年人在场制度简称为合适成年人在场制度，是指讯问和审判未成年犯罪嫌疑人、被告人时，由一名较为合适的成年人在场，以维护该未成年人的合法权益，并履行监督、沟通、抚慰、教育等职责。

值得注意的是，在询问和审判过程，如果涉及有关被害人、证人是不满18周岁的未成年人，也需要参照该程序的有关规定。

2012年《刑事诉讼法》规定的合适成年人在场制度有以下特征：

第一，该制度是在1996年《刑事诉讼法》有关规定的基础上修改而成的。1996年《刑事诉讼法》第14条仅规定：对于不满18岁的未成年人犯罪的案件，在讯问和审判时，可以通知犯罪嫌疑人、被告人的法定代理人到场。2012年《刑事诉讼法》第270条将"可以"通知修改为"应当"通知。即讯问和审判时，通知未成年犯罪嫌疑人、被告人的法定代理人是法定要求，而非酌定要求。

第二，特定情形下，到场的合适成年人范围不限于其法定代理人，还可以是"未成年犯罪嫌疑人、被告人的其他成年亲属，所在学校、单位、居住地基层组织或者未成年人保护组织的代表"。此处的特定情形是指"无法通知、法定代理

[①] 姚建龙：《权利的细微关怀——"合适成年人"参与刑事诉讼制度的移植与本土化》，北京大学出版社2010年版，第13页。

人不能到场或者法定代理人是共犯的"。值得注意的是，通知法定代理人之外的合适成年人不是法定要求，而是酌定要求，即"可以"通知，而非"应当"通知。此外，上述特定情形的出现，以及合适成年人到场的改变，均应有书面记录，以便监督和制约。

第三，到场的合适成年人诉讼权利不同。到场法定代理诉讼权利多于其他合适成年人。（1）可以代为行使犯罪嫌疑人、被告人的诉讼权利；（2）认为办案人员在讯问、审判中侵犯未成年人合法权益的，可以提出意见；（3）讯问笔录、法庭笔录应当交给其阅读或者向他宣读；（4）未成年被告人最后陈述后，可以进行补充陈述。法定代理人之外的其他到场合适成年人仅享有上述第（2）、（3）项诉讼权利。

第四，对讯问女性未成年人时的在场人员作出特别要求：应当有女工作人员在场。

1. 本规定是专门为讯问程序设计的，不适用于审判程序。其原因是，讯问是在场人员少、空间小、封闭性强、秘密程度高等环境下进行的，而审判则是在参与人员众多、空间宽敞、相对开放、秘密程度低等环境下进行。女性工作人员在场，一方面，有助于防止讯问人员与女性犯罪嫌疑人因性别差异而导致心理恐惧、压力增大，缓解现场气氛，便于沟通、交流；另一方面，也有助于防止讯问人员对女性犯罪嫌疑人的隐私权利侵犯。

2. 女性工作人员在场是法定要求，即"应当"有女性工作人员在场。

3. 女性犯罪嫌疑人的法定代理人或其他合适成年人在场不影响女性工作人员在场。即讯问女性犯罪嫌疑人时，其法定代理人和女性工作人员都"应当"在场。

第五，增加对未成年被害人、证人的保护，询问适用上述未成年犯罪嫌疑人、被告人的有关规定。

八、附条件不起诉制度

（一）附条件不起诉的要件及异议

附条件不起诉制度，是指对于未成年人涉嫌侵犯公民人身权利、民主权利罪，或侵犯财产罪，或妨害社会管理秩序罪的犯罪，可能判处一年有期徒刑以下刑罚，符合起诉条件，但有悔罪表现的，人民检察院为其设立一定的考验期，进行监督考察，考验期满没有违反规定的，人民检察院应当作出不起诉的决定。

附条件不起诉有三个构成要件：

1. 主体要件。涉嫌犯罪行为时未满18周岁的未成年人。
2. 事实要件。涉嫌侵犯公民人身权利、民主权利罪，或侵犯财产罪，或妨害社会管理秩序罪，已经达到起诉法定条件，但情节轻微，可能判处一年有期徒刑以下刑罚，有悔罪表现。

3. 程序要件。检察院"可以"（酌定）作出附条件不起诉与否的选择；检察院在作出附条件不起诉决定前，应当听取公安机关、被害人对附条件不起诉的意见。

对附条件不起诉的异议。

1. 提出异议的主体。公安机关、被害人以及被附条件不起诉未成年犯罪嫌疑人及其法定代理人。

2. 异议的方式及法律效力。其一，公安机关认为不起诉的决定有错误的，可向作出附条件不起诉的检察院提出复议要求，如果意见不被接受，可向其上一级检察院提出复核要求。其二，被害人如果不服，可以自收到附条件不起诉决定书后7日以内向上一级人民检察院申诉，请求提起公诉。对人民检察院维持不起诉决定的，被害人可以向人民法院起诉。被害人也可以不经申诉，直接向人民法院起诉。其三，未成年犯罪嫌疑人及其法定代理人对人民检察院决定附条件不起诉有异议的，人民检察院应当作出起诉的决定。

（二）不起诉附加的条件及监督

1. 不起诉附加的条件。一是对被起诉人设定一个6个月以上一年以下的考验期，从人民检察院作出附条件不起诉的决定之日起计算。二是在考验期内，被附条件不起诉的未成年犯罪嫌疑人，应当遵守下列规定：遵守法律、行政法规，服从监督；按照考察机关的规定报告自己的活动情况；离开所居住的市、县或者迁居，应当报经考察机关批准；按照考察机关的要求接受教育矫治。

2. 对被不起诉犯罪嫌疑人的监督。一方面，由人民检察院对被附条件不起诉的未成年犯罪嫌疑人进行监督考察。另一方面，未成年犯罪嫌疑人的监护人，应当对犯罪嫌疑人加强管教，配合人民检察院做好监督考察工作。

（三）撤销附条件不起诉与不起诉

1. 撤销附条件不起诉的条件。被附条件不起诉的未成年犯罪嫌疑人，在考验期内有下列情形之一的，人民检察院应当撤销附条件不起诉的决定，提起公诉：实施新的犯罪或者发现决定附条件不起诉以前还有其他罪需要追诉的；违反治安管理规定或者考察机关有关附条件不起诉的监督管理规定，情节严重的。

2. 不起诉的条件。一是被附条件不起诉的未成年犯罪嫌疑人，在考验期内没有上述情形；二是考验期满。附条件不起诉的考验期为6个月以上一年以下，从人民检察院作出附条件不起诉的决定之日起计算。

（四）附条件不起诉与证据不足起诉、法定不起诉、酌定不起诉的区别

理论界通常称2012年《刑事诉讼法》第171条为"证据不足不起诉"（"存疑不起诉"）；第173条为"法定不起诉"（"绝对不起诉"）和"酌定不起诉"（"相对不起诉"）。此三类不起诉与附条件不起诉相比较有如下不同。

1. 适用对象。上述三类不起诉从适用对象上看，没有作专门限制，也适用于未成年犯罪嫌疑人；"附条件不起诉"仅适用于涉嫌实施犯罪行为时不满18周

岁的未成年人。

2. 事实条件。"证据不足不起诉"是犯罪事实不清，证据不充分；"法定不起诉"是没有犯罪事实，或者有违法事实或犯罪事实，但不需要追究刑事责任；"酌定不起诉"是"犯罪情节轻微"；"附条件不起诉"是"有悔罪表现"。

3. 法律条件。"证据不足不起诉"是补充侦查（以二次为限）后，仍不符合起诉条件的；"法定不起诉"是不追究或免予追究刑事责任；"酌定不起诉"是"不需要判处刑罚或者免除刑罚"；"附条件不起诉"是涉嫌侵犯公民人身权利、民主权利罪，或侵犯财产罪，或妨害社会管理秩序罪，已经达到起诉法定条件，可能判处一年有期徒刑以下刑罚。

4. 自由裁量权。"证据不足不起诉"中有自由裁量权（"可以不起诉"）；"法定不起诉"中无自由裁量权（应当不起诉）；"酌定不起诉"中有自由裁量权（"可以不起诉"）；"附条件不起诉"中有自由裁量权（"可以附条件不起诉"）。

5. 法律效力。对于"证据不足不起诉"、"法定不起诉"以及"酌定不起诉"，"如果被不起诉人在押，应当立即释放"；对于"附条件不起诉"，被附条件不起诉人有六个月以上一年以下的考验期。

6. 法律后果。对于"证据不足不起诉"，在发现新的证据，符合起诉条件时，可以提起公诉；对于"法定不起诉"和"酌定不起诉"，人民检察院如果发现不起诉决定确有错误，符合起诉条件的，应当撤销不起诉决定，提起公诉；对于"附条件不起诉"，在考验期内发现有法定情形之一的，人民检察院应当撤销附条件不起诉的决定，提起公诉，在考验期内没有上述情形，考验期满的，人民检察院应当作出不起诉的决定。

7. 异议主体、方式和救济途径。对于"证据不足不起诉"、"法定不起诉"以及"酌定不起诉"：（1）公安机关认为不起诉的决定有错误的时候，可以要求复议，如果意见不被接受，可以向上一级人民检察院提请复核。（2）被害人如果不服，可以自收到决定书后7日以内向上一级人民检察院申诉，请求提起公诉。对人民检察院维持不起诉决定的，被害人可以向人民法院起诉。被害人也可以不经申诉，直接向人民法院起诉。（3）被不起诉人如果不服，可以自收到决定书后7日以内向人民检察院申诉。

对于"附条件不起诉"：（1）人民检察院在作出附条件不起诉的决定以前，应当听取公安机关、被害人的意见。（2）对附条件不起诉的决定，公安机关要求复议、提起复核或者被害人申诉的，同上述三类不起诉规定。（3）未成年犯罪嫌疑人及其法定代理人对人民检察院决定附条件不起诉有异议的，人民检察院应当作出起诉的决定。

九、审判不公开制度

该制度是对1996年《刑事诉讼法》中有关未成年被告人审判不公开制度的进一步修改完善，根据2012年《刑事诉讼法》第274条规定，其主要变化在于：

1. 扩大不公开审理的对象。将"14 岁以上不满 16 岁未成年人犯罪的案件，一律不公开审理。16 岁以上不满 18 岁未成年人犯罪的案件，一般也不公开审理"修改为"审判的时候被告人不满 18 周岁的案件，不公开审理"。即所有审判时被告人不满 18 周岁的案件，一律不公开审理。其目的是全面保护未成年被告人在审判中的合法权利，防止公开审判对 16 岁至 18 岁未成年被告人的身心的不利影响。

2. 扩大参与不公开审理的人员范围。即在征求和尊重未成年被告人及其法定代理人意见的前提下，邀请"未成年被告人所在学校和未成年人保护组织代表"到庭审现场。其目的显然是，有针对性地对未成年被告人在审判过程中进行教育、疏导和感化。根据有关规定，依法不公开审理的案件，任何公民包括与审理该案无关的法院工作人员和被告人的近亲属都不得旁听。即便是根据上述审判时合适成年人到场制度，法定代理人是合适成年人首选对象，只有当法定代理人无法或不能到场时，才考虑通知其他合适成年人到场。因此，当法定代理人充当合适成年人时，"未成年被告人所在学校和未成年人保护组织代表"如果不按照 2012 年修正的《刑事诉讼法》规定的程序，是不能到庭审现场的。

十、犯罪记录封存制度

（一）犯罪记录封存的含义

犯罪记录封存制度，是指对于犯罪时不满 18 周岁的未成年人，被判处 5 年有期徒刑以下刑罚的，应当对相关犯罪记录予以封存，除了法定情形下允许查询外，不得向任何单位和个人提供。

（二）犯罪记录封存的条件

犯罪记录封存的条件，一是犯罪主体犯罪时不满 18 岁，即实施被判处罪名中的犯罪行为时不满 18 岁，包括诉讼过程中已满 18 岁的被告人。二是最终受到追究的刑事责任限于被判处 5 年有期徒刑以下刑罚，包括被判处拘役、管制、缓刑以及附加刑等。

封存的内容是相关犯罪记录，即包括分别保存于公、检、法以及监狱等办案机关被刑事立案、采取刑事强制措施、被判处刑罚以及执行刑罚等的相关记录。①

（三）封存的范围

第一，办案机关不得向任何单位和个人提供；未成年罪犯免除向有关机构、单位报告的义务，如《刑法》第 100 条规定："依法受过刑事处罚的人，在入

---

① 《中央社会治安综合治理委员会预防青少年违法犯罪工作领导小组、最高人民法院、最高人民检察院、公安部、司法部、共青团中央关于进一步建立和完善办理未成年人刑事案件配套工作体系的若干意见》第 3 条第 3 项第 8 款规定："对未成年犯的档案应严格保密，建立档案的有效管理制度；对违法和轻微犯罪的未成年人，有条件的地区可以试行行政处罚和轻罪记录消灭制度。非有法定事由，不得公开未成年人的行政处罚记录和被刑事立案、采取刑事强制措施、不起诉或因轻微犯罪被判处刑罚的记录。"

伍、就业的时候,应当如实向有关单位报告自己曾受过刑事处罚,不得隐瞒。犯罪的时候不满十八周岁被判处五年有期徒刑以下刑罚的人,免除前款规定的报告义务。"

第二,司法机关为办案需要或者有关单位根据法律法规规定进行查询时,应当对被封存的犯罪记录的情况予以保密。封存的启动职责是"法定"的而非"酌定"的,即办案机关"应当"对相关犯罪记录予以封存。如果出现有关犯罪记录被泄露,则由负有封存职责的相应办案机关承担责任。

第二节 当事人和解的公诉案件诉讼程序

一、当事人和解的公诉案件诉讼程序概念、特征和意义

（一）概念和特征

当事人和解的公诉案件诉讼程序,是指对于法定范围内的公诉案件,办案机关对当事人之间达成的和解协议自愿性和合法性审查后,主持、制作刑事和解书,同时,对被告人给予从宽处罚的特别诉讼程序。

1996年刑事诉讼法仅规定自诉案件（包括公诉转自诉案件）当事人之间才可以和解。2012年《刑事诉讼法》规定,特定范围内的公诉案件,当事人之间可以进行和解,并对和解的条件、范围,办案机关对和解协议审查、制作,以及达成和解协议的法律后果等方面作了详细规定。

该程序的主要特征有：其一,出于公诉案件与自诉案件性质不同的考虑,修正案限制当事人自行和解的公诉案件范围。其二,公诉案件设立和解的主要目的是缓和犯罪嫌疑人、被告人同被害人之间的矛盾,因此,确立了以前者悔罪、赔偿损失、赔礼道歉等方式获得被害人谅解为和解的重要前提。其三,从诉讼程序上看,公诉案件诉讼程序包括侦查、起诉和审判阶段,因此,为了充分发挥和解的价值,修正案鼓励当事人在判决前的各个诉讼阶段都可以和解。其四,为了充分体现公诉案件中办案机关的主导地位,修正案赋予了公、检、法机关,对和解协议的审查和制作,以及效力的确认等职责和职权。

值得注意的是,这里的公诉案件和解与自诉案件和解是有所不同的：其一,和解的主体在诉讼中的地位不同。前者中参与和解的被害人虽然是当事人,但是不具有追诉权;后者中的自诉人则有独立的追诉权。其二,和解协议的内容不同。前者因被害人无权决定追诉与否,因此,和解协议中不含有对诉讼进程的处分;后者因自诉人有撤诉权,和解协议中可包含此内容。其三,和解协议的法律效力不同。前者因被害人无权撤诉,因而只能由主持和解的办案机关依据和解协议作出从宽处理或不起诉;后者则因自诉人有撤诉权,因而其和解协议可有终止

诉讼的效力。

(二) 意义

当事人和解的公诉案件诉讼程序有下列积极意义：首先，抚慰被害人，使被害人能够及时得到较为充分的赔偿。尽管被害人可以通过刑事附带民事诉讼的方式要求赔偿损失，但实践中通过刑事附带民事诉讼获得赔偿十分困难，即使最终能够获得赔偿，往往也要耗费较长时间。并且，通过附带民事诉讼方式获得赔偿是一种冲突性很强的解决方式，其在解决双方矛盾的功能上远不如刑事和解。

其次，通过双方当事人的诉说、倾听、沟通，加害人更容易认识到自己的行为给他人所造成的伤害，促使其从内心里悔过，加害人再次犯罪的比例很小。被害人在加害人当面赔礼道歉和诉说后，也增大了其谅解的可能性，有利于其心理创伤的修复，增强其安全感。与普通刑事诉讼程序相比，刑事和解更有利于真正解决矛盾，修复当事人双方的关系，实现社会和谐。

最后，对于国家、社会来说，一方面，刑事和解在一定程度上减少了短期自由刑的适用，因而减少了因短期自由刑造成的交叉感染和重新犯罪问题，也为当事人正常生活、继续学习或工作提供了条件，避免因刑罚而中断学习或丧失工作带来的社会问题。刑事和解可以避免轻微冲突转化为严重案件情况的发生，有利于实现社会稳定；另一方面，刑事和解有利于整体上节约司法资源。适用刑事和解实现了案件的繁简分流，减少了法院、监所和看守所等机关的工作压力和人财物的大量投入，也减少了因上诉、申诉、重新犯罪等带来的成本支出

在我国的刑事司法实践中，刑事和解的运用正处于越来越广泛的状态，越来越多的地方检察机关、法院、公安机关，对于那些加害人与被害人达成和解的轻微刑事案件，或者作出不起诉、撤销案件等放弃追究刑事责任的决定，或者免除刑事处罚、判处缓刑或科以较为轻缓的非监禁刑。刑事和解已从主要适用于轻微刑事案件中逐步扩展到未成年人犯罪案件、过失犯罪案件以及在校大学生涉嫌犯罪的案件之中，所涉及的刑事案件类型也从最初的轻伤害案件扩展为交通肇事、盗窃、抢劫、重伤等案件。各地对刑事和解制度的适用，普遍取到了积极的效果。

二、和解的范围、方式和时间

(一) 公诉案件刑事和解范围

立法采用了列举、排除等方式，从涉嫌犯罪的原因、罪名、可能被判处的刑罚、犯罪性质、犯罪嫌疑人、被告人的主观恶性等多方面、多角度对和解的案件范围进行划定。总体上分为两大类：第一类范围划分的标准有三条，其中，第一条标准"犯罪原因"是"因民间纠纷引起"；第二条标准"涉嫌的罪名"是"刑法分则第四章、第五章规定的犯罪"，即"侵犯公民人身权利、民主权利罪、侵犯财产罪"；第三条标准"可能被判处的刑罚"是"三年有期徒刑以下刑罚"。

第二类范围划分标准有三条。其中，第一条标准"犯罪的主观恶性"不大，属于"过失犯罪"；第二条标准"可能被判处的刑罚"是"七年有期徒刑以下刑罚"；第三条标准"犯罪性质"是"渎职犯罪以外"的案件。值得注意的是，对于上述两类案件，还有一项附加条件（标准），参与刑事和解的犯罪嫌疑人、被告人在五年以内未曾实施故意犯罪。值得注意的是，这里的"五年以内"是指犯罪嫌疑人、被告人正在被追诉的犯罪行为实施（而不是被立案追诉）时，之前五年内，没有实施另一故意犯罪行为。不同于我国刑法有关累犯的规定。①

（二）和解的方式和时间

公诉案件刑事和解的方式有两种：一是犯罪嫌疑人、被告人向被害人赔偿损失；二是犯罪嫌疑人、被告人向被害人赔礼道歉。此外，还用"等"字形式表明了除了上述两种方式之外，还可以通过其他的方式进行。衡量"其他方式"是否恰当的标准应当从两个方面来判定：一是"其他方式"是否表明了犯罪嫌疑人、被告人"自愿真诚悔罪"；二是"其他方式"是否"获得被害人谅解"。

2012年修正的《刑事诉讼法》没有明确直接规定公诉案件刑事和解的时间。但是从条文中刑事和解的主体范围"犯罪嫌疑人、被告人"中，可以间接得出刑事和解的时间是自刑事立案之后至作出生效的有罪判决前。

三、和解协议的审查和制作

（一）和解协议的审查

刑事和解协议审查的制作包括两部分内容。其中，第一部分，刑事和解协议的审查，包括审查的主体、方式和内容。审查的主体分别是"公安机关、人民检察院和人民法院"，即在侦查阶段由公安机关负责审查，起诉阶段由检察院负责审查，审判阶段由法院负责审查。审查的方式是"听取当事人和其他有关人员的意见"，其中，"其他有关人员"的范围可以理解为，当事人的法定代理人、辩护人、诉讼代理人、近亲属等。审查的内容是"和解协议的自愿性和合法性"。其中，"自愿性"是和解的本质要求，即双方必须在无任何外界压力或干扰因素下作出的真实选择。犯罪嫌疑人、被告人"真诚悔罪"，被害人"真正谅解、宽容"对方。"合法性"是和解协议的内容不得与现行法律、法规相冲突，不得出现有损国家、集体或他人利益的内容，应当在法律允许的框架下执行。

（二）和解协议的制作

刑事和解协议的制作，包括制作的主体范围、职责或权利义务、协议的形式和内容。制作主体范围包括主持人和参加人。其中，主持人在侦查、起诉和审判阶段分别由公安机关、检察院和法院担任。参加人由双方当事人及其法定代理

---

① 《刑法》第65条第1款规定："被判处有期徒刑以上刑罚的犯罪分子，刑罚执行完毕或者赦免以后，在五年以内再犯应当判处有期徒刑以上刑罚之罪的，是累犯，应当从重处罚，但是过失犯罪和不满十八周岁的人犯罪的除外。"

人、辩护人、诉讼代理人、近亲属等组成。主持人的职责是：听取当事人和其他有关人员的意见；对和解协议的内容和形式提出要求；对起草后的和解协议进行审查。参加人权利是：充分表达自己的意愿；提出或草拟和解协议的方案或内容。参加人的义务是：签字后不得反悔；生效后认真履行相关承诺或执行相关内容。协议的形式应当是书面协议，且由主持人和参加人签字。协议的内容是有关犯罪嫌疑人、被告人自愿真诚悔罪的书面表达，向被害人赔礼道歉、赔偿损失等实际行动承诺，以及被害人对犯罪嫌疑人、被告人的被指控行为给予谅解或宽容的书面表达。

四、和解协议的法律效力

根据2012年《刑事诉讼法》第279条的规定，和解协议的法律效力，由三部分组成。第一部分，在侦查阶段，和解协议的法律效力是，"公安机关可以向人民检察院提出从宽处理的建议"。第二部分，在审查起诉阶段，和解协议的法律效力有两种情形：一是"人民检察院可以向人民法院提出从宽处罚的建议"；二是"对于犯罪情节轻微，不需要判处刑罚的，可以作出不起诉的决定"。第三部分，在审判阶段，和解协议的法律效力是，"人民法院可以依法对被告人从宽处罚"。可以看出，和解协议的法律效力有如下特征：其一，侦查、起诉和审判三个诉讼阶段达成的和解协议，均具有相应的法律效力，即和解协议生效的时间各不相同。其二，所有阶段达成的和解协议法律效力都是酌定的而非法定的，由办案机关自由裁量，酌情掌握。其三，不同阶段和解协议法律效力相似，都具有对犯罪嫌疑人、被告人从宽处理的功能。其四，认同和解协议效力的方式有两种，一是由主持制作和解协议的办案机关向下一诉讼阶段的办案机关提出从宽处理建议的间接方式；二是直接由主持制作和解协议的办案机关作出从宽处理决定。

第三节 犯罪嫌疑人、被告人逃匿、死亡案件违法所得的没收程序

一、犯罪嫌疑人、被告人逃匿、死亡案件违法所得的没收程序概念、特征和意义

（一）概念和特征

犯罪嫌疑人、被告人逃匿、死亡案件违法所得的没收程序，是指对于特定类型案件，犯罪嫌疑人、被告人逃匿后法定期间不能到案，或者死亡，依法应当追缴其违法所得及其他涉案财产的特别程序。该程序是我国签署加入《联合国打击

跨国有组织犯罪公约》、《联合国反腐败公约》以及《制止向恐怖主义提供资助的国际公约》等一系列国际公约的国际背景下，结合中国国情而增加的程序性规定，充分体现了国内法与国际公约的接轨。

犯罪嫌疑人、被告人逃匿、死亡案件违法所得的没收程序，分别就有关没收违法所得的案件范围、没收的财产范围、没收程序启动、审判程序以及处理方式等方面作了具体规定，有如下法律特征：其一，从内容上看，该程序仅涉及对有关涉案财产的处理，不涉及对被告人进行定罪量刑；其二，从主体上看，该程序是在犯罪嫌疑人、被告人缺席（未到案）的情况下展开的，同时，犯罪嫌疑人、被告人的近亲属和其他利害关系人有权申请参加诉讼；其三，从审判组织上看，由犯罪地或者犯罪嫌疑人、被告人居住地中级人民法院的合议庭进行审理。其四，从法律效力上看，该程序具有不稳定性，即在审理过程中，在逃的犯罪嫌疑人、被告人自动投案或者被抓获的，人民法院应当终止审理。

（二）意义

犯罪嫌疑人、被告人逃匿、死亡案件违法所得的没收程序具有以下法律意义：

1. 弥补现行立法的漏洞。根据我国 1996 年《刑事诉讼法》的规定，当犯罪嫌疑人逃匿或者死亡无法到案时，已经开始的诉讼程序自动终止，尚未启动的诉讼程序无法启动。由此造成司法实践中大量腐败犯罪、恐怖犯罪等类型案件犯罪嫌疑人逃匿或者死亡后，其犯罪所得的巨额财产无法追缴的现实，造成国家的巨额损失，一定程度上削弱了国家的财政力量和经济建设能力。该特殊诉讼程序正好弥补了这个漏洞，意味着即使相关案件的犯罪嫌疑人潜逃或者死亡，不能到庭受审，不能追究其刑事责任，人民检察院或者公安机关只要查明涉案人员具有违法所得或者其他涉案财产，就可以根据这一规定，启动没收违法所得的程序，并通过这一程序没收犯罪分子因犯罪行为所得的财产。这样，既能够为国家和集体挽回因犯罪行为而遭受的巨额的经济损失，又使得贪利性犯罪最终难以获得收益，从而使涉案犯罪人员在经济上占不到便宜。

2. 回应实践对程序法的呼唤。实践中，贪污贿赂犯罪、恐怖活动犯罪、黑社会性质组织犯罪、走私犯罪、邪教组织犯罪等涉案人员外逃后涉案财产大量流落到国外，而我国司法机关要求追缴赃款时，国外司法机关一般会要求我国出具相应的法律文书，但由于我国因没有刑事缺席审判制度，而无法出具相应的法律文书，因而也无法及时向涉案人员出逃国追缴赃款。该特别诉讼程序的设立，能够在某些案件涉案人员潜逃或者死亡后，没收其违法所得，削弱犯罪人员的经济条件，剥夺其再犯罪的能力，使其在经济上没有出头之日，从而对现实和潜在的犯罪分子形成强大的威慑。

3. 同国际公约接轨。近年来，我国不断参与国际刑事司法事务的合作与交流，陆续签署和批准了一系列国际公约。例如，1999 年 12 月 9 日批准的《制止向恐怖主义提供资助的国际公约》，2003 年 8 月 27 日批准的《联合国打击跨国有组织犯罪公约》，2003年10月31日批准的《联合国反腐败公约》。上述国际公约中均规定了对犯罪嫌疑人、被告人逃匿、死亡后的违法所得予以没收的程序。2012年刑事诉讼法在此背景下，增设了该程序，充分显示了我国国内与国际法的接轨。

二、没收违法所得的启动与措施

犯罪嫌疑人、被告人逃匿、死亡案件违法所得的没收程序对没收违法所得程序的启动与相关措施方面作了规定，具有包括以下几方面内容：

第一，启动没收违法所得程序的主体。包括人民检察院和公安机关。其中，考虑到贪污贿赂犯罪是没收违法所得的主要对象，因而，检察院被视为主要的启动机关，且检察院无论在侦查阶段还是在审查起诉阶段，均可以启动法院没收犯罪嫌疑人、被告人违法所得财产程序。对于恐怖主义案件等其他重大案件，公安机关在侦查阶段也有职权或职责启动没收违法所得程序，但是，公安机关不能直接向法院提出申请，只能向对应的检察院移送没收财产的意见书。

第二，启动没收违法所得程序的案件范围。立法采用明确列举式和模糊概括式两种方法确定没收违法所得案件范围，其中，明确列举了"贪污贿赂犯罪、恐怖活动犯罪"两类案件；模糊概括式地规定了其他重大犯罪案件。此外，在上述案件范围的基础上还附加了两重前置性条件：一是程序法条件，即出现了诉讼阻碍，犯罪嫌疑人、被告人因某种原因（潜逃或死亡）不能到案接受追诉和审判；二是实体法条件，即依照刑法应当追缴其违法所得及其他涉案财产。

第三，启动没收违法所得程序的方式。有两种启动方式：一是人民检察院可以向人民法院提出没收违法所得的申请；二是公安机关向人民检察院移送没收财产意见书。前者属于直接启动方式，后者属于间接启动方式。

第四，启动没收违法所得程序申请书或意见书的内容。包括两方面：一是提供相关证据材料，证明该案属于本章规定的适用范围。二是列明财产的种类、数量、所在地及查封、扣押、冻结的情况，并附有相关证据材料。

第五，法院采取的相关措施。法院在审查没收违法所得程序申请后，有权决定"查封、扣押、冻结申请没收的财产"。通常情况下，公安机关或检察机关在申请没收过程中，已经对其认定的违法财产，采取了查封、扣押、冻结等强制性措施。法院在审查申请材料过程中，如果发现检察院的申请材料中，要求没收的违法财产没有被采取强制性措施时，法院有职权采取上述措施。

三、没收违法所得的管辖和审判

在没收违法所得案件管辖方面，2012年《刑事诉讼法》第281条从地区管辖和级别管辖两方面作了规定：案件的管辖地是"犯罪地或者犯罪嫌疑人、被告人居住地"；受理案件的法院级别是"中级人民法院"。此处规定，出于几点考虑：一是犯罪地或犯罪嫌疑人、被告人居住地便于收集证据。二是有利于通过此类案件的审理，对犯罪地或者犯罪嫌疑人、被告人居住地周围的民众产生警示和法制教育作用。三是此类案件属于重大案件，且多数案件案情复杂，中级人民法院较基层人民法院有更强的审理能力。

在审判程序上，规定了以下内容：

1. 审判组织是合议庭。
2. 公告程序。发出公告时间：受理没收违法所得的申请后；公告期间：6个月。
3. 诉讼参与人：犯罪嫌疑人、被告人的近亲属和其他利害关系人、诉讼代理人。
4. 庭审时间：在公告期满后。
5. 庭审方式：利害关系人参加诉讼的，应当开庭审理；无利害关系人参加诉讼的，可以书面审理。

可以看出，同普通程序相比，该程序不仅增加了一个公告程序，还在诉讼参与人方面，增加了"其他利害关系人"，对此，可以理解为，被害人以及对涉嫌违法所得的财产主张有合法权利的其他个人、单位、组织、团体，不包括公安机关或检察院。①

犯罪嫌疑人、被告人的近亲属有权参加庭审有个目的：一是维护犯罪嫌疑人、被告人的合法权益；二是维护其自身财产权利，防止裁定没收的财产中涉及其近亲属的部分。犯罪嫌疑人、被告人的近亲属以及其他利害关系人，除了本身参加庭审外，还可以委托诉讼代理人参加庭审。由于该程序中犯罪嫌疑人、被告人缺席庭审，且不涉及定罪量刑问题，因此，不存在辩护人参与诉讼。利害关系人是否参与庭审是开庭与否的决定因素，这里的利害关系人包括犯罪嫌疑人、被告人的近亲属以及其他利害关系人。其原因是，无利害关系人参与庭审，则法庭调查和法庭辩论等庭审的主要程序无法进行。在此情形下，因不存在犯罪指控，所以也没有要求公诉人出庭，那么，只能选择由合议庭成员采用书面形式审理案件。

四、没收违法所得的裁定及其救济

（一）没收违法所得的裁定

法院审理没收违法所得财产案件后，所作出的裁定有两种结果：一是"查证

---

① 那么，是否包括被告人的法定代理人？从立法本意看，不包括其法定代理人，理由之一是，法定代理人的诉讼权利仅次于被告人本身，大于被告人的近亲属，如果法定代理人有权参与诉讼，应当在列举其近亲属之前出现，而不应放置于其后的"其他利害关系人"中。理由之二，法定代理人设立是因被代理人因年龄、身体、心理等因素，而导致无诉讼行为能力或限制诉讼行为能力，由法定代理人保护其合法权益。由于本章规定的案件中，被告人出现死亡或逃匿的情形，无被代理人或无法确定是否属于"无诉讼行为能力或限制诉讼行为能力"，因此，不存在被告人的法定代理人。至于被害人的法定代理人，则可以理解为包括在"其他利害关系人"范围之中，因为被害人有可能已经死亡或丧失行为能力。

属于违法所得的财产";二是"不能认定是违法所得"。其相应的处理方式是:对于第一种结果,"除依法返还被害人的以外,应当裁定予以没收";对于第二种结果,"应当裁定解除查封、扣押、冻结措施"。当然,如果该财产没有被采取查封、扣押、冻结措施,法院则无须作出任何处理方式。可见,在被告人缺席的情况下,法院虽然无权对被告人定罪量刑,但是有权认定有关财产是否属于违法所得。且一旦认定属于违法所得财产,还有权进一步裁定对其处以"返还被害人"和"没收"两种处罚。

值得注意的是,该条没有赋予法院有权在审理过程中主动发现、寻找新的涉嫌违法所得的财产。换言之,法院审查、认定和处罚的财产,不应超越检察机关申请没收的财产范围之外。

(二)对没收违法所得的裁定的救济

对法院的裁定有两种手段救济:上诉和抗诉。即对此类案件也适用两审终审制。第一审法院的裁定,在上诉和抗诉期内,不发生法律效力。从名称上看,此类案件的救济手段与普通刑事案件相同,但是,如果从有权获得救济的主体,以及申请救济的理由等方面分析,二者间有如下不同。

第一,上诉主体范围不同。普通公诉案件中,法律明确规定了有权提起上诉的主体范围是被告人及其法定代理人;被告人的辩护人和近亲属,经被告人同意,可以提出上诉;被害人没有上诉权,只能申请检察院提起抗诉。即普通公诉案件中,只有被告人及其法定代理人拥有独立的上诉权。本章没有明确规定此类案件上诉的主体范围。但是,对于被告人缺席审判的此类案件,也难以比照普通案件有关规定。

一方面,普通公诉案件中,被告人的近亲属因无法获得被告人的授权,没有上诉权。同样,其近亲属委托的诉讼代理人(不称为辩护人,因为没有刑事控诉)也没有独立的上诉权。被告人的法定代理人虽然有独立的上诉权,但是,如前文所述,本章案件中不存在被告人的法定代理人。

另一方面,如前文所述,"其他利害关系人"中,如果包括了被害人及其法定代理人,那么,如果按照普通公诉案件,被害人是没有上诉权的,同样,其法定代理人或诉讼代理人也无法获得上诉权。

鉴于上述分析,我们认为,对于此类特殊案件上诉权,不应比照普通公诉案件有关规定实施,否则,作为对第一审裁定不服的主要救济手段之一的上诉权,便因无实际行使该权利的主体而形同虚设。可以根据有关规定,变通理解为:本案的利害关系人有独立的上诉权。其中,包括被告人的近亲属、被害人及其法定代理人。诉讼代理人在获得前者同意授权后,可以提出上诉。

第二,寻求救济的原因不同。总体上看,有权上诉的被告人近亲属及其诉讼代理人或对财产享有独立主张权利的利害关系人,寻求救济的主要原因是,不服法院认定被告人财产属于违法所得的裁定。针对的是财产的权属,而不是定罪量刑案件事实的争议。而普通公诉案件的上诉理由则是,认为与定罪量刑有关的案件事实认定有错误，或者适用的法律不正确。此类案件中，有权提出上诉的其他利害关系人（被害人及其法定代理人）的主要原因是，不服法院不能认定审理的财产属于非法所得，无法获得财产返还。检察院抗诉的主要原因同被害人相似，且还关注认定是非法所得财产后，是否没收上缴国库。

五、没收违法所得终止审理与执行回转

没收违法所得案件审理过程中，出现特定情形而终止审理，以及执行追缴犯罪嫌疑人、被告人违法所得之后，发现法院裁定错误的，设立了补救方式。

如前文所述，该特别诉讼程序的前提条件之一是，涉嫌犯有特定类型的犯罪嫌疑人、被告人逃匿，无法指控和审判其犯罪行为时，将诉讼变更为追缴其违法所得及其他涉案财产。因此，根据2012年修正的《刑事诉讼法》第283条规定，一旦上述前提发生变化，即"在逃的犯罪嫌疑人、被告人自动投案或者被抓获"，该特殊程序即丧失存在的理由，应立即终止审理，转入继续追诉其刑事责任的普通公诉案件程序。

没收违法所得终止审理的法定理由是"在逃的犯罪嫌疑人、被告人自动投案或者被抓获"。可以看出，在犯罪嫌疑人、被告人死亡的情形下，不存在终止没收违法所得案件的审理。对于已经裁定和执行没收处罚的案件，如果发现确有错误，应当按照民事诉讼中的执行回转方式，予以返还或赔偿。认定没收违法所得财产处罚确有错误的法定程序有两种：一是"在逃的犯罪嫌疑人、被告人自动投案或者被抓获"后，追究其刑事责任的普通公诉案件程序；二是审判监督程序。

第四节 依法不负刑事责任的精神病人的强制医疗程序

一、依法不负刑事责任的精神病人的强制医疗程序概念、特征和意义

（一）概念和特征

依法不负刑事责任的精神病人的强制医疗程序，是指公、检、法机关对于涉嫌特定类型犯罪的精神病人，依据法定程序实施强制医疗的特别程序。该程序具体规定了强制医疗的对象，强制医疗决定权、申请与措施，强制医疗的审理，强制医疗审理期限与申请复议，强制医疗诊断评估与解除，以及强制医疗执行的监督等。同其他程序相比，具有以下法律特征：其一，适应强制医疗程序的对象是特定的，即"实施暴力行为，危害公共安全或者严重危害公民人身安全，经法定程序鉴定依法不负刑事责任的精神病人，有继续危害社会可能的"。其二，决定

强制医疗的主体只能是法院,公安机关和人民检察院虽然有权参与强制医疗程序的申请与启动,但是,无权决定强制医疗。其三,审理强制医疗案件的审判组织只能是合议庭。其四,庭审中,被申请人或被告人的诉讼权利有特殊保障,如应当通知被申请人或者被告人的法定代理人到场;被申请人或者被告人没有委托诉讼代理人的,人民法院应当通知法律援助机构指派律师为其提供法律帮助。其五,对法院作出的强制医疗决定有特定的救济方式。例如,被决定强制医疗的人、被害人及其法定代理人、近亲属对强制医疗决定不服的,可以向上一级人民法院申请复议;强制医疗机构应当定期对被强制医疗的人进行诊断评估。对于已不具有人身危险性,不需要继续强制医疗的,应当及时提出解除意见,报决定强制医疗的人民法院批准;被强制医疗的人及其近亲属有权申请解除强制医疗。

(二) 意义

强制医疗的目的不是解决被告人的定罪与量刑的问题,而是确定是否对被申请人或被告人适用强制医疗措施,以及如何执行强制医疗措施。该程序的设置具有以下意义:

一方面,强制医疗程序对依法不负刑事责任精神病人实施暴力行为提供了社会防卫措施,有助于保障公民个人和社会公众的合法权益。众所周知,刑罚是犯罪的必然结果,而犯罪是刑罚的必要前提,这也是罪—责—刑逻辑推演体系的内在要求。而精神障碍者由于丧失辨认与控制能力,在不具备刑事责任能力条件下实施了犯罪行为,产生了阻却犯罪成立的规范效果,不能适用通常意义的刑罚措施。但是又不能对精神障碍者放任不管,必须在一定条件下实施强制医疗,这并非是一种刑事处罚,相反,是为了防卫社会与精神障碍者所采取的必要措施才限制其人身自由。因此,国家必须提供强制医疗必要的条件和社会环境。

另一方面,强制医疗程序有助于为涉嫌暴力行为的精神病人提供公正合理的处理方式,减少和预防实践中某些机构滥用权力,非法剥夺精神病人的人身自由,乃至出现"被精神病"现象。① 强制医疗涉及限制精神障碍者的人身自由。根据《立法法》第8条规定,对于公民政治权利的剥夺、人身自由的强制措施与处罚,只能制定法律。对人身自由限制的强制医疗措施,必须经过司法程序的决定与宣告才得以实施,而非行政性强制程序。

二、强制医疗的对象

强制医疗的对象是精神病人,具体包括三项要求:第一项,行为事实要求,

---

① 媒体报道的"被精神病"案例中,"深圳邹宜均案"、"广州何锦荣案"、"南通朱金红案"和"福建陈国明案"中,当事人都因家庭财产纠纷,被近亲属以绑架方式送往精神病院。河南的徐林东则因为自1997年开始逐级上访到北京,被其所在乡政府工作人员送到精神病院,当地法医精神司法鉴定所同样称其"属于偏执性精神障碍";湖北的彭宝泉,因为拍摄了几张群众上访的照片被抓,先被送到派出所,后被送到精神病院,也被诊断为患偏执性精神病,领导要他"顾全大局、不要接受记者采访",此外,还有广受关注的"武汉徐武案"。

即"实施暴力行为,危害公共安全或者严重危害公民人身安全"。该要求包括两方面含义:一方面,从行为方式上看,强制医疗对象的行为属于"暴力"型,即以通常所见的殴打、砍杀、冲撞、抛砸等方式为特征。另一方面,从行为结果上看,以严重威胁或损害特定公民或不特定多数公众的身体健康或生命安全为特征。且该行为严重程度已经符合刑法意义上的犯罪构成的客观要件。换言之,如果其有刑事责任能力,则该行为足以构成追究其行为责任的客观要件。值得注意的是,如果行为结果仅威胁、损坏公共财产或公民个人财产,即便其严重程度已经达到刑法意义上的犯罪构成客观要求,也不属于本章规定的强制医疗对象。

第二项,责任能力要求,即"经法定程序鉴定依法不负刑事责任的精神病人"。该项要求对决定强制医疗对象最为关键。因为该要求既是法院判断行为人是否承担刑事责任的法定依据;也是法院决定行为人是否适用强制医疗的主要证据;还是公安机关、检察院申请启动强制医疗的必要条件。

第三项,社会危险性要求,即"有继续危害社会可能"。该项要求是从行为人已经作出的行为来判断其将来预期的行为倾向,是否会继续实施达到刑法意义上犯罪构成客观要件的行为。

此外,还可以看出,强制医疗的对象是法定的。但是,强制医疗措施的采用则是酌定的。对于符合上述条件的精神病人,仅仅是"可以"强制医疗,而非"应当"强制医疗。

三、强制医疗决定权、申请与措施

人民法院是决定强制医疗的法定主体,即对于涉嫌实施暴力行为的精神病人的强制医疗的裁判权只能由法院行使。众所周知,强制医疗不仅涉及公民的人身自由权限制,还影响公民的名誉权和人格权。同时,从性质上看,强制医疗具有实体法上的处分,类似国外的保安处分。[①] 因此,对公民实施强制医疗由法院行使,一方面,有助于保障程序上的公正性和实体上的客观性;另一方面,符合国内通行的惯例。

公、检、法三机关在办理实施暴力行为的精神病人案件过程中,在侦查、起诉和审判等不同诉讼阶段,有职权启动申请或决定强制医疗。任何公民个人都无权申请启动强制医疗程序。就启动方式看,有两类:一是(公安机关)检察院向法院申请审理启动;二是法院主动发现后自行决定强制医疗,不需第三方申请。其中,第一类中检察院申请法院启动强制医疗程序,又包括公安机关在侦查

[①] 参见卢建平:《中国精神疾病患者强制医疗问题研究》,载《犯罪学论丛》第6卷。就保安处分而言,国外刑事诉讼法典中有相关规定。例如,德国刑事诉讼法典第414条规定:"(一)除另有规定外,对保安处分程序参照适用刑事诉讼程序的规定。(二)申请等同于公诉。申请书代替起诉书,必须符合对起诉书的规定。检察院应当在申请书中写明所申请判处的矫正及保安处分。法院在判决中没有判处矫正及保安处分的,应当判决对申请予以拒绝。"《德国刑事诉讼法典》,李昌珂译,中国政法大学出版社1995年版,第156页。

阶段，发现符合强制医疗条件后，向检察院移送强制医疗意见书，以及检察院在审查起诉阶段自行发现符合强制医疗条件后，向法院申请强制医疗。

为了防止实施暴力行为的社会危害性继续扩大，保护行为人自身以及公众和他人人身安全和其他合法权益不受损害，授权公安机关在法定情况下，有权采取保护性约束措施。根据有关规定，对实施暴力行为的精神病人进行强制医疗需要一个启动、审查、审理、决定和执行的过程，在此过程中，如果行为人仍具有社会危害性，则有必要采取上述保护性约束措施。

值得注意的是，公安机关采取的保护性措施，虽然涉及对行为人人身自由的限制或剥夺，但是，这种限制或剥夺仅限于防止社会危害性，既不是惩罚性措施，也不是强制措施。根据《人民警察法》第14条的规定，公安机关的人民警察对严重危害公共安全或者他人人身安全的精神病人，可以采取保护性约束措施。需要送往指定的单位、场所加以监护的，应该报请县级以上人民政府公安机关批准，并及时通知监护人。在司法实践中，各省市已经设立了专门的精神病院和看管场所，由公安机关执行。具体模式如下：若发生精神障碍者犯罪的案件后，先由公安机关将其限定在特定场所，再由医疗鉴定部门出具专门的鉴定意见，然后送入专门的医院（即安康医院）进行强制医疗。

四、强制医疗的审理

合议庭是强制医疗案件的法定审判组织，排除了以独任庭形式进行审理。其原因是强制医疗决定，涉及对公民人身自由的限制和名誉权的影响，由合议庭进行审理，有助于确保案件的质量，防止对行为人错误地决定实施强制医疗，此外，还有助于防止将具有刑事责任能力的人错误地认定为精神病人，放纵犯罪。

法院审理强制医疗案件时，应通知被申请人或被告人的法定代理人到场。其原因是考虑到被申请人或者被告人可能是精神病人，无诉讼行为能力，通知其法定代理人到场能够弥补此不足，维护其合法权益。同样理由，如果被申请人或者被告人没有委托诉讼代理人的，法院应当保障其获得法律援助。此处规定是对我国现行刑事法律援助对象的又一次扩大。

对于受理强制医疗案件的法院，应当在一个月以内作出强制医疗的决定。法院尽快作出决定，有利于避免某些被公安机关采取保护性措施的精神病人长期处于不确定状态。

五、强制医疗的救济、诊断评估与解除

（一）强制医疗的救济

不服法院强制医疗决定的救济权行使主体较多，包括：被决定强制医疗的人、被害人及其法定代理人、近亲属，其主要原因是考虑到法院一旦作出是否实施强制医疗的决定，对当事人双方的权利影响极大，因此，赋予双方申请复议

权。同时，考虑到当事人本人的诉讼行为能力以及其法定代理人、近亲属自身合法利益的影响，也赋予后者救济申请权。

值得注意的是，对于强制医疗的救济申请方式是由上一级法院复议，该复议期间，强制医疗的决定已经生效，应当进入执行程序。不同于普通案件的两审终审制。

（二）强制医疗执行后的诊断评估与解除程序

强制医疗机构应当定期对被强制医疗的人进行诊断评估。对于已不具有人身危险性，不需要继续强制医疗的，应当及时提出解除意见，报决定强制医疗的人民法院批准。强制医疗机构本身同时兼具强制医疗进行诊断的法定主体，具有便利性和可行性。但是，由于缺乏外部监督，其诊断和评估的公正性难以保障。"定期"进行诊断和评估，属于自由裁量期间，为执法者留下了较大的自由决定空间。

此外，强制医疗机构还是向法院提出解除强制医疗意见的法定主体，其条件是经过诊断和评估，认为行为人"不具有人身危险性"，"不需要继续强制医疗"。由于该判断具有较大的主观性，强制医疗机构的自由裁量空间再次被放大。值得欣慰的是，最终决定是否解除强制医疗的法定主体是法院，从根本上制约了强制医疗机构上述广泛的自由裁量权，防止其滥用职权。

除了上述强制医疗机构有依职权向法院提出解除强制医疗方式之外，该程序还赋予被强制医疗的人及其近亲属申请解除强制医疗权。这是解除强制医疗的第二种方式。此方式一定程度上是对强制医疗机构不作为，或不及时向法院提出解除强制医疗的弥补，有利于维护被强制医疗者的合法权益。

六、强制医疗执行的监督

人民检察院对强制医疗机构的执行活动是否合法实行监督。检察院是我国专门的法律监督机关，有权对刑事诉讼进行全面的法律监督，强制医疗程序也不例外。专门强调人民检察院对强制医疗机构的执行活动进行监督，主要是出于本章立法赋予了强制医疗机构较多的职责，以及较大的自由裁量权。人民检察院依法履行该条赋予的法律监督权，有助于防止强制医疗机构滥用职权和不法行为。